漢字와 字素

한자와 자소

박추현 지음

知&you 경상대학교출판부

서 문

한자 학습을 하는 과정에서 우리가 일반적으로 가장 먼저 듣는 내용 중의 하나가 '한자는 뜻글자이다'라는 말일 것이다. 사실 그렇다. 분명 한자는 글자의 자형 자체가 대부분 특정한 의미를 표시하는 기능을 가지고 있다. 우리나라의 한글이나 서양언어에서의 알파벳같이 글자를 구성하는 모든 요소들이 소리 값을 표시하는 경우와는 완전히 다른 문자체계이다. 그러나, 어느 정도 한자에 흥미를 가지게 될 즈음에 이르러, '과연 한자는 뜻글자인가?'라는 문제를 가지고 학습자 스스로 다시 한 번 반문을 해 본다면, 대부분의 학습자들은 대개 아래와 같은 몇 가지 혼란스러움에 빠져들 수밖에 없을 것이다.

한자 이야기를 하고 있으니, '漢字'라는 단어를 두고 생각을 해보자. '字'라는 글자는 대개 '글자'라는 의미로 사용된다. 현재 통용되는 대부분의 자전들에서도 字의 첫 번째 의미항목으로 '글자'라는 뜻을 수록해 놓고 있다. 그렇다면, '집'과 관련된 의미를 표시하는 '宀'과 '아들'이라는 의미를 나타내는 '子'가 합쳐져 만든 '字'자가 어떻게 '글자'라는 의미를 나타내는 것일까? '글자'라는 의미를 한자어로 표현할 때, '文字'라고도 하는데, '文'은 무엇이고 '字'는 무엇인가? '字'를 '자'라는 음으로 읽는 것은 무엇에 근거한 것인가? '漢'이라는 글자는 '한'이라는 강 이름을 나타내는 글자이기 때문에 '물'을 의미하는 '水'가 글자를 구성하는 부품으로 사용되었다는데, 그렇다면 水를 제외한 나머지 자형은 무엇인가? 강 이름을 나타내는 '漢'과 '漢字'에서의 '漢'은 같은 의미인가? 다르다면 왜 다르게 되었는가? 歎、難 등의 글자들과 漢자는 자형 구조상 서로 어떤 동질성을 지니고 있는가? 勤、謹 등의 글자에서 사용된 堇은 자형이 漢에서 水를 제외한 부분과 유사한 부분이 많은데, 혹시 서로 연관이 있는 것은 아닐까? 등의 의문은 누구라도 자연스럽게 떠올려지는 것이긴 하지만, 또한 쉽게 그 의문이 풀려질 수 있는 것도 아닌 것이 현실일 것이다.

책머리에서 이렇게 진부한 말들을 너절하게 널어놓는 이유는, 우리가 한자를 가르치고 배우는 과정에서 그 동안 이런 저런 이유로 소홀히 할 수밖에 없었던 漢字 構形學에 좀 더 관심을 가지고, 구형학적 기초지식을 토대로 하여 학습을 한다면 좀 더 효율적으로 한자를 습득할 수 있을 것이라는 것을 말하고자 함이다. 이 책에서 말하고 있는 구형학적 기초지식이라는 것은 쉽게 '漢字分解'라는 용어로 대체해도 무방한 개념이다. 현재 한자문화권에서 편찬되어 사용되는 자전들에 실린 수 만자의 한자들도 결국 분해해서 추출되는 기본 조각들의 수는 예나 지금이나 대략 500여개를 넘나드는 정도에 지나지 않는다. 이들을 의부 혹은 음부로 활용하여 역순으로 재조합하게 되면 수 만자의 한자들이 다시 만들어지게 되는 것이다.

이 책에서는 분해된 한자의 조각들을 '字素'라고 칭하였고, 그 자소들을 의미별로 분류하여 근원자소와 파생자소로 구분하였으며, 이들 자소들이 다시 다른 자소들과 조합되어 제삼의 새로운 자소들이 만들어지는 과정을 나열하여 그 파생관계를 확인할 수 있도록 하였다. 또한, 자소들의 조합으로 만들어지는 글자들에서 해당 자소들이 지니고 있는 의부 혹은 음부로서의 기능을 구분하여 나열함으로써, 독자들에게 한자 학습에 있어서 의부운용 못지않게 음부운용의 중요성을 일깨우고자 하였으며, 자소들의 조합으로 만들어진 글자들의 의미는 해당 글자가 만들어진 당시에 부여된 본래의 의미를 수록하여 나중에 생긴 의미 혹은 현대한자에서의 常用義와 비교할 수 있게 하였다. 나열된 자소들의 자형은 小篆 자형을 표제자로 하고 해서체는 부제자로 수록하였으며, 갑골문 혹은 금문 등의 기타 고문자 자형은 해당 자소 아래에 따로 나열하여, 학습자들이 현재 사용하고 있는 해서체 자형의 래원을 파악할 수 있도록 하였다.

자소 분석 작업에 관심을 가지고 일을 시작한 지가 벌써 십 수 년이 지났고, 『漢字字素論』이 출판된지도 이미 8년이 되었다. 이전 작업에서 치밀하지 못했던 부분이 조금은 보완된 같기도 하지만, 이제 다시 살펴보니 여전히 엉성하기 짝이 없다는 자괴감을 또 다시 감출 수가 없다. 同道들의 아낌없는 叱正을 기대할 뿐이다. 졸고를 책으로까지 펴내게 해준 학교 당국과 출판사 여러분에게 지면을 빌려 사의를 표한다.

2012년 8월

가좌동에서 저자 補白

목 차

제1장

한자의 구성과 자소

1. 한자의 일반적 특징
2. 자소의 개념과 분류
3. 자소와 部首

한자와 자소

제1장

한자의 구성과 자소

1.1 한자의 일반적 특징

1.1.1 날아다니는 '새'는 한자로 '鳥'인가 '隹'인가?

한자는 한사람 손에 의해 한꺼번에 만들어진 것이 아니다

한자 배우기를 시작해서 어느 정도 흥미를 느끼게 될 즈음, 학습자들이 보편적으로 맞닥치게 되는 곤혹스러운 사실 중의 하나가 '같은 의미를 지닌 글자들이 왜 이렇게 많을까?'라는 의문일 것이다. 예를 들면, '닭'을 의미하는 글자를 분명히 '**鷄**(계)'라고 알고 있었는데, '**雞**'로 표기하는 경우가 있고, '山岳會(산악회)'에서는 '**岳**'자를 사용하고, '雪嶽山(설악산)'에서는 '**嶽**'자를 사용하고 있다. 또한, 술잔을 들며 '乾**杯**(건배)'라고 외치지만, 우승컵을 한자로는 '優勝**盃**(우승배)'로 표기한다. 이러한 예는 또 있다. 경상남도 하동 쪽에서 진입하는 지리산 입구에 '쌍계사'라는 절이 있다. 명칭의 유래를 확인해 보니, 절 양쪽에 두 갈래의 계곡이 있어 부친 이름이라 하기에 한자로는 당연히 '雙**溪**(쌍계)로 표기되는 줄 알았다. 그러나 절 앞의 바위에 새겨진 한자어는 '雙**磎**'였다. 혹시 오기(誤記)가 아닐까하여 자전에서 찾아 보았더니 溪와 磎 모두 '계곡'을 의미하고, 계곡을 나타나는 원래의 글자는 **谿**라고 설명하고 있었다.[1]

이러한 예는, 위의 경우 이외에도, 한자의 대부분을 차지하고 있는 합체자에서 의미상 관련성이 있는 글자들을 묶어 대개 그 총류를 표시하는 역할을 하는 부수(部首) 중에서조차 쉽게 발견이 된다. 상식적인 입장에서 볼 때, '사람'과 관련된 의미를 나타내는 부수로는 '人(인)' 하나이면 족할 것이나, '儿(인)'이 있고 '大(대)'도 있으며,[2] '머리'와 관련되는 의미를 나타내는 부수에도 '首(수)'가 있고 '頁(혈)'도 있으며, '새'류를 포괄하는 '鳥(조)'가 있음에도 불구하고 '隹(추)' 역시 새와 관련된 의미를 나타내는 합체자를 구성하는 주요 의부역할을 하고 있다.

위와 같은 현상이 나타나는 근본적인 이유는, 현재 사용되고 있는 한자들이 결코 어느 한 시기、한 지역、한 사람에 손에 의해 한꺼번에 모두 만들어진 것이 아니라는 데에서 출발한다.[3] 동일한 언어권에 속하더라도 지역 간의 왕래가 빈번하지 아니한 상태에서는 같은 사물 또는 개념을 문자화시키더라도 그 방법이나 결과에 있어서는 다를 수가 있었을 것이기 때문이다. 또한, 통시적인 관점에서 보더라도, 기왕에 만들어진 문자가 시간이 지남에 따라 도태되기도 하고, 또는 새로운 방법으로 다시 제작되는 경우가 허다했기 때문이다.[4]

---

1 音과 뜻이 동일하지만 자형이 다른 글자들을 한자학에서는 '異體字'라는 명칭으로 분류하고 있다.

2 大는 단독으로 사용될 때에는 '크다'라는 의미로 사용되고 있으나, 합체자의 의부로 사용될 때에는 단순히 '사람'을 표시하는 경우가 더 많이 나타난다.

3 한자의 기원을 두고 여러가지 주장들이 있으나, 『說文解字』의 「敍」(許愼, AD58~147)에는, 庖犧氏가 八卦를 만들고, 神農氏가 結繩의 방법을 사용했으며, 黃帝의 史官인 倉頡이 비로소 文字를 만들었다고 기록되어 있다.

4 고대의 서로 다른 지역에 거주하는 개별집단에서 일반적인 '새'를 각각 상형문자로 제작한다면 당연히 조금씩은 다른 형태로 표현될 수 있었을 것이며, 그 결과가 아래에 제시한 고문자 자형의 '鳥'와 '隹'이다. 이후, 시기별로 정리하는 단계에서 이들을 하나로 통합하지 않고 모두 의부로 사용하게 되니 '鷄'와 '雞' 같은 이체자가 생기게 되는 것이다. '杯'와 '盃'의 경우도, 음부는 동일하지만, 의부를 선택하는 과정에서 잔을 만드는 재질로 의부를 삼게 되면 '木'이 될 것이고, 그 용도로 의부를 설정한다면 '皿'이 되는 것이다. '岳'과 '嶽'의 경우, 岳은 象形의 방법으로 먼저 만들어진 글자이고, '嶽'은 形聲의 방법으로 나중에 만들어진 글자이다. 造字方法의 발전추세로 본다면, 후대로 내려올 수록 形聲文字가 절대 다수를 차지하고, 형성문자화의 추세는 漢字字數의 증가에 결정적 영향을 미친다. 古今字나 異體字에 있어서도 後起字는 形聲文字가 대부분이다. 古今字나 異體字 이외에도, 지역간 방언의 차이로 인해 동일한 개념이 서로 다른 글자로 표현되는 경우가 있다. 漢代의 楊雄이 지은 『方言』이라는 문헌에는 지역간 異詞의 例를 전문적으로 수록해 놓았는데, 그 중의 한 예를 들면, "逆은 迎이다, 關東지역에서는 逆이라 하고, 關西지역에서는 迎이라 한다(逆,迎也.自關而東曰逆,自關而西曰迎)"라고 기재되어 있다. 한자의 造字와 운용과정에서, 기왕에 제작하여 사용하던 글자의 의미항목이 늘어나게 되자, 그 글자가 본래 나타내고 있던 특정한 의미를 살려내기 위해 나중에 다시 글자를 만들어 사용하는 경우가 적지 않다. 예를 들면, '해가 지다'라는 의미를 나타내

우리가 한자를 학습하는 과정에 있어서 이것을 아주 중요한 개념으로 받아들여야 하는 이유는, 이 사실을 이해하지 못하고서는 동일한 의미를 지닌 다수의 한자들이 존재하는 이유를 설명할 수 없기 때문이다.

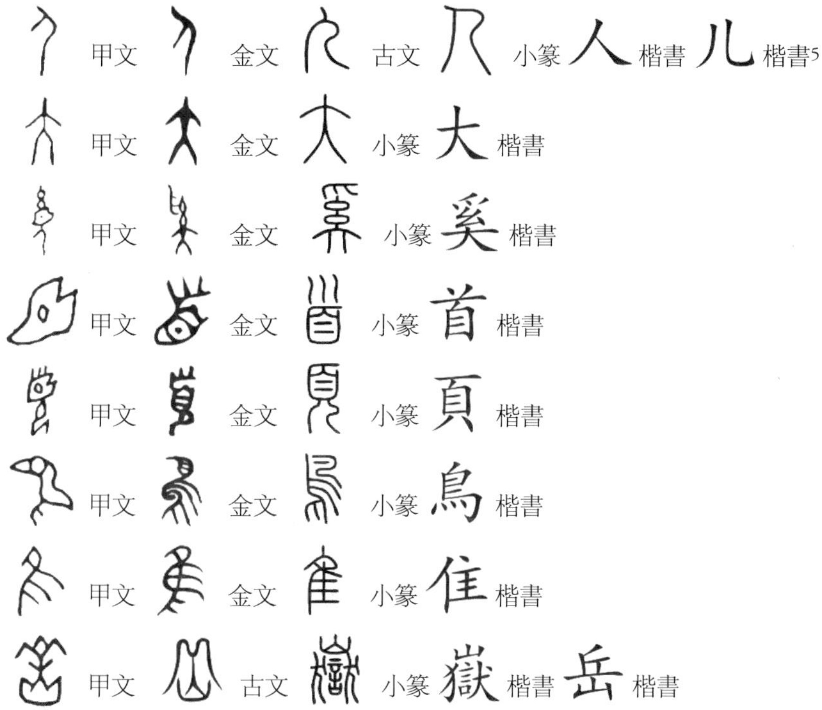

는 글자로 '日'과 수풀을 의미하는 '茻(망)'을 합쳐 '莫(막)'을 만들어 사용하였으나, 나중에 莫이 주로 不定詞로 借用되게 되자, 莫에 다시 日을 추가하여 본래 莫의 의미를 '暮(모)'가 나타내게 되었다. 이러한 경우, 莫과 暮의 관계를 한자학에서는 '古今字'라는 명칭으로 분류한다.

5 본서에서 도표로 제시하고 한자의 자형은 대개 甲文、金文、古文、籒文、小篆、或體、楷書 등 7종이며, 경우에 따라 이들 가운데 일부만 제시되기도 한다. 甲文은 卜辭、殷墟文字、契文이라고도 부르며, 商代 후기 殷으로 천도한 이후 시기(B.C. 14C~B.C. 11C)에 사용된 자형으로서, 대부분 당시 占을 친 내용들을 거북의 껍질이나 동물의 뼈에 기록해 놓은 것들이다. 金文은 鐘이나 솥 등의 청동기물에 새겨진 자형으로서, 사용된 시기가 아주 광범위하지만 주로 周代(B.C. 11C~B.C. 841년)에 사용된 것을 지칭하며, 鐘鼎文、吉金文 혹은 銘文이라고도 부른다. 小篆은 秦代(B.C. 221~B.C. 206년)의 李斯가 진시황의 명으로 이전 문자들의 자형을 정리하여 통일시킨 자형이다. 籒文은 周 宣王(B.C. 827~B.C. 782년)의 太史 籒가 편찬한 『大篆』 15篇(혹은 『史籒編』)에 실려있는 자형을 말하며, 大篆이라고도 부른다. 본서에서 제시한 籒文은 모두 『說文解字』에 수록되어 있는 것들이다. 古文 역시 『說文解字』에 수록된 重文 자형으로서, 대개 籒文 이외의 고문자 자형들을 폭넓게 지칭하는 것이며, 或體 또한 重文으로 실려 있는 異體字이다. 자형은 다르지만 음과 뜻이 같은 이체자를 重文이라 한다. 『說文解字』에는 9,353자의 小篆으로 표기된 正文과 古文、籒文、或體 등을 포함한 1,163자의 重文이 수록되어 있다. 楷書는 漢代(B.C. 206~A.D. 220년)의 규범서체인 隷書 이후, 南北朝 시기쯤에 통용서체로 자리 잡기 시작하여, 隋代를 거쳐 唐代에 이르러 규범서체로서의 지위를 굳히게 되며, 현재 우리나라에서도 사용되고 있는 한자 자형을 말한다.

1.1.2 한자는 덩어리 글자일까 쪼가리글자일까?

대부분의 漢字는 쪼개어진다

현재 한자문화권에서 통용되고 있는 자전들에 수록 된 한자의 수는, 『說文解字(설문해자)』의 9,353자에서부터 『康熙字典(강희자전)』의 47,000여자, 『漢語大字典(한어대자전)』의 56,000여자, 『中華字海(중화자해)』의 87,000여자에 이르기까지 그 많고 적음이 일정하지 아니하고, 다만 사용계층의 수요에 따라 자수가 달라 질 따름이다.[6]

우리나라에서는 교육용 기초한자로 1,800자를 정해놓고 있으며, 실제 우리 말 어휘 속에서 사용되고 한자의 수는 이 숫자를 훨씬 상회하고 있는 실정이다.[7] 그러나 실제 존재하고 있는 한자, 또는 인위적으로 설정해 놓은 교육용한자나 상용한자 등의 수가 얼마나 되는지에 관계없이, 모든 한자의 구성체계는 아래와 같은 세 가지 경우를 벗어나지 않는다.

① 사물의 구체적 모양이나 추상적 개념을 더 이상 쪼개어지지 않는 하나의 자형으로 나타낸 경우.

② 독립된 形音義(형음의)를 지닌 두 개 이상의 자형을 뜻과 뜻으로 합쳐 만든 복합자형.

③ 독립된 형음의를 지닌 한 개 또는 두 개 이상의 뜻을 나타내는 자형과 한 개의 소리 값을 결정하는 자형을 합쳐 만든 복합자형.

---

6 통계에 근거하면, 고대 儒家의 경전인 『論語』에 사용된 한자의 수는 1,512자, 『孟子』에 사용된 한자의 수는 1,959자 이다. 蘇培成(2001) 112쪽을 참조.

7 현재 동아시아 한자문화권에서의 한자사용에 관한 현황을 살펴보면, 중국에서는 소학교에서 현대한어 상용자 2,500자 및 중학교과정에서의 차상용자 1,000자를 선정하여 가르치도록 하고 있고, 대만의 경우 교육부에서 공포한 상용 國字 標準字體表에 실려있는 4,808자가 있다. 북한은 광복후 한글전용정책을 펴다가 1968년 이후 한자교육을 하기 시작했는데, 1970년에는 보통교육용 한자 2,000자, 대학용 한자 1,000자를 선정하여 가르치고 있다. 일본은 고유문자인 가나에 한자를 혼용하여, 1981년 이전에는 교육한자 881자와 當用한자 969자를 합하여 모두 1850자를 기본한자로 삼았으나, 1981년 이후 소학교에서 1,006자를 학년별로 학습하게 하고 중학교과정까지 총 1,945자의 當用한자를 가르치며, 고등학교과정까지에서 그 읽기와 쓰기를 완성하게 하고 있으며, 인명용 한자 166자를 별도로 선정해 놓고 있다.

전통 한자학에서는, ①의 경우를 '文(문)' 혹은 '獨體字(독체자)'라 칭하고 象形、指事文字(상형、지사문자)들이 이에 속하며, 그 숫자는 500여자에 지나지 않는다.[8] ②와 ③은 '字' 또는 '合體字(합체자)'라 부르며 會意文字(회의문자)가 ②에 속하고 形聲文字(형성문자)가 ③에 속한다. 여기에 근거한다면, 한자의 수가 얼마나 되는지에 관계없이 더 이상 쪼개어지지 않는 한자는 500여자 일뿐이고, 나머지는 모두 이 500여자가 字素(자소) 역할을 해서 새로운 합성문자를 만들게 되는 것이다. 이런 까닭에, 효율적인 한자학습을 위해서는 반드시 자소에 대한 이해가 선행되어야 하며, '거의 대부분의 한자는 쪼개어진다. 쪼개어진 조각들이 바로 한자의 자소이다.'라는 관념에서 출발해야 할 것이다.

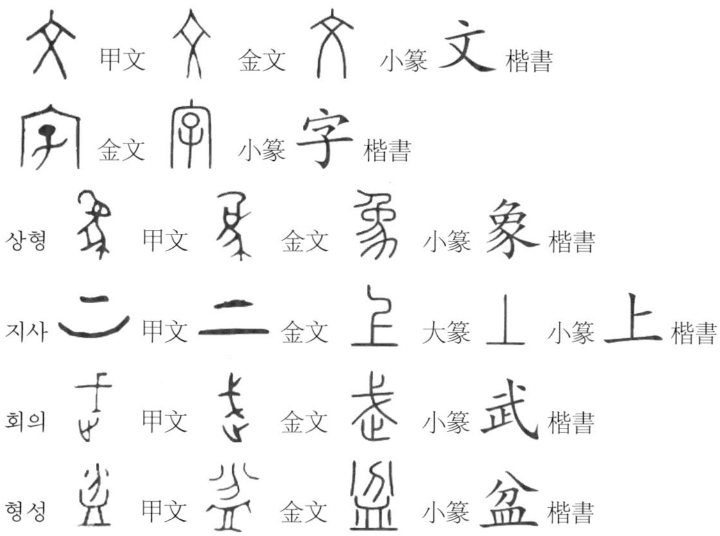

8 注27을 참조.

1.1.3 한자가 표의문자라고?

대부분의 한자는 소리값으로 운용된다

한자의 구성체계는 위에서 언급한대로, 크게 독체자와 합체자로 나눌 수 있고, 이를 『설문해자』에 수록된 9,353자 중에서 차지하는 숫자별로 조사한 바에 의하면, 독체자가 500여자이며, 합체자중에서 회의문자가 700여자이고 나머지는 모두 형성문자이다.[9]

여기에 근거한다면, 우리는 한자의 90% 가까이가 형성문자라는 것을 알 수 있으며, 회의문자 중에서 소리 값을 겸하는 '의부'를 가진 '겸성(兼聲)회의문자'까지 합친다면 그 비율은 훨씬 더 높아질 것이다.[10] 또한 『설문해자』이후에 만들어진 대부분의 한자 역시 형성문자가 절대다수를 차지한다.

전통적 한자학습 방법에 있어서, 한자가 뜻글자라는 관념에 치우친 나머지 '音符(음부)' 개념에 관해서 소홀히 한 점을 인정하지 않을 수 없는 입장인데, 이는 형성문자를 구성하고 있는 義符와 音符 중에서 의부에 치중했다는 말도 될 것이다. 그러나 한자학습을 하는 데 있어서 의부역할을 하는 자소 못지않게 음부역할을 하는 자소도 중요하다는 사실을 반드시 인식하여야만 한다. 한자의 대부분이 형성문자로 구성되어 있고, 형성문자의 의부는 비교적 고정적인데 비해 성부는 활동적이기 때문에, 우리가 효율적으로 많은 수의 한자를 쉽게 장악하기 위해서는 필히 성부에 관한 이해가 선행되어야 할 것이다.

예를 들면, '皮(피)'는 단독으로 쓰일 때 '가죽'이라는 의미를 지니고, 또한 가죽과 관련된 총류를 묶는 주요 부수글자이다. 그러나, 실제 상용한자에서 자소로 사용되는 경우 의부로는 거의 사용되지 아니하고 주로 음부로만 사용된다.[11] 음부 皮에 石(석)

9 회의문자의 수는 陳光政(1981)의 說을 따랐다.

10 자소를 그 기능에 의해 분류하면 기본적으로 의미를 나타내는 '義符'와 음을 표시하는 '音符'로 구분된다. 회의문자의 의부가 음부역할도 겸하는 경우를 兼聲會意文字라고 칭하며, 仕、仲、傾、刺、叛、城、棼、否、姓、婚、姻、妊、娶、字、慾、懸、政、整、殯、眇、瞑、返、胞、劑 등의 글자들이 이에 속한다.

이라는 의부가 합쳐져 '깨다(破)'라는 뜻을 나타내고, 水라는 의부가 합쳐져 '물결(波)'이라는 뜻을 나타내며, 이렇게 만들어진 波는 다시 女라는 의부와 합쳐져 '늙은 여자(婆)'라는 뜻을 가진 글자의 음부역할을 하고 있으며, 彼、披、疲、被、陂(피)、坡、跛、頗(파) 등의 글자 모두 皮가 음부로 사용되고 있는 경우이다.

이외에도, '襄(상, 양)'이라는 글자는 『설문해자』에서 '옷을 벗어 제치고 밭일을 하다(解衣而耕)'라는 뜻으로 풀이해 놓았는데, 그 뜻으로 사용되는 경우는 거의 없고 간혹 人名이나 地名으로 쓰일 따름이다. 그러나 壤、孃、攘、穰、穰、讓、釀、鑲(양)、蠰(상) 등의 많은 글자들에서는 음부로 운용되고 있다는 것을 확인할 수 있다.

1.1.4 왜 처음 익힐 때의 뜻과 다르지?

대부분의 漢字는 여러 개의 뜻을 지니고 있다

우리가 한자를 익힐 때, '하늘 天'、'땅 地'、'사람 人'、'소 牛' 등과 같이 옛날과 지금의 글자 뜻이 서로 같고, 다른 어휘나 문장 속에서도 항상 동일한 의미로 운용이 된다면 좀 더 쉽게 학습을 할 수 있을 것이다. 그러나 많은 수의 한자는 옛날과 지금의 의미가 서로 다르고, 또한 새로운 의미가 점점 추가되어, 자전을 검색해 보면 적게는 두세 개에서부터 많게는 열 개 이상의 뜻을 가진 글자도 있다. 이러한 현상은 표음문자권에서도 보편적으로 나타나는 것이기는 하지만, 상형문자로 출발한 한자에서는 그 정도가 상대적으로 심한 편이어서, 학습과정에서 봉착하게 되는 또 하나의 장애요인이 되고 있다.

---

11 의부로 사용되는 경우는 皯、皰、皴、皵、皸、皺、皻、皽、皾 등에서와 같이 대개 罕用字이다.

한자를 처음 만들어 사용했을 때는 반드시 한 개의 자형에 한 개의 의미만을 부여했을 것이다. 예를 들면, 사람이 걸어가는 모양을 나타낸 ‘辵(착)’이라는 의부와, 사람의 머리모양을 나타 낸 ‘首’라는 의부를 합쳐 ‘사람이 다니는 길’이라는 뜻을 지닌 ‘道(도)’는, 나중에 ‘관념적인 길, 즉 도덕적 표준에 도달하는 방법’이라는 뜻이 파생되며, ‘정당한 수단’이라는 의미도 추가된다.[12]

한자학에서는 이들을 ‘本義(본의)’와 ‘引伸義(인신의)’라는 전문용어로 구별하고 있는데, 글자가 지니고 있는 본래의 의미를 본의라 하고, 본의에서 파생된 의미를 인신의라 부른다. 위에서 예로 든 ‘道’가, ‘道阻且險(길이 험하고도 멀다)’에서는 본의로 사용되었고, ‘朝聞道, 夕死可矣(아침에 道를 들으면 저녁에 죽어도 좋다)’에서는 인신의로 사용되었고, ‘不以其道得之,不處也(정당한 수단으로 얻은 것이 아니면 머물지 아니한다)’에서는 또 다른 인신의로 사용되었다.[13]

한자의 의미를 구별할 때, 위에서 말한 본의와 인신의 이외에 ‘假借義(가차의)’라는 것이 있다. 이것은, 사회가 발전하고 사물이 번잡해짐에 따라서 새로운 관념이나 제도 혹은 문물이 생겨났으나, 이에 해당하는 새 글자를 미처 만들지 못하고, 기존의 글자에 본래의 의미와 전혀 다른 새로운 의미조항을 부여하여 사용한 경우를 말한다.

예를 들면, 원래 ‘幼兒(유아)’의 형상을 본떠 만들고, 본의 역시 유아를 뜻하는 ‘子’자가 ‘남자의 美稱(미칭)’으로 사용되고, 새가 둥지 위에 깃들어 있는 모습을 나타 낸 ‘西(서)’자나, 갑골문에서 양 끝을 묶어놓은 자루의 모습으로 나타나고 있는 ‘東(동)’자가 방위를 표시하는 의미로 사용되는 경우, 전갈과 도룡뇽의 모양을 그대로 상형한 ‘萬(만)’과 ‘易(이, 역)’이 ‘一萬’이라는 숫자의 개념이나 ‘바꾸다’ 혹은 ‘쉽다’의 개념을 나타내는 경우, ‘難(난)’이나 ‘雅(아)’ 등 새의 명칭으로 쓰이는 글자가 ‘災難(재난)’이나 ‘端雅(단아)’의 개념으로 쓰이는 경우들이 이에 속한다.

---

12 이외에도, ‘頁’은 ‘首’와 같은 뜻으로, 이것이 의부(부수)로 사용된 글자는 반드시 사람의 머리끝에서 부터 목까지의 부위명 혹은 그와 관련된 뜻을 지니게 된다. 이것들을 나열해 보면, 頃、頂、項、須、順、頌、頗、領、頻、頭、額、顔、題、願、顧、顯、頒、頓、預、頸、頰 등의 글자들인데, 이 중에서 아직까지 常用義가 人體의 부위명 혹은 그와 관련된 의미로 사용되는 글자는 頭、顔、頸、頰 정도 밖에 없다.

13 첫 번째 구절은 『詩經』의 「秦風」, 두 번째와 세 번째의 구절은 『論語』의 「里仁」편에 수록되어 있다.

이외에도, 干支(간지)를 표시할 때 사용되는 甲(갑)、乙(을)、丙(병)、丁(정) 등이나 子(자)、丑(축)、寅(인)、卯(묘) 등의 글자들도 가차의로 운용되는 글자들이며, 其(기)、之(지)、而(이)、以(이)、且(차)、與(여)、然(연)、亦(역)、豈(기)、焉(언)、乎(호)、耳(이)、也(야) 등 虛辭(허사)로 사용되는 글자들 역시 본래는 구체적 의미를 지닌 글자들이었으나, 대개는 본의를 상실하고 문법적인 기능만을 담당하게 된 글자들이다.[14]

14 漢語에서는 品詞를 구별할 때, 전통적으로 實詞와 虛詞라는 명칭을 사용하고 있는데, 사물의 개념을 구체적으로 나타내고, 句中에서 最小自由形式으로서 句의 自立要素인 語詞(單語, word)가 되는 것을 實詞라 하고, 다른 詞類에 의존해서야 제 구실을 하는 것을 虛詞라 한다. 대개 連詞、介詞、助詞、語氣詞、歎詞、象聲詞 등이 虛詞에 속한다.

1.1.5 우리 말로도 사자성어가 가능할까?

단음절어와 고립어

도서를 검색하다가 우연히 『우리 삶에 가장 소중한 것은 모두 한 글자로 되어 있다』라는 긴 제목의 책이 있어 내용을 잠시 살펴보았더니, 우리말에서 한 음절로 운용되는 단어들을 소재로 하여 내용을 전개하고 있었다.

우선 신체부위에 관한 말들을 옮겨보면, 몸、뇌、뼈、키、살、피、눈、코、귀、입、혀、이、낯、볼、뺨、턱、목、팔、손、발、등、배、간、폐、위、털、살、젖 등이 있었고, 넋、숨、힘、땀、침、맛、똥、잠、꿈 등도 있었다. 이외에도, 해、달、강、산、별、숲、풀、꽃、비、흙、땅、길、불、집、옷、일、돈、때、삶、물、밥、술、약、글、말、책、복 등의 말들도 소개하고 있었다.

위와 같이 모아서 나열하고 보니, 우리말 가운데 단음절어들이 이렇게 많았을까하는 의문이 들 정도이다. 그러나 우리말 전체 어휘들을 모아 놓고 보면 이들이 차지하고 비율은 아주 낮은 편에 속하고, 뇌(腦)、간(肝)、폐(肺)、위(胃)、강(江)、산(山)、약(藥)、책(冊)、복(福) 등은 한자어이다. 또한, 신체부위 중에서 '머리'나 '가슴' 또는 '얼굴'이나 '엉덩이'가 소중하지 않다는 것이 작자가 글을 쓴 의도는 아닐 것이다.

결론적으로 이야기하면, 우리말은 기본적으로 다음절어에 속하고, 음절 단위 하나하나가 표시하는 바는 소리 값이다. 이에 비해, 한자는 한 글자가 하나의 음절단위라는 점에서는 우리말과 다를 바 없으나, 그 음절의 기능은 의미단위이며, 매 글자가 하나의 단어역할을 하고 있다. 우리말이 다음절어로 분류된다면, 한자로 운용되는 漢語(한어)는 기본적으로 단음절어이다. 예를 들면, 人(인)、馬(마)、山(산)、川(천)、舟(주)、飮(음)、走(주)、甘(감)、美(미)、大(대)、小(소)、强(강)、弱(약) 등의 경우인데, 이들을 單音節詞(단음절사)라 부른다.

단음절사에서 출발한 한어에서의 단어들은 후대로 내려올수록 복음절화(複音節化)되는 경향이 짙게 된다.[15] 입으로 구사하는 말을 글자로 표현하는데 있어, 단음절사는 복음절사에 비해 당연히 훨씬 간단하고 편리할 것이다. 그러나, 口語(구어)로서의 단음절사는 同音字(동음자)가 너무 많아 정확한 의미를 전달하는데 오히려 장애요인으로 작용하게 될 수가 있고, 이를 해소하기 위해서는 어쩔 수 없이 같거나 유사한 의미를 지닌 두 개의 단음절사들을 결합시켜 복음절화시키게 되는데, **衣裳**(의상)、**紡織**(방직)、**勤勉**(근면)、**誹謗**(비방)、**玲瓏**(영롱)、**婚姻**(혼인)、**徘徊**(배회)、**彷徨**(방황)、**洗濯**(세탁)、**拔擢**(발탁)、**祈禱**(기도)、**波濤**(파도)、**光明**(광명)、**詐欺**(사기)、**朋友**(붕우)、**緊張**(긴장)、**弛緩**(이완) 등의 복음절사들이 이에 속한다.[16]

한어가 단음절어라는 특징 이외에, 우리가 한자를 학습하는 과정에서 반드시 이해해야만 하는 또 다른 특징 가운데의 하나는 한어가 고립어라는 사실이다. 언어를 형태소의 결합 유형에 따라 屈折語(굴절어)、膠着語(교착어)、孤立語(고립어) 등으로 분류하는 방법이 있는데, 한어는 詞(사)의 운용과정에서 형태변화가 발생하지 않는 고립어에 속한다. 이 고립어적 특징은 문법체계를 이해하고 정리하는데 있어서는 아주 모호하고 비과학적인 인소로 작용한다.

예를 들면, 학습과정에서 '目'은 '눈'이라는 명사의 개념으로 익혔지만, '范增數目項王(범증은 여러 번 항왕에게 눈짓하였다)'라는 문장에서는 '눈짓하다'라는 의미로 사용되었고, 그 시제도 확인되지 않는다. 또한, '縱江東父老怜而王我, 我何面目見之?(설사 강동의 원로들이 나를 동정하여 나에게 왕을 시킨다 하더라도 내가 무슨 면목으로 그들을 대하겠는가?)'라는 문장에서의 '王'은 명사가 아닌, '왕으로 되게 하다'라는 사역동사로 사용되었다.[17]

---

15 『論語』에 사용된 單音節詞는 전체의 91%를 차지하고 있다. 王鳳陽(1989) 825쪽을 참조. 처음부터 複音節詞로 운용되는 詞들이 있는데 이를 聯綿詞(連綿詞)라 부른다. 古代의 鳥獸、초목、곤충、器物등의 명칭이나 擬聲語、擬態語、形容詞、副詞、動詞 또는 譯音등에 다양하게 분포되어 있는 독특한 語彙群이다. 突厥、駱駝、螳螂、葡萄、琉璃、朦朧、躊躇、慘憺、荒唐、關關、瀟瀟 등이 이에 속한다. 같은 의미를 지닌 詞들이 결합되어 複音節詞를 구성하는 경우에 대해서는 張世祿(1986) 71~80쪽을 참조.

16 이들 복음절사들은 대부분 의부가 동일하고, 의부가 다르더라도 글자 자체의 의미는 동일하거나 유사하다는 특징을 지니고 있다.

이처럼, 한자가 문장 속에서 詞類(사류)로 운용될 때, 형태변화가 없는 관계로 단수와 복수 또는 시제 등이 그 자체로는 파악되지 아니하며, 일부 品詞(품사)는 문장 속에서의 활용도 잦아서, 명사가 동사처럼 쓰이고, 형용사가 동사처럼 쓰이며, 명사가 상황어로 쓰이고, 동사가 상황어로 쓰이는 등의 경우들을 수시로 확인할 수 있다.

이러한 현상들은 한자를 학습하고 사용하는 과정에서 피하기 힘든 커다란 장애요인으로 작용하고 있지만, 한편으로는, 일상의 언어생활에서 보편적으로 운용되고 있는 四字成語(사자성어)나 對聯(대련), 또는 한자로 구성된 문학작품이 외형상 가지런한 整齊美(정제미)를 갖추는데 있어서는 결정적인 작용을 하고 있다.

五言詩(오언시)、七言詩(칠언시)는 물론이고 詞(사)、曲(곡)등의 여타 韻文(운문)을 비롯하여, 騈儷文(변려문)이나 일반 散文(산문)에서의 對句(대귀)등은 이런 한자의 특성이 아니고는 도저히 이루어질 수 없는 형식들이다.[18]

1.1.6 축하(祝賀)하는데 웬 조개(貝)?

한자의 제작과 당시의 문화적 배경

고대 이집트나 메소포타미아, 또는 마야 등의 지역에서 사용한 문자들은 한자와 마찬가지로 인류역사상 가장 오래된 표의문자군에 속하지만 모두 이미 소실되어 역사 속에 그 흔적만 남아있을 따름이다. 이에 비해, 한자는 고대의 자형체계를 대부분 그대로 유지한 채 계속 사용되고 있으며, 이를 통하여 사용자들은 글자가 만들어진 당

---

17 예로 든 문장들은『史記』의「項羽本紀」에 수록되어 있다.

18 한어의 고립어적 특성은 뛰어난 단어합성능력도 발휘하게 된다. '敎'자를 예로 들어 보면, 敎室、敎養、敎授、敎案、敎示、敎勢、敎師、敎唆、敎理、敎務、敎科、敎官、敎具、敎區、敎權、敎壇、敎徒、敎導、敎範、敎育、敎主、敎派、敎化、敎皇、敎會、敎訓、宗敎、胎敎、佛敎、邪敎 등의 二音節詞를 비롯하여, 敎科書、敎鍊官、敎法師、敎理學、敎科目、敎唆犯、敎育家、敎育監、敎育法、敎育史、敎皇廳、敎役者 등의 三音節詞, 敎科課程、敎權確立、敎務主任、敎師生活、敎父哲學、敎育方法、敎育評價 등의 四音節詞들을 前綴、後綴 등의 방법을 통하여 형태변화 없이 자유자재로 합성시키고 있는 것을 알 수 있다.

시의 문화를 직접 체험할 수 있게 된다. 몇 가지 사례를 들어 보면 아래와 같다.

소전 자형에 근거하면, '葬禮(장례)'의 '**葬**'자는 시체(死) 밑에 자리(一)를 깔고 풀더미(茻)를 덮어 안치시키는 형태로 나타나 있고, '弔問(조문)'의 '**弔**'자는 안치시킨 시신을 주변의 禽獸(금수)로부터 보호하기 위해 문상객(人)이 활(弓)을 들고 지키는 형태로 구성되어 있다. 이를 통해서 우리는 이들 글자들이 埋葬(매장)이나 火葬(화장)문화가 아니라 草葬(초장)문화의 배경 하에서 만들어진 것들임을 알 수 있게 되는 것이다.[19]

당기다(**引**)、느슨하다(**弛**)、팽팽하다(**張**)、튀다(**彈**)、출발하다(**發**) 등의 의미를 모두 활과 관계지어 '**弓**'을 의부로 사용한 사실은 수렵문화에서 활의 중요성을 반영한 것이고, **奚**(혜)、**取**(취)、**伐**(벌)、**兵**(병)、**戒**(계) 등의 글자들은 전쟁문화의 소산으로 보아야 할 것이며,[20] **嫉**(질)、**妬**(투)、**妄**(망)、**婬**(음)、**婪**(람)、**奸**(간)、**姦**(간) 등의 글자들의 의부가 '**女**'라는 것은 봉건사회에서의 남존여비사상이 반영된 것으로 이해하여야 할 것이다.[21]

'정교하다'라는 개념의 '**精**(정)'자는 원래 쌀을 搗精(도정)하는 과정이 농사 중에서 가장 정교한 공정이 요구된다는 의미에서 '**米**(미)'가 의부로 사용된 것이며, 세금(**租**、**稅**)、계절(**季**、**秋**、**秊**)[22]、종자 혹은 심다(**種**)、드물다(**稀**)、옮기다(**移**)、어리다(**稚**)、등급이나 정도(**科**、**程**)、저울 혹은 저울질하다(**秤**、**稱**)、쌓다(**積**、**秩**)、거두어들이다(**穫**) 등의 뜻을 나타내는 글자들에서 모두 **禾**(화)가 의부로 사용된 된 것 역시 농경문화의 산물인 것이다.[23]

---

19 현대한자에서 '묻다'라는 의미는 '흙'을 표시하는 '土'가 의부로 사용된 '埋'자가 나타내고 있지만, 埋의 원래 자형(小篆)은 '薶'로서, 그 의미는 '죽은 사람을 묻다'라는 의미를 나타내는 '瘞(예)'자로 풀이되며, 薶의 의부는 '풀'을 표시하는 '艸'이다.

20 『說文解字』에서는 奚의 본의를 '大腹也'로 설명하고, 자형을 '从大𦅼省聲'의 형성자로 분석하고 있지만, 현재 한자학계에서는 사람(大)을 묶은 끈(幺 혹은 糸)과 손(爪)의 조합으로 구성된 회의자로 보고, '노예' 혹은 '포로'의 의미로 해석하는 것이 일반적이다. 取는 전투에서 적을 사살한 후, 전과보고를 위해 피살자의 귀(耳)를 손(又)으로 취하는 것이며, 伐、兵、戒 등에서의 창(戈)이나 도끼(斤)는 무기를 의미한다.

21 女가 의부로 사용될 때, 반드시 비속한 의미를 나타내는 것만은 아니다. 모계사회를 배경으로 하여 만들어진 始、姓、姜 등의 글자들도 있고, 친속관계를 표시하는 姑、姨、嫂 등의 글자가 있는가 하면, 여성 고유의 아름다움을 표현하는 姿、妍、媛 등의 글자도 있다.

22 秊은 年의 本字이다.

한자를 통하여 고대문화의 유적을 살필 수 있다는 사실이 한자를 이해하는데 있어서 중요할 뿐만 아니라, 학습과정에서도 반드시 지녀야 할 기본적 개념으로 강조되는 이유는, 글자에 透映(투영)된 문화의 흔적을 통하여 한자의 자소 조합에 있어 의부를 유추하는데 상당한 도움을 받을 수 있다는 것 때문이다. 우리가 일상적으로 사용하고 있는 어휘 가운데 하나인 '축하'의 '**祝**'자와 '**賀**'자를 예로 들어 설명해 보면 아래와 같다.

祝자는 고대인들이 자연신이나 조상신에게 제사지내는 풍습 속에서 만들어졌고, '祭主(제주)가 神(신)에게 올리는 讚辭(찬사)'를 의미한다. 示(시)가 의부로 사용된 까닭은, 示는 신에게 제사지낼 때 행하는 占卜(점복)행위 과정에서 만들어진 글자이고, '길흉의 결과를 보여 주다'가 그 本義(본의)로서, 고대인들이 합체자를 조합할 때 제사와 관련된 의미를 나타내는 기본의부로 활용했기 때문이다. **祭**(제)、**祀**(사)、**禱**(도)、**祈**(기)、**禍**(화)、**福**(복)、**神**(신)、**祠**(사)、**社**(사)、**祐**(우)、**祖**(조)、**祥**(상)、**禁**(금)、**禪**(선)、**禮**(례) 등의 신、조상 또는 제사와 관련된 의미를 나타내는 글자들에서 모두 示가 의부로 사용된 것 역시 마찬가지 경우이다.[24]

賀자가 본래 '禮物(예물)을 주고받는 것으로 서로 慶賀(경하)한다'는 뜻을 지니고 있고, **貝**(패)가 의부로 사용된 이유는, 고대인들이 조개를 화폐로 사용했고, 아울러 財貨(재화)나 交易(교역) 또는 채권、채무、선물 등과 관련된 의미를 나타내는 기본 의부로 貝를 활용했기 때문이다. **買**(매)、**賣**(매)、**貴**(귀)、**賤**(천)、**賃**(임)、**貸**(대)、**財**(재)、**貨**(화)、**賄**(회)、**賂**(뢰)、**負**(부)、**貢**(공)、**貧**(빈)、**責**(책)、**債**(채)、**貪**(탐)、**貫**(관)、**販**(판)、**費**(비)、**貯**(저)、**貿**(무)、**貶**(폄)、**貽**(이)、**貰**(세)、**資**(자)、**賈**(고)、

---

23 이밖에도, 漢字에는 彡、而、須、髟、髡、髣、髯、髦、髫、髮、髲、鬅、鬐、髭、髱、鬈、鬆、髺、鬚、鬢 등 머리칼이나 수염에 관한 의미를 지닌 글자들이 상상외로 많고 복잡한데, 이런 현상을 지금 우리의 문화로 이해하려고 한다면 쉽게 납득이 되지 않을 것이다. 그러나 지금의 '깍는 문화'에 비해 당시의 문화는 '기르는 문화'였기 때문에, 머리칼이나 수염의 부위별 명칭이나 모양、상태를 나타내는 여러 글자들이 만들어져 사용된 것은 오히려 자연스러운 需要이었을 것이다.

24 示는 『說文解字』에서 "하늘에서 징조를 드리워 길흉을 나타냄으로써 사람들에게 보여주는 것이다(天垂象, 見吉凶, 所以示人也)"라고 의미를 설명하고 있다. 고문자계통의 자형해석에 있어서는 異說이 많지만, 占卜과정에서 만들어진 자형이라는 것에서는 기본적으로 일치하고 있다. 宀부 소속 宗자에서도 示는 같은 경우로 사용되었다. 見부 소속 視자의 경우, 示가 의부 겸 음부로 사용되고 있으나, 주 의부는 見으로 이해하여야 할 것이다.

賜(사)、賦(부)、質(질) 등의 글자들에서 모두 貝가 의부로 사용된 것 역시 마찬가지 경우이다.

한자 학습과정에서, 특정한 의미를 나타내는 글자를 기억하기 위해서는 우선 그 의미를 대표하는 총류로서의 부수를 먼저 파악하여야 한다. 그러나, 위에서 예시한 글자들의 부수인 示는 현재 단독으로 사용될 때, '보다' 혹은 '보여주다'라는 의미로 운용되고 있고, 貝는 '조개'라는 의미가 상용의이다. 만약, 示를 단순히 '보일 示'라고 학습하고, 貝를 '조개 貝'라고만 학습한 상태라면, 示 또는 貝라는 부수글자와 그 부수에 소속된 글자들 간의 의미상 상관관계가 쉽게 연결될 수가 없을 것이다.

한자에는 조자 당시의 문화적 배경이 아직까지 그대로 남아 있다는 사실에 착안하여, 한자를 학습할 때 이와 같은 고대문화에 관한 상식과 造字背景(조자배경)을 이해한다면 훨씬 쉽고 효율적으로 자형을 익힐 수 있을 것이다.

1.2 자소의 개념과 분류

본서에서 말하는 자소는, 우리나라에서 현재 공용서체로 사용하고 있는 楷書體(해서체)를 기준으로 하여, 한자의 자형을 구성하는 필획에서 整字(정자)에 이르기까지의 모든 요소들을 가리키는 것이다.[25]

---

25 자소에 관한 전문적인 설명은 朴秋鉉(2006)을 참조.

이들 자소들은 다시 '構形素(구형소)'와 '機能素(기능소)'로 구분된다. 구형소는 자형의 구조형태를 분석하고, 이를 통하여 기능소를 구성하는 자소들의 결합 층차를 파악하기 위한 구별이고, 기능소는 평면적으로 자소가 담당하는 역할을 분석하기 위한 구별이다. 양자는 서로 대립하는 관계가 아니고 상호 보완적 관계로서, 모든 기능소는 구형소에 의해 구성되며, 구형소에 근거해 그 결합 층차가 분석될 수 있고, 모든 구형소는 단독 혹은 두 개 이상이 일정한 방법의 조합과정을 거쳐 기능소의 역할을 하게 된다.

구형소는 세분하면 다시 筆劃字素(필획자소)、根源字素(근원자소)、派生字素(파생자소)、形體字素(형체자소)、變異字素(변이자소) 등으로 구분되며, 기능소는 表意字素(표의자소)와 表音字素(표음자소)로 나누어진다. 표의자소와 표음자소는 합체자의 분석을 위해 전통적 사용해 온 편방의 개념과 동일하며, 意符(의부)와 音符(음부)로 부르기도 한다. 이들 형태소와 기능소들을 나누어 설명하면 아래와 같다.

1.2.1 構形素

1.2.1.1 筆劃字素

필획자소는 현대한자의 구형소 가운데 최하위 단위로서, 근원자소를 비롯한 기타자소를 구성하는 筆形(필형)에 관여하는 자소이다.

해서체의 필획은 전통적으로 '**永**(영)'자나 '**求**(구)'자의 획으로 설명하고 있는데, 현재 사용되고 있는 해서의 필획은 單筆(단필)로 운용되는 丶(점)、一(가로 획)、㇀(오른 쳐 올림)、丨(세로 획)、丿(왼 삐침)、㇏(오른 삐침)、亅(왼 갈고리)、㇄(오른 갈고리) 등이 있고, 이들이 다시 연철되어 여전히 단필로 운용되는 ㇕(가로 꺾기) 、㇗(세로 꺾기) 、㇇(가로 왼 삐침) 등을 비롯해, 조금씩 변형되어 운용되는 경우까지 합쳐 세분하면, 필획으로 이루어지는 필형은 대략 26가지가 된다.[26]

필획자소는 간혹 근원자소、파생자소、형태자소 및 변이자소와 同形(동형)으로 나타나는 경우가 있다. 예를 들면, 主(주)에서의 '丶(주)'는 표의기능을 가지는 근원자소이며, 弔(조)에서의 '丨'은 '人(인)'의 변이자소이고, 旦(단)에서의 '一'은 형체자소이다.

1.2.1.2 根源字素

근원자소는 필획으로 구성된 일련의 독체자로서 구형소의 根幹(근간) 역할을 하는 자소이다. 이들은 동일한 또는 서로 다른 근원자소, 혹은 파생자소、형체자소들과 다시 결합하여 합체자를 구성하며, 다양한 형태의 또 다른 독체 파생자소를 만들어 내기도 한다. 근원자소의 수는 파생자소의 숫자와 합치더라도 대개 500여자를 초과하지는 않는다.[27]

1.2.1.3 派生字素

한자의 孳乳(자유)과정을 분석해 보면, 대개 먼저 만들어진 근원자소들이 다양한 방법으로 결합하여 새로운 합체자들을 구성하는 것이 일반적이다. 그러나 이미 만들어진 근원자소를 활용하여, 그 형체의 일부를 변형、생략 또는 특정한 형체자소를 추가시켜 또 다른 독체자가 만들어지는 경우도 적지 않다.

예를 들면, '大(대)'에서 立(립)、亦(역)、夭(요)、尢(왕)、夫(부)、交(교) 등이 만

---

26 간체자를 대상으로 한 분석이긴 하지만, 張玉金、夏中華(2001)는 단일필획 5종과 복합필획 6류 25종으로 구분하였고(180~183쪽), 費錦昌(1992)은 31종을 제시하고 있다(497~498쪽). 본서에서 말하는 26가지도 이 범위를 벗어나지는 않는다. 필획자소의 획수 문제나 筆順에 관해서는 王鳳陽(1989) 235~257쪽을 참조.

27 林尹(1971)은 『說文』을 기준으로 하여, 象形 364자, 指事 125자 등 독체자는 489자라고 말하고 있고(61쪽), 杜定友(1954)는 8,075자의 普通字를 대상으로 분석하면 535개의 독체자가 추출된다고 하고 있다(27쪽). 石定果(1996)는 회의자를 기준으로 하여 281개의 構件을 추출한 바, 그 가운데 독체구건이 180개이고 합체구건이 101개라고 분석하였다(152쪽). 간체자를 기준으로 분석한 통계를 보면, 대개 323, 358, 372개 등이지만 195, 236개 등으로 분석하고 있는 경우도 있다. 蘇培成(2001) 350~351쪽을 참조.

들어지고, '木(목)'에서 爿(장)、片(편)、本(본)、未(미)、末(말)、朱(주)、果(과) 등이 만들어지며, 身(신)의 反文(반문)인 月(이), 首(수)의 倒文(도문)인 県(교) 등도 같은 예이다. 이외에도, 犬(견)에서 犮(발), 刀(도)에서 刃(인), 皿(명)에서 血(혈)이 파생되는 등 일일이 열거할 수 없을 정도로 그 수가 많고 다양하다. 이들 자소를 근원자소와 구별하여 파생자소로 칭하였다.[28]

1.2.1.4 形體字素

형체자소는 특정한 자소와 결합했을 때만 일정한 의미를 갖게 되는, 音義(음의)가 없이 형체만 존재하는 자소들을 말한다.

예를 들면, 果(과)、胃(위)、番(번)、雷(뢰) 등에서의 '田'형은 '밭'을 의미하는 田(전)이 아니라 木(목)、肉(⺼ 육)、釆(변)、雨(우) 등의 근원자소들과 결합할 때에만 각각 특정한 모양 또는 상태를 표시하는 자소들이며, 石(석)、向(향)、呂(려)、舍(사)、豆(두)、邑(읍)、足(족)、谷(곡) 등에서의 '口'형 역시 '입'을 의미하는 口(구)가 아니다.

형체자소들 가운데 일부는, 고문자계통에서도 특정한 음과 뜻을 지닌 다른 자소들과 동일한 자형으로 나타나는 경우가 있었지만, 隷變(예변) 이후 한자가 筆劃化(필획화)되는 과정에서는 이러한 예가 더욱 많아지게 되었고, 이들은 음과 뜻을 지니고 있는 특정자소의 자형과 동일하게 변형되어 동형자소로 존재하는 경우가 많다.[29]

본서에서 분류한 형체자소의 개념을 전통문자학에서는 不成文(불성문)이라 불렀고, 成字字素(성자자소)와의 상대적인 개념으로 분류한다면 非字字素(비자자소)에 속한다.

---

28 이들은 전통문자학에서 增體、省體、變體의 象形 혹은 指事라는 명칭으로 분류하였다.

29 본서에서 말하는 '隷變'은 한자의 자형이 고문자계통의 마지막 단계인 小篆에서 예서 및 해서 자형으로 변하는 단계를 포괄적으로 지칭하는 것이다. 동형자소들 가운데, 형체자소의 판단기준은 기본적으로 成字字素인가 혹은 非字字素인가이다. 그러나 일부 자소, 특히 單筆字素 가운데 一 같은 경우는 판단이 애매한 경우가 자주 발생한다. 예를 들면, 本、未、末 등에서의 一은 형체자소임을 누구도 부정하지 않는다. 그러나, 兀(从一在儿上)、元(从一从兀)、天(从一大)、吏(从一从史, 史亦聲) 등에서의 一이 成字字素로서의 一(일)인가 혹은 形體字素인가에 대해서는 아직까지도 연구자에 따라서 부분적으로는 異說이 존재하고 있는 실정이다.

1.2.1.5 變異字素

변이자소는 합체자를 구성하는 자소의 자형이 方塊化(방괴화), 혹은 필사의 편리를 추구하는 과정에서 자연스럽게 변화되었거나 의도적으로 변형시킨 경우, 또는 예변 과정에서 여러 개의 자소들이 粘合(점합)되어 자형이 변하게 된 경우들의 자소들을 말한다.

일반자소들은 합체자내에서 대개 고정적인 위치를 점유하고 있는 경우가 대부분이지만, 특정한 의미를 부각시키기 위해 특수한 위치에 놓이면서 원래의 자형이 변하는 경우도 있는데, 이들 역시 변이자소에 포함된다.

이외에도, 자형이 演變(연변)되는 과정에서 전혀 다른 의미를 지니고 있는 자소로 訛變(와변)되는 경우도 허다하게 발생하게 되었는데, 이같이 와변된 자소들도 변이자소 중의 하나로 분류된다.

이상의 기준으로 변이자소를 세분하면 아래와 같다.

가) 단순변이자소

원래의 자소와 音義는 동일하고 형태만 변한 자소들로서, 이들의 유형은 대개 아래와 같은 네 가지로 세분될 수 있다.

① 사용빈도가 높은데 비해 획수가 많아서 줄이거나 모양을 고려해 형태를 변화시킨 경우로서, 대개 전통부수 운용과정에서 발생하며 이미 그 변형의 예가 제시되어 있다. 手(수)의 扌、心(심)의 ⺗이나 忄、阜(부)나 邑(읍)의 阝、衣(의)의 衤、示(시)의 礻 등이 이에 해당된다.

② 모양을 고려해 자소의 일부분을 생략하거나 겹치는 부분을 생략하는 경우로서,

亭(정)이나 豪(호)에서 高(고)의 일부분을 생략하거나, 告(고)의 牛(우)、姜(강)의 羊(양) 등에서 아래 부분이 생략된 경우, 痲(마)나 釜(부)에서 일부 겹치는 부분이 생략된 경우 등이 이에 속한다.[30]

③ 특정한 의미를 부각시키기 위해 특수한 위치에 놓이면서 원래의 자형이 변하는 경우로서, 益(익)의 皿(명) 윗부분은 물이 넘쳐흐르는 모습으로 水(수)를 가로로 위치시킨 것이며, 光(광)은 儿(인) 위에 火(화)를 위치시킨 자형이고, 先(선)은 儿 위에 之(지)를 위치시킨 것이지만 火 와 之의 형태가 변하였고, 产(위)는 厂(한) 위에 人을 위치시킨 것이지만 人의 자형이 변하였다.

④ 소수자에서만 특수한 형태로 변한 경우도 있는데, 衣(衤 의)가 卒(졸)과 雜(잡)에서는 '亣'형으로 변하였으며, 丘(구)는 虛(허)에서 '业'형으로 변하였고, 口(구)도 甘(감)에서는 '廿'형으로 변하였다. '从土才聲'의 형태로 구성된 '在'에서의 才 역시 변형이다.

나) 粘合字素

예변 이후, 두 개 이상의 자소가 결합되어 개별 자소를 파악하지 못할 정도로 변형되어 한 덩어리로 뭉쳐져 나타나는 경우를 가리킨다. 예를 들면, '兼(겸)'자는 두 개의 '禾(화)'와 '又(우)'가 결합된 형태이고, '寒(한)'자의 '宀(면)'과 '冫(빙)'을 제외한 부분은 '茻(망)'과 '人'이 결합된 형태이다.[31]

이외에도, 卷、券、拳、眷(권) 등에서의 윗부분은 '从廾釆聲'의 弄(변)이 关형으로 변한 경우이며, 奉(봉)、春(춘)、泰(태)、奏(주)、秦(진)、舂(용) 등에서의 윗부분은 소전에서 각기 래원이 다른 자소들로 구성된 자형들이 예변 이후 같은 자형으로 변한 경우들이다.

---

30 예로 든 글자들의 구체적인 형태는 제2장의 각 절을 참조.

31 '塞(색)'의 경우는, '宀'과 '土'를 제외한 부분이 '㠭(전)'과 '廾(공)'이다. 2.8 工의 파생자소 㠭을 참조.

이들 점합자소는 해서체에서 특정한 의미를 지닌 다른 자소의 형태로 변하여 동형자소의 형태로 나타나는 경우도 적지 않은데, 예를 들면, '**農**(농)'자는 小篆에서 **䢉**、**農** 등의 형태로 정리되었는데, 예변 이후 '辰'의 윗부분이 '**曲**'형으로 변한 경우가 이에 속한다.

다) 訛變字素

자형의 와변은 고문자계통의 마지막 단계라고 볼 수 있는 小篆(소전)에서도 적지 않게 발견되지만, 대개 예변 이후에 많이 발생한다.

와변자소의 유형을 살펴보면, 단순변이자소의 유형에서도 나타난 바와 같이 필사의 편리와 方塊化(방괴화)를 추구하는 과정에서 발생하여 일반화되는 경우, 또는 래원이 불분명하거나 잘못 파악하여 와변된 경우로 구분해 볼 수 있다.

예를 들면, 見(견)、兄(형) 등에서의 儿(인)이 頁(혈)에서는 八(팔)의 형태로 와변되고, 葬(장)에서의 茻(망)이 莫(막)에서는 아래 부분이 '大(대)'형으로 변한 것 등이 전자의 경우에 속하고, 射(사)의 자소가 弓(궁)과 又(우)로 구성되지 아니하고 身(신)과 寸(촌)으로 정리된 것이나, 衆(眾 중)자의 윗부분이 血(혈)로 정리되어 血 부수에 나열시켜 놓은 것 등이 후자의 경우에 속한다.

1.2.2 機能素

1.2.2.1 **表意字素(意符)**

표의자소는 원칙적으로 근원자소와 파생자소 위주로 구성된다.

그러나, 이들에 의해 조합된 합체자가 다시 다른 합체자를 구성하는 의부역할을 하는 경우도 적지 않다.

예를 들면, 합체자의 의부역할을 주로 담당하는 현재 통용자전에서의 부수 중에는 **見**(견)、**里**(리)、**辵**(착)、**風**(풍)、**鼻**(비) 등과 같은 합체자소들이 적지 않으며, **異**(이 从共畀)、**慮**(려 从思虍聲)、**翫**(완 从習元聲)、**敖**(오 从出从放)、**賣**(매 从出从買) 등의 글자에서도 합체자소들이 의부로 사용된 경우이다.

1.2.2.1 表音字素(音符)

표음자소는 다양하게 구성되어진다. 일차적으로, 구형소에 의해 구성되는 일련의 표의자소가 표음자소를 겸하기도 하고, 두 개 이상의 표의자소로 구성된 합체자(會意字)가 표음자소 역할을 하기도 한다. 또한, 한 개 또는 그 이상의 표의자소와 한 개의 표음자소로 구성된 합체자(形聲字)가 다시 표음자소 역할을 하는 경우도 있다.

표음자소는 표의자소에 비해 그 수가 많아, 평면적으로 분류하면 1300여개나 되지만,[32] 이들을 層次分析(층차분석)하게 되면 결국 구형소의 역할을 하는 근원자소 혹은 파생자소로 분석된다.

1.2.3 기타 分類方法

1.2.3.1 獨體字素와 合體字素

전통 문자학에서는, 形音義(형음의)가 갖추어진 하나의 자형으로 구성된 글자를 독체자(**文**)라 하고, 두 개 이상의 독체자가 모여 합체자(**字**)를 구성한다고 하였다. 자소의 개념으로 분석하는 경우에도 마찬가지로서, 독체자가 자소 역할을 하는 경우를 독체자소라 하고, 합체자가 자소 역할을 하는 경우를 일러 합체자소라 한다.

---

32 張儒、劉毓慶(2002)은 先秦兩漢 문헌에 사용된 한자의 표음자소를 '聲素'라는 개념으로 1300개를 분석、추출해 놓았고, 李燕、姜加深(1995)은 現代 漢字를 대상으로 聲符 1,325개를 추출해 놓은 바 있다(29~36쪽).

1.2.3.2 成字字素와 非字字素

전통적인 한자의 구형분석에 있어서, 개별 자형의 음과 뜻이 분석되는 경우 이들을 모두 글자로 분류하고, 그렇지 않은 경우를 不成文(불성문)이라고 칭하였다. 자소의 개념으로 분석하더라도, 개별 자형의 음과 뜻이가 분석될 수 있다면 성자자소로 분류하고, 형체자소는 비자자소로 구분될 것이다.

그러나, 현재 사용되고 있는 해서체를 기준으로 할 때, 관점의 차이에 따라 그 분류가 달라지는 경우가 있다. 예를 들면, '冖'은 음이 '멱'이고 '덮다(覆也)'라는 의미를 가진 글자이며, '匚'은 음이 '방'이고 '물건을 담는 그릇(受物之器)'이라는 의미를 표시하는 글자이다. 그러나 이들은 해서체에서 단독으로 사용되지 않는다는 이유로 이들을 비자자소로 구분하기도 한다. 이 같은 경우에는, 독체자소들 뿐만 아니라, 적지 않은 수의 합체자소들도 해서체에서는 비자자소로 분류되는데, 臽(함)、侖(륜)、粦(린)、䜌(련, 란) 등이 이에 속한다.

1.2.3.3 基層字素와 多層字素

한자를 기능소의 개념으로 분석하면 단순히 표의자소(의부)와 표음자소(음부)의 이분법으로 분류할 수 있지만, 구형소의 개념으로 분석할 때는 층차분석이 필요하게 된다.

예를 들면, 辵(착)이라는 의부와 豦(거)라는 음부로 구성된 遽(거)를 구형소의 개념으로 분석하게 되면, 辵은 다시 '从彳从止', 豦는 '从豕虍'의 형태로 분석된다. 이와 같이, 기능소에서 등장하는 二次、三次 등의 層次로 결합되는 합체자소들은, 구형소로 나열될 때는 층차분석에 의해 단계적으로 분류가 된다.

층차분석은 구형학에 있어서 기본적인 작업으로서, 이러한 과정을 거치고 나면, 평면적으로 분석되는 기능소의 결합 유형을 층차 별로 정리할 수 있게 되고, 기층자소와 다층자소는 이러한 분석방법에 근거한 분류이다.

1.2.3.4 同形字素와 同義字素

동형자소는 자형의 연변과정에서 래원이 서로 다른 자소들이 같은 자형으로 변한 경우를 가리키는 것이다.

明(명)、胡(호)、前(전)、青(청)、冑(주) 등의 글자로 예를 들면, 明에서의 '月'은 달을 의미하는 '月(월)'이지만, 胡에서의 月형은 肉(육), 前에서의 月형은 舟(주), 青에서의 月형은 丹(단), 冑에서의 月형은 冃(모)로서, 현재 해서체에서는 모두 '月'의 형태로 운용되고 있으며, 舂(용)、兒(아)、陷 등에서의 '臼', 魚(어)、焉(언)、然(연) 등에서의 '灬' 역시 서로 래원이 다른 자소들이다. 이러한 현상은 위에서 언급한 변이자소와 형태자소에서 발생하게 되는 경우가 대부분이다.

동의자소는 의미가 같은 다른 형체의 자소들을 가리키는 것이다. 한자는 초기 단계에서부터 한사람 손에 의해 한꺼번에 만들어진 것이 아니어서, 많은 수의 古今字(고금자)와 異體字(이체자)가 발생하게 되는데, 자소로 사용되는 경우에도 예외는 아니다.[33]

1.3 자소와 部首

1.3.1 部首의 製作과 改變

'부수'라는 개념을 최초로 도입한 문헌은 『說文解字』인데, 이는 중국문자학사상, 자형을 분석하여 字義(자의)를 해설하고, 또한 音符(음부)를 구별해 놓은 최초의 자전인 동시에, 수록된 9,353자(重文 1,163)를 540부수에 귀속시켜, 偏旁(편방)으로 한자를 귀납시키는 방법을 발명하여 후대의 한자 자전 編制(편제)에 길을 열어 준 문헌이다.[34]

33 위에서 언급한 변이자소들도 의미를 기준으로 하여 명칭을 부친다면 동의자소로도 부를 수 있을 것이다.

『說文解字』의 저자인 許愼(허신)이 만든 540부수는, 소전체를 표준자형으로 삼아, 표의기능을 가진 주요편방을 부수로 정했으며, 이후 나온 晋(진)대의 『字林(자림)』、梁(양)대의 『玉篇(옥편)』、宋(송)대의 『大廣益會玉篇(대광익회옥편)』、『類篇(류편)』 등 대부분의 자서들이 이를 연용하게 되었다.[35]

明(명)대 梅膺祚(매응조)의 『字彙(자휘)』에 이르러서는, 540부수를 대폭 합병하여 208부로 줄이고, '亠(두)'、'弋(익)'、'无(무)'、'父(부)'、'爿(장)'、'艮(간)' 등의 6부를 새로 추가해서 지금의 214부수로 되었으며, 부수의 배열도, 『說文解字』는 자형의 相近程度(상근정도)에 의해 次序(차서)를 정했으나, 『字彙』에서부터 劃數(획수)의 多寡(다과)에 의해 배열하는 방식으로 바뀌게 되었으며, 『康熙字典』을 비롯한 후대의 자전들이 다시 이를 沿用(연용)하게 되었다.

1.3.2 214部首의 系統上 특징

許愼이 『說文解字』에서 표준자체로 삼은 소전체는 당시의 통용자체인 隷書(예서)보다는 비교적 고문자계통의 자형을 많이 보존하고 있어서, 자형에 의거해 의미를 파악하기가 비교적 쉬웠으며, 540부수 역시 모두 표의 기능을 갖고 있었다. 허신이 매

34 저자인 許愼은 「敍」에서 책의 편제에 관해 스스로 말하기를 "부수로 나누어 서로 다른 것이 섞이지 아니하게 하였다(分別部居, 不相雜廁)"라고 했는데, 이에 관해 淸代의 段玉裁는 그의 저서 『說文解字注』에서, "부를 나누어 540개로 하고 매부는 각각 하나의 머릿글자, 즉 부수를 세운다.그리고 같은 부수의 글자에 대해서는 '무릇 어느 부수에 속하는 글자들은 모두 어느 부수글자를 기본 구성 요소로 한다'고 했다. 이렇게 하여 字形이 확립되고 字音과 字義과 쉽게 밝혀진다. 모든 글자는 반드시 소속되는 부수가 있게 마련이니, 이 540자로 천하고금의 글자들을 묶을 수 있게 되었다. 이는 前代에 없었던 것으로 許愼이 獨創한 바이다. (分別其部爲五百四十, 每部各建一首, 而同首者則曰凡某之屬皆從某. 於是形立而音義易明. 凡字必有所屬之首. 五百四十字可以統攝天下古今之字. 此前古未有之書, 許君之所獨創.)"라고 설명하고 있다.

35 『玉篇』에서 『說文解字』의 일부 부수를 增刪한 바 있는데, 『玉篇』에서 없앤 部首는 哭、畵、敎、眉、介 등을 비롯한 11개이고, 새로 추가한 部首는 父、云、喿、冘、處、兆、磬、索、書、牀、弋、單、丈 등 13개로 『玉篇』의 部首는 모두 542개이다. 唐 張參의 『五經文字』에서는 『說文』과 『字林』에서 취한 3,253자를 160部로 구분한 例가 있고, 宋 李從周의 『字通』에서는 楷書의 點劃에 의거해 89部로 나누기도 했다. 朝鮮時代 崔世珍의 『韻會玉篇』(1536. 奎章閣所藏本)는 339部首를 사용하고 있는데, 그 來源에 관해서는 설명을 하지 않고 있다. 역대 자전의 부수체계에 관해서는 河永三(1995) 31~55쪽을 참조.

부수 아래 "무릇 어느 부수에 속하는 글자는 모두 그 부수를 따른다(凡某之屬, 皆从某)"라고 한 것은 바로 '같은 부수의 글자들은 같은 류이다'라는 것을 이야기 한 것이다. 예를 들면, '言'부에 속한 글자들은 모두 '말'과 관련 된 글자들이고, '木'부에 속한 글자들은 반드시 '나무'와 관련된 의미를 가지고 있는 글자들이다.

그러나 214부수는 楷書(해서)를 표준자체로 삼았기 때문에, 의미와 관계없이 소속자와 부수가 형체만 같거나 비슷하면 그 부수에 귀속시켰다.[36] 이런 현상은 540부수가 너무 번잡하여 숫자를 줄이는 과정에서 발생할 수밖에 없는 불가피한 것이었기도 하지만, 또 하나의 중요한 원인은, 소전이 예서를 거쳐 해서체로 정리되면서 자형이 변했기 때문이다.

위에서 예로 든 '言'이나 '木'부 같은 경우는 별다른 변화가 없는 경우이지만, 적지 않은 부수에는 부수의 의미와 부합되지 않는 글자들이 속해 있다. 예를 들면, '人'부의 今(금)、令(령)、侖(륜)、余(여)、倉(창) 등의 글자나, '艮(간)'부의 良(량), '氏(씨)'부의 民(민), '舌(설)'부의 舍(사) 등의 글자들은 소전에서 예서를 거쳐 해서체로 정리되는 과정에서 자형이 '人' 또는 '艮'、'氏'、'舌' 등과 같은 형으로 변했을 뿐, 원래의 字義는 서로 관계가 없는 것들이다. 또한 '禸(유)'부는 벌레 혹은 짐승류를 나타내는 편방으로 사용되고, 禹(우)、禺(우)、离(리)、禽(금)、萬(만) 등의 글자가 소속되어 있었으나, 유독 '萬'자만은 『康熙字典』에서 '艸(초)'부에 배열하고 나서부터 현재 대다수의 자전이 '艸'부에 배열하고 있다.[37]

이러한 이유로 인해, 214부수를 540부수와 비교할 때, 모든 부수가 표의기능을 가지고 부수에 속한 글자 역시 부수가 지닌 의미를 따르느냐 그렇지 아니한가를기준으로, 부수의 類型(유형)을 '形義型部首系統(형의형부수계통)'과 '形體型部首系統(형체형부수계통)'으로 나누고, 540부수를 전자로, 214부수를 후자로 분류한다.[38]

---

36 部首로 이용되는 偏旁 자체도 이미 본래의 의미를 상실하거나 변한 것이 많고, 심지어 '亠'部 같은 경우는 楷書의 형체만 고려해서 만든 부수이어서, 소속된 글자와 부수사이에 아무런 의미상의 관련성이 없다.

37 『中文大辭典』(中文大辭典編纂委員會, 1968)을 비롯한 일부 자전에서는 여전히 '禸'부에 배열하고 있다.

38 214개 部首를 개별적 字形結構로 분석한다면, 아무런 의미를 지니지 못한 채 필획으로만 분석할 수 있는 '필획부수', 독체자로 구성된 '독체부수', 합체자로 구성된 '합체부수' 등으로도 구분할 수

자소의 개념으로 볼 때 부수는 분명히 자소 중의 중요한 일부분으로 존재하는 것이 사실이다. 그러나 자소로서의 분류에 있어서는 명쾌하게 구분되지 않는 경우가 많다.

구형소의 입장에서 보면, 필획자소와 근원자소 및 파생자소가 混在(혼재)하고, 합체자소도 섞여 있으며, 기능소의 관점에서 보더라도, 초기의 540부수 계통은 모두 의부로서의 기능을 지니고 있었으나, 214부수 계통에서는 부수 자체가 의부의 기능을 상실한 경우도 있고, 애초부터 音義(음의)가 없는 형체자소도 포함되어 있으며, 해당 부수와 배속된 글자 간에 의미상 연관이 없는 경우도 다수 존재한다.

1.3.3 214部首의 配字例

일반적으로 부수를 판단하는데 있어서, 한자의 대부분을 차지하고 있는 형성자의 경우는 부수를 결정하기가 그다지 어려운 일이 아니다. 예를 들면, 壤、孃、攘、禳、穰、釀(양) 등의 글자들에 있어서 공통적으로 '襄(상, 양)'이 音符가 되고 나머지 土(토)、女(녀)、手(수)、示(시)、禾(화)、酉(유) 등이 각각 의부이면서 부수역할을 하고 있다는 것을 쉽게 판단할 수가 있다.[39]

그러나 회의자의 경우에는 부수의 결정이 애매한 경우가 많은데, 대개 의미의 비중이 큰 쪽으로 부수가 결정된다는 원칙은 있지만, 초학자의 입장에서는 이를 판단하기가 쉽지 아니하고, 또한 자전의 編者(편자)에 따라 서로 다른 경우도 있어 혼란스러움을 면하기 어려운 것이 실정이다.[40]

『康熙字典』을 비롯한 214부수를 채택하여 글자들을 배속한 자전들에서의 配字例

있다. 王述加(1985) 9쪽 및 13~15쪽을 참조.

39 形聲文字의 구성방식은 대개 一形一聲이지만, 碧(벽 从玉石,白聲)、寶(보 从宀从玉从貝, 缶聲) 등과 같이 義符가 둘 이상인 경우도 있으며, 드물기는 하지만, 竊(절 从穴米. 卨、廿, 皆聲也)과 같이 음부가 두 개로 설명되는 경우도 있다(제2장 2.2.1의 内를 참조). 이러한 경우, 초학자의 입장에서는 義符와 音符의 구별 및 부수의 판단이 여전히 단순하고 간단한 문제가 아닐 수 있다.

40 段玉裁는 『說文解字注』에서 許愼의 分部條例를 분석하면서, 會意字의 部首는 나타내는 뜻의 輕重에 따라 결정된다고 하였다. 예를 들면, 弄(롱)、戒(계)、兵(병) 등의 글자들을 玉、戈、斤 등의 部首에 귀속시키지 아니하고, 모두 '廾(공)'부에 배열한 것은 '양 손'을 나타내는 廾의 의미를 더 비중있게 본 까닭이다(현재 통용 자전류에서는 弄만 廾부에 배속시키고 있고, 戒는 '戈'부, 兵은 '八'부에 나열하고 있다). 그러나 이러한 원칙은 오히려 검색기능으로서의 부수판단을 애매하게 하는 원인으로 작용하기도 한다.

(배자례)를 들어 보면 아래와 같다.([ ]안은 부수를 나타 냄)

① 합체자의 구성이 모두 부수로 사용되는 자소로 된 경우

分[刀부]、公[八부]

攸[攴부]、致[至부]、牧[牛부]

躬[身부]、射[寸부][41]

頃[頁부]、煩[火부][42]

加[力부]、知[矢부]、吹[口부]

沓[水부]、益[皿부]、酒[酉부]

字[子부]、安[宀부]、妥[女부]

信[人부]、化[匕부]、旨[日부][43]

相[目부]、析[木부]、斬[斤부]、折[手부]

寺[寸부]、辱[辰부]、守[宀부]、酎[酉부][44]

去[厶부]、寺[寸부]、坐[土부]、圣[土부][45]

② 동일한 자소가 의부 또는 성부로 달리 사용되는 경우

益[皿부]、孟[子부]

實[宀부]、賓[貝부][46]

斧[斤부]、劤[力부]、欣[欠부]

取[又부]、聚[耳부]、娶[女부]

牀妝[爿부]、狀[犬부]、壯[士부]、將[寸부]

間開閑閔[門부]、問[口부]、聞[耳부]、悶[心부]

③ 자형이 유사하여 부수판단이 애매한 경우

亨京享亮亭[亠부]、高亶[高부] (毫[毛부]、豪[豕부])

---

41 躬(궁)은 『說文』에 躳(从呂从身)의 속자(俗从弓身)로 수록되어 있으며, 段玉裁는 몸의 형태가 굽은 것을 나타낸 것(弓身者, 曲之會意也)이라고 설명하고 있다.

42 頁이 자소로 사용된 글자들은 모두 頁부에 배속되어 있으나, 煩(번)과 碩(석)은 각각 火부와 石부에 나열되어 있다. 煩은 본의가 '熱頭痛也'로 설명되고, 자형은 '从頁从火. 一曰, 焚省聲'의 형태로 분석되며, 碩은 본의가 '頭大也', 자형은 '从頁石聲'의 형태로 구성되어 있다.

43 比(비)는 比부、死(사)는 歺(알)부、列(렬)은 刀(도)부에 배속되어 있다.

44 寺(사 从寸之聲)에서의 土형은 之의 변형이다. 제2장 2.2.3 之를 참조.

45 去(거)의 소전 자형은 '从大厶聲'의 형태로 설명된다. 제2장 2.1.1의 大를 참조.

46 實(실)은 '从宀从貫', 賓(빈)은 '从貝宀聲'의 형태로 설명된다. 제2장 2.2.1의 貝를 참조.

匡匠匣匧匪匯匱[匚부]、匹医匼匽區匿匾[匸부]

夃夆[夂부]、夌复夏夐夒[夊부]、各[口부]、久[丿부]

昇是易景[日부]、最[曰부], 昔普智暫[日부]、曾替會書[曰부]

有朔朗望朝期朋服[月부]、肖育肴脅能胡脈脫[肉부]

이상의 예는 극히 일부분에 지나지 않는 것이지만, 이것으로만 보더라도 자전에서의 글자 검색을 위한 부수판단이 그리 간단하지 않다는 것을 쉽게 확인할 수 있을 것이다.

이외에도, 자형 및 結構形態(결구형태)의 변화로 인한 部首誤屬(부수오속)의 예가 적지 아니하여 부수판단에 있어서의 혼란을 가중시키고 있다.

위에서 말한 바와 같이, 부수의 결정은 '형의형부수계통'은 물론이고, '형체형부수계통'에서도 원칙적으로는 표의기능을 가진 독체자소나 합체자소로 이루어진다. 그러나 '형체형부수계통'의 자전에서는 해서체 자형을 기준으로 삼았기 때문에, 원래의 결구를 쉽게 확인할 수 없을 정도로 변한 경우에는 이와 같은 원칙을 준수하기가 쉽지 않았다. 이로 인해 생긴 예들은, 위에서 든 몇 가지 이외에도, 다음과 같은 것들이 있다.

④ 자소의 자형변화나 자소의 결구변화로 인한 부수변동의 예

卒[十부]、雜[隹부][47]、良[艮부][48]、衆[血부][49]

午升半南卓[十부]、平年[干부]

才[手부]、曲[曰부]、舍[舌부]、爵[爪]、無烏燕[火][50]

奉[大부]、丞[一부]、戒[戈부]、兵[八부]、具[八부][51]

由甲申[田부]、輭[曰부]、暢[日부][52]

---

47 두 글자 모두 '衣'가 義符이나, 衣의 자형변화로 인해 각각 '十'부와 '隹'부에 편입된 경우이다.

48 良(량)의 소전 자형은 '从畐省亡聲'의 형태로 구성된 글자이나, 예변 이후 良의 형태로 정리되고, 의미상 관련이 없는 艮부에 편입.

49 衆(중)의 소전 자형은 '从众目'의 형태로 구성된 글자이나, 예변 이후 目이 血로 정리되어 血부에 편입.

50 제시된 十부에서 火부까지의 글자들 역시 배속된 부수와 의미상 관련이 없는 경우이다.

51 '弄(롱)'자와 같이 『說文』에서는 모두 '廾'부에 속한 글자들이었으나, 214부수계통에서는각각 '大'、'一'、'戈'、'八' 등의 부수에 나누어 편입된 경우이다.

52 由(유)、甲(갑)、申(신) 등의 글자는 田과 의미상 관련이 없는 글자이며, 輭(인)을 曰부, 暢(창)은

徒[彳부]、强[弓부]、類[頁부]、雜[隹부]、範[竹부][53]

⑤ 형성자의 音符 혹은 音符의 일부를 부수로 삼은 예

巡[川부]、碩[石부]、醜[酉부]、舊舅[臼부]、擧[臼부]、靈[雨부][54]

戴[戈부][55]

虛虜虧[虍부][56]

齋齌齍齎齏[齊부][57]

日부에 나누어 배속시킨 것은 일관성이 결여된 경우이다. 番(번)의 경우, 義符인 釆(변)부에 배속시키지 아니하고, 田부에 나열한 것은 형체자소를 부수로 삼은 경우이다.

53 徒(도)는 '从辵土聲', 强(강)은 '从虫弘聲', 類(류)는 '从犬頪聲', 雜(잡)은 '从衣集聲', 範(범)은 '从車笵省聲'의 형태로 구성된 글자들이나, 한자의 자형이 方塊化를 추구하는 과정에서, 통상적인 자소조합 형태에서 벗어나 그 결구상태를 착각하기 쉬운 경우가 많이 발생하게 되고, 이로 인하여 의부판단 및 부수배속에 착오가 생기게 된 여우에 속한다.

54 巡(순)의 경우, 順[頁]、馴[馬] 등의 글자와 마찬가지로 '川'이 音符인데도 義符인 '辵'을 부수로 삼지 않고 '川'부에 편입. 醜(추)는 '从鬼酉聲', 擧(거)는 '从手與聲', 舊(구)는 '从萑臼聲', 靈(령)은 '从巫霝聲'의 형태로 구성되어 있다. 與(여)에서의 臼형과 舊(구)에서의 臼는 동형자소.

55 戴(재)는 '从異𢦏聲'의 형태로 구성되어 있다.

56 虛(허)는 '从丘虍聲', 虜(로)는 '从毌从力, 虍聲', 虧(휴)는 '从亏雐聲', 雐(호)는 '从隹虍聲'의 형태로 구성되어 있다.

57 劑(제)와 마찬가지로 모두 '齊'가 音符인데도 '齊'부에 배속.

제2장

字 素 擧 例

1. 인체와 관련된 근원자소와 파생자소
   - 2.1.1 사람의 모양 또는 그 상태、행위와 관련된 것
   - 2.1.2 손의 모양 또는 손에 의한 동작과 관련된 것
   - 2.1.3 발의 모양 또는 발에 의한 동작과 관련된 것
   - 2.1.4 머리、얼굴、눈、코、귀、입、치아 등의 모양 또는 그와 관련된 것
   - 2.1.5 모발、수염、뼈와 살 등을 비롯한 신체 기타부위와 관련된 것
2. 동물과 관련된 근원자소와 파생자소
   - 2.2.1 일반동물이나 파충류 또는 그와 관련된 것
   - 2.2.2 새 또는 새와 관련된 것
3. 식물과 관련된 근원자소와 파생자소
4. 자연 및 자연현상과 관련된 근원자소와 파생자소
5. 거주、경작 및 경작도구와 관련된 근원자소와 파생자소
6. 가옥、건축 및 그와 관련된 근원자소와 파생자소
7. 음식 및 음식과 관련된 근원자소와 파생자소
8. 도량형공구 및 기타 도구、기물과 관련된 근원자소와 파생자소
9. 교통 및 그와 관련된 근원자소와 파생자소
10. 깃발과 관련된 근원자소와 파생자소
11. 악기와 관련된 근원자소와 파생자소
12. 칼、창、활 등의 병기와 그와 관련된 근원자소와 파생자소
13. 실을 이용한 織造 및 의복과 관련된 근원자소와 파생자소
14. 무늬、빛깔 등과 관련된 근원자소와 파생자소
15. 제사、점복 및 그와 관련된 근원자소와 파생자소
16. 숫자와 관련된 근원자소와 파생자소
17. 각종 행위、상태 또는 추상적 개념과 관련된 근원자소와 파생자소

한자와 자소
漢字字素

제2장

字素擧例

본 장에서는 한자의 자소를 기본적으로 『說文解字』에 수록된 본의에 근거해 아래와 같이 18개의 절로 구분하여 나열하였으며, 근원자소를 먼저 제시하고, 근원자소 아래 그 파생자소들을 나열하는 것을 원칙으로 하였다. 나열된 근원자소 혹은 파생자소들 아래에는, 해당 자소들이 의부와 음부로 사용되는 용례들을 제시하였으며, 해당 자소들의 의부로 사용되는 예가 많은 경우, 교육용 기초한자들을 먼저 배열하고, 기타 글자들은 뒤에 배치시켰다.[58]

그러나, 자소들을 의미별로 분류하여 나열하는 과정에서 이러한 원칙은 어쩔 수 없이 준수되지 못하는 경우도 발생된다. 예를 들면, 風(풍)은 자형이 '从虫凡聲'의 형태로 설명되고, 血(혈)은 '从皿. 一, 象血形'의 형태로 설명되는 글자들이다. 이들 글자들을 근원자소와 파생자소의 관계로 나열한다면, 風은 虫(회)의 파생자소, 血은 皿(명)의 파생자소로 분류하여 나열해야 하겠지만, 본서에서는 風을 '자연현상'과 관련된 자소로 분류하여 虫과 따로 나열하였으며, 血 역시 皿과 같이 나열하지 않고, '인체'와 관련된 자소들 속에 넣어놓았다.[59]

---

58 개별 자소들이 의부로 사용되는 경우, 괄호로 묶어 그 글자들의 字義를 제시하였다. 그러나 현대한자에서 나타나는 다수의 의미항목들을 모두 기재할 수는 없어서 『說文解字』에 수록된 本義 하나만을 제시하는 것을 원칙으로 삼았다. 이러한 까닭에, 현대한자에서의 常用義와 본서에 기재된 字義간에는 乖離가 많이 발생할 수 있다. 『說文解字』에 수록되지 않은 글자들은 기타 고대 자서들을 참고하여 제시하였으며, 간혹 『說文解字』에서 너무 추상적으로 해석하고 있거나 또는 명백한 오류라고 밝혀진 경우에는 학계의 다수설을 따랐다.

59 본서에서의 자형분석은 모두 『說文解字』(이하 『說文』으로 칭함)의 체례를 따랐다. 회의자의 경우

이와는 반대로, 새를 의미하는 乙(알)과 干支를 표시하는 乙(을)은 그 래원이 다른 글자들임에도 불구하고, 해서체에서 구별되지 않은 채 혼용되고 있다는 이유로 乙을 乙 아래에 이어서 나열하여 놓았다.

소전 자형과 갑골문 혹은 금문 자형 간에 자형해석이 충돌하는 경우, 역시 일관되지 못한 현상이 발생한다. 예를 들면, 之(지)와 出(출)은 소전계통에서 '식물'과 관련된 자형으로 해석하고 있으나, 본서에서는 갑골문에 근거해 '발、다리'와 관련된 자소로 분류하였으며, 力(력)이나 方(방)은 갑골문이나 금문 계통에서는 '농기구'로 보는 것이 학계의 다수설이지만, 본서에서는 여전히 소전 계통에 근거해 力을 '인체'와 관련된 자소로, 方을 '교통'과 관련된 자소로 분류해 놓았다. 또한, 不(불)과 지(至)는 소전계통에서 '새'와 관련된 자형으로 설명되고 있지만, 갑골문에서 不은 '식물', 至는 '화살'과 관련된 자형으로 해석되고 있으나, 본서에서는 여전히 새와 관련된 자소들 속에 나열해 놓았다.

이와 같이 자소의 의미분류나 자형해석에 있어서 서로 다른 견해들이 존재하는 경우, 본문 혹은 각주에서 그 다른 내용들을 설명하는 방식으로 처리하였으며, 본서에서 인용한 문헌들은 대부분 구체적 명칭과 저자들을 각주를 통해 밝혔으나. 자주 인용한 『說文解字』 관련 문헌들은 대개 아래와 같은 약칭들을 사용하였다.

*. 『說文』 : 漢代 許愼의 『說文解字』를 지칭하며, 이용한 판본은 清代 陳昌治刻本으로서 宋代 徐鉉의 교정본이다.[60]

*. 大徐本 : 위의 『說文解字』와 동일하나, 아래의 소서본과 구별하기 위한 명칭으로 사용되었다.

*. 小徐本 : 宋代 徐鍇의 『說文解字繫傳』을 지칭한다.[61]

*. 段注本 : 清代 段玉裁의 『說文解字注』를 지칭한다.[62]

'从○○' 혹은 '从○从○', 형성자의 경우, '从○, ○聲','从○, ○省聲' 등이다.

60 현재 통용본에는 中華書局의 『說文解字』(1963 제1판. 2003 제21차 인쇄본)와 '漢典(www.zdic.net)'에 탑재된 인터넷판이 있다.

61 이용한 판본은 『說文解字詁林』(丁福保編, 鼎文書局, 1983. 台北)본이다.

*. 朱駿聲 : 淸代 朱駿聲의 『說文通訓定聲』을 지칭한다.[63]

2.1 인체와 관련된 근원자소와 파생자소

2.1.1 사람의 모양 또는 그 상태、행위 등과 관련된 것

 人 인

人은 '옆으로 서 있는 사람의 모습을 상형(象臂脛之形)'한 글자이다.

자소로 사용될 때, **仁**(인 親也. 从人从二)、**仕**(사 入官也. 从人从士)、**他**(佗 타 从人它聲)、**付**(부 與也. 从寸持物對人)、**仙**(僊 선 長生䙴去. 从人从䙴, 䙴亦聲)、**代**(대 更也. 从人弋聲)、**企**(기 擧踵也. 从人止聲)、**仰**(앙 擧也. 从人从卬)、**仲**(중 中也. 从人从中, 中亦聲)、**件**(건 分也. 从人从牛)、**任**(임 儋也. 从人壬聲)、**伏**(복 伺也. 从人从犬)、**伐**(벌 擊也. 从人持戈)、**休**(휴 息止也. 从人依木)、**伯**(백 長也. 从人白聲)、**伸**(신 展也. 从人申聲)、**似**(佀 사 像也. 从人㠯聲)、**但**(단 裼也. 从人旦聲)、**位**(위 列中庭之左右謂之位. 从人立)、**低**(저 下也. 从人氐, 氐亦聲)、**住**(주 居也. 从人主聲)、**佐**(좌 輔也. 从人左聲)、**何**(하 儋也. 从人可聲)、**佛**(불 見不審也. 从人弗聲)、**作**(작 起也. 从人从乍)、**佳**(가 善也. 从人圭聲)、**使**(사 令也. 从人吏聲)、**例**(례 比也. 从人㓊聲)、**侍**(시 承也. 从人寺聲)、**供**(공 設也. 从人共聲)、**依**(의 倚也. 从人衣聲)、**侯**(矦 후 春饗所䠶矦也. 从人, 从厂, 象張布, 矢在其下)、**候**(후 伺望也. 从人矦聲)、**侵**(침 漸進也. 从人又持帚, 若埽之進. 又, 手也)、**便**(편 安也. 人有不便, 更之. 从人更)、**係**(계 絜束也. 从人从系)、**促**(촉 迫也. 从人足聲)、俊(준 才過千人也. 从人夋聲)、**俗**(속 習也. 从人谷

62 이용한 판본은 上海書局 影印本(1992. 상해)과 '漢典(www. zdic.net)'에 탑재본이다. 段注本을 간혹 段玉裁로 칭하기도 하였다.
63 이용한 판본은 藝文印書館 영인본(1975. 台北)과 『說文解字詁林』본이다.

聲)、**保**(보 養也. 从人从𤓽省. 𤓽, 古文孚)、**信**(신 誠也. 从人从言)、**俱**(구 偕也. 从人具聲)、**個**(개 竹枚也. 从竹固聲. 個, 後起字)、**倍**(배 反也. 从人咅聲)、**倒**(도 仆也. 从人到聲)、**値**(치 措也. 从人直聲)、**倣**(방 相似也. 从人放聲)、**借**(차 假也. 从人昔聲)、**倫**(륜 輩也. 从人侖聲)、**假**(가 非眞也. 从人叚聲)、**偉**(위 奇也. 从人韋聲)、**停**(정 止也. 从人亭聲)、**健**(건 伉也. 从人建聲)、**側**(측 旁也. 从人則聲)、**偶**(우 俑也. 从人禺聲)、**傍**(방 近也. 从人旁聲)、**傑**(걸 傲也. 从人桀聲)、**備**(비 愼也. 从人葡聲)、**催**(최 促也. 从人崔聲)、**傲**(오 倨也. 从人敖聲)、**傳**(전 遽也. 从人專聲)、**債**(채 債負也. 从人責, 責亦聲)、**傷**(상 創也. 从人, 𥏻省聲)、**傾**(경 仄也. 从人从頃, 頃亦聲)、**僅**(근 才能也. 从人堇聲)、**像**(상 似也. 从人从象, 象亦聲)、**僞**(위 詐也. 从人爲聲)、**僧**(승 浮屠道人也. 从人曾聲)、**價**(가 物値也. 从人賈, 賈亦聲)、**儀**(의 法度也. 从人義聲)、**億**(억 安也. 从人意聲)、**儉**(검 約也. 从人僉聲)、**儒**(유 柔也. 从人需聲)、**償**(상 還也. 从人賞聲)、**優**(우 饒也. 从人憂聲)、**伴**(반 大皃. 侶也. 从人半聲)、**侮**(모 傷也. 从人每聲)、**僚**(료 共勞事也. 从人尞聲)、**偏**(편 頗也. 从人扁聲)、**介**(개 畫也. 从八从人)、**仍**(잉 因也. 从人乃聲) 등의 글자에서 의부역할을 한다.[64]

이들 글자 가운데, 仁은 다시 䒦(인), 付는 다시 咐、府、符、附、駙(부), 府는 또 다시 腑、腐(부) 등의 글자에서 음부역할을 하고, 代는 垈、袋、貸(대), 伏은 垘、茯(복)、洑(보), 侯(矦)는 候、喉、帿(후), 休는 咻、烋(휴), 介는 价、疥、芥(개)、界(계) 등의 글자에서 음부역할을 한다.[65]

또한, 人은 합체자의 음부로 사용되기도 하는데, 千(천 从十人聲)、㐱(진 从彡人聲) 등이 그 예이며, 千은 다시 年(秊 년 从禾千聲)의 음부로, 㐱은 다시 珍、疹、診(진)、參(曑 삼, 참 从晶㐱聲) 등의 글자에서 음부역할을 하며, 參은 또 다시 蔘

64 仁은 본의가 '친애(親也)'로 풀이되지만, 왜 二가 의부로 사용되었는지는 분명하지 않다. 『說文』에 仁의 重文으로 수록된 古文에는 千과 心이 의부(古文仁, 从千心)로 사용된 忎(인)과, 尸와 二가 의부(古文仁或从尸)로 사용된 𡰥(인)이 따로 있다. 介는 본의가 '경계를 긋다(畫也)'로 풀이되지만, 갑골문에서의 介는 사람이 갑옷을 입고 있는 모습으로 풀이하는 것이 일반적이다. 保에서 人을 제외한 자소는 아래의 子를 참조. 咎(구 从人从各)와 그 활용은 2.1.3의 各을 참조.
65 佞(영 从女信省)은 아래의 女를 참조. 伐의 활용은 2.12의 戈를 참조,

(삼)、**慘**(참) 등의 글자에서 음부역할을 한다.[66]

예변 이후, 人이 합체자를 구성하는 자소로 사용될 때, 일반적으로 人, 亻 등의 형태로 표현이 되지만, **危**(위 从产卩)、**色**(색 从人卩)、**負**(부 从人守貝)、**臽**(함 从人在臼上) 등의 글자에서는 '⺈'과 같은 자형으로 나타난다.[67]

현재 통용 자전류에서 人부에 배속시키고 있는 **今**(금)、**令**(령)、**以**(이)、**來**(래)、**余**(여)、**倉**(창)、**修**(수) 등의 글자들은 모두 人과 의미상 관련이 없는 글자들로서, 예변 이후 단순히 자형이 人과 유사하게 변하였다는 이유 혹은 자형의 결구를 잘못 판단하여 人부에 나열시키고 있는 경우들이다.[68]

---

66 예변 이후, 千에서의 人은 확인할 수 없게 되었다. 参은 본의가 '숱이 빽빽한 머리털(稠髮也)'로 풀이되지만 현대한자에서 단독으로 사용되지는 않는다(2.14의 彡을 참조). 年의 경우, 갑골문에는 사람(人)이 벼(禾)를 짊어지고 있는 자형으로 나타나고, 금문에 이르면 人이 壬 혹은 千의 형태로 교체가 된다.

67 주로 상하결합 형태에서 발생한다. 危、臽、色 등은 아래의 产、臽、卩, 負는 2.2.1의 貝를 참조. 千、及、弔、監、飾、戌、亟、死 등의 글자들에서도 각각 변형된 형태로 표현되어 자소로 사용된 '人'의 형태를 파악하기가 거의 불가능하게 되었다. 이외에도, 고문자계통에서 人은 茻과 결합하여 宀、冫 등의 자소와 함께 寒자를 구성하고 있지만, 예변 이후 서로 粘合되어 개별 자소들을 확인할 수 없을 정도로 변하였으며, 毛와 결합하여서는 隷變 이후 耂의 형태로 정리되어, 다시 老、考、孝 등의 글자들을 구성하는 자소로 사용된다. 人의 二合會意字인 从은 从에서는 원형 그대로 나타나지만, 旅에서는 氏와 유사하게 변하였고, 三合會意字인 众은 㐺으로 변하였다.

68 今은 '从亼从乛. 乛, 古文及', 令은 '从亼卪', 以(㠯)는 '从反巳', 來는 '一來二縫, 象芒朿之形', 余는 '从八, 舍省聲', 倉은 '从食省, 口象倉形', 修는 '从彡攸聲'의 형태로 설명된다. 傘(산)의 경우, 고문자계통에서는 보이지 않는 자형으로서, 전통 자전류에서 字義를 '덮다(蓋也)'로 풀이하고 있으며, 『說文』에서는 '繖(산)'이 그 의미를 나타내고 있다.

 匕 비

匕는 人의 자형을 좌우의 반대방향으로 돌려놓은 것으로서,[69] 본의가 '서로 나란히 펼쳐 놓고 비교하다(相與比敍也)'로 설명되며, 현대한자에서는 比가 그 의미를 대신하고 있다.

자소로 사용될 때, **頃**(경 頭不正也. 从匕从頁)、**此**(차 止也. 从止从匕)、**卓**(𣅀 탁 高也. 早匕爲卓) 등의 글자에서 의부역할을 하고 있는 것으로 설명되지만, 의부로서의 용도를 구체적으로 확인하기 힘든 경우가 대부분이며,[70] **尼**(니 從後近之. 从尸匕聲)、**牝**(빈 畜母也. 从牛匕聲) 등의 글자에서는 음부역할을 한다.[71]

이들 글자가운데, 頃은 다시 **傾**(경 仄也. 从人从頃, 頃亦聲)의 의부겸 음부역할을

---

69 『說文』에서는 이러한 형태의 자형을 '反文'으로 설명하고 있다.

70 頃은 현대한자에서 주로 넓이의 단위로 사용되며, 갑골문에서의 此는 발로 남의 등을 밟는 형태로 나타나고, '밟다'라는 의미를 나타내는 跐(차)의 本字로서 踏(답)이나 踩(채)와 같은 뜻으로 보는 것이 일반적이다. 卓은 본의가 '높다(高也)'로 풀이되지만, 왜 早와 匕의 조합으로 그러한 의미를 나타내는지는 분명하지 않다. 『說文』에서는, '早와 匕가 합쳐져 卓이 되고, 匕와 卩이 합쳐져 卬이 되는 것은 모두 같은 경우이다(早匕爲卓, 匕卩爲卬, 皆同義也)'라고 설명되고 있다. 卓은 현대한자에서 '탁자'의 의미로도 사용되며, '卓越'의 卓과 구별하기 위해서 桌 혹은 槕자가 사용되기도 한다.

71 腦(뇌)도 『說文』에서는 '从匕巛囟'의 匘(뇌)로 실려 있으며, 駂、鴇(보) 등의 글자에서 음부역할을 하는 𠤏(보) 역시 '从匕十'의 형태로 설명되며, 𠤏는 본의가 '서로 비교하여 순서대로 나열하다(相次也)'로 풀이된다. 예변 이후 자형이 많이 변하였지만, 艮(𥃩 간 从匕目) 역시 匕가 의부로 설명된다(2.1.4 目의 파생자소를 참조).

하고, 此는 **呰**、**疵**、**紫**、**雌**(자)、**砦**(채)、**柴**(시), 卓은 **倬**(탁)、**罩**(조), 尼는 **呢**、**泥**(니) 등의 글자에서 음부역할을 한다.

匕는 '숟가락(柶 사)'을 표시하는 자소로도 사용되었으며, 나중에 음부 '是(시)'를 추가하여 '**匙**(시)'가 되었고, **旨**(지 从甘匕聲)、**嘗**(상 从旨尚聲) 등에서의 '匕' 역시 '숟가락'을 의미한다.[72] 이외에도, '**匕首**(비수)'에서의 匕와 같이 '칼'의 의미가 추가되기도 하였다.[73]

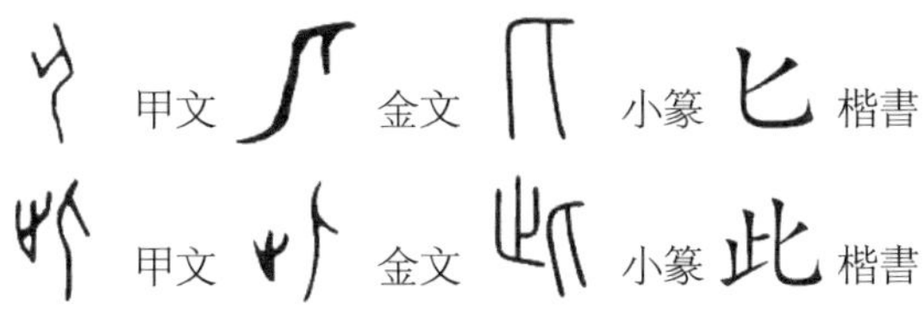

 匕 화

匕는 人의 자형을 거꾸로 세워놓은 것으로서,[74] 본의가 '변하다(變也)'로 설명된다. 자소로 사용될 때, **化**(화 教行也. 从匕从人, 匕亦聲)、**長**(장 久遠也. 从兀从匕. 兀者, 高遠意也. 久則變化. 亾聲)、**老**(로 考也. 七十曰老. 从人毛匕)、**疑**(의 惑也. 从子止匕, 矢聲)[75]、**眞**(진 僊人變形而登天也. 从匕从目从乚. 八, 所乘載也) 등의 글자에서 의부역할을 한다.[76]

72 匕(시)와 旨는 2.7의 匕(시)를 참조.

73 死(사 从歺人)에서의 匕형은 소전에서 人으로 나타난다.

74 『說文』에서는 이러한 형태의 자형을 '倒文'으로 설명하고 있다.

75 段玉裁는 '从子矣省, 止聲'으로 해석해야 한다고 주장하고 있으며, 矣(의)는 『說文』에서 본의가 '정하지 못하다(未定也)'로 풀이되고, 자형은 '从匕矢聲. 矢, 古文矢字'의 형태로 분석된다. 그러나 갑골문에 나타난 矣는 '지팡이에 의지한 사람이 좌우를 살피면서 길을 가고 있는 모습'을 표현한 것으로 보는 것이 일반적이며, 矣와 疑는 같은 글자로 간주한다.

76 甲文에서는 老와 長이 유사한 형태로 나타나며, 머리카락이 길고 허리가 굽은 노인의 모습을 상형한 자형으로 설명되고 있다. 老와 그 활용은 본절의 아래, 長과 그 활용은 2.1.5를 참조. 許愼은 眞의 本義를 '신선이 모습을 바꾸어 등천하는 것(僊人變形而登天也)'이라고 설명하고, 乚(은)은 '숨다(匿也)'라는 의미이며(2.17을 참조), 八형은 '타고 올라가는 것(所以乘載之)'이라고 설명하고 있다(段玉裁는 八형을 받침대의 모양을 상형한 丌의 생략형으로 설명하고 있다). 道家에서는 '得道한 사람'을 眞人이라 칭한다.

현대한자에서는 위의 匕(비)와 통합되어 사용되며, **化**는 匕부수에 소속되어 있고, **疑**는 疋부수, **眞**은 目부수에 나열되어 있다.

이들 글자가운데, 化는 다시 **花**、**貨**(화)、**訛**(와) 등의 글자에서 음부로 사용되며, 疑는 **擬**(의)、**礙**(애)、**癡**(치)、**凝**(응) 등의 글자에서 음부로, 眞은 **瞋**、**鎭**(진)、**愼**(신)、**塡**、**顚**(전) 등의 글자에서 음부로 사용된다.[77]

 尸 시

尸는 人자를 눕혀 놓은 모양(象臥之形)으로, 본의가 '늘어놓다(陳也)'로 설명된다. 현대한자에서는 주로 '주검 시'로 풀이되고, 자소로 사용될 때도, **屍**(시 終主也. 从尸从死)、**屠**(도 刳也. 从尸者聲) 등의 글자에서와 같이 '죽음'과 관련되는 글자들의 의부로 사용되지만, **居**(거 蹲也. 从尸古聲. 踞, 俗居从足)、**屋**(옥 居也. 从尸从至)、**屛**(병 蔽也. 从尸幷聲)、**層**(층 重屋也. 从尸曾聲)、**屚**(루 屋穿水下也. 从雨在尸下) 등의 글자에서와 같이 주거와 관련된 의미를 나타내기도 한다.[78]

이외에도, **尺**(척 十寸也. 从尸从乙. 乙, 所識也)、**局**(국 促也. 从口在尺下)、**尼**

---

77 花는 華가 本字이고, 訛는 譌가 本字이다. 碍는 礙의 俗字이고, 痴는 癡의 俗字이다. 凝은『說文』에 수록되어 있는 冰(氷 빙)의 俗字(俗仌从疑)이다.

78 갑골문이나 금문에서의 尸는 누워 있다기 보다는 쪼그려 앉아 있는 모습으로 나타나 있다. 고문자학계에서는 東夷族들이 앉는 방식을 표현한 것으로 보는 것이 다수설이고, 실제 고대 문헌에서는 夷가 尸로 사용되었으며, 尸와 夷를 古今字의 관계로 인정하고 있다. 李圃(1999) 제7책 666~669쪽 참조. 居의 경우,『說文』에서는 본의가 '웅크려 앉다(蹲也)'로 설명되고, 俗字로 '踞'가 수록되어 있으며, 현대한자에서 居가 의미하는 바는 凥(거 處也. 从尸得几而止)가 사용되었다. 尸가 주거와 관련된 의미를 나타내는 의부로 사용된 것은, 자형이 가옥을 의미하는 广(엄)과 유사한 관계로 양자가 혼용되었을 가능성도 배제할 수 없다. 許愼도 屋의 자형을 설명하면서, "居處이다. 尸가 의부인 것은, 사람이 주인인 까닭이다. 일설에는 尸가 가옥의 모양을 상형한 것으로 보기도 한다(居也. 从尸. 尸, 所主也. 一曰尸, 象屋形)"라고 하였다. 또한 屚자를 설명하면서 "尸는 가옥이다(尸者, 屋也)"라고 하였다.

(니 从後近之. 从尸匕聲)、**尾**(미 微也. 从倒毛在尸後)、**屬**(속 連也. 从尾蜀聲)、**尿**(뇨 人小便也. 从尾从水)、**屈**(굴 無尾也. 从尾出聲)、**展**(전 轉也. 从尸襄省聲)、**履**(리 足所依也. 从尸从彳从夊, 舟象履形. 一曰尸聲) 등과 같이 尸가 의부로 사용되면서 나타내는 본의가 죽은 사람이 아닌 일반 사람과 관련된 의미를 나타내는 글자들도 적지 않으나, 현대한자에서는 그 의미를 구체적으로 파악하기 힘든 경우가 많다.[79]

이들 글자 가운데, 居는 다시 **倨**、**据**、**踞**、**鋸**(거), 屋은 **幄**、**握**、**渥**(악), 屛은 **偋**、**塀**(병), 屚는 **漏**(루), 局은 **侷**、**挶**、**梮**(국), 尼는 **泥**、**呢**(니)、**昵**(닐), 尾는 **屖**(서), 屖는 **遲**(지), 屬은 **囑**(촉), 屈은 **掘**、**窟**(굴), 展은 **蹍**、**輾**(전)、**碾**(년) 등의 글자에서 음부역할을 한다. 또한 尺은 局 이외에 **咫**(지 周尺也. 从尺只聲)의 의부역할도 한다.

79 尺은『說文』에서 본의가 '10寸이다. 사람의 손에서 뒤쪽으로 10分되는 곳의 동맥을 寸口라 하고, 10寸이 1尺이다. 尺은 사물을 재는 일을 가리키는 것이다. 尸와 乙이 의부이고, 乙은 표지하는 바의 부호이다. 周나라 제도에서 寸、尺、咫、尋、常、仞 등의 길이를 재는 단위들은 모두 사람의 신체를 기준으로 삼았다(十寸也. 人手卻十分動脈爲寸口. 十寸爲尺. 尺, 所以指尺規榘事也. 从尸从乙. 乙, 所識也. 周制, 寸、尺、咫、尋、常、仞諸度量, 皆以人之體爲法)'라고 풀이되고 있다. 局은 본의가 '재촉하다(促也)'로 풀이되고, '일설에는 장기를 두는 판을 상형한 것(一曰博, 所以行棊. 象形)'으로도 설명된다. 尿와 屈에서의 尾는 예변 이후 尾의 일부(倒毛)가 생략된 형태로 정리되었다. 展(전 轉也. 从尸襄省聲)과 殿(전 擊聲也. 从殳屍聲)에서의 展형은 그 자형 래원이 다른 동형자소이다. 襄(전 从衣㺬聲)과 그 활용은 2.8의 工, 殿은 2.1.2의 殳를 참조. 届(계)는 2.4 土의 파생자소 凷(괴), 𠭥、刷(쇄) 등은 2.1.2 又의 파생자소 𠭥, 尉、慰(위)、蔚(울) 등은 2.1.2의 寸을 참조. 屎(시 糞也)의 소전 자형은 '菡(从艸, 胃省)'로 나타난다.

从 종

从은 人을 옆으로 나란히 나열해 놓은 자형(从二人)으로서, 본의가 '서로 듣다(相聽也)'로 설명된다.

자소로 사용될 때, **從**(종 隨行也. 从从辵, 从亦聲)、**幷**(병 相從也. 从从幵聲. 一曰, 从持二干爲幷)、**㦰**(첨 絕也. 一曰田器. 从从持戈)、**旅**(려 軍之五百人爲旅. 从㫃从从) 등의 글자에서 의부 역할을 한다.

이들 글자 가운데, 從은 다시 **慫**、**縱**(종) 등의 글자에서 음부로 사용되고, 幷은 **倂**、**屛**、**缾(甁)**(병)、**駢**(변) 등의 글자에서 음부역할을 하며, 㦰은 **籤**(첨)、**孅**、**纖**、**殲**(섬) 등의 글자에서 음부역할을 한다.

比 비

比는 从의 자형을 반대방향으로 돌려놓은 것으로서(反从爲比)으로서, 본의가 '친밀하다(密也)'로 설명된다.

자소로 사용될 때, **皆**(개 俱詞也. 从比从白)、**昆**(곤 同也. 从日从比)、**毖**(비 愼也. 从比必聲) 등의 글자에서 의부역할을 하고, **𣬈(毗)**、**坒**、**妣**、**庇**、**屁**、**枇**、**琵**(비)、**玭**(빈) 등의 글자에서는 음부역할을 하며, 𣬈는 다시 **㮰**(批)、**錍**(비) 등의 글자에서 음부역할을 하고, 坒는 **陛**(폐)의 음부역할을 한다.[80]

80 𣬈는 본의가 '배꼽(人臍也)'로 풀이되며, 囟(신)이 의부로 사용된 이유는 '정수리로 공기가 통하는 것을 취하였다(从囟, 囟, 取气通也)'라고 설명하고 있다. 현대한자에서 통용되는 批는 『

이들 글자 가운데, 皆는 다시 偕、楷、諧(해)、鍇(개)등의 글자에서 음부로 사용되고, 昆은 棍(곤)、混(혼) 등의 글자에서 음부역할을 한다.

 甲文  金文  小篆 比 楷書

 北 북

北은 '두 사람이 서로 등지고 있는 모습(从二人相背)'을 나타내고 있으며, 본의가 '어긋나다(乖也)'로 풀이되고 있다. 자소로 사용될 때, 冀(기 北方州也. 从北異聲)의 의부역할을 하고, 背、揹(배), 邶(패) 등의 글자에서는 음부역할을 한다.[81]

 甲文  金文  小篆 北 楷書

 众 乑 음

众은 人의 삼합자소(从三人)로서, '여러 사람이 서 있는 모양(衆立也)'을 나타내고 있다. 예변 이후 자형이 乑의 형태로 정리되었으며, 자소로 사용될 때, 眾(眾 중 多也. 从众目)、臮(기 眾詞與也. 从众自聲)、聚(취 會也. 从众取聲) 등의 글자에서 의부역할을 한다.[82]

 甲文  金文  小篆 眾 楷書

 壬 정

壬은 小篆에서 人과 士의 결합형태(从人士)로 나타나고, 許愼은 본의를 '좋다(善

說文』에서 掍(从手昆聲)의 俗字로 실려 있다.

81 丘(구 从北从一)는 2.4를 참조.

82 眔의 윗부분은 금문이나 소전에서는 目으로 나타나고, 갑골문에서는 日로 나타난다. 臮는 나중에 曁(기)로 대체되었다.

也)'로 풀이하고 있으나, 갑골문이나 금문에 나타나는 聖(성)이나 望(망)에서의 壬은 단순히 사람의 형태를 나타내고 있다.[83]

자소로 사용될 때, **徵**(징 召也. 从壬从微省)、**朢**(망 月滿與日相朢, 以朝君也. 从月从臣从壬)、**望**(망 出亡在外, 望其還也. 从亡朢省聲)[84]、**重**(중 厚也. 从壬東聲)、**㸒**(음 近求也. 从爪壬) 등의 글자에서 의부역할을 하고, **呈**、**廷**(정)、**聽**(청)、**巠**(경) 등의 글자에서는 음부역할을 한다.[85]

이들 글자 가운데, 徵은 다시 **懲**、**澂**、**癥**(징), 㸒은 **婬**、**淫**(음), 聽은 **廳**(청), 重은 **動**(동)、**種**、**腫**、**鍾**(종) 등의 글자에서 음부역할을 하며, 童 역시 『說文』에서는 重이 음부(从辛重省聲)로 설명되고, 童은 다시 **僮**、**憧**、**瞳**(동)、**鐘**(종) 등의 글자에서 음부역할을 한다.[86]

量(량) 역시 『說文』에서는 **重**이 의부(稱輕重也. 从重省, 曏省聲)로 사용된 것으로 설명되지만, 갑골문에 나타나는 量은 자루(東)에 담긴 곡식과 그 양을 재는 도구(口형)의 모양을 상형한 것이라고 보는 것이 일반적이다. 量은 자소로 사용될 때, **糧**(량)의 음부역할을 한다.

또한, 呈은 자소로 사용될 때, **珵**、**程**、**裎**(정)、**戥**(철) 등의 글자에서 음부역할을 하고, 戥은 다시 **戴**(戴 질 大也. 从大戥聲), **戴**은 또 다시 **𧼯**(질)、**鐵**、**驖**(철) 등의 글자에서 음부역할을 한다. 『說文』에서는 **聖**(성 通也. 从耳呈聲) 역시 呈이 음부로

---

83 干支를 표시하는 壬(임)과 그 활용은 2.18을 참조.

84 許愼은 望과 朢을 따로 설명하고 있으나, 갑골문에 나타나는 望과 朢은 같은 글자로서, 그 자형은 『說文』에 수록된 朢의 古文인 𦣠과 흡사하며, '사람이 흙더미 위에 올라 멀리 바라보는(遠望) 모습'을 상형하고 있다.

85 呈은 본의가 '평평하다(平也)'로 풀이되고, 段注本에서는 "지금의 의미로는 '보이다、나타나다'이다(今義云示也、見也)"라고 부연설명하고 있다. 廷과 그 활용은 2.1.3의 廴(인), 聽과 그 활용은 2.1.4의 耳, 巠과 그 활용은 2.4의 川을 참조. 聽에서의 悳(덕)은 2.1.4 目의 直, 徵에서의 微(미)는 2.1.2의 攴을 참조.

86 고문자계통에서의 重자는 童과 來源이 유사한 글자로, 죄를 짓거나 전쟁에서 패하여 눈을 자해당한 남자 노예를 지칭하고 있어, 許愼의 설명과는 거리가 있다.『說文』에서 鍾은 본의가 '술그릇(酒器也)'으로, 鐘은 '쇠북(樂鐘也)'으로 풀이되어 의미가 구분되었지만, 현대한자에서는 鍾이 鐘의 의미를 나타낸다. 童의 字釋은 2.12의 辛(건)을 참조.

설명되며, 聖은 檉(정)의 음부역할을 한다.[87]

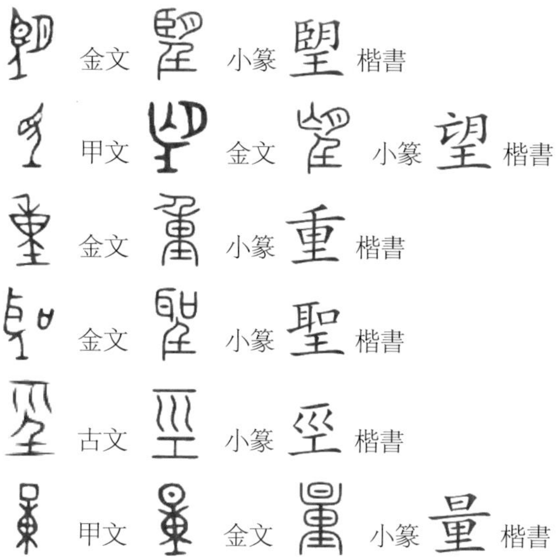

 疒 녁

疒은 『說文』에서 '사람이 병이 생겨 기대고 있는 모양을 상형(人有疾病也. 象倚箸之形)'한 글자로 설명하고 있고, 본의가 '기대다(倚也)'로 풀이된다. 갑골문이나 금문에서의 疒은 사람(人)이 침대(爿) 위에 누워있는 모습으로 나타나며, 간혹 몇 개의 점이 부가된 자형으로 나타나는 경우도 있는데, 이는 땀 혹은 피로 해석하는 것이 일반적이다.

자소로 사용될 때, **疾**(질 病也. 从疒矢聲)、**病**(병 疾加也. 从疒丙聲)、**症**(증 腹結病也. 从疒正聲)、**疲**(피 勞也. 从疒皮聲)、**疫**(역 民皆疾也. 从疒役省聲)、**痛**(통 病也. 从疒甬聲)、**皰**(皰 포 面生气也. 从皮包聲)、**癌**(암 从疒嵒聲)、**疵**(자 病也. 从疒此聲)、**痴**(癡 치 不慧也. 从疒疑聲)、**瘖**(음 不能言也. 从疒音聲) 등을 비롯한, 질병과 관련된 의미를 나타내는 글자들의 주요의부 역할을 한다.[88]

87 갑골문이나 금문에서의 聖은 사람(壬)의 귀(耳)를 특별히 강조하여 표시하였고, 그 옆에 입(口)이 추가된 형태로 나타나며, 청력이 예민한 사람을 의미하는 것으로 풀이하는 것이 일반적이다.

88 症、癌 등의 글자는 『說文』에 수록되어 있지 않으며, 症의 경우 고자전류에는 癥(징)으로 수록되어 있다. 嵒(암)은 口의 品을 참조.

이들 글자 가운데, 㾕은 다시 **雁**(鷹 응 鳥也. 从隹, 㾕省聲. 鷹, 籀文雁从鳥)의 음부역할을 하고, 雁은 또 다시 **應**(𤻮 응 當也. 从心㾕聲)、**膺**(䧹 응 胷也. 从肉㾕聲) 등의 글자에서 음부역할을 하며, 예변 이후 疒이 广형으로 변했다.

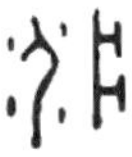 甲文  金文  小篆 疾 楷書

 **后 후**

后는 『說文』에서 '입(口)과 사람의 모양을 본 딴 모양(口를 제외한 부분)이 결합된 자형(象人之形, 从口)'으로 설명하고, 본의를 '왕위를 계승한 군주(繼體君也)'로 풀이하고 있다.[89] 그러나, 고문자계통에서의 后는 **育**(육)、**毓**(육) 등과 같은 글자들로 보는 것이 일반적이며, 자형은 '여자가 아이를 낳는 모양'이 구체적으로 표현된 형태로 나타난다.[90]

자소로 사용될 때, **逅**、**詬**、**銗**(후) 등의 글자에서와 같이 주로 음부역할을 한다.

 **司 사**

司를 許愼은 小篆 자형에 근거하여 后를 반대로 돌려놓은 것(从反后)으로 보고, 后와 司를 君과 臣의 상대적의미로 해석하여, '신하가 밖에서 일을 하는 것(臣司事於外者)'으로 설명하였다. 그러나 갑골문에 나타나는 司의 자형은 숟가락(柶 사)을 도치시켜 놓은 것(口 이외의 부분)으로 보는 것이 일반적이다.

자소로 사용될 때, **伺**、**祠**、**詞**、**飼**(사) 등의 글자에서와 같이, 주로 음부역할을 한다.

---

89 『說文』의 각 전본에는 '象人之形. 施令以告四方, 故厂之. 从一口, 發號者, 君后也'로 수록되어 있으나, 본서에서는 段注本을 따랐다.

90 아래 子의 𠫓(돌)을 참조. 后와 자형이 유사하고, 본의가 '둥근 그릇이다. 작은 술잔을 말하기도 한다(圜器也. 一名觛)'로 설명되는 卮(巵 치) 역시 許愼은 '象人, 卩在其下也'의 자형으로 분석하고 있다.

甲文 金文 小篆 楷書

 产 위

产는 본의가 '우러러보다(仰也)'로 풀이되고, 자형은 '사람이 언덕 위에 있는 모습(从人在厂上)'으로 설명된다.[91]

자소로 사용될 때, **危**(위 在高而懼也. 从产, 自卪止之)、**詹**(첨 多言也. 从言从八从产) 등의 글자에서 의부역할을 하고, 危는 다시 **敧**(기 傴也. 从危支聲)의 의부, **峗**(위)、**佹**、**姽**、**挠**、**詭**、**跪**(궤) 등의 음부역할을 하고, 詹은 다시 **瞻**、**檐**(첨)、**蟾**、**贍**(섬)、**擔**、**膽**、**憺**(담) 등의 글자에서 음부역할을 한다.[92]

이외에도, 해서체에서 '과녁'이라는 의미로 통용되는 **侯**(후) 역시 원래의 자형은 **矦**(春饗所躲矦也. 从人 从厂, 矢在其下)로서, 矦에서의 '厂'형은 '언덕'을 의미하는 것이 아니고, '장막을 펼쳐 놓은 모습을 상형(从厂, 象張布)'한 것으로 설명된다. 侯는 자소로 사용될 때, **候**、**喉**、**帿**、**猴**(후) 등의 글자에서와 같이 주로 음부역할을 한다.

甲文 古文 小篆 楷書

 臽 함

臽은 본의가 '작은 함정(小阱也)'으로 풀이되며, 자형은 '사람이 함정에 빠져있는 모습(从人在臼上)'으로 설명된다.

---

91 許愼은 또 다른 의미로, '일설에는, 처마 끝의 서까래를 받치는 나무를 말한다. 진나라에서는 㮈이라 하고, 제나라에서는 产라 한다(一曰, 屋梠也. 秦謂之㮈, 齊謂之产)'라고 부가설명하고 있다. 갑골문에 나타나는 产는 '攲器(물을 알맞게 넣지 않으면 넘어지게 만든 그릇)'의 모양을 상형한 글자로 보는 것이 일반적이다.

92 危의 자형을 '从人厄聲'의 형성자로 보는 견해도 있다(徐灝 『說文解字注箋』).

자소로 사용될 때, **陷**(함 高下也. 一曰, 陊也. 从𨸏从臽, 臽亦聲)의 의부 겸 음부 역할을 하고, **淊**(함)、**啗**、**窞**(담)、**埳**、**欿**(감)、**諂**(첨)、**焰**、**閻**(염)、**掐**(겁) 등의 글자에서는 음부역할을 하고 閻은 다시 **讇**(첨)의 음부역할을 한다.[93]

甲文 小篆 楷書

 **夐 형**  **奐 환**

夐은 본의가 '도모하여 구하다(營求也)'로 풀이되고, 자형은 '从夏, 从人在穴上'의 형태로 설명된다.[94]

자소로 사용될 때, **奐**(환 取奐也. 一曰, 大也. 从廾夐省)의 의부역할을 하고, **瓊**、**藑**(경)、**矎**、**譞**(현) 등의 글자에서는 음부역할을 하며, 奐은 다시 **喚**、**煥**、**換**、**渙**(환) 등의 글자에서 음부역할을 한다.

 **身 신**

身은 본의가 '사람의 몸체(躳也)'로 풀이되고, 자형은 사람의 모양을 상형하고, 申이 생략된 형태로 음부역할을 하는 형성자로 설명하고 있지만(象人之身. 从人申省聲),[95] 갑골문에 나타나는 身은 배가 불룩하게 나온 사람의 옆모습을 그린 자형으로 나타나며, 임신한 여인의 모습으로 보는 것이 일반적이다.

자소로 사용될 때, **躳**(궁 身也. 从呂从身. 躬, 躳或从弓)、**軀**(구 體也. 从身區聲) 등의 글자에서 의부역할을 하고, **鰰**、**鵢**(신) 등의 글자에서는 음부역할을 한다.[96]

93 臽에서의 𦥑형이나 兒에서의 𦥑형 및 '절구'를 의미하는 臼(구)는 각기 다른 의미를 나타내고 있으나, 예변 이후 같은 자형으로 정리되었다. 𦥑(곡)은 2.1.2를 참조.
94 夏(혈 从攴目)은 2.1.4 目의 파생자소를 참조.
95 『說文』의 각 전본에는 '从人厂聲'으로 수록되어 있고, 본서는 段注本을 따랐다.
96 躬은 躳의 俗字이며, 軆(체)는 體(从骨豊聲)의 俗字이다.

射(사)의 경우, 『說文』에는 **䠶**(弓弩發於身而中於遠也. 从矢从身)가 本字로 수록되어 있고, 射는 重文으로 수록된 篆文(射, 篆文䠶. 从寸. 寸, 法度也. 亦手也)이며, 갑골문이나 금문에 나타나는 射에서의 身은 활(弓)의 모양으로 나타난다. 射는 자소로 사용될 때, **謝**、**麝**(사) 등의 글자에서 음부역할을 한다.

 甲文  金文  小篆 身 楷書

 甲文  金文  篆文  小篆 射 楷書

 㐆 이

㐆는 身의 자형을 좌우의 반대방향으로 돌려놓은 것(从反身)으로서, 본의가 '돌아가다(歸也)'로 풀이되며, 자소로 사용될 때, **殷**(은 作樂之盛稱殷. 从㐆从殳)의 의부역할을 하며, 殷은 다시 **慇**(은)의 음부역할을 한다.

 金文  小篆 殷 楷書

 勹 포

勹는 본의가 '싸다(裹也)'로 풀이되며, 자형은 '사람이 몸을 구부린 모양을 상형한 것으로, 그 안에 무엇을 감싸고 있는 것(象人曲形, 有所包裹)'이라고 설명된다.

자소로 사용될 때, **包**(포 象子未成形也. 象人裹妊, 巳在中)、**匀**(윤 少也. 从勹二)、**匃**(개 乞也. 亡人爲匃)、**旬**(순 徧也. 十日爲旬. 从勹日)、**匈**(흉 膺也. 从勹凶聲. 胷, 匈或从肉)、**匊**(국 在手曰匊. 从勹米)、**冢**(총 高墳也. 从勹豖聲)、**匍**(포 手行也. 从勹甫聲)、**匐**(복 伏地也. 从勹畐聲)、**芻**(추 刈艸也. 象包束艸之形) 등의 글자에서 의부역할을 한다.[97]

---

97 갑골문에 나타나는 旬은 무엇이 안쪽으로 휘감기는 자형 위에 교차된 기호가 표시된 형태로 나타

이들 글자가운데, 包는 다시 **庖、抱、泡、疱、砲、胞、袍、飽**(포)、**雹、鞄**(박) 등의 글자에서 음부역할을 하며, '질그릇(瓦器)'을 의하는 **匋**(도) 역시 包의 자형일부가 생략된 형태로 음부역할(从缶包省聲)을 하는 경우로서, 현대한자에서는 **陶**가 그 의미를 나타내고, 匋는 **淘、萄**(도) 등의 글자에서 음부로 사용된다. 또한, **軍**자 역시 『說文』에서는 包의 자형일부가 생략된 형태로 의부역할(从車从包省)을 하는 경우로 설명되며, 軍은 다시 **皸**(군)、**暈**(훈)、**惲、運**(운)、**琿**(혼)、**暉、揮、煇、輝**(휘) 등의 글자에서 음부역할을 한다.[98]

이외에도, 匀은 **昀**(윤)、**均、鈞**(균) 등의 글자에서, 旬은 **殉、筍、荀**(순) 등의 글자에서, 匈은 **哅、胸、詾**(흉) 등의 글자에서, 匊은 **菊、鞠、麴**(국) 등의 글자에서, 芻는 **皺、趨、鄒、雛**(추) 등의 글자에서 음부역할을 한다.[99]

匃의 경우, 본의가 '어찌'라는 의문사(何也)로 풀이되는 **曷**(갈)의 음부(从曰匃聲)로 사용되고, 曷은 다시 **喝、渴、竭、葛**(갈)、**謁**(알)、**歇**(헐)、**愒**(憩)、**揭**(게) 등의 글자에서 음부역할을 한다.

나고, 그것이 의미하는 바는, 순환과 그 시발점을 나타내는 것이라고 해석하는 것이 일반적이다. 현재 통용 자전류에서 勹부에 배속시키고 있는 勿(물)은 2.10, 勺(작)은 2.7을 참조. 句(구)는 2.1.4와 2.17, 敬(경)의 의부로 설명되는 苟(격)은 2.2.1의 羊을 참조. 匍에서의 甫(보)는 본절 아래의 父, 匐에서의 畐(복)은 2.6을 참조.

98 軍은 본의가 '둘러서 에워싸다. 사천명으로 구성된 것을 軍이라 한다(圜圍也. 四千人爲軍)'라고 풀이되며, 자형분석에 있어서는 勻이 생략된 형태로 음부역할(从車勻省聲)을 하는 형성자로 보는 경우도 있다.

99 현대한자에서 '움켜지다'라는 의미를 나타내는 掬(국)은 『說文』에 匊의 俗字로 수록되어 있고, '죄인을 다스리다'라는 의미를 나타내는 鞫(국)은 『說文』에서 簐(국 簐窮理罪人也. 从幸从人从言, 竹聲)이 本字로 수록되어 있다. 胸은 匈의 或體字이다.

 老 노

老는 본의가 '늙다(考也. 七十曰老)'로 풀이되고, 소전 자형은 '사람의 모발이 희게 변한 것(从人毛匕. 言須髮變白也)'을 나타낸 것으로 설명된다. 그러나 갑골문에는 머리카락이 길고 허리가 굽은 노인이 지팡이를 짚고 있는 모습으로 나타난다.

자소로 사용될 때, **考**(고 老也. 从老省丂聲)、**孝**(효 善事父母者. 从老省从子)、**耆**(기 老也. 从老省旨聲)、**耇**(耉 구 老人面凍黎若垢. 从老省句聲)、**耋**(耊 질 年八十曰耋. 从老省从至)、**壽**(수 久也. 从老省𠷎聲) 등의 글자에서와 같이 자형의 일부가 생략된 형태로 주로 '늙음'과 관련된 의미를 나타내는 의부역할을 하고, **咾**、**珯**(노) 등의 글자에서는 음부역할을 한다.[100]

이들 글자가운데, 考는 다시 **拷**、**烤**、**銬**(고), 孝는 **酵**(효), 耆는 **嗜**、**愭**(기)、**搘**、**榰**(지), 壽는 **疇**、**躊**、**鑄**(주)、**濤**、**禱**(도) 등의 글자에서 음부역할을 한다.[101]

者(자)의 경우, 현재 통용자전에는 자형이 유사하다는 이유로 老부에 나열해 놓고 있는 글자이지만, 고문자계통에서 者와 老는 자형상 또는 의미상 전혀 관련이 없는 글자이다. 『說文』에서는 白(자)부에 나열해 놓고, 본의를 '일을 구별할 때 사용하는 단어이다(別事詞也)'라고 풀이하고, 자형을 白가 의부이고 𣥠(려)가 음부(从白𣥠聲)인 형성자로 분석하면서, 𣥠는 旅(려)의 古文이라고 부연설명하고 있다. 갑골문이나 금문에서도 자형은 소전과 유사한 형태로 나타나지만, 무엇을 의미하는지에 관해서는 異說만 분분할 뿐 정확한 해석을 하지 못하고 있는 상태이다.[102]

---

100 𠷎(수) 및 壽의 자형분석은 2.5의 𠷎(주)를 참조. 考는 현대한자에서 攷(고 从攴丂聲)의 의미로도 통용되고 있는데, 攷의 본의는 '두드리다(敂也)'로 풀이된다.

101 教는 敎가 本字이며, 攴(복)과 爻(교)가 의부(从攴从孝)로 사용되었다. 孝는 아래의 子를 참조.

102 연구자에 따라 고문자계통에 나타나는 者를 '기장'을 의미하는 黍(서)의 이체자로 보기도 하고, '채소를 비롯한 음식물을 솥 안에 넣고 볶는 모습'으로 보는 경우도 있다. 白는 『說文』에 수록된 自의 이체자이며, 예변이후, 색깔을 나타내는 白(백)과 동일한 자형으로 정리되었다.

자소로 사용될 때, 煮(자)、奢(사)、渚、猪(豬)、箸、著(저)、諸(제)、暑、緒、署(서)、屠、覩(睹)、賭、都(도) 등의 글자에서 음부역할을 하고, 奢는 다시 奲(차 奲奲富皃. 从奢單聲)의 의부, 撦、譇(차) 등의 음부역할을 하며, 著는 躇(저), 諸는 儲、藷(저), 署는 曙(서)의 음부역할을 한다.

 儿 인

儿은 『說文』에 人의 重文으로 수록된 古文奇字로서, 자소로 사용될 때, 兀(올)、允(윤)、皃(모)、兒(아)、兂(잠)、兆(고)、免(면)、兄(형)、兌(태)、充(충)、先(선)、光(광)、克(극) 등의 글자에서 의부역할을 한다.[103]

이들 글자들이 다시 다른 합체자의 자소로 활용되는 예를 열거하면 아래와 같다.

103 欠(흠)은 2.1.4, 亮(량)은 2.6의 高, 兇(흉)은 2.17의 凶(흉), 冘(임, 유 冘冘行皃. 从儿出冂)은 2.5의 冂(경)을 참조. 현재 통용자전류에서 儿부에 배속시키고 있는 兆(兆 조)는 2.15의 卜(복)을 참조.

 兀 올

兀의 소전 자형은 사람 위에 一의 모양이 가로 놓여있는 형태로 나타나며(从一在儿上), 본의가 '높고 위가 평평하다(高而上平也)'로 풀이되고, **元**(원)은 兀 위에 一이 위치하고 있는 형태로(从一从兀) 나타나며, 본의는 '시작(始也)'으로 풀이된다. 갑골문이나 금문에서의 兀과 元은 같은 글자로 보는 것이 일반적이다.[104]

자소로 사용될 때, 兀은 **堯**(요 高也. 从垚在兀上, 高遠也)의 의부역할을 하고, **屼**、**扤**、**杌**、**卼**、**頎**(올)、**虺**(훼)、**髡**(곤) 등의 글자에서는 음부역할을 하며, 堯는 다시 **僥**、**繞**(요)、**曉**、**驍**(효)、**翹**(교)、**鱙**(묘)、**燒**(소) 등의 글자에서 음부역할을 한다.

元의 경우, **冠**(관 絭也. 所以絭髮, 弁冕之總名也. 从冖元, 元亦聲. 冠有法制, 故从寸)의 의부겸 음부역할을 하고, **沅**、**阮**(원)、**完**、**玩**(완)、**朊**(관) 등의 글자에서는 음부역할을 하며, 完은 다시 **寇**(구 暴也. 从攴从完)의 의부역할을 하고, **浣**、**莞**(완)、**晥**、**皖**、**睆**(환)、**院**(원) 등의 글자에서는 음부역할을 한다.[105]

 允 윤

104 許愼은 兀과 元을 합체자로 보고 있으나, 兀이나 元에서의 '一'형은 非字字素로 간주해야 할 것이다. 연구자에 따라서, 갑골문에 나타난 元에서의 '二'형을 上下의 上으로 보는 경우도 있다.

105 현대한자에서 '도둑'을 의미하는 寇를 '从攴从完'의 형태로 보지 않고, '집(宀)에 무기를 들고 침입하여 사람(元)을 가격(攴)하는 것'을 나타낸 것으로 보고, 본의를 '侵犯하다'로 주장하는 연구자도 있다.

允은 본의가 '믿다(信也)'로 풀이되고, 자형은 『說文』에서 '从儿㠯聲'의 형성자로 설명되고 있으나, 갑골문에서는 사람이 머리를 앞으로 숙인 모습으로 나타나 있다.[106]

자소로 사용될 때, **玧**、**銃**(윤)、**吮**、**沇**(연) 등의 글자에서와 같이 주로 음부역할을 하며, **俊**、**峻**、**竣**、**駿**(준)、**悛**(전)、**梭**(사)등의 글자에서 음부역할을 하는 **夋**(준) 역시 允이 음부로 사용되었다.[107]

甲文 金文 小篆 允 楷書

 **皃 모**

皃는 『說文』에서 '儿이 의부이고, 白형은 사람의 얼굴 모양을 상형(从儿, 白象人面形)'한 것으로 설명되고 있으며, 본의는 '용모(頌儀)'로 풀이된다. 현대한자에서 皃의 의미를 나타내는 貌는 重文으로 수록된 籀文이다.

자소로 사용될 때, **覍**(변 冕也. 从皃, 象形)의 의부역할을 하고, **弁**(변)은 覍의 重文으로 수록된 或體字이며, **卞**(변)은 俗字이다. 弁은 자소로 사용될 때, **畚**(畚 본 餅屬. 蒲器也, 所以盛穜. 从甾弁聲)의 음부역할을 한다.[108]

金文 籀文 小篆 或體 弁 楷書

 **兒 아**

兒의 본의는 '어린 아이(孺子也)'로 풀이되고, 儿 위의 臼형을 『說文』에서는 '어린애의 정수리가 아직 합쳐지지 않은 모양을 상형(象小兒頭囟未合)'한 것이라고 설명하고 있다. 그러나 갑골문이나 금문에 나타나는 臼형은 아이들의 머리를 양쪽으로

---

106 㠯(以)는 2.17 巳(사)의 파생자소를 참조.

107 夋(从夊允聲)은 본의가 '느릿느릿 가다(行夋夋也)'로 풀이된다. 沇(연)의 음부로 사용되고 있는 兗(연)은 『說文』에 수록되어 있지 않지만, 전통 字書類에서 沇과 같은 글자로 설명되며, 兖은 兗의 俗字이고, 兊는 兌의 俗字이다.

108 𠁿(극)은 2.17의 小, 甾(치)는 2.8을 참조.

묶어 동여 맨 모양(總角)으로 해석하기도 한다.

자소로 사용될 때, **鬩**(혁 恆訟也. 从鬥从兒, 兒, 善訟者也)의 의부역할을 하고, **詍**(나)、**倪**、**掜**、**猊**(예)、**鶂**(역) 등의 글자에서는 음부역할을 한다.

 甲文  金文  小篆 兒 楷書

 先 잠

先은 본의가 '머리에 꽂는 비녀(首笄也)'로 풀이되며, 匕형은 비녀의 모양을 상형(从儿. 匕, 象形)'한 형태로 설명된다. 현대한자에서 先의 의미를 나타내는 **簪**은 『說文』에 重文으로 수록된 俗字(簪, 俗先从竹从朁)이다.

 小篆  俗體 先 楷書 簪 楷書

 兟 침

兟은 先의 이합자소(从二先)로서, 본의가 '뾰족하고 날카롭다(銳意也)'로 풀이되며, 자소로 사용될 때, **朁**(잠)의 음부역할을 하고, 朁은 다시 **潛**、**熸**、**簪**、**蠶**(잠) 등의 글자에서 음부역할을 한다.[109]

 兜 고

兜는 본의가 '막히다(壅蔽也)'로 풀이되며, 자형은 '儿이 의부이고, 좌우가 모두 막힌 모양을 상형(从儿. 象左右皆蔽形)'한 것으로 설명된다.

자소로 사용되는 경우가 드물지만, 투구를 의미하는 **兜**(두 兜鍪, 首鎧也. 从兜从皃省. 皃象人頭也)의 의부역할을 한다.

---

109 朁(从曰兟聲)은 본의가 '일찍(曾也)'으로 풀이되지만, 현대한자에서는 거의 사용되지 않는다.

免 면

『說文』의 각 傳本에는 免자가 수록되어 있지 않다. 갑골문에 나타나는 免의 자형은 모자를 쓴 사람의 모습으로 나타나며, 면류관을 의미하는 冕(면)의 初文으로 해석하는 것이 일반적이다.

자소로 사용될 때, **晩**、**娩**、**挽**(만)、**勉**(면) 등의 글자에서와 같이, 주로 음부역할을 한다.[110]

兄 형

兄은 본의가 '연장자(長也)'로 풀이되고, 자형은 '从儿从口'의 형태로 설명되며, 자소로 사용될 때, **兢**(兢 긍 从二兄, 丯聲)의 의부역할을 하고, **況**(황)의 음부역할을 한다.[111]

본의가 '제사를 주관하는 사람(祭主贊詞者)'으로 풀이되는 **祝**(축)은 『說文』에서 '从示, 从儿口'의 형태로 설명되고, 갑골문에서도 '사람이 꿇어 앉아 기도하는 모습'으로 나타나며, '입(口)'이 강조된 형태로 그려져 있다.[112]

본의가 '강열하게 논쟁을 하다(彊語也)'로 풀이되고, '각축(角逐)'이라는 의미로도 사용되는(一曰逐也) **競**(경)은 소전자형에서 두 사람과 誩(경)의 결합형태(从誩从二儿)로 나타나고, 갑골문에서는 두 사람이 머리에 무엇을 뒤집어쓰고 나란히 있는 모습으로 나타난다.[113]

---

110 兎는 2.2.1을 참조.

111 兢에서의 丯(개)는 2.3을 참조. 金文에 나타나는 兢은 두 사람이 머리에 무거운 짐을 이고 있는 형태로 나타나고 있고, 자의를 '조심하여 근신하다'라는 의미로 풀이하는 것이 일반적이다. 況은 본의가 '차거운 물(寒水也)'로 풀이된다.

112 呪(咒 주)、詋(주) 등의 글자들은 『說文』에 수록되어 있지 않으나, 이들 글자들에서의 兄은 祝의 생략형으로 보아야 할 것이다.

113 두 사람의 머리에 뒤집어쓴 것이 모자 혹은 장식물인지, 형벌도구(罪人)를 의미하는 辛(건)인지는 확실하지 않다. 갑골문에 나타나는 競의 자형을 연구자에 따라서 '두 사람이 달리기 시합을 하는 것'으로 해석하기도 한다.

竟(경)의 경우, 갑골문에는 사람의 머리 위에 형벌도구인 **辛**(건)이 있는 것으로 보아 죄인을 의미하는 것으로 이해되고, 소전에서는 **音**(음)과 사람의 결합형태(从音从人)로 나타나며, 본의는 '악곡이 끝난 것을 경이라 한다(樂曲盡爲竟)'로 설명된다. 竟은 자소로 사용될 때, **境**、**鏡**(경)、**璄**(영)、**糡**(강) 등의 글자에서와 같이 주로 음부역할을 한다.

 兌 태

兌는 본의가 '기쁘다(說也)'로 풀이된다. 許愼은 자형을 '从儿㕣聲'의 형성자로 설명하고 있으나, 儿과 口가 의부이고 八형은 입에서 气가 발산되는 모습을 나타낸 것으로 보는 것이 일반적이다.[114]

자소로 사용될 때, **說**(설)、**悅**、**閱**(열)、**脫**(탈)、**銳**(예)、**稅**(세) 등의 글자에서와 같이 주로 음부역할을 한다.

 充 충

114 㕣(연)은 2.4를 참조.

充은 본의가 '길다. 높다(長也. 高也.)'로 풀이되지만 현대한자에서는 주로 '차다. 채우다' 등의 의미로 사용되며, 자형은 '从儿 育省聲'의 형태로 설명된다.[115]

자소로 사용될 때, **流**、**琉**(충)、**統**(통)、**銃**(총) 등의 글자에서와 같이 주로 음부 역할을 한다.

 先 선

先은 본의가 '앞으로 나아가다(前進也)'로 풀이되며, 儿과 之가 의부(从儿从之)로 사용되었으나, 예변 이후 之의 자형이 ⺧형으로 변했다.

자소로 사용될 때, **跣**、**銑**(선)、**洗**(세) 등의 글자에서와 같이 주로 음부역할을 한다.

兟(신)은 先의 이합자소(从二先)로서 본의가 '나아가다(進也)'로 풀이된다. 자소로 사용될 때, **贊**(찬 見也. 从貝从兟)의 의부역할을 하고, 贊은 다시 **讚**、**鑽**、**瓚**(찬) 등의 글자에서 음부역할을 한다.[116]

 甲文  金文  小篆 先 楷書

 光 광

光은 본의가 '밝다(明也)'로 풀이되고, 자형은 '从火在人上'의 형태로 설명된다.

자소로 사용될 때, **侊**(광)、**恍**、**晃**(황) 등의 글자에서 음부역할을 하고, 晃은 다시 **滉**、**幌**(황) 등의 글자들의 음부역할을 한다.

 甲文  金文  小篆 光 楷書

---

115 育(육)은 아래 子의 𠫓(돌)을 참조.

116 許愼이 贊의 본의로 설명하고 있는 見(현)은 '보다'라는 의미로서의 見(견)이 아니라, '패물(貝)을 지니고 나아가(兟) 뵙기를 청하다'라는 의미로서, '謁見(알현)'의 見(현)이다.

 克 극

克을 『說文』에서는 '儿이 의부이고, 집 아래에서 나무를 깎는 모양을 상형(从儿. 象屋下刻木之形)'한 것이라 설명하고, 본의를 '어깨(肩也)'라고 풀이해 놓았다. 그러나 갑골문이나 금문에 나타나 있는 克의 자형에 관해서는, 연구자에 따라서, 머리에 투구를 쓰고 있는 모습으로 보기도 하고, 북을 치는 북채의 모양으로 보는 경우도 있으며, 공격과 방어를 겸할 수 있는 방패의 모양으로 보기도 하는 등 異說이 많다.[117]

 甲文  金文  小篆 克 楷書

 卩 절

卩은 『說文』에서 본의가 '상서로운 신표(瑞信也)'로 풀이되고, 자형은 '符節이 서로 합해진 모양을 상형(象相合之形)'한 것이라고 설명하고 있으나, 갑골문에서는 사람이 꿇어 앉아 있는 모습으로 나타난다.

자소로 사용될 때, **令**(령 發號也. 从亼卩)[118]、**印**(인 執政所持信也. 从爪卩)、**归**(抑 억 按也. 从反印. 抑, 俗从手)[119]、**卬**(卬 앙 望也. 从匕从卩)、**厄**(액 科厄, 木節也. 从卩厂聲)、**卸**(사 舍車解馬也. 从卩止, 午聲)、**却**(卻 각 節卻也. 从卩聲)、**卷**(권 厀曲也. 从卩𢍏聲)、**邑**(읍 國也. 从囗从卩)、**色**(색 顔气也. 从人从卩)、**絶**

---

117 克이 자소로 사용되는 경우는 발견되지 않으며, 예변 이후 克의 이합자소 형태로 정리된 兢(兢 긍 从二兄从丯聲)은 위의 兄을 참조.

118 令의 의부로 설명되는 亼(집)은 『說文』에서 본의가 '셋이 합쳐진 것(三合也)'로 풀이되며, 자형은 '从入一, 象三合之形)'으로 설명된다(2.17을 참조). 令은 고문자계통에서 모두 卩과 亼의 조합형태로 나타나지만, 갑골문에서의 亼형은 입(口)의 모양으로 보는 경우도 있고, 목탁의 모양으로 보는 경우도 있으며, 갑골문에서의 令은 '꿇어 앉아 입으로 혹은 목탁을 두드려 명령을 내리는 것을 듣는 모양'으로 보는 것이 일반적이다.

119 卩의 본의를 許愼은 信標(符節)로 보았기 때문에 印 역시 본의를 '집정자가 지니고 있는 인장'으로 풀이하고 있지만, 갑골문에서의 印과 归은 모두 손으로 사람을 눌러 꿇어앉히는 자형으로 나타난다. 归(억)과 卬(앙)은 예변 이후 모두 卬형으로 변해 현대한자에서는 抑(억)과 仰(앙)으로 운용된다.

(절 斷絲也. 从糸从刀从卩)、**肥**(비 多肉也. 从肉从卩) 등의 글자에서 의부역할을 하고, 음부로 사용되는 경우는 드물지만, **岊**(절)、**卹**(술, 휼 憂也. 从血卩聲. 一曰鮮少也) 등의 글자에서는 음부역할을 한다.[120]

이들 글자 가운데, 令은 다시 **命**(명 使也. 从口从令)의 의부역할을 하고, **囹**、**姈**、**領**、**齡**(령)、**冷**(냉) 등의 글자에서는 음부역할을 하며, 領은 또 다시 **嶺**(령)의 음부역할을 한다. 또한, 卬(𠨘)은 **仰**(앙 擧也. 从人从卬)의 의부역할을 하고, **昂**(앙)、**迎**(영) 등의 글자에서는 음부역할을 하며, 卸는 다시 **御**(어 使馬也. 从彳从卸))의 의부로 사용되고, 御는 또 다시 **禦**(어)의 음부역할을 하며, 卻은 **脚**(각)의 음부역할을 한다.[121]

卽(즉)에서의 卩은『說文』에서 음부로 설명되지만(就食也. 从皀卩聲), 갑골문이나 금문에서의 卽은 음식물이 담긴 그릇 앞에 사람이 꿇어 앉아 있는 형태로 나타난다. 卽은 자소로 사용될 때, **喞**、**蝍**(즉, 즐)、**節**(절 从竹卽聲) 등의 글자에서 음부역할을 하고, 節은 다시 **癤**(절)、**櫛**(즐) 등의 글자에서 음부역할을 한다.[122]

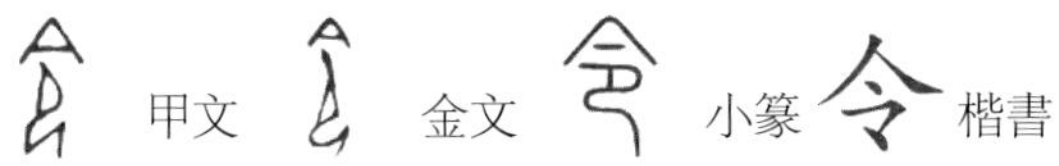

---

120 卮은 본의를 許愼은 '돌출된 나무의 마디(科卮, 木節也)'로 풀이하고, 段玉裁는 '科卮'을 '불거져 솟아 오른 모양(肸起之皃)'으로 해석하며, '대나무의 마디를 節이라 하고, 일반나무의 마디는 卮이라 한다(竹之卩曰節. 木之卩曰科卮)'라고 부연 설명하고 있지만, 현대한자에서의 卮은 주로 '재앙'의 의미로 사용되며, 戹(액)과 통용된다. 戹은 본의가 '좁다(隘也)'로 풀이되고, 자형은 '从戶乙聲'의 형태로 설명된다. 卸는『說文』의 각 전본에 '从卩止午'의 회의자로 수록되어 있지만 본서에서는 段注本에 의거하였다. 卻의 본의를『說文』의 각 전본에는 '節欲也'로 수록하고 있으나 본서에서는 역시 段注本을 따라 '節卻也(절제하여 물러나다)'로 하였다(退却), 却은 卻의 속자이다. 㕁(갹)은 2.1.4 口(구)의 파생자소를 참조. 色의 본의를 許愼은 '얼굴 기색(顔气也)'으로 풀이하고 있으나, 연구자에 따라 '꿇어 앉아 윗사람의 안색을 살피다'로 해석하기도 하고, 人형을 刀로 보아 絶의 初文으로 보는 경우도 있다, 絶의 자형을 段注本에서는 '从刀糸, 卩聲'으로 고쳐놓았다. 卷에서의 𢍏(권)은 2.1.2의 廾(공)과 2.2.1의 釆(변)을 참조. 邑、色、肥 등에서의 卩은 예변 이후 자형이 巴(파)형으로 변했다. 巴(파)는 2.2.1을 참조. 邑(읍)과 그 활용은 2.5를 참조. 危(위)는 본절의 产(위)를 참조,

121『說文』에서 𠨘(卬)과 仰은 따로 수록되어 있지만, 고문헌에서는 같은 의미로 사용되는 경우가 많으며, '昂首挺胸(앙수정흉)'의 昂 역시 본의가 '擧也'로 풀이된다. 禦의 본의는 '제사(祀也)'로 풀이되지만, 현대한자에서는 주로 '막다(防禦)'의 의미로 사용된다. 啣(함)은 銜의 俗字이다.

122 卽에서의 皀(급)은 2.7을 참조.

 𠨍 선

𠨍은 卩의 이합자소(二卩也)로서, 자소로 사용될 때 **巽**(巺 손 具也. 从丌𠨍聲. 巽, 篆文巺)의 음부역할을 하고, 巽은 다시 **撰**、**饌**(찬)、**選**(선) 등의 글자에서 음부역할을 한다.[123]

 夘 제 경

夘는 본의가 '일을 처리하는 제도(事之制也)'로 풀이되고, 자형은 卩과 卪의 조합(从卩卪)으로 설명된다.[124]

자소로 사용될 때, **卿**(경 章也. 从夘皀聲)의 의부역할을 한다.[125]

---

123 巽은 巺의 篆文 자형이다. 巺에서의 丌(기)는 2.8을 참조.

124 卪(주)는 『說文』에서 卩의 反文 형태로 수록되어 있으나, '卩也'라고만 설명하고 그 외에는 아무 설명도 하지 않고 있다(闕也).

125 許愼은 卿의 본의를 '제도(章也)'로 풀이해 놓고 그 아래 六卿의 명칭을 나열해 놓았다(六卿, 天官冢宰、地官司徒、春官宗伯、夏官司馬、秋官司寇、冬官司空). 그러나 갑골문에 나타나는 卿은,

 金文  小篆 卿 楷書

 **大 대**

大는 정면에서 본 사람의 모양을 상형(象人形)한 글자이며, 『說文』에서는 본의가 '크다(天大, 地大, 人亦大)'로 풀이되지만, 합체자의 의부로 사용될 때 '크다'라는 의미보다는 '일반적인 사람'을 의미하는 경우가 대부분이다.

자소로 사용될 때, **天**(천 顚也. 至高無上. 从一大)、**夫**(부 丈夫也. 从大, 一以象簪也)、**去**(거 人相違也. 从大厶聲)、**赤**(적 南方色也. 从大火)、**央**(앙 中央也. 从大在冂之內. 大, 人也)、**奄**(엄 覆也. 大有餘也. 又, 欠也. 从大从申. 申, 展也)、**夸**(과 奢也. 从大亏聲)、**夷**(이 平也. 从大从弓. 東方之人也)、**奇**(기 異也. 一曰不耦. 从大从可)、**奎**(규 兩髀之間. 从大圭聲)、**契**(계 大約也. 从大从㓞)、**夾**(협 持也. 从大, 挾二人)、**奚**(해 大腹也. 从大𦃃省聲. 𦃃, 籀文系)[126]、**奢**(사 張也. 从大者聲) 등의 글자에서 의부역할을 하고, **泰**(태 滑也. 从廾水, 大聲)、**羍**(㚔 달 小羊也. 从羊大聲) 등의 글자에서는 음부역할을 하며, 泰는 다시 **傣**、**溙**(태), 㚔(달)은 다시 **達** 및 **撻**、**闥**、**韃**(달) 등의 글자에서 음부역할을 한다.[127]

皀(급)을 중간에 놓고 좌우로 두 사람이 꿇어 앉아 음식을 먹고 있는 모습으로 나타나 있으며, 鄉、饗 등의 글자와 함께 동일한 의미를 표시하고 있는 것으로 보는 것이 일반적이다. 柳、留(유) 등의 음부로 설명되는 丣(古文酉 유)는 2.7, 貿의 음부로 설명되는 卯(묘)는 2.6, 卵(란)은 2.2.1을 참조.

126 『說文』에서는 奚의 본의를 '大腹也'로 설명하고, 자형을 '从大𦃃省聲'의 형성자로 분석하고 있지만, 갑골문에서는 사람(大)을 묶은 끈(幺 혹은 糸)과 손(爪)의 조합으로 나타나며, '노예' 혹은 '포로'의 의미로 해석하는 것이 일반적이다.

127 羍(㚔)은 예변 이후 大의 자형이 土형으로 변했다. 太는 大의 俗字이다. 奪(탈)、奮(분) 등은 2.2.2의 隹를 참조. 본의가 '嗾犬厲之也'로 설명되는 獎은 奬(从犬將省聲)이 本字이다. 奈(내)의 경우, 『說文』에 수록되어 있지 않고, 자형의 來源도 모호하다. 犬(견 象形)、奐(환 从廾敻省)、莫(막 从日在茻中)、奔(분 从夭賁省聲)、樊(번 从𠬞从棥, 棥亦聲)、奧(오 从宀舜聲) 등에서의 大형 모두 동형자소이다.

이들 글자가운데, 天은 다시 **呑**(탄)、**忝**(첨) 등의 글자에서 음부역할을 하고, 忝은 또 다시 **添**(첨)의 음부역할을 하며.[128] 央은 **殃**、**秧**、**鴦**(앙)、**映**、**英**(영), 奄은 **掩**(엄)、**庵**(암), 夸는 **誇**、**跨**(과)、**刳**、**袴**(고)、**瓠**(호)、**陓**(우), 夷는 **姨**(이), 奇는 **寄**、**崎**、**琦**、**錡**、**騎**(기)、**倚**(의), 契는 **禊**(계)、**喫**(끽), 夾은 **俠**、**挾**、**狹**(협), 奚는 **溪**(磎, 谿)、**鷄**(雞)(계) 등의 글자에서 음부역할을 한다.[129]

현대한자에서 '없다'라는 의미로 사용되는 **無**(무)와 '춤추다'라는 의미를 나타내는 **舞**(무)는 『說文』에서 서로 구별되는 글자로 수록되어 있지만, 갑골문에서는 사람이 손에 무엇을 들고 춤을 추는 모습으로 나타난다. 無는 자소로 사용될 때, **嘸**、**廡**、**憮**、**撫**、**瞴**、**蕪**(무)、**蟱**(모)、**鄦**(허) 등의 글자에서 음부역할을 하고, 舞는 **儛**、**蹲**(무) 등의 글자에서 음부역할을 한다.[130]

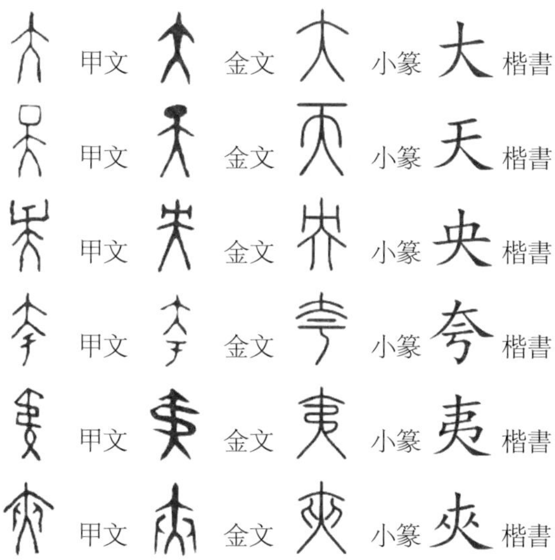

128 呑은 본의가 '삼키다(咽也)', 忝은 '욕되게 하다(辱也)'로 풀이된다. 해서체에서 '넓고 끝이 없는 하늘'을 의미하는 昊는 『說文』에 昦로 수록되어 있으며, 자형은 '从日夰, 夰亦聲'의 형태로 분석되고, 夰(고,호)는 본의가 '놓다(放也)'로 풀이되고, 자형은 '从大而八分也'로 분석된다.

129 奢의 활용은 본절 老의 者를 참조.

130 無는 본의가 '없다(亡也)'로 풀이되고, 자형은 '从亡𣞤聲'의 형태로 설명되며, 𣞤(모)는 본의가 '茂盛하다(豐也)'로 풀이되고, 자형은 '从林𠀤'의 형태로 설명된다. 그러나 𠀤(모)자는 『說文』에서 독립된 자형으로 수록되어 있지 않고, 다만 𣞤자 아래 '从大卌'으로 자형을 설명하고 '或說規模之模字也'라고만 해 놓았다. 또한, 卌형에 관해서는 단지 '수가 누적된 것(數之積也)'으로만 설명하고 音은 표시하지 않고 있다. 許愼은 '이십'을 의미하는 廿(입)의 중복형으로 본 듯하다. 无는 重文으로 수록된 奇字이다. 舞는 '从舛無聲'의 형태로 설명된다.

 去 거

去는 본의가 '사람이 서로 멀어지다(人相違也)'로 풀이되고, 去에서의 厶(거)는, '벌린 입(張口)'을 상형한 凵(감)과 유사한 자형으로서, '버드나무로 만든 飯器의 모양을 상형(飯器, 以柳作之. 象形)'한 글자로 설명되고 있다.

갑골문에서의 去는 사람(大)이 거주지(凵)에서 밖으로 나가는 모양으로 해석하기도 하고, 웅덩이(坎)를 건너뛰는 모습을 표현한 것으로 설명하기도 하며, 大를 그릇(厶)의 뚜껑으로 보는 경우도 있다.

자소로 사용될 때, **法**(灋 법 刑也. 从水从廌从去)、**劫**(겁 人欲去, 以力脅止曰劫) 등의 글자에서 의부역할을 하고, **祛**、**胠**、**袪**(거)、**怯**、**迲**(겁) 등의 글자에서는 음부역할을 하며, 法은 다시 **珐**(법)의 음부역할을 한다.[131]

131 許愼은 灋의 자형을 '공평함이 물과 같아야하므로 水가 의부이고, 廌(치)는 정직하지 않은 사람을 뿔로 받아 쫓아낸다. 그러므로 廌와 去가 의부이다(平之如水, 故从水. 廌所以觸不直者去之. 故从廌从去)'라고 설명하고 있다. 法은 重文으로 수록된 금문(今文省)이고, 古文으로 㚉이 수록되어 있다. 却(각)은 卻(각)의 俗字이다. 盍(합)은 2.1.5의 血을 참조.

 夲 도

본의가 '달려 나아가다(進趣也)'로 설명되는 夲(도)는 '从大十'의 자형으로 구성되어, **暴**(暴 포 疾有所趣也. 从日出夲廾之)、**奏**(주 奏進也. 从夲从廾从屮. 屮, 上進之義)、**皋**(皐 고 气皋白之進也. 从夲从白) 등의 글자에서 의부역할을 한다.[132]

이들 글자 가운데, 奏는 다시 **湊**、**輳**(주) 등의 글자에서 음부역할을 하고, **臯**는 皋의 俗字로서, **槹**、**翱**(고)、**皞**(호) 등의 글자에서 음부역할을 한다.

 㚔 幸 녑

㚔은 소전에서는 '从大从羊'의 형태로 구성되어, 본의가 '사람을 놀라게 하다(所以驚人也)'로 풀이되고 있으나, 갑골문에는 수갑(手梏)의 모양을 본뜬 형태로 나타나 있고, '죄인' 혹은 '잡다(捕捉)'의 의미를 표시하고 있으며, 예변 이후 '从屰从夭'의 幸(행)과 같은 자형으로 정리되었다.[133]

자소로 사용될 때, 幸의 형태로 **執**(집 捕罪人也. 从丮㚔, 㚔亦聲)、**報**(보 治罪人也. 从㚔从𠬝) 등의 글자에서 의부역할을 한다.[134]

懌、**繹**、**譯**、**驛**(역)、**釋**(석)、**鐸**(탁)、**澤**、**擇**(택) 등의 글자에서 음부역할을 하는 **睪**(역) 역시 '从目从㚔'의 자형으로 구성되어 있고, 본의는 '엿보다(伺視也)'로 풀이되지만 현대한자에서 단독으로 사용되지는 않는다.

---

132 예변 이후 동일한 자형으로 나타나는 또 하나의 暴(㬥 포, 폭 从日出廾米)이 있으며, 본의는 '햇볕에 쬐어 말리다(晞也)'로 풀이되고, 현대한자에서는 曝(폭)이 그 의미를 나타낸다. 暴(㬥)의 활용은 2.3의 日을 참조.

133 '从屰从夭'의 幸(㚔 행 吉而免凶也)은 2.12 干의 파생자소 屰(역)을 참조. 㚔에서의 羊(임) 역시 干의 파생자소를 참조.

134 執의 고문자 자형과 그 활용은 2.1.2 丮(극)의 파생자소 執, 報의 고문자 자형과 그 활용은 2.1.2 又의 파생자소 𠬝(복)을 참조.

 金文  小篆 幸 楷書

 夫 부

夫는 본의가 '성인 남자(丈夫也)'로 풀이되고, 자형은 '大가 의부이고 一형은 비녀의 모양을 상형(从大, 一以象簪也)'한 것으로 설명된다.

자소로 사용될 때, **規**(규 有法度也. 从夫从見)의 의부역할을 하고, **扶**、**芙**、**趺**(부) 등의 글자에서는 음부역할을 하며, 規는 다시 **窺**(규)의 음부역할을 한다.

夫의 이합자소인 **㚘**(반)은 본의가 '나란히 가다(竝行也)'로 풀이되고, '사람이 끄는 수레(輓車也)'를 의미하는 **輦**(련 从車, 从㚘在車前引之)의 의부역할을 하며, 輦은 다시 **攆**、**鄻**(련) 등의 글자에서 음부역할을 한다.[135]

 甲文  金文  小篆 夫 楷書

 甲文  金文  小篆 輦 楷書

 立 립

立은 본의가 '서다(侸也)'로 풀이되고, 자형은 '사람이 땅위에 서있는 모양(从大在一之上)'으로 설명된다.

자소로 사용될 때, **竦**(송 敬也. 从立从束)、**端**(단 直也. 从立耑聲)、**竭**(갈 負舉也. 从立曷聲)、**站**(참 久立也. 从立占聲) 등의 글자에서 의부역할을 하고, **笠**、**粒**(립)、**泣**(읍)、**昱**(욱)、**翊**(익) 등의 글자에서는 음부역할을 한다.[136]

---

135 替(체)에서의 㚘형은 아래의 竝(병)을 참조.

136 竪(수)는 豎(수 从臤豆聲)의 俗字이며, 본의는 '견고하게 세우다(堅立也)'로 풀이된다. 咅(杏 부 从丶从否, 否亦聲)는 2.1.4의 口(구)와 2.17의 丶(주)를 참조.

현재 통용 자전류에서 立부에 배속시키고 있는 **章**(장 樂竟爲一章. 从音从十)、**竟**(경 樂曲盡爲竟. 从音从儿)、**童**(동 男有辠曰奴, 奴曰童, 女曰妾. 从䇂重省聲)、**競**(경 彊語也. 一曰逐也. 从誩从二人) 등의 글자들은 立과 의미상 관련이 없는 글자들이다.[137]

 **竝 並 병**

立의 이합자소(从二立)인 竝은 본의가 '나란히 서다(併也)'로 풀이되며, 예변이후, 並형으로 변했다.

자소로 사용될 때, **暜**(替 체 廢也. 从竝白聲)의 의부역할을 하고, **普**(普 보 日無色也. 从日竝聲)의 음부역할을 하며, 普는 다시 **譜**(보)의 음부역할을 한다.[138]

 **亦 역**

亦은 본의가 '사람의 겨드랑이(人之臂亦也)'로 풀이되며, 사람(大) 겨드랑이의 위치를 표시한 자형(从大, 象兩亦之形)으로서 腋(액)의 초문이다.

자소로 사용될 때, **夾**(夾 섬 盜竊褱物也. 从亦, 有所持)의 의부역할을 하고, **迹**(跡 적)、**奕**、**弈**(혁) 등의 글자에서는 음부역할을 하며, 夾은 다시 **陜**(섬)의 음부로 사용된다.

---

137 音、妾、意、音、亲、彖 등에서의 立형 역시 모두 예변 이후 立의 형태로 변한 동형자소들이다.

138 替(暜)에서의 白(자)는 2.1.4의 自를 참조. 普(或从曰)、替(或从兟从曰) 등은 暜의 重文으로 수록된 혹체자이고, 현대한자에서 통용되는 替는 俗字로 설명된다. 普(普)는 현대한자에서 본의로 사용되는 경우는 거의 없고, 주로 '널리'、'두루'라는 의미로 사용된다.

亦은 **夜**(야)에서도 亦의 자형일부가 생략된 형태로 음부(从夕亦省聲)로 사용되며, 夜는 다시 **䳺**(야)、**液**、**腋**(액) 등의 글자에서 음부역할을 한다. **狄**(적)에서의 火형 역시 亦의 생략형(从犬亦省聲)으로 설명되고, 狄은 다시 **楸**、**荻**、**逖**(적) 등의 글자에서 음부역할을 한다.

 交 교

交는 본의가 '정강이가 교차되다(交脛也)'로 풀이되고, 자형은 '사람(大)의 양쪽 다리가 서로 교차하는 모양(从大, 相交形)'을 나타낸 글자로서, 자소로 사용될 때, **校**、**狡**、**絞**、**較**、**郊**(교)、**效**(효) 등의 글자에서와 같이, 주로 음부역할을 한다.

 夭 요

夭는 본의가 '굽다(屈也)'로 풀이되고, 자형은 '사람이 머리를 굽힌 모습을 상형(从大, 象形)'한 글자이다.

자소로 사용될 때, **笑**(소 喜也. 从竹从夭)、**喬**(교 高而曲也. 从夭从高省)、**走**(주 趨也. 从夭止)、**幸**(행 吉而免凶也. 从屰从夭)、**奔**(분 走也. 从夭卉聲) 등의 글자에서 의부역할을 하고, **妖**、**殀**、**芺**(요)、**沃**(옥) 등의 글자에서는 음부역할을 하며, 沃은 다시 **鋈**(옥)의 음부역할을 한다.[139]

---

139 笑는 『說文』에 수록되어 있지 않은 글자였으나, 徐鉉(大徐本)이 추가한 19자 중의 하나로

이들 글자가운데, 喬는 다시 **僑**、**嬌**、**橋**、**矯**、**驕**(교)、**囂**(효) 등의 글자에서 음부역할을 한다.

甲文 金文 小篆 楷書

矢 열

矢은 '사람의 머리가 바르지 못한 모습을 상형(頃頭也. 从大, 象形)'한 글자이다.

자소로 사용될 때, **吳**(오 姓也. 亦郡也. 一曰吳, 大言也. 从矢口)、**奊**(혈 頭衺、骫奊態也. 从矢圭聲) 등의 글자에서 의부역할을 하고, 吳는 다시 **娛**、**誤**、**悞**、**筽**、**蜈**(오)、**俁**、**虞**(우) 등의 글자에서 음부역할을 한다.

甲文 金文 小篆 楷書

尣 尢 왕

尢은 본의가 '절름발이(尬也)'로 풀이되며, 자형은 '사람의 다리가 한쪽으로 굽은 모양을 상형(从大, 象偏曲之形)'한 글자로서, 현대한자에서는 **蹇**(건)、**跛**(파) 등의 글자가 그 의미를 나타내고 있다.

자소로 사용될 때, **尥**(료 行脛相交也. 从尢勺聲)、**尪**(尫 왕 尬也. 从尢㞷聲)、**尬**(개 尲尬也. 从尢介聲)、**尦**(파 蹇也. 从尢皮聲)、**尲**(감 不正也. 从尢兼聲) 등의 글자에서 의부역할을 하며, 모두 다리가 비정상적이라는 의미를 나타낸다.[140]

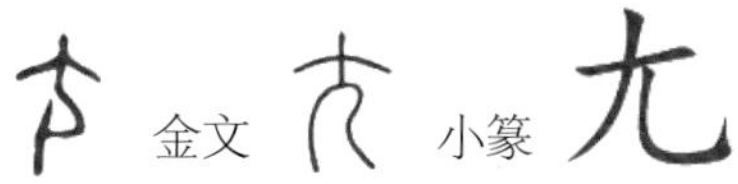
金文 小篆 楷書

서, 본래는 竹과 犬이 의부인 글자라고 설명하고 있다(孫愐引『唐韻』云 : '喜也. 从竹从犬'而不述其義). 忝(첨 从心天聲)에서의 夭형은 天의 변형이다. 走의 활용은 2.1.3, 幸의 활용은 2.12 干의 파생자소 屰(역), 奔의 활용은 2.3의 卉(훼)를 참조. 妖、沃 등의 소전 자형은 음부가 모두 芺이지만, 예변 이후 芺에서의 艸가 생략된 형태로 나타난다.

140 현재 통용 자전류에서 尢부에 나열해 놓은 尤(우)와 就(취)는 2.1.2 又의 파생자소 尤, 尨(방)은 2.2.1의 犬을 참조. 尫은 『說文』에 尢의 古文(古文从㞷)으로 수록되어 있다. 㞷(황)은 2.1.3의 之를 참조.

亢 항

亢은 본의가 '사람의 목(人頸也)'으로 풀이되며, 목 줄기의 모양을 상형(从大省. 象頸脈形)한 글자로서, 頏(항)의 初文이다.

자소로 사용될 때, **抗、沆、航**(항)、**忼**(강)、**坑**(갱) 등의 글자에서와 같이, 주로 음부역할을 한다.

士 사

士를 『說文』에서는 '从一从十'의 자형으로 설명하고, 본의를 '일을 하다(事也)'라고 풀이하고 있지만, 갑골문에 나타나는 士는 수컷의 생식기를 표현한 것으로 보는 일반적이며, 도끼(斧)의 모양을 그린 것으로 보는 경우도 있다.

자소로 사용될 때, **仕**(사 入官也. 从人从士)、**吉**(길 善也. 从士口)、**壯**(장 大也. 从士爿聲)、**壻**(서 夫也. 从士胥聲. 婿, 壻或从女) 등의 글자에서 의부역할을 한다.[141]

이들 글자가운데, 吉은 다시 **佶、桔**(길)、**詰、黠**(힐)、**壹**(일 从壺吉聲)、**結**(결)、**鮚**(할) 등의 글자에서 음부역할을 하고, 壹은 또 다시 **懿**(의 專久而美也. 从壹从心从欠, 壹亦聲)의 의부겸 음부역할을 하고, **噎**(열)、**曀、殪**(에)、**饐、鷧**(이) 등의 글자에서는 음부역할을 한다. 또한 壯은 **奘、莊、裝**(장) 등의 글자에서 음부역할을 한다.[142]

---

141 毐(애)도 '从士毋'의 형태로 설명되고(아래 女의 毋를 참조), 壬(정) 역시 小篆에서는 '从人士'의 형태로 설명된다. 志(지 从心之聲)에서의 士형은 之의 變形이며, 賣(매 从出从買)、款(관 从欠窾省) 등에서의 士형은 出의 변형이다(2.1.3의 出과 2.1.4의 欠을 참조). 對(對, 或从士)는 2.1.2 寸의 注를 참조. 鼓(고)、喜(희)、嘉(가) 등에서의 士형은 2.11의 壴(주)를 참조.

142 갑골문에 나타나는 吉은 윗부분이 兵器를 표시한 것이고, 아랫 부분은 병기를 보관하는 통 혹은 받침대로 보는 것이 일반적이고, 윗부분을 남자의 생식기로 보는 경우도 있다.

현재 통용 자전류에서 士부에 배속시키고 있는 **壽**(수)는 **老**(로)가 의부(从老省, 𠷎聲)로 사용된 글자이다.[143]

 甲文  金文  小篆 吉 楷書

 **父 부**

父는 본의가 '법도를 견지하는 것이다. 가장은 이끌고 가르치는 사람이다(矩也. 家長率教者)'라고 풀이되고, 자형은 손(又)에 막대기를 들고있는 형태(从又, 擧杖)로 설명된다. 갑골문에 나타나는 父는 손에 돌도끼를 들고 있는 모습으로 해석하는 것이 일반적이다.

자소로 사용될 때, **爸**(파 父也. 从父巴聲)、**爹**(다 父也. 从父多聲)、**爺**(야 父也. 从父耶聲) 등의 글자에서 의부역할을 하고, **斧**、**釜**(부) 등의 글자에서는 음부역할을 한다.[144]

예변 이후 자형이 많이 변했지만, **布**(포 枲織也. 从巾父聲)와 **甫**(보 男子美稱也. 从用父, 父亦聲)도 父가 의부 혹은 음부로 사용된 글자들이며, 布는 다시 **佈**、**怖**、**抪**(포) 등의 글자에서 음부역할을 하고, 甫는 다시 **俌**、**補**、**輔**、**酺**(보)、**匍**、**哺**、**圃**、**捕**、**浦**、**脯**、**莆**、**逋**、**鋪**(포)、**痡**(부) 등의 글자에서 음부역할을 하며, 浦는 또 다시 **蒲**(포)의 음부역할을 한다.

尃(부 布也. 从寸甫聲) 역시 甫가 음부로 사용된 경우로서, 자소로 사용될 때,

---

143 𠷎(수)는 2.5의 𠷎(주)를 참조. 현재 통용 자전류에서 역시 士부에 배속시키고 있는 壬(임)은 2.18, 壺(호)와 壹(일)은 2.7의 皿(명)과 豆(두)를 참조.

144 爸、爹、爺 등의 글자들은 대개 方言이나 口語에서 사용된 글자들로서 『說文』에는 수록되어 있지 않는 글자들이며, 耶자 역시 래원을 알 수 없는 글자이다(段玉裁는 邪자의 注에서 耶를 邪의 俗字로 설명하고 있다).

傅、**溥**、**簿**、**賻**(부)、**博**、**薄**、**縛**(박) 등의 글자에서 음부역할을 하고, 溥는 다시 **簿**(부)、**薄**(박) 등의 글자에서 음부역할을 한다.

 女 여

女는 고문자계통에서 모두 여자가 무릎을 꿇고 두 손을 가지런히 모으고 앉아 있는 모습을 그린 형태(婦人也. 象形)로 나타난다.

자소로 사용될 때, **奴**(노 奴、婢, 皆古之辠人也. 从女从又)、**好**(호 美也. 从女子)、**妃**(비 匹也. 从女已聲)、**如**(여 从隨也. 从女从口)、**妄**(망 亂也. 从女亡聲)、**妙**(묘 精微也. 少年也. 从女少聲)、**妨**(방 害也. 从女方聲)、**妥**(타 安也. 从爪女)、**妹**(매 女弟也. 从女未聲)、**姊**(자 女兄也. 从女𠂔聲)、**始**(시 女之初也. 从女台聲)、**姑**(고 夫母也. 从女古聲)、**姓**(성 人所生也. 从女从生, 生亦聲)、**妾**(첩 有辠女子得接于君子者也. 从辛女)、**委**(위 委隨也. 从女从禾)、**姪**(질 兄之女也. 从女至聲)、**姻**(인 壻家也. 从女从因, 因亦聲)、**威**(위 姑也. 从女从戌)、**姿**(자 態也. 从女次聲)、**娘**(낭 少女之號. 从女良聲)、**娛**(오 樂也. 从女吳聲)、**婚**(혼 婦家也. 从女从昏, 昏亦聲)、**婢**(비 女之卑者也. 从女从卑, 卑亦聲)、**婦**(부 服也. 从女持帚灑掃也)、**媒**(매 謀也. 謀合二姓. 从女某聲)、**嫌**(혐 不平於心也. 一曰疑也. 从女兼聲)、**妊**(임 孕也. 从女从壬, 壬亦聲)、**娠**(신 女妊身動也. 从女辰聲)、**妬**(투 婦妒夫也. 从女戶聲)、**妝**(장 飾也. 从女, 牀省聲)、**妣**(비 歿母也. 从女比聲)、**娶**

(취 取婦也. 从女从取, 取亦聲)、**嫂**(姭 수 兄妻也. 从女叜聲)、**婆**(파 奢也. 一曰 老母稱. 从女波聲)、**安**(안 靜也. 从女在宀下)、**佞**(녕 巧讇高材也. 从女信省)、**要**(㝵 요 身中也. 象人要自臼之形. 从臼交省聲. 㥁, 古文 㝵) 등의 글자에서 의부역할을 하고, **汝**、**籹**(여) 등의 글자에서는 음부역할을 한다.[145]

이들 글자 가운데, 奴는 다시 **努**、**怒**、**弩**、**駑**(노) 등의 글자에서 음부역할을 하고, 如는 **帤**、**筎**、**茹**(여)、**恕**、**絮**(서), 委는 **萎**、**魏**(巍 위)、**倭**、**矮**(왜), 安은 **晏**、**按**、**案**(안), 妥는 **綏**(수)、**娞**(뇌), 妾은 **接**、**椄**(접)、**霎**(삽) 등의 글자에서 음부역할을 한다.[146]

이외에도, **屢**、**樓**、**褸**(루)、**數**(수) 등의 글자에서 음부역할을 하고, 본의가 '비다(空也)'로 풀이되는 **婁**(루 从毋从中女)나, **宴**(연)의 음부역할을 하고, 본의가 '편안하다(安也)'로 설명되는 **旻**(안 从女日) 역시 **女**가 의부로 사용된 글자들이다.

女의 이합자소와 삼합자소인 **奻**(난 訟也. 从二女)과 **姦**(간 私也. 从三女)의 경우, 자소로 사용되는 경우가 거의 발견되지 않으나, 姦의 경우, 풀이름을 나타내는 **菅**(간)의 음부로 사용된다.

145 如에서 口가 의부로 사용된 것에 대해 徐鍇는 '여자는 아비의 가르침을 따르고, 지아비의 명에 따라야하기 때문에 口가 의부로 사용되었다(女子从父之教, 从夫之命. 故从口)'라고 설명하고 있다. 妾에서의 辛(건)은 1.12를 참조. 佞은 小徐本 및 段注本에는 '从女仁聲'으로 수록되어 있고, 威 역시 小徐本과 段注本에는 '从女戌聲'으로 수록되어 있다. 현재 통용 자전류에서 安은 宀부, 佞은 人부, 要는 襾부에 배속시키고 있다. 본서에서의 要는 2.1.2의 臼(곡)을 참조,

146 魏와 巍의 관계는 2.2.1의 鬼를 참조.

 甲骨  金文 妥 楷書

 妻 처

妻는 본의가 '부인으로서, 지아비와 동등한 지위의 嫡室이다(婦, 與夫齊者也)'로 풀이된다. 자형을 『說文』에서는 '从女从屮从又'의 합체자로 설명하고 있지만, 갑골문이나 금문에 나타나는 妻의 屮형은 머리 모양이나 비녀를 꽂은 모양 혹은 머리의 裝飾品으로 보는 것이 일반적이다.

자소로 사용될 때, **悽**、**淒**(처)、**棲**(서) 등의 글자에서와 같이, 주로 음부역할을 한다.

 甲文  金文  小篆 妻 楷書

 母 모

母를 『說文』에서는 '女가 의미부분이고, 아이를 품에 안은 모습을 상형한 것이다. 일설에는 아이에게 젖을 먹이는 모습을 상형한 것이라고도 한다(从女, 象褱子形. 一曰, 象乳子也)'라고 설명하고 있지만, 고문자 계통에서 모두 女자에 두 점을 그려 놓았고, 이를 乳房으로 보는 것이 일반적이다.

자소로 사용될 때, **每**(매 艸盛上出也. 从屮母聲)、**拇**(무 將指也. 从手母聲) 등의 글자에서 음부역할을 하고, 每는 다시 **敏**(민 疾也. 从攴每聲)、**緐**(繁 번 馬髦飾也. 从糸每聲) 등의 글자에서 음부역할을 하는 것으로 설명되고 있지만, 갑골문이나 금문에 나타나는 每는 여자의 머리위에 비녀가 여러 개 꽂혀있는 모습이고, 敏 역시 고문자계통에서는 攴이 又로 나타나 있으며, '손으로 머리 손질을 하다'라는 의미로 보는 것이 일반적이다.[147]

母는 **姆**、**栂**、**砪**(모)、**呣**、**㑄**(무), 每는 **梅**、**痗**、**脢**、**莓**、**酶**、**鋂**、**霉**(매)、

147 緐은 예변 이후 음부가 敏으로 대체되어 繁으로 변화되었으며, '말갈기의 장식'으로 풀이되는 본의도 현대한자에서는 거의 사용되지 않는다.

悔、**誨**(회)、**侮**(모) 등의 글자에서도 음부역할을 하며, 繁(緐)은 **瀿**、**蘩**、**蠜**(번) 등의 글자에서 음부역할을 한다.

 毋 무

毋는 본의가 '그치게 하다는 의미이다(止之詞也)'로 풀이되고, 자형이 '从女一'의 형태로 설명되지만, 갑골문이나 금문에서는 母와 동일한 자형으로 나타나고, '~을 하지 말라'라는 의미로 사용되면서 母와 자형을 구별하기 위해 변형시킨 것으로 보는 것이 일반적이다.

자소로 사용될 때, **毐**(애 人無行也. 从士毋)의 의부역할을 하고, 毐는 다시 **毒**(독 厚也. 害人之艸, 往往而生. 从屮从毐)의 의부역할을 하며, 毒은 또 다시 **碡**、**蝳**、**纛**(독)、**瑇**(대) 등의 글자에서 음부역할을 한다.[148]

 子 자

子는 아기의 모습을 그린 상형(十一月, 陽气動, 萬物滋, 人以爲偁. 象形. 孚, 古文子从巛, 象髮也)한 글자이다.[149]

자소로 사용될 때, **孔**(공 通也. 从乞从子)[150]、**孕**(잉 裹子也. 从子从几)[151]、**字**

148 본의가 '품행이 바르지 못함(人無行也)'으로 설명되는 毐를 段注本에서는 毒의 음부(从屮毒聲)로 고쳐놓았다. 해서체에서 毋와 유사한 형태로 나타나는 貫에서의 毌(관)은 2.17을 참조.

149 子는 단순히 아기의 모양을 상형한 글자이지만, 許愼은 干支로 사용되는 글자들에 있어서는 음양오행설에 의거, 지극히 추상적으로 字義를 해석하고 있다.

150 孔과 乳에서의 乞(알)은 2.2.2의 鳥를 참조.

(자 乳也. 从子, 在宀下. 子亦聲)、**存**(존 恤問也. 从子才聲)、**孚**(부 卵孚也. 从爪从子. 采, 古文孚从禾. 禾, 古文保)、**孝**(효 善事父母者. 从老省从子)、**季**(계 少偁也. 从子稚省, 稚亦聲)[152]、**𡥈**(교 倣也. 从子爻聲)、**孟**(맹 長也. 从子皿聲)、**孤**(고 無父也. 从子瓜聲)、**孫**(손 子之子曰孫. 从子从系)、**孶**(자 汲汲生也. 从子兹聲)、孩(咳 해 小兒笑也. 从口亥聲. 孩, 古文咳从子)、**孺**(유 乳子也. 从子需聲)、**㝅**(구 乳也. 从子𣪊聲) 등의 글자에서 의부역할을 하고, **仔**、**孜**(자)、**李**(이)、**汓**(수) 등의 글자에서는 음부역할을 한다.[153]

이들 글자 가운데, 孚는 다시 **乳**(유 人及鳥生子曰乳, 獸曰產. 从孚从乚)의 의부, **俘**、**浮**、**孵**(부) 등의 음부역할을 하고, 𡥈는 **教**(교 上所施下所效也. 从攴从𡥈)、**學**(斅 覺悟也. 从教从冂. 冂, 尚矇也. 臼聲. 篆文斅省) 등의 글자에서 의부역할을 하며, 學은 다시 자형의 일부가 생략된 형태로 **嶨**、**澩**、**翯**、**鷽**(학)、**礐**、**覺**(각)、**嚳**(곡) 등의 글자에서 음부역할을 하고, 覺은 다시 **攪**(교)의 음부역할을 하며, 孟은 **猛**(맹)의 음부역할을 한다.[154]

본의가 '물위에 떠다니다(浮行水上也. 古或以汓爲沒. 泅, 汓或从囚聲)'로 풀이되는 汓는 **游**(유 从㫃汓聲)의 음부로 설명되며, '유람(遊覽)'에서의 **遊**는 『說文』에 수록되어 있지 않으나, 고자전류에서는 대개 游와 같은 글자로 보는 것이 일반적이다.[155]

이외에도, **保**(보 養也. 从人, 从采省. 采, 古文孚)는 갑골문이나 금문 모두 사람

---

151 段注本에서는 '从子乃聲'으로 고쳐 놓았다. 소전 자형의 乃와 孕에서의 乃형이 아주 유사하여, 几로 보기도 하고 乃로 보는 경우도 있지만, 갑골문에 나타나는 孕은 임신하여 배가 불룩한 모양과 그 안에 들어있는 子의 형태로 나타나 있고, 乃는 사람의 옆모습에서 가슴이 돌출한 형상을 그린 것으로 奶(내)의 初文으로 보는 것이 다수설이다. 2.1.4의 乃를 참조.

152 갑골문이나 금문에는 子와 禾의 조합으로 나타난다.

153 孛(패)는 2.3의 朩(발), 孼(얼)은 2.12의 辛(신), 郭(곽)、孰(숙) 등은 2.7 高의 파생자소를 참조.

154 學은 소전에서 斅(从教冂, 臼聲)'으로 나타나고, 學은 『說文』에 重文으로 수록된 篆文(篆文斅省) 자형이다.

155 游는 본의가 '깃발의 나부낌(旌旗之流也)'으로 풀이되지만, 현대한자에서는 '헤엄치다'가 常用義이며, 遊는 '노닐다'가 상용의이다. 갑골문에서의 游는 㫃(언)과 子의 조합으로 나타난다. 㫃은 2.10을 참조.

이 아이를 등에 업고 있는 모습으로 나타나며, **褓**(보)의 初文으로 보는 것이 일반적이다. 保는 자소로 사용될 때, **堡**、**褓**、**湺**、**葆**(보)、**褒**(褒 포 衣博裾. 从衣, 保省聲) 등의 글자에서 음부역할을 하고, 褒는 다시 **襃**(보)의 음부역할을 한다.

子의 이합자소인 **孖**(자)는 『說文』에 수록되어 있지 않지만, '쌍둥이(雙生子)'라는 의미로 사용되며, 삼합자소인 **孨**(전)은 본의가 '삼가다(謹也)'로 풀이되고, 자소로 사용되는 경우는 많지 않으나, **孱**(잔 迮也. 从孨在尸下)、**孴**(의 盛皃. 从孨从日) 등의 글자에서 의부역할을 한다.

 𠫓 돌

𠫓은 子의 倒文으로서, 본의가 '애기가 거꾸로 태어나는 것(不順忽出也)'으로 풀이되며, 자소로 사용될 때, **育**(육 養子使作善也. 从𠫓肉聲. 毓, 育或从每)、**棄**(기 捐

也. 从廾推華棄也. 从㐬. 㐬, 逆子也. 弃, 古文棄) 등의 글자에서 의부역할을 한다.

이들 글자 가운데, 하며, 育은 다시 **徹**(철 通也. 从彳从攴从育)의 의부역할을 하고, **唷**、**堉**、**淯**、**焴**(육) 등의 글자에서는 음부역할을 하며, 徹은 다시 자형의 일부가 생략된 형태(徹省聲)로 **撤**、**澈**、**轍**(철) 등의 글자에서 음부역할을 한다.한다.[156]

 𠫓 㐬 돌 류

㐬은 𠫓의 或體字로서 孚(古文 子)의 倒文이다.

자소로 사용될 때, **流**(류 水行也. 从水㐬)、**疏**(소 通也. 从㐬从疋, 疋亦聲)、**毓**(育 육 養子使作善也. 毓, 育或从每) 등의 글자에서 의부역할을 하고, 流는 다시 **鎏**(류)의 음부역할을 한다.[157]

 了 료

了는 『說文』에서 '어린아이의 팔이 없는 것을 상형(从子無臂. 象形)'한 글자로 설명하고 있으며, 오른 팔이 없는 것을 孑(혈), 왼팔이 없는 것을 孓(궐)로 설명하고 있으나, 이들이 자소로 사용되는 경우는 발견되지 않는다.[158]

2.1.2 손, 팔 등의 모양 혹은 그 동작과 관련된 것

---

156 『說文』에는 育의 或體字(育或从每)로 毓이 수록되어 있다(본절 위의 𠫓를 참조). 棄에서의 華(반, 필)은 2.8, 充(충 从儿, 育省聲)은 본절 儿의 파생자소를 참조.

157 琉(류)는 瑠(류)가 本字이며, 旒(류)는 『說文』에 수록되어 있지 않으나, 고문헌에서 대개 鎏와 통용된다.

158 『說文』에 수록되어 있지 않지만, 了의 倒文인 𠄏(조)는 '물건이 걸려있는 모양' 혹은 '男根'의 의미로 사용된다. 현재 중국에서 사용되는 簡體字에서는 了가 음부로 두루 사용되고 있다.

 又 우

又는 아래에 제시되는 手(수)、爪(조) 등의 글자들과 마찬가지로, '손의 모양을 상형(手也. 象形)'한 글자로서, 세 손가락만 표시한 것은 생략해서 나타내었기 때문이라고 설명된다(三指者, 手之列多, 略不過三也)'. 일반적인 손을 의미할 때는 오른손과 왼손을 구분하지 않지만, **右**(우 助也. 从口从又)에서의 𠂇형은 오른손을 의미한다.[159]

자소로 사용될 때, **取**(취 捕取也. 从又从耳)、**受**(수 从𠬪, 舟省聲)、**度**(도 从又, 庶省聲)、**叔**(숙 从又尗聲)、**燮**(섭 从言从又炎)、**秉**(병 从又持禾)、**兼**(겸 从又持秝)、**祭**(제 从示, 以手持肉)、**尋**(심 从工从口从又从寸, 彡聲) 등의 글자에서 의부 역할을 한다.[160]

이들 글자가운데, 取는 다시 **娶**(취 取婦也. 从女从取, 取亦聲)、**冣**(최 積也. 从冖从取)、**最**(최 犯而取也. 从冃从取) 등의 글자에서 의부 혹은 의부겸 음부역할을 하고, **趣**、**聚**(취)、**掫**、**諏**(추)、**叢**(총) 등의 글자에서는 음부역할을 하며, 最는 또 다시 **嘬**、**蕞**(최)、**撮**(찰)의 음부역할을 하고, 聚는 **驟**(취)의 음부역할을 한다.[161]

燮의 경우, 본의가 '조화롭다(和也)'로 풀이되고, 자형은 '从言从又炎'의 형태로 설명되며, 유사한 자형으로 나타나는 **燮**(섭)은 본의가 '푹 익다(大熟也)'로 풀이되고, 자형은 '从又持炎、辛. 辛者, 物熟味也'의 로 설명된다. 그러나 갑골문에서의 이들 글자들은 서로 구별되지 않으며, 먹거리를 죽통(竹桶)에 넣어 손(又)으로 들고 불(炎) 위에 익히는 자형으로 보는 것이 일반적이다.

---

159 右와 그 활용은 2.1.4의 口(구)를 참조.

160 합체자의 자소로 사용될 때, 예변 이후 ⺕의 형태로 나타나는 경우도 적지 않다. 受와 그 활용은 아래의 爪(조), 度와 그 활용은 2.4 火의 파생자소 炗(광), 叔과 그 활용은 2.3의 尗(숙), 秉、兼과 그 활용은 2.3의 禾, 祭와 그 활용은 2.15의 示, 尋과 그 활용은 아래의 寸(촌)을 참조.

161 最에서의 冃(모)는 2.17, 叢(从丵取聲)에서의 丵(착)은 2.3을 참조.

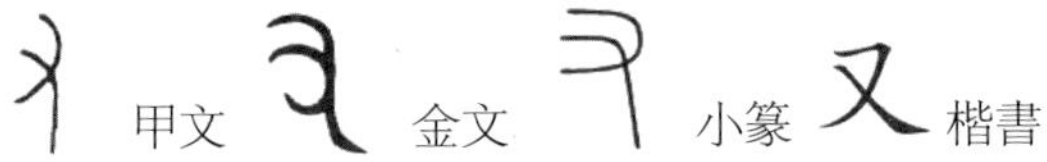

위의 글자들 이외에도, **叉**(차)、**㕚**(조)、**反**(반)、**及**(급)、**𠬝**(복)、**𠬛**(몰)、**厷**(굉)、**圣**(골)、**𣦼**(잔)、**亟**(극)、**叚**(가)、**㕞**(쇄, 솰)、**叟**(수)、**曼**(만) 등의 글자들 역시 又가 의부역할을 하는 글자들이며. **尹**(윤)、**尋**(심)、**丑**(축)、**夬**(쾌, 결)、**丈**(장)、**史**(사)、**父**(부)、**灰**(회) 등의 글자들도 예변 이후 자형이 변하였지만 又가 의부로 사용된 글자들이다.[162]

이들 글자들이 자소로 사용되는 경우를 열거하면 아래와 같다.

 叉 차

叉는 본의가 '깍지 끼다(手指相錯也)'로 풀이되고, 자형은 '从又, 象叉之形'의 형태로 설명된다.

자소로 사용될 때, **扠**、**杈**、**汊**(차)、**䶣**(채) 등의 글자에서와 같이 주로 음부역할을 한다.

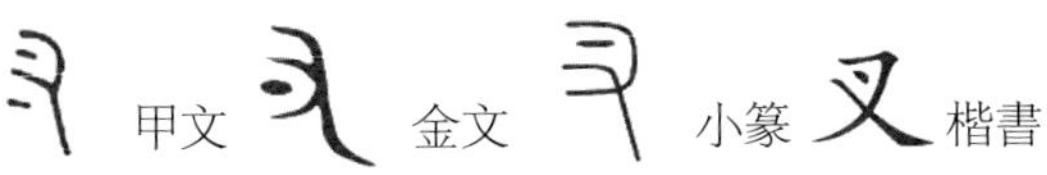

 㕚 조

㕚는 본의가 '손발톱(手足甲也)'으로 풀이되고, 자형은 '从又, 象㕚形'의 형태로 설명된다.

자소로 사용될 때, **蚤**(𧖴 조 齧人跳蟲. 从䖵㕚聲. 㕚, 古爪字. 蚤, 𧖴或从虫)의 음부역할을 하고, 蚤는 다시 **瑵**(조)、**搔**、**瘙**、**騷**(소)、**糔**(수)、**鼜**(척) 등의 글자에서

162 臤(간)은 2.1.4 臣의 파생자소, 帚(추)와 彗(혜)는 2.8을 참조.

음부역할을 한다.

 反 반

反은 본의가 '뒤집다(覆也)'로 풀이되고, 자형은 '从又. 厂, 反形'의 형태로 설명된다. 갑골문이나 금문에서도 小篆과 유사한 자형으로 나타나지만, 자의는 '붙잡고 오르다'라는 의미를 나타내는 **攀**(반), 또는 '끌어당기다'라는 의미를 나타내는 **扳**(반)자의 初文으로 해석하는 것이 다수설이다.[163]

자소로 사용될 때, **扳**、**叛**、**返**、**飯**(반)、**販**、**版**(판) 등의 글자에서와 같이 주로 음부역할을 한다.[164]

金文 小篆 楷書

 及 급

及은 본의가 '따라가서 잡다(逮也)'로 풀이되고, 자형은 '从又从人'의 형태로 설명된다.

자소로 사용될 때, **急**、**汲**、**級**(급)、**吸**(흡)、**鈒**(삽) 등의 글자에서와 같이, 주로 음부역할을 하며, 急의 경우 예변 이후 及의 자형이 변하였다.

甲文 金文 小篆 楷書

 𠬝 복

𠬝(복)은 본의가 '다스리다(治也)'로 풀이되고, 자형은 '从又从卩'의 형태로 설명된다.

---

163 段注本에서는 '从又厂聲'의 형성자로 보아야 한다고 주장하고 있다.

164 본의가 '나누다(半也)'로 풀이되는 叛의 경우, 『說文』의 각 전본에는 '从半反聲'의 형태로 자형을 설명하고 있으나, 段玉裁는 '半'을 의부겸 음부로 보고 있다(从半反. 半亦聲).

자소로 사용될 때, **報**(보 治罪人也. 从幸从𠬝. 𠬝, 服罪也)의 의부역할을 하고, **服**(복 用也. 一曰車右騑, 所以舟旋. 从舟𠬝聲. 𦨈, 古文服从人)의 음부역할을 하며, 報는 다시 **蕔**(보), 服은 다시 **棴**、**箙**、**菔**、**鵩**(복) 등의 글자에서 음부역할을 한다.[165]

 㬥 叟 몰

叟은 본의가 '물에 들어가 취한 바가 있다(入水有所取也)'로 풀이되고, 자형은 자형은 '从又在回下'의 형태로 설명되며, **回**(회)는 **回**의 古文 자형(回, 古文回)이다. 현대한자에서 단독으로 사용되는 경우는 없고, 자소로 사용될 때, **沒**、**歿**(몰) 등의 글자에서와 같이, 주로 음부역할을 한다.

 厷 굉

厷은 본의가 '팔뚝(臂上也)'으로 풀이되고, 자형은 '从又从𠃋'의 형태로 설명되며, 𠃋(굉)은 厷의 古文 자형으로서, 팔뚝의 모양을 상형(𠃋, 古文厷, 象形)한 것이다. **肱**(굉)은 厷의 重文으로 수록된 或體字(肱, 厷或从肉)이다.

자소로 사용될 때, **宏**、**紘**、**閎**(굉)、**雄**(웅) 등의 글자에서와 같이, 주로 음부역할을 한다.

弘(홍 弓聲也. 从弓𠃋聲)의 경우, 𠃋이 음부로 사용되었고, 弘은 다시 **强**(強 강 蚚也. 从虫弘聲)의 음부역할을 하며, 强은 또 다시 **襁**、**犟**(강) 등의 글자에서 음부역할을 한다.[166]

---

165 금문에서의 報는 손을 묶는 수갑(㚔)과 꿇어 앉은 사람(卩) 및 손(우)의 조합으로 나타난다. 㚔(幸 녑)은 2.1.1 大의 파생자소를 참조. 服의 경우, 갑골문에서는 어떤 물체(凡 凡, 槃) 앞에 손(又)으로 사람을 꿇어 앉힌(卩) 형태로 나타나고, 금문과 소전에서는 凡이 舟로 대체되었다. 凡은 2.8의 几(궤)를 참조.

166 古文 厷자로 설명되는 𠃋(굉)은 예변 이후 厶(사)와 同形으로 정리되었다.

 甲文  古文  小篆  或體 厷 楷書

 圣 골

圣은 본의가 '汝강과 潁강 일대에서는 손으로 열심히 땅을 경작하는 것을 圣이라 한다(汝潁之間謂致力於地曰圣)'로 풀이되며, 자형은 '从土从又'의 형태로 설명된다.

자소로 사용되는 경우가 거의 없으나, **怪**(괴)의 음부역할을 한다.

 甲文  小篆 圣 楷書

 奴 잔

奴은 본의가 '깨지고 찢어져서 구멍이 뚫리다(殘穿也)'로 풀이되고, 자형은 '从又从歺'의 형태로 설명된다.

자소로 사용될 때, **叡**(학 溝也. 从奴从谷. 壑, 叡或从土)、**叡**(예 深明也. 通也. 从奴从目, 从谷省. 睿. 古文叡) 등의 글자에서 의부역할을 하고, **粲**、**餐**(찬) 등의 글자에서는 음부역할을 하며, 粲은 다시 **燦**、**璨**(찬) 등의 글자에서 음부역할을 한다.[167]

 亟 극

亟은 본의가 '민첩하다(敏疾也)'로 풀이되고, 자형은 '从人从口从又从二. 二, 天地也'의 형태로 설명되며, 자소로 사용될 때, **極**、**殛**(극) 등의 글자에서 음부역할을 한다.[168]

---

167 壑은 叡의 重文으로 수록된 혹체자(叡或从土)이지만 주로 '깊은 골짜기(深谷)'라는 의미로 운용된다. 粲은 본의가 '쌀 여섯말 半을 粲이라 한다(爲米六斗太半斗曰粲)'로 풀이된다.

168 徐鍇는 '승천할 때, 땅의 이로움에 기인하여 입으로 도모하고 손으로 잡아 때를 놓치지 않기 위해 빠르게 움직이는 것이다(承天之時, 因地之利, 口謀之, 手執之, 時不可失, 疾也)'라고 亟의 字形과 字義를 설명하고 있다. 極은 본의가 '용마루(棟也)'로 풀이되고(在屋之正中至高處), 殛은 본의가 '죽이다(殊也)'로 풀이된다,

 甲文  金文  小篆 亟 楷書

 叚 가

叚는 본의가 '빌리다(借也)'로 풀이되며, 자소로 사용될 때, **假**、**暇**(가)、**瑕**、**遐**、**霞**、**蝦**(하) 등의 글자에서와 같이, 주로 음부역할을 한다.[169]

 㕞 쇄 솰

㕞는 본의가 '닦다(拭也)'로 풀이되며, 자형은 '从又持巾在尸下'의 형태로 설명된다. 자소로 사용되는 경우가 많지 않으나, **刷**(쇄, 솰 刮也. 从刀, 㕞省聲)에서 자형의 일부가 생략된 형태로 음부역할을 하고, 刷는 다시 **唰**、**涮**(쇄) 등의 글자에서 음부역할을 한다.

 叜 叟 수

叟는 본의가 '늙다(老也)'로 풀이되고, 자형은 '从又从灾'의 형태로 설명된다. 자소로 사용될 때, **嫂**、**搜**、**瘦**(수) 등의 글자에서와 같이, 주로 음부역할을 한다.[170]

 曼 만

曼은 본의가 '당기다(引也)'로 풀이되며, 자형은 '从又冒聲'의 형태로 설명된다. 자

---

169 許愼은 叚의 자형에 관해서는 설명을 하지 않고 있다(闕).

170 灾(재)는 烖(재)의 혹체자이다(灾, 或从宀火. 𤆎, 古文从才. 災, 籀文从巛). 叟는 갑골문에서도 宀과 又 및 횃불(炬)이 자소로 사용되고 있으며, 屋內에서 횃불을 들고 索物하는 모습을 나타내고 있는 것으로, 搜의 初文으로 해석하는 것이 일반적이다. 許愼의 본의로 설명하고 있는 '老也'는 가차의로 보아야 할 것이다.

소로 사용될 때, **慢**、**蔓**、**謾**、**饅**、**鰻**(만) 등의 글자에서와 같이, 주로 음부역할을 한다.[171]

 金文  小篆 曼 楷書

 尹 윤

尹은 본의가 '다스리다(治也)'로 풀이되고, 자형은 '从又. 丿, 握事者也'의 형태로 설명되며, 갑골문 역시 丿 또는 丨의 형태를 손(又)으로 잡고 있는 형태로 나타난다.[172]

자소로 사용될 때, **伊**(이 殷聖人阿衡, 尹治天下者. 从人从尹)、**君**(군 尊也. 从尹从口) 등의 글자에서 의부역할을 하고, 君은 다시 **群**、**裙**、**郡**(군) 등의 글자에서 음부역할을 한다.[173]

 甲文  金文  小篆 尹 楷書

 甲文  小篆 伊 楷書

 甲文  金文  小篆 君 楷書

 丑 축

丑은 본의가 '묶다(紐也)'로 풀이되며, 자형은 '손의 모양을 상형(象手之形)'한 형태로 설명된다. 갑골문에 나타나는 자형은 일반적인 손의 모양에서 손가락이 약간 굽어 있는 모습으로 나타나 있다.

자소로 사용될 때, **羞**(수 進獻也. 从羊. 羊, 所進也. 从丑, 丑亦聲)에서는 의부겸

171 冒(모)는 2.17 冖(멱)의 파생자소를 참조.

172 갑골문에 나타나는 尹에서의 丿 또는 丨의 형태는 필기도구로 보는 것이 일반적이다. 현재 통용 자전류에서는 尹을 尸부에 배속시키고 있다.

173 伊는 현대한자에서 指示詞 또는 發語詞 등 주로 虛辭로 사용되지만, 본의는 '殷나라의 聖人으로 추앙받는 阿衡'을 가리키는 것으로 설명된다.

음부역할을 하고, **紐**、**妞**(뉴) 등의 글자에서는 음부역할을 한다.[174]

 甲文  金文  小篆 **丑** 楷書

 甲文  金文  小篆 **羞** 楷書

 夬 쾌 결

夬는 본의가 '가르다(分決也)'로 풀이되고, 자형은 '손으로 무엇을 가르는 모양을 상형(从又, 象決形)'한 형태로 설명된다.

자소로 사용될 때, **決**(결 下流也. 从水从夬)의 의부역할을 하고, **袂**(메)、**快**、**筷**(쾌)、**駃**(격) 등의 글자에서는 음부역할을 하며, 決은 다시 자형이 일부 생략된 형태로 **缺**、**抉**、**訣**(결)、**呹**(혈) 등의 글자에서 음부(決省聲)역할을 한다.[175]

 丈 장

丈은 본의가 '십 척(十尺也)'으로 풀이되고, 자형은 '从又持十'의 형태로 설명된다.

자소로 사용될 때, **仗**、**杖**(장) 등의 글자에서와 같이 주로 음부역할을 한다.[176]

 史 사

史는 본의가 '일을 기록하는 사람(記事者也)'으로 풀이되고, 자형은 '从又持中'의 형태로 설명된다.

---

174 갑골문에서의 丑을 학계에서는 대개 '손'의 모양을 나타낸 것으로 보고 있지만, '손톱'으로 보는 경우도 있다.

175 『說文』의 각 전본에는 決의 본의를 '行流也'로 수록해 놓았지만, 본서에서는 段注本에 의거하였다.

176 '从又持十'의 十을 숫자가 아닌 나무 막대(지팡이)로 보고, 丈을 杖의 初文으로 해석하는 경우도 있다.

자소로 사용될 때, **吏**(리 治人者也. 从一从史, 史亦聲)、**事**(사 職也. 从史. 之省聲) 등의 글자에서 의부 혹은 의부겸 음부역할을 하고, **吏**는 다시 **使**(사 从人吏聲)의 음부역할을 한다.[177]

 **灰 회**

灰는 본의가 '불이 꺼지고 남은 재(死火餘妻也)'로 풀이되고, 자형은 '从火从又'의 형태로 설명되며, 자소로 사용될 때 **恢**、**盔**(회) 등의 글자에서 음부역할을 한다.

 **有 유**

有는 본의가 '있어서는 아니 되다(不宜有也)'로 풀이되고, 자형은 『說文』에서 '从月又聲'의 형태로 설명된다. 그러나 金文에 나타나는 有는 '肉'과 '又'가 의부로 사용된 것으로 보는 것이 일반적이다.[178]

자소로 사용될 때, **𩑶**(욱 有文章也. 从有戫聲)의 의부역할을 하고, **侑**、**宥**(유)、**賄**、**盍**(회)、**珛**(후)、**郁**(욱) 등의 글자에서 음부역할을 한다.

177『說文』에서는 史와 吏、使、事 등의 글자들을 각기 다른 합체자로 설명하고 있지만, 갑골문에 나타나는 이들 자형은 모두 같거나 유사한 형태로 나타나며, 이들은 원래 같은 글자로서, 나중에 분화되었다고 보는 것이 일반적이다. 자형해석에 관해서는 諸家의 설이 분분하다. 손으로 簡冊을 들고 있는 모양, 또는 필기도구를 거꾸로 들고 있는 모습으로 보는 경우도 있고, 손으로 창을 들고 사냥을 하는 모습으로 해석하기도 한다.

178 금문에 나타나는 有에서의 肉은 소전에서 月로 정리되었고, 許愼은 이를 月蝕 현상으로 이해하고, 본의를 '不宜有也.『春秋傳』曰, 日月有食之'라고 풀이한 것이다.

金文 小篆 有 楷書

尤 우

尤(우)는 본의가 ‘특이하다(異也)’로 풀이되고, 자형은 『說文』에서 ‘从乙又聲’의 형태로 설명된다. 그러나 갑골문이나 금문에서의 尤는 ‘又’에 ‘一’ 또는 ‘丿’의 자형이 덧붙여진 형태로 나타나 있다.[179]

자소로 사용될 때 **就**(취 高也. 从京从尤)、**抛**(포 棄也. 从手从尤从力)、**稽**(계 留止也. 从禾从尤, 旨聲) 등의 글자에서 의부역할을 하고, **扰**、**沈**、**訧**、**魷**、**疣**、**肬**、**默**(우) 등의 글자에서는 음부역할을 하며, 就는 다시 **鷲**(취)、**蹴**(축) 등의 글자에서 음부역할을 한다.

甲文 金文 小篆 尤 楷書

友 우

友는 본의가 ‘같은 뜻을 지닌 사람을 友라 한다(同志爲友)’로 풀이되고, 자형은 ‘从二又’의 형태로 설명된다. 소전에는 又가 세로로 나열되어 있으나(㕛), 갑골문에는 가로로 나열되어 있다. 해서체의 双은 **雙**의 俗字이다.[180]

甲文 金文 古文 小篆 友 楷書

179 갑골문에 나타나는 尤에서 ‘又’를 제외한 부분을 ‘사마귀’ 혹은 ‘손에 난 상처’를 가리키는 것으로 보는 학자도 있으며(현대한자에서는 疣、肬、默 등의 글자가 그 의미를 담당하고 있다), 尤를 ‘손을 위로 뻗치려고 하는데 무엇인가에 걸린 모습’을 나타낸 자형으로 보는 경우도 있다.

180 叒(약)은 『說文』에서 ‘부상나무의 모양을 상형(叒木也. 象形)’한 자형으로 설명하고, 桑을 ‘从叒木’의 형태로 설명하고 있다. 叕(철)은 2.13을 참조.

ナ 좌

ナ는 왼 손의 모양을 상형(ナ手也. 象形)한 글자로, 자소로 사용될 때, **卑**(비 賤也. 執事也. 从ナ甲)、**左**(좌 手相左助也. 从ナ工) 등의 글자에서 의부역할을 한다.

이들 글자가운데, 卑는 다시 **婢**、**碑**、**脾**(비)、**牌**(패)、**顰**(빈)、**鞞**(병) 등의 글자에서 음부역할을 하고, 左는 **差**(차 貳也. 差不相值也. 从左从𠂹)의 의부, 㔫(좌)의 음부역할을 하며, 差는 다시 **嗟**、**嵯**、**搓**、**磋**、**蹉**、**鹺**(차)、**傞**、**槎**(사) 등의 글자에서 음부역할을 한다. **佐**(좌)는 左의 後起者로서, 자소로 사용될 때 **㸐**(차)의 음부역할을 한다.[181]

통용 자전류에서 상용의가 '헐다, 무너지다(毁也)'로 풀이되는 **墮**(타)는 『說文』에 **隓**(휴 从𨸏差聲)의 重文으로 수록된 **嫷**(篆文)가 본자이며, 예변 이후 음도 변하게 되었다.[182]

본의가 '따르다(从也)'로 풀이되는 **隨**(수)는 자형이 '从辵, 嫷省聲'의 형태로 풀이되며, 본의가 '찢은 고기(裂肉也)'로 풀이되는 **隋**(수)는 '从肉从隓省', 본의가 '골수(骨中脂也)'로 풀이되는 **髓**(수)는 **髓**가 本字로 '从骨隓聲', 본의가 '불경스럽다(不敬也)'로 풀이되는 **憜**(타)는 '从心 嫷省'의 형태로 분석되며, **惰**는 憜의 중문으로 수록된 혹체자(憜或省自)이다.[183]

---

181 左가 원래 佐의 의미였으나, 나중에 주로 左右를 나타내는 의미로 사용되어, '輔佐'의 의미는 佐가 담당하게 되었다. 差의 소전자형은 '𠂹(수)'와 左의 결합으로 나타나지만, 금문자형은 '보리'를 의미하는 '來'와 左 혹은 右, 또는 又와의 결합으로 나타나며, 이에 근거해 差를 '비비다'라는 의미를 나타내는 '搓(보리를 비비다)'의 初文으로 주장하는 설도 있다. 許愼은 差의 본의를 '貳也'로 풀이하고 있으며, '貳'는 본의가 '副也, 益也', '副'는 '判也'로 설명된다. 許愼이 설명하고 있는 '貳也. 差不相值也'는 '쪼갠 것이어서, 원래의 것과 차이가 나 서로 견줄 수 없다'라는 의미로 이해되지만, 의부로 사용된 左、𠂹 등과의 관계는 명쾌하게 연결이 되지 않는 경우이다.

182 隓는 본의가 '성곽이 무너진 것을 隓라 한다(敗城𨸏曰隓)'로 풀이되며, 左의 이합자소인 𡏅(휴)는 『說文』에 단독으로 수록되어 있지 않고, 隓의 음부로만 설명되어 있다.

183 隋를 段注本에서는 '从肉隓省聲'으로 고쳐 놓았다.

 金文  籀文  小篆 差 楷書

 廾 공

廾은 양 손을 그린 자형(从又𠂇)으로 '**共**(공 同也. 从廿廾)'의 初文으로 보는 것이 일반적이며, 자소로 사용될 때, **弄**(농 玩也. 从廾持玉)、**兵**(병 械也. 从廾持斤)、**具**(구 共置也. 从廾从貝省) 등의 글자에서 의부역할을 한다.[184]

이들 글자 가운데, 共은 **異**(이 分也. 从共畀)、**巷**(항 里中道. 从邑从共) 등의 글자에서 의부역할을 하고, **供**、**恭**、**拱**(공)、**哄**、**洪**、**烘**(홍) 등의 글자에서 음부역할을 하며, 異는 다시 **戴**(대 分物得增益曰戴. 从異𢦏聲)의 의부, **翼**(익)의 음부역할을 하고, 巷은 **港**(항)의 음부역할을 한다. 또한 具는 **算**(산 數也. 从竹从具)의 의부, **俱**(구)의 음부역할을 하며, 算은 다시 **匴**(산)、**篡**、**纂**(찬) 등의 글자에서 음부역할을 한다.[185]

喚、**煥**、**換**、**渙**(환) 등의 글자에서 음부역할을 하는 **奐**(환) 역시 廾이 의부로 사용된 글자(从廾夐省)이지만, 예변 이후 大형으로 변하였고,[186] 현대한자에서 상용의가 '해지다'로 풀이되는 **弊**(폐)는 **獘**(頓仆也. 从犬敝聲. 斃, 獘或从死)가 本字로서, 犬이 廾형으로 訛變된 경우이다.

廾이 자소로 사용된 합체자들 가운데, 해서체에서는 그 자형을 확인하기 힘들 정도로 粘合되어 나타나는 경우가 많다. 예를 들면, **卷**、**券**、**圈**、**眷**、**𥸨**、**倦**、**捲**(권)、**豢**(환) 등의 글자에서 음부역할을 하는 **𠔉**(변 从廾釆聲)은 예변 이후 龹형으로 변해 廾의 자형을 확인 할 수 없게 되었고,[187] **奉**(봉 承也. 从手从廾, 丰聲)、**泰**(태 滑也.

---

184 廿(입)은 2.16 十의 파생자소를 참조. 金文에 나타난 共의 자형은 小篆과 유사한 경우도 있지만, 西周 시기의 금문에는 廿 대신 둥근 모양(○)으로 나타나는 경우도 있으며, 고문자학가들은 이를 '璧玉'이나 '祭器' 혹은 '甕器' 등의 모양으로 해석하고 있다.

185 糞(분)에서의 異형은 2.3의 米를 참조. 巷은『說文』에 𨞰(鄉 从𨛜从共)의 重文으로 수록된 篆文(巷, 篆文从𨛜省) 자형이다(2.5의 邑을 참조). 篡의 소전 자형은 '篡(从厶算聲)'이며, 본의는 '역모에 의해 탈취하는 것을 篡이라 한다(屰而奪取曰篡)'로 풀이된다.

186 2.1.1 人의 파생자소 瓊(경)과 2.1.4 目의 파생자소 旻(혈)을 참조.

从廾从水, 大聲. 夳, 古文泰)、**奏**(주 進也. 从夲从廾从屮. 屮, 上進之義)、**舂**(용 擣粟也. 从廾持杵臨臼上. 午, 杵省也)、**秦**(진 禾名. 从禾舂省) 등의 글자를 비롯하여, **𡫳**(색 窒也. 从㠭从廾, 窒宀中. 㠭猶齊也)、**塞**(색 隔也. 从土从𡨄) 등의 글자들도 모두 廾이 의부로 사용된 경우이지만, 해서체에서는 그 흔적을 확인할 수 없게 되었다.[188]

이외에, **丞**(丞 승 翊也. 从廾从卩从山)、**承**(승 奉也. 受也. 从手从卩从廾)、**棄**(기 捐也. 从廾推𠦒棄也. 从𠫓. 𠫓, 逆子也)、**糞**(𡊄 분 棄除也. 从廾推𠦒棄釆也) 등의 글자들도 廾이 의부로 사용된 글자들이지만, 해서체에서는 확인이 불가능하다. 이들 글자 가운데, 丞은 자소로 사용될 때, **拯**、**烝**(증) 등의 글자에서 음부역할을 하고, 烝은 다시 **蒸**(증)의 음부역할을 한다.[189]

送(송 遣也. 从辵, 㑞省)의 음부로 설명되는 **㑞**(잉 送也. 从人灷聲)에서의 **灷**(선)은 『說文』에 단독으로 수록되어 있지 않는 글자로서, 고자전류에서는 자의가 '불씨(火種也)'로 설명된다.

勝(승)、**縢**、**藤**、**謄**、**騰**(등)、**媵**(잉)、**腃**(귀) 등의 글자에서 음부역할을 하는 자소로 설명되는 **朕**(짐)의 경우, 『說文』에서는 본의를 '나(我也)'로 풀이하고, 자형설명은 비워 놓았으나(闕也), 갑골문이나 금문에서의 朕은 양 손(廾)으로 공구를 들고 배(舟)의 벌어진 틈새를 메우는 자형으로 나타나 있다.

187 𢍏(권)은 『說文』에서 본의가 '주먹밥(摶飯也)'으로 풀이되며, 奧(𡩋 오 从宀𢍏聲)에서는 또 다른 형태로 나타난다. 2.2.1의 釆(변)과 2.6의 宀(면)을 참조. 粵(월 从亏从宷)은 2.1.4의 亏(우), 升(승)은 2.8의 斗를 참조.

188 奉의 활용은 2.3의 丰(봉), 泰의 활용은 2.1.1의 大, 奏의 활용은 2.1.1 大의 파생자소 夲(도), 舂과 秦의 활용은 2.5의 臼(구), 春(从日艸屯, 屯亦聲)과 그 활용은 2.3의 屯(둔)을 참조. 현재 통용 자전류에서 奉과 奏는 大부, 泰는 水부에 배속시키고 있다. 𡨄(𡫳 색)과 그 활용은 2.8 工의 파생자소 㠭(전)을 참조.

189 『說文』에서 烝은 본의가 '불기가 위로 올라가다(火气上行也)', 蒸은 '삼나무 가지를 꺽다(折麻中榦也)'로 풀이되지만, 현대한자에서는 蒸이 烝의 의미를 나타내고 있다.

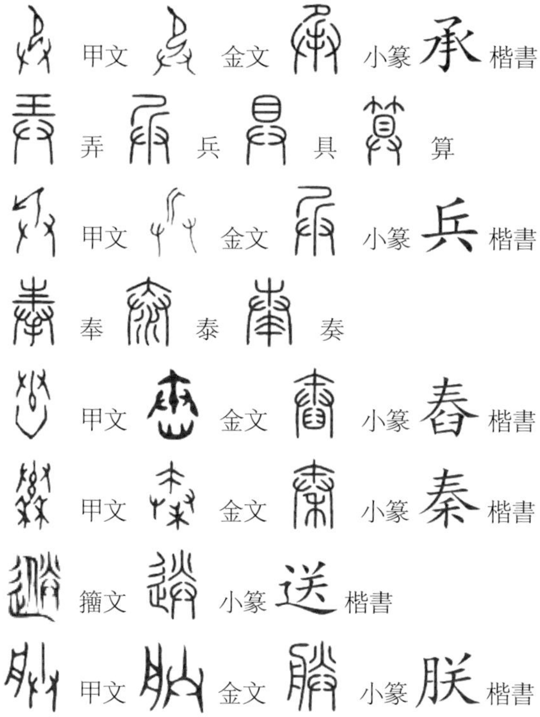

 ⿰又匕 𠬞 반

𠬞은 廾의 反文으로, 본의가 '당기다(引也)'로 풀이된다.

자소로 사용될 때, **樊**(번 鷙不行也. 从𠬞从棥, 棥亦聲)、**䜌**(련 樊也. 从𠬞䜌聲) 등의 글자에서의 의부역할을 하고, 樊은 다시 **蠜**、**⿰樊見**、**⿱樊言**、**⿰樊頁**(번) 등의 글자에서 음부역할을 하며, 登攀(등반)에서의 **攀**(반 𠬞或从手从樊)은 『說文』에서 𠬞의 或體字로 수록되어 있다.

 支 지

支는 본의가 '대나무의 가지를 제거하다(去竹之枝也)'로 풀이되며, 자형은 '손이 의부이고, 대나무의 반쪽을 들고 있는 형태(从手持半竹)'로 설명된다.

자소로 사용될 때, **鼓**(고 郭也. 从壴从支)의 의부로 설명되며, **枝**、**肢**(지)、**技**、**岐**、**妓**、**歧**(기)、**翅**(시) 등의 글자에서와 같이 주로 음부역할을 한다.[190]

 攴 복

攴은 본의가 '살짝 치다(小擊也)'로 풀이되며, 자형은 『說文』에서 '从又卜聲'의 形聲字로 설명되지만, 갑골문에는 손에 막대기 같은 것을 잡고 있는 형태로 나타난다.

자소로 사용될 때, **收**(수 捕也. 从攴丩聲)、**改**(개 更也. 从攴己)、**攻**(공 擊也. 从攴工聲)、**放**(방 逐也. 从攴方聲)、**政**(정 正也. 从攴从正)、**故**(고 使爲之也. 从攴古聲)、**效**(효 象也. 从攴交聲)、**敍**(서 次弟也. 从攴余聲)、**敏**(민 疾也. 从攴每聲)、**救**(구 止也. 从攴求聲)、**敎**(교 上所施下所效也. 从攴从孝)、**敗**(패 毁也. 从攴貝)、**敦**(돈 怒也. 从攴𦎫聲)、**敬**(경 肅也. 从攴茍)、**敵**(적 仇也. 从攴啻聲)、**數**(수 計也. 从攴婁聲)、**整**(정 齊也. 从攴从束从正, 正亦聲)、**攷**(고 敂也. 从攴丂聲)、**敂**(구 擊也. 从攴句聲) 등의 글자에서 의부역할을 한다.[191]

이들 글자 가운데, 敦은 다시 **墩**、**暾**、**燉**(돈), 敬은 **警**、**驚**(경) 등의 글자에서 음부역할을 한다. 또한, 放은 다시 **敫**(약, 교 光景流也. 从白从放)、**敖**(오 出游也. 从出从放)의 의부, **倣**(방)의 음부역할을 하고, 敫는 또 다시 **激**、**檄**(격)、**覈**(핵)、**邀**(요) 등의 글자에서 음부역할을 하며, 敖는 **贅**(췌 以物質錢. 从敖貝)의 의부역할을 하고, **傲**、**熬**、**嫯**、**鼇**(오) 등의 글자에서 음부역할을 한다.

---

190 『說文』의 支부에는 攲(기 从支奇聲) 한 자만 배속되어 있으며, 본의는 '집어 가다(持去也)'로 풀이되고, 현대한자에서는 주로 '기울다'라는 의미로 사용된다. 鼓(고)에서의 支형은 '손으로 북을 치는 모습(支象其手擊之也)'이라고 설명된다. 鼓는 악기류를 참조.

191 收에서의 丩(구)는 2.17, 改에서의 己는 2.18, 敍에서의 余(여)는 2.6, 救에서의 求는 2.13, 敦에서의 𦎫(순)은 2.6, 敬에서의 茍(격)은 2.2.1, 敵에서의 啻(시)는 2.13, 數에서의 婁(루)는 2.1.1의 女를 참조.

이외에도, **修**(수 从彡攸聲)、**條**(조 从木攸聲)、**滌**(척 从水條聲) 등의 글자에서 음부역할을 하는 **攸**(유 行水也. 从攴从人水省), **幣**、**弊**[192]、**蔽**(폐)、**鼈**(별) 등의 글자에서 음부역할을 하는 **敝**(폐 帗也. 一曰敗衣. 从攴从㡀), **務**(무 从力敄聲)、**霧**(霚 무 从雨敄聲)、**鶩**(목) 등의 글자에서 음부역할을 하는 **敄**(무 彊也. 从攴矛聲), **微**(미 从彳散聲)의 음부역할을 하는 **散**(미 妙也. 从人从攴, 豈省聲) 역시 攴이 의부로 사용된 글자들이다.[193]

현재 통용자전류에서 口부에 나열되어 있는 **啓**(계 教也. 从攴启聲), 彳부의 **徹**(철 通也. 从彳从攴从育), 言부의 **變**(변 更也. 从攴䜌聲), 宀부의 **寇**(구 暴也. 从攴从完), 牛부의 **牧**(養牛人也. 从攴从牛) 역시 攴이 의부로 사용된 글자들이며, **便**(편 安也. 从人更)의 의부 역할을 하고 **粳**(갱)、**梗**、**硬**(경) 등의 글자에서 음부역할을 하는 曰부의 **更**(㪅 경 改也. 从攴丙聲)도 攴이 의부로 사용되고 있지만, 丙과 결합하면서 예변 이후 攴과 丙의 형태를 확인할 수 없을 정도로 자형이 변했다.[194]

이와는 반대로, 현재 통용 자전류에서 攴부에 배속시키고 있는 **散**(㪚 산)의 경우, 본의가 '잡고기(雜肉也)'로 풀이되고, 자형은 '从肉㪔聲'의 형태로 분석되는 글자로서, 자소로 사용될 때, **潸**(从水散省聲)、**橵**、**繖**、**霰**(산)、**撒**(살) 등의 글자에서 음부역할을 한다.[195]

192 弊는 獘(从犬敝聲)가 本字이고 본의는 '넘어지다(頓仆也)'로 풀이된다.

193 갑골문에서의 散는 髟(표)와 攴의 조합으로 나타나 있으며, 小篆에서는 徵(징 从壬从微省)의 의부, 豈(기 从豆散省聲)、微(미 从彳散聲) 등의 음부로 설명되고 있다(許愼은 豈와 散의 음부를 互注하고 있다). 徵과 그 활용은 2.1.1의 壬(정), 豈(기)와 그 활용은 2.11을 참조.

194 启(계)는 본의가 '열다(開也)'로 풀이되고, 자형은 '从戶从口'의 형태로 설명된다. 便의 활용은 2.17의 入(입)을 참조.

195 敢(叡 감 進取也. 从𠬪古聲. 𣪊, 籀文叡) 역시 같은 경우이다. 敢(叡)과 그 활용은 아래 爪의 파생자소를 참조. 散에서의 㪔(산)은 2.3의 朩(빈)을 참조.

 小篆 散 楷書

 殳 수

殳는 본의가 '창으로 사람을 죽이다(以杸殊人也)'로 풀이되며, 자형은 『說文』에서 '从又几聲'의 형태로 풀이되고 있지만, 갑골문에는 손(又)에 창을 들고 있는 자형으로 나타난다.[196]

자소로 사용될 때, **段**(단 椎物也. 从殳耑省聲)、**役**(역 戍邊也. 从殳从彳)、**投**(투 擿也. 从手从殳)、**殺**(살 戮也. 从殳杀聲)、**般**(반 辟也. 象舟之旋, 从舟从殳. 殳, 所以旋也)、**設**(설 施陳也. 从言从殳. 殳, 使人也)、**殿**(전 擊聲也. 从殳屍聲)、**殷**(은 作樂之盛稱殷. 从㐆从殳)、**毅**(의 妄怒也. 一曰有決也. 从殳豙聲) 등의 글자에서 의부역할을 하고, **骰**(투)、**股**(고) 등의 글자에서는 음부역할을 한다.[197]

이들 글자 가운데, 段은 다시 **緞**、**鍛**(단), 般은 **槃**、**盤**、**瘢**(반) 등의 글자에서 음부역할을 하고, 殺은 **弑**(시 臣殺君也. 从殺省式聲)의 의부, **鎩**(쇄)의 음부역할을 하며, 殷은 **慇**(은), 殿은 **澱**(전)、**臀**(둔) 등의 글자에서의 음부역할을 한다.

이외에도, **殼**、**愨**、**嗀**(각)、**穀**、**縠**、**螢**、**觳**、**轂**(곡)、**彀**、**骰**、**鷇**(구) 등의 음부역할을 하는 **㱿**(각 从上擊下也. 从殳青聲), **醫**(의 治病工也. 从殹从酉)의 의부,

---

196 几(수)는 2.2.2의 羽를 참조.

197 段에서의 耑(단)은 2.3을 참조. 殺에서의 杀은 『說文』에 수록되어 있지 않다. 註釋家들은 대개 杀을 殺의 古文으로 보고 있으며, 音은 '察(찰)'이라고 말하고 있다. 일부 학자들은 『說文』에 수록된 殺의 重文과 갑골문 希(이)의 자형이 유사한 것에 착안하여, 希의 假借로 보는 경우도 있다. 刹(찰)은 『說文』의 각 전본에 수록되어 있지 않는 글자이나, 『說文新附』에서는 '柱也. 从刀, 未詳. 殺省聲'으로 설명하고 있다. 대개 '田土'를 의미하는 梵語 '刹多羅(ksetra)'의 省稱으로 사용된다. 殿에서의 屍(둔 从尸下丌居几)은 본의가 '대퇴골(髀也)'로 풀이되며, '展示하다'의 展(从尸㠭省聲)과는 동형자소이다. 㠭(전 从衣㠭聲)은 2.8 工의 파생자소를 참조. 毅에서의 豙(豙 의 从豕辛)는 본의가 '돼지가 화가 나서 털이 곤두서다(豕怒毛豎)'로 풀이되고, 毅는 '함부로 화를 내다(妄怒也)' 혹은 '결단력이 있다(一曰有決也)'로 풀이된다.

嫛、**鷖**、**瞖**、**繄**、**翳**、**鷖**(예)、**毉**(의)、**贀**(위)、**蠮**(열) 등의 음부역할을 하는 **殹**(예 擊中聲也. 从殳医聲), **墼**、**擊**(격)、**繫**、**罊**(계) 등의 음부역할을 하는 **毄**(毄 격 相擊中也. 如車相擊. 从殳从軎), **聲**(성)、**馨**(형) 등의 글자에서 음부역할을 하는 **殸**(磬 경 从石殸. 殸, 籒文磬) 등도 역시 殳가 의부로 사용된 글자들이다.[198]

현재 통용 자전류에서 殳부에 배속시키고 있는 **毁**(훼 缺也)의 경우, 자형이 '从土, 毇省聲'의 형태로 설명되고, **毇**(훼 米一斛, 舂爲八斗也)는 '从臼从殳', **臼**(구 舂糗也)는 '从臼米'의 형태로 분석되며, 毁는 다시 **陛**(날 危也. 从自, 从毁省)의 의부, **燬**、**譭**(훼) 등의 음부역할을 한다.

 聿 엽  聿 율

『說文』에서는 聿(엽)과 聿(율)을 구분하여, 聿은 '손이 재바르고 정교하다(手之疌巧也)'라는 의미로 해석하고 자형을 '从又持巾'의 형태로 보았으며, 聿은 '글씨를 쓰는 도구(所以書也)'로 해석하여 '从聿一聲'의 형태로 풀이해 놓고 있으나, 갑골문에

---

198 殸의 음부역할을 하는 靑(강)은 冃(모)가 의부이고, 冃 위의 부분은 모자의 裝飾을 상형한 자형으로 설명된다(从冃. 屮, 其飾也). 殹(예)에서의 医(예)와 그 활용은 2.12의 矢, 毄에서의 軎(여, 세)는 2.9의 車를 참조. 본의가 '돌북(石樂也)'으로 풀이되는 磬의 자형은 '从石. 殸, 象縣虡之形. 殳, 所以擊之也'의 형태로 설명되며, 殸은 『說文』에 磬의 重文으로 수록된 籒文 자형이다. 虡(거)는 虞(从虍. 異象其下足)가 본자로서, 본의가 '종이나 북을 메다는 가름대나무(鐘鼓之柎也. 飾爲猛獸)'로 풀이된다.

서는 서로 같은 글자로서, 손(又)에 필기도구를 잡고 있는 모습으로 나타나 있다.

자소로 사용될 때, 聿은 肅(숙 持事振敬也. 从聿在𣶒上, 戰戰兢兢也)의 의부역할을 하고, 肅은 다시 **潚、橚、驌、鷫**(숙)、**繡**(수)、**嘯、蕭、簫**(소) 등의 글자에서 음부역할을 한다.[199]

聿은 자소로 사용될 때, **筆**(필 秦謂之筆. 从竹从聿)、**書**(서 箸也. 从聿者聲)、**建**(건 立朝律也. 从聿从廴)、**畵**(화 界也. 从田四界. 聿, 所以畵之)、**劃**(획 錐刀曰劃. 从刀从畫, 畫亦聲)、**晝**(주 日之出入, 與夜爲界. 从畵省从日) 등의 글자에서 의부역할을 하고, **律**(율 均布也. 从彳聿聲)에서는 음부역할을 하며, 建은 다시 **健、楗、腱**(筋)、**鍵**(건) 등의 글자에서 음부로 사용된다.[200]

津(진 水渡也. 从水𦘔聲)의 음부역할을 하는 **𦘔**(진 聿飾也)은 '从聿从彡'의 형태로 구성된 합체자이며, 예변 이후 彡(삼)이 생략되었다. **盡**(진 器中空也)의 경우, 『說文』에서는 '从皿㶳聲'의 자형으로 설명되고, **㶳**(신 火餘也)은 '从火聿聲'의 형성자로 풀이되고 있으나, 갑골문에는 그릇(皿) 안을 솔 같은 도구를 이용해 손(又)으로 닦는 모습으로 나타나 있다. 『說文』에서 말하고 있는 㶳의 본의는 현대 한자에서 **燼**(신)이 그 의미를 나타내고 있으며, 자소로 사용될 때 **賮**(신 會禮也)에서도 음부역할을 하며, 盡은 **嚍、濜**(진)、**璶、藎、贐**(신) 등의 글자에서 음부역할을 한다.[201]

199 肅의 字釋과 𣶒(연)、淵(연) 등은 2.13을 참조.

200 肇(조)는 본의가 '치다(擊也)'로 풀이되고, 자형은 '从攴肈省聲', 肈(조) 역시 본의가 '치다(擊也)'로 풀이되고, 자형은 '从戈肁聲'의 형태로 구성되어 있으며, 肁(조)는 본의가 '처음 열다(始開也)'로 풀이되고, 자형은 '从戶从聿'의 형태로 분석된다. 肄(𦕂 이 習也. 从聿𢆶聲)는 2.2.1의 彐(계)를 참조.

201 예변 이후, 㶳이 燼으로 대체되고, 賮이 贐으로 대체되는 현상은 자형의 변이과정에서 나타나는 일종의 繁化현상으로 이해해야 할 것이다. 박추현(2010) 459~461쪽을 참조.

 **隶 이 대**

隶는 본의가 '미치다(及也)'로 풀이되고, 자형은 '从又从尾省'의 형태로 설명된다. 자소로 사용될 때, **隸**(예 附箸也. 从隶柰聲)의 의부역할을 하고, **逮**(체)、**肆**(사) 등의 글자에서는 음부역할을 한다.[202]

 **寸 촌**

寸은 본의가 '사람의 손에서 一寸되는 곳에 動脈이 있는데, 이를 일러 寸口라 한다(人手卻一寸動𧖴謂之寸口)'로 풀이되고, 자형은 '从又从一'의 형태로 설명된다.[203]

자소로 사용될 때, **付**(부 从寸持物對人)、**守**(수 从宀从寸)、**討**(토 从言从寸)、**寺**(사 从寸之聲)、**封**(봉 从之从土从寸)、**將**(장 从寸牆省聲)、**辱**(욕 从寸在辰下)、**專**(전 从寸叀聲)、**尊**(尊 존 从酋, 廾以奉之. 尊, 或从寸)、**尋**(심 从工从口从又从寸. 彡聲)、**對**(對 대 从丵从口从寸. 對, 或从士)、**導**(도 从寸道聲)、**尌**(수 立也. 从壴从寸)、**肘**(주 臂節也. 从肉从寸. 寸, 手寸口也) 등의 글자에서 의부역할을 하고 **刌**、**忖**(촌) 등의 글자에서는 음부역할을 한다.[204]

---

202 隸에서의 柰(내)는 2.3의 木을 참조. 肆(사 極陳也)의 小篆 자형은 '从長隶聲'의 형태로 구성되어 있으나, 예변 이후 隶가 聿의 형태로 변했다.

203 許愼은 寸을 회의자로 설명하고 있으나, 寸에서의 一형은 非字字素로 보아야 할 것이다. 甲文이나 金文에서의 又가 小篆 혹은 隸變이후 寸으로 바뀐 경우도 적지 않은데, 封、射、對、尉、得、辱、專、尊、導、尋 등에서의 寸이 이에 속한다.

204 封은 본의가 '제후에게 작위를 수여하며 내려주는 토지(爵諸侯之土也)'로 풀이되지만, 갑골문이나 금문에서는 之(지)가 丰(봉)으로 나타나고, 字義는 '흙(土) 위에 작물(丰)을 심어(又) 자기 구역을 표시하는 것'으로 해석하는 것이 일반적이다. 辱에서의 寸 역시 갑골문이나 금문에서는 又로 나타나고, 農具(辰)를 사용해서 손(又)으로 김을 매는 의미로 해석하는 것이 일반적이나, 『說文』에서는 본의를 '치욕(恥也)'으로 풀이하고 있다. 專은 '六寸 길이의 笏(六寸簿也)' 또는 '실북(一曰專, 紡專)'로 풀이되지만, 갑골문에서의 專은 손(又)으로 실북(叀 전)을 들고 있는 자형으로 나타난다. 對는 본의가 '구애받지 않고 대답하다(譍無方也)'로 풀이되지만, 丵(착 叢生艸也)이 의부로서 어떤 의미를 표시하는지는 알 수가 없으며, 갑골문에 나타나는 對자에서 손(又)를 제외한 자형에 관해서도, 木版으로 해석하는 경우、燈盞으로 해석하는 경우、무기의 일종으로 해석하는 경우、나무로 해석하는 경우 등 異說이 분분하다. 對의 本字는 對이지만 漢나라 文帝가 口를 士로 바꾸었다고 許愼은 설명하고 있다(漢文帝以爲責對而爲言, 多非誠對, 故去其口以从士也). 尋은 본의가 '흐트러진 실마리를 찾아 정리하다(繹理也)'로 풀이되고, 자형은 '工과 口는 紊亂한 상태

이들 글자가운데, 付는 다시 **咐**、**府**、**俯**、**腑**、**腐**、**符**、**附**、**駙**(부), 守는 **狩**, 寺는 **侍**、**時**、**詩**(시)、**持**(지)、**待**(대)、**等**(등)、**特**(특), 專은 **傳**、**塼**、**轉**(전)、**團**(단), 尊은 **罇**(존)、**噂**、**樽**、**遵**(준), 尋은 **愺**、**潯**、**燖**、**璕**、**鄩**(심)、**蕁**(담), 尌는 **廚**(주)、**樹**(수), 肘는 **疛**、**紂**(주) 등의 글자에서 음부역할을 한다.[205]

得(得 득 行有所得也. 从彳㝵聲)의 음부로 설명되는 **㝵**(득)은 소전에서는 見과 寸의 조합(㝵 从見从寸)으로 나타나고, 갑골문이나 금문에서는 貝와 又의 조합으로 나타나며, 본의는 '취하다(取也)'로 풀이된다.[206]

村(촌)의 소전 자형은 **邨**(촌 地名. 从邑屯聲)으로 나타나며, **慰**(위)、**蔚**(울) 등의 글자에서 음부로 사용되는 **尉**(위) 역시 원래 자형이 **㷉**(从𡰥又持火)이고, 본의는 '위에서 눌러 내리다(从上案下也)'로 풀이되며, 현대한자에서는 **熨**(위)가 그 의미를 나타내고 있다.[207]

를 나타내고, 又와 寸은 나누어 정리한다는 의미이다(工、口, 亂也. 又、寸, 分理之)'라고 설명된다. 또한, '길이를 잴 때, 사람의 두팔을 벌린 길이를 尋이라 하고, 팔 척이다(度, 人之兩臂爲尋, 八尺也)'라는 의미로도 풀이되고 있다. 예변 이후 음부역할을 하는 彡(삼)이 생략되었다. 冠은 2.1.1 儿의 元, 壽는 2.5의 𠷎(주)를 참조. 尃(부 布也. 从寸甫聲)와 그 활용은 2.1.1의 父, 射와 그 활용은 2.1.1의 身을 참조.

205 酎(주)는 『說文』의 각 전본에 '三重醇酒也. 从酉, 从時省'로 수록되어 있지만, 段注本에서는 『廣韻』에 근거하여 본의를 '三重釀酒也'로 고쳐야 하고, 자형도 疛(주 小腹病. 从疒肘省聲)、紂(주 馬緧也. 从糸肘省聲) 등의 글자들과 마찬가지로 '从酉肘省聲'의 형태로 보아야 한다고 주장하고 있다. 漿、醬(장) 등은 2.3의 爿을 참조. 尌에서의 壴(주)는 2.11을 참조.

206 『說文』에서 㝵와 得은 각각 正文으로 수록되어 있지만, 㝵은 得의 重文(古文省彳)으로도 수록되어 있다. '障碍(장애)'에서의 碍(애)는 礙(애 止也. 从石疑聲)의 俗字로 설명된다.

207 尉가 武官의 직위를 나타내는 의미로 변하게 되어 熨가 '다리미'라는 본래 의미를 대신하게 되었다. 𡰥(인)은 仁(인 親也. 从人从二)의 重文으로 수록된 古文 자형(古文仁或从尸)이며, 段玉裁는 㷉에서의 𡰥과 又는 親手로 해석하고 있다(𡰥又猶親手也).

 甲文  金文  小篆 對 楷書

 金文  小篆 導 楷書

 甲文  金文  小篆 得 楷書

 手 수

手는 손의 모양을 상형(拳也. 象形)한 글자로서, 자소로 사용될 때, **打**(타 擊也. 从手丁聲)、**托**(託 탁 寄也. 从言乇聲)、**承**(승 奉也. 受也. 从手从卩从廾)、**扶**(부 左也. 从手夫聲)、**批**(𢪛 비 反手擊也. 从手毘聲)、**技**(기 巧也. 从手支聲)、**抄**(鈔 초 叉取也. 从金少聲)、**抑**(归 억 按也. 从反印. 抑, 俗从手)、**投**(투 擿也. 从手从殳)、**抗**(항 扞也. 从手亢聲)、**折**(㪿 절 斷也. 从斤斷艸. 篆文㪿从手)、**把**(파 握也. 从手巴聲)、**握**(악 搤持也. 从手屋聲)、**拜**(㨃 배 首至地也. 从手𠦍. 𠦍音忽. 拜, 楊雄說, 从兩手下)、**抱**(捊 포 引取也. 从手孚聲. 抱, 捊或从包)、**抵**(저 擠也. 从手氐聲)、**抽**(擂 추 引也. 从手留聲. 抽, 擂或从由)、**拂**(불 過擊也. 从手弗聲)、**拭**(식 以巾拭垢濡也. 从手式聲)、**拍**(박 拊也. 从手白聲)、**拒**(거 捍也. 从手巨聲)、**拓**(탁 척 拾也. 从手石聲)、**拔**(발 擢也. 从手犮聲)、**拘**(구 止也. 从句从手, 句亦聲)、**拙**(졸 不巧也. 从手出聲)、**招**(초 手呼也. 从手召)、**押**(압 按也. 从手甲聲)、**拳**(권 手也. 从手𢍏聲)、**拾**(습 掇也. 从手合聲)、**持**(지 握也. 从手寺聲)、**指**(지 手指也. 从手旨聲)、**挑**(도 撓也. 从手兆聲)、**振**(진 擧救也. 从手辰聲)、**捉**(착 搤也. 从手足聲)、**捕**(포 取也. 从手甫聲)、**掌**(장 手中也. 从手尚聲)、**捨**(사 釋也. 从手舍聲)、**掃**(埽 소 棄也. 从土从帚)、**授**(수 予也. 从手从受, 受亦聲)、**排**(배 擠也. 从手非聲)、**掛**(卦 괘 縣也. 从手圭聲)、**掠**(략 奪取也. 从手京聲)、**採**(采 채 捋取也. 从木从爪)、**探**(탐 遠取之也. 从手罙聲)、**接**(접 交也. 从手妾聲)、**推**(퇴 추 排也. 从手隹聲)、**提**(제 挈也. 从手是聲)、**揚**(양 飛擧也. 从手昜聲)、**擧**(거 對擧也. 从手與聲)、**換**(환 易也. 从手奐聲)、**揮**(휘 奮也. 从手軍聲)、**援**(원 引也.

从手爰聲)、**損**(손 減也. 从手員聲)、**搖**(요 動也. 从手䍃聲)、**携**(攜 휴 提也从手巂聲)、**搜**(挍 수 眾意也. 一曰求也. 从手叜聲)、**摘**(적 拓果樹實也. 从手啻聲)、**播**(파 穜也. 一曰布也. 从手番聲)、**擊**(격 攴也. 从手毄聲)、**擇**(택 柬選也. 从手睪聲)、**操**(조 把持也. 从手喿聲)、**擔**(儋 담 何也. 从人詹聲)、**據**(거 杖持也. 从手豦聲)、**擁**(攤 옹 抱也. 从手雝聲)、**擴**(彍 확 弩滿也. 从弓黃聲)、**攝**(섭 引持也. 从手聶聲)、**搤**(액 捉也. 从手益聲)、**挈**(설 縣持也. 从手韧聲) 등의 글자에서 의부역할을 한다.[208]

이들 글자가운데, 折은 다시 **浙**、**哲**(절)、**哲**(철)、**誓**、**逝**(서)、**狾**(제) 등의 글자에서 음부역할을 한다.

이외에도, 해서체에서는 手의 자형을 확인할 수 없지만, 失(𡙁 실 縱也. 从手乙聲) 역시 手가 의부로 사용된 글자이며, 失은 다시 **佚**(일)、**帙**、**秩**、**眣**、**迭**(질) 등의 글자에서 음부역할을 한다.

현재 통용 자전류에서 手부에 배속시키고 있는 **才**(재)의 경우, 본의가 '초목의 싹(艸木之初也)'으로 설명되며, '손'과는 의미상 관련이 없는 글자이다.[209]

208 抑(𢀜)은 2.1.1의 卩을 참조. 批는 攙, 携는 攜, 擔은 儋의 俗字이다. 掃의 소전 자형은 埽, 掛의 소전 자형은 卦, 擁의 소전 자형은 攤. 擴의 소전 자형은 彍으로 나타난다. 搜(挍)에서의 叜(叟수)는 又의 파생자소를 참조.

209 才는 2.3을 참조. 手의 이합자소인 拜(공)은 『說文』에 廾의 或體字로 수록되어 있다.

 爪 조

爪는 '손(手)을 아래쪽으로 덮은 모양을 상형(覆手曰爪. 象形)'한 글자로 설명되며, 본의가 '잡다(丮也)'로 풀이된다.[210]

자소로 사용될 때, **𠬪**(표 从爪又)、**采**(채 从木从爪)、**爯**(칭 从爪冓省)、**釽**(벽 裂也. 从金爪) 등의 글자에서 의부역할을 하고, **抓**、**沠**、**笊**(조) 등의 글자에서는 음부역할을 한다.[211]

해서체에서는 爪의 자형을 확인할 수 없지만, **虐**(학) 역시 소전 자형에서는 '호랑이가 발을 뒤집어 사람을 해치는 모습(从虍, 虎足反爪人也)'으로 나타나 있으며, 자소로 사용될 때, **謔**、**瘧**(학) 등의 글자에서 음부역할을 한다.

이와는 반대로, **愛**(㤅 애 行皃. 从夊㤅聲)、**舜**(䑞 순 艸也. 象形. 从舛, 舛亦聲)、**爵**(작 禮器也. 上象雀之形, 中有鬯酒. 又, 持之也) 등에서의 爪형은 예변 이후 訛變된 자형으로서, 爪와는 의미상 관련이 없는 글자들이다.[212]

이들 글자 가운데, 愛는 자소로 사용될 때, **噯**、**嬡**、**曖**、**瞹**(애) 등의 글자에서 음부역할을 하고, 舜은 **瞬**、**橓**(순) 등의 글자에서, 爵은 **嚼**、**灂**、**爝**(작)、**穱**(착) 등의 글자에서 음부역할을 한다.

---

210 段玉裁는 '仰手曰掌, 覆手曰爪'라고 설명하고 있다.

211 孚(부)、妥(타)、㸒(음)、奚(혜) 등과 그 활용은 2.1.1의 子、女、𡈼、大 등을 참조. 爲와 그 활용은 2.2.1의 象, 𤔔(란)과 그 활용은 2.13을 참조. 印(인 从爪卩), 归(抑 억 从反印) 등에서의 爪는 2.1.1의 卩을 참조.

212 愛와 㤅(애)의 관계는 2.1.4 欠(흠)의 旡(기)를 참조. 갑골문이나 금문에 나타나는 爵의 자형은 단순하게 술잔의 모양을 나타내고 있다.

 小篆 舜 楷書

 甲文  金文  小篆 爵 楷書

 爫 표

爫는 본의가 '물체가 아래로 떨어지는 것으로서, 위 쪽 손에서 아래 쪽 손으로 주는 것이다(物落, 上下相付也也)'로 풀이되고, 자형은 '从爪又'의 형태로 설명된다.

爫가 단독으로 사용되는 경우는 거의 없으나, 합체자의 자소로는 다양하게 사용되고 있는데, 그 예는 아래와 같다.

 寽 률

寽은 본의가 '다섯 손가락으로 집다(五指捋也)'로 풀이되며, 자형은 '从爫一聲'의 형태로 설명된다. 그러나, 一은 음부가 아닌 '특정한 사물'을 표시하는 不成文으로 보는 것이 일반적이다.

자소로 사용될 때, **捋**(날)、**哷**、**脟**(렬)、**酹**(뢰)、**虢**(괵) 등의 글자에서 음부역할을 한다.

 受 수

受는 본의가 '서로 주다(相付也)'로 풀이되고, 자형은 '从爫舟省聲'의 형태로 설명된다. 그러나, 갑골문이나 금문에서는 受에서의 舟가 생략되지 않은 채로 나타나며, 배(舟)를 가운데 두고 물건을 전달하는 자형으로 해석하는 것이 일반적이다.

자소로 사용될 때, **授**(수 予也. 从手从受, 受亦聲)의 의부겸 음부역할을 하고, **綬**、**誜**(수) 등의 글자에서는 음부역할을 한다.

 甲文  金文  小篆 受 楷書

 爭 쟁

爭은 본의가 '당기다(引也)'로 풀이되고, 자형은 '从⺥厂'의 형태로 설명된다.[213]

자소로 사용될 때, **筝**、**諍**、**錚**(쟁), **淨**、**靜**(정) 등의 글자에서 음부역할을 하고 靜은 다시 **瀞**(정)의 음부역할을 한다.

 甲文  小篆 争 楷書

 㥯 은

㥯은 본의가 '의거하는 바가 있다(有所依也)'로 풀이되지만, 용례는 확인되지 않고, 고문헌에서는 **隱**(은)이 주로 이 의미를 나타내고 있다. 자형은 '从⺥工'의 형태로 설명된다.

자소로 사용될 때, **㥯**(은 謹也)의 음부역할을 하고, 㥯은 다시 **隱**(은 蔽也)、**穩**(온 蹂穀聚也. 一曰安也) 등의 글자에서 음부역할을 한다.

 𠭥 敢 감

𠭥은 본의가 '나아가 취하다(進取也)'로 풀이되며, 자형은 '从⺥古聲. 㪉, 籒文𠭥'의 형태로 설명된다. 현재 해서체에서는 **敢**으로 사용되고 있는데, 𠭥의 重文인 **㪉**(籒文)이 예변 이후 敢의 형태로 변한 것으로 설명되고 있으나, 金文에는 古가 甘(감) 혹은 口(구)의 형태로 나타나고 있어, 甘을 음부로 보기도 한다.

자소로 사용될 때, **厰**(음)、**瞰**(감)、**譀**(함) 등의 글자에서 음부역할을 하고, 厰은 다시 **嚴**(엄), 嚴은 또 다시 **儼**、**曮**、**釅**(엄) 등의 글자에서 음부역할을 한다.[214]

213 厂(예)는 2.17을 참조.
214 厰은 본의가 '산이 험준하다(崟也)'로 풀이된다. 嚴에서의 吅(훤)은 2.1.4를 참조.

古文 籒文 小篆 敢 楷書

爰 원

爰은 본의가 '끌다(引也)'로 풀이되고, 자형은 '从爫从于'의 형태로 설명된다.

자소로 사용될 때, **援**、**媛**(원)、**愋**、**諼**(훤)、**緩**(완)、**鍰**(환)、**暖**、**煖**(난) 등의 글자에서와 같이 주로 음부역할을 한다.

甲文 金文 小篆 爰 楷書

采 채

采는 **採**(채)의 本字로서, 본의가 '집어서 따다(捋取也)'로 풀이되며, 자소로 사용될 때, **彩**、**菜**(채) 등의 글자에서 음부역할을 한다.

甲文 金文 小篆 采 楷書

爯 칭

爯은 본의가 '(한 손으로) 두 개의 물건을 같이 들다(并舉也)'로 풀이되고, 자형은 '从爪冓省'의 형태로 설명된다.

자소로 사용될 때, **偁**、**稱**(칭) 등의 글자에서 음부역할을 한다.

丮 극

丮을 허신은 소전 자형에 근거해서, 본의를 '가지다(持也)'로 풀이하고, 자형은 '손으로 무엇을 잡아 쥐고 있는 바를 상형(象手有所丮據也)'한 것으로 설명하고 있으나, 갑골문에는 사람이 꿇어 앉아 두 팔을 뻗어 벌린 채 무엇을 하고 있는 자형으로 나타난다.

예변 이후, 자형이 丸의 형태로 변하였으며, **埶**(예 从丮坴)、**孰**(䵹 숙 从丮䦥)、**巩**(巩 공 从丮工聲)、**執**(집 从丮从㚔, 㚔亦聲) 등의 글자에서 의부역할을 한다.[215]

이들 글자들의 개별적인 활용 예는 아래와 같다.

 **埶 예**

埶는 본의가 '(나무를) 심다(種也)'로 풀이되며, 해서체에서 통용되는 **藝**(예)의 本字이다. 자소로 사용될 때, **勢**(세)、**熱**(열)、**褻**(설) 등의 글자에서 음부역할을 한다.[216]

 **䵹 孰 숙**

孰은 본의가 '음식을 익히다(食飪也)'로 풀이되며, **熟**(숙)의 본자이다. 자소로 사용될 때, **塾**(숙)의 음부역할을 한다.[217]

---

215 仄(측 側傾也. 从人在厂下)의 反文으로 풀이되는 丸(㕕 환 圜也. 傾側而轉者. 从反仄)과 동형으로 나타나며,夙(숙 早敬也. 从丮夕)을 비롯한 恐、鞏 등의 글자에서는 凡의 형태로 나타난다. 坴(육)은 2.4의 土, 䦥(순)은 2.6의 高, 㚔(녑)은 2.1.1의 大를 참조.

216 갑골문이나 금문에 나타나는 埶의 자형은 사람이 나무를 심고 있는 모습으로 나타난다. 예변 이후, 艸와 云이 부가되었는데, 云은 그 래원을 알 수 없는 자소이다. 坴(륙 从土圥聲)은 2.4의 土, 圥(규 从屮六聲)는 2.16의 六을 참조.

217 2.6의 亯(향)을 참조.

巩 巩 공

巩은 본의가 '주머니(褒也)'로 풀이되며, 자형은 '从丮工聲'의 형태로 설명된다.

자소로 사용될 때, **筑**(축 以竹擊之成曲. 五弦之樂也. 从竹从巩. 巩, 持之也. 竹亦聲)의 의부역할을 하고, **恐**、**銎**、**鞏**(공) 등의 글자에서는 음부역할을 하며, 筑은 다시 **築**(축 擣也. 从木筑聲)의 음부역할을 한다.

執 집

執은 본의가 '죄인을 잡다(捕罪人也)'로 풀이되며, 자소로 사용될 때, **摯**、**縶**、**贄**(지)、**墊**、**藝**(점) 등의 글자에서 음부역할을 한다.

鬥 두

鬥는『說文』에서 '두 사람의 병사가 마주한 상태에서 병기를 뒤에 두고 서로 싸우는 모습을 상형(兩士相對, 兵杖在後, 象鬥之形)'한 글자로 설명된다. 小篆 자형은 丮과 𠃨(곡)이 相對하는 자형으로 나타나 있고, 갑골문에는 두 사람이 맨손으로 서로 싸우는 모습이 구체적으로 그려져 있다.

자소로 사용될 때, **鬧**(뇨 不静也. 从市鬥)、**鬭**(투 遇也. 从鬥斲聲) 등의 글자에서 의부역할을 한다.[218]

218 𠃨(곡)은『說文』에서 丮의 反文(从反丮)으로 수록되어 있다. 斲(착)은 2.7의 皿을 참조. 鬪(투)는 鬭의 俗字이다.

臼 곡 국

臼은 본의가 '깍지 끼다(叉手也)'로 풀이되고, 자형은 '从𦥑'의 형태로 설명된다. 그러나 𠂢과 ⺕ 두 자소에 대해서는 『說文』에서 따로 제시된 바가 없고, 段注本에서는 '왼손(𠂇)과 오른손(又)의 변형(从𠂇又而變之也)'이라고 설명하고 있다.

자소로 사용될 때, **𦥔**(요 象人要自臼之形. 从臼交省聲. 𡝩, 古文 𦥔)、**舁**(여 从臼从廾)、**盥**(관 澡手也. 从臼水臨皿) 등의 글자에서 의부역할을 한다.[219]

𦥔는 본의가 '허리(身中也)'로 풀이되고, 자형은 고문 𡝩의 형태를 좇아 **要**의 형태로 정리되었다. 그러나 要가 딴 의미로 전용된 이후 본래의 의미를 나타내는 글자는 肉(⺼ 육)을 추가시켜 **腰**로 대체 되었으며, 자소로 사용될 때, **偠**、**喓**(요) 등의 글자에서 음부역할을 한다.

舁는 본의가 '같이 들다(共擧也)'로 풀이되고, 자형은 '从臼从廾'의 형태로 설명된다. 자소로 사용될 때, **與**(여 黨與也. 从舁与)、**興**(흥 起也. 从舁同, 同力也) 등의 글자에서 의부역할을 하고, **輿**(여 从車舁聲)의 음부역할을 한다.[220] 이들 글자 가운데, 與는 다시 **歟**(여)、**擧**(거)、**嶼**(서)、**譽**(예) 등의 글자에서 음부역할을 한다.

위의 글자들 이외에도, **夓**(夏 하 中國之人也. 从夊从頁从臼)자 역시 臼이 의부역할을 하는 글자이지만, 예변 이후 **夏**의 형태로 정리되었고, 夏는 다시 **廈**(하)의 음부역할을 하며,[221] **學**(斆 학 从敎冂, 臼聲. 學, 篆文)에서는 臼이 음부 역할을 하고, 學은 다시 **覺**(각 从見學省聲)의 음부역할을 한다.

본의가 '피를 바치는 제사(血祭也)'로 풀이되는 **釁**(흔)의 경우, '제사를 준비하는

---

219 『說文』에서는 革(혁)자에서도 臼이 음부로 사용된 것으로 설명하고 있다(2.2.1을 참조). 叟(수)에서의 臼형은 본절 叉의 파생자소를 참조.

220 금문에 나타나는 與는 '한 사람이 어떤 물건을 주면, 상대방이 이를 받고 있는 모습'으로 풀이하는 것이 일반적이다. 与(여)는 2.7을 참조.

221 厦는 廈의 俗字이다.

부엌을 상형(象祭竈也)'한 것으로, '从爨省, 从酉从分, 分亦聲'의 형태로 분석되며, **爨**(찬)은 본의가 '아궁이에 불 때는 것을 齊 지방에서는 爨이라 한다(齊謂之炊爨)'라고 설명되고, 『說文』에 수록된 爨의 籒文 자형은 𦥑、冂、廾、林、火 등이 자소로 사용된 합체자인데, 許愼은 이를 '冂형의 윗부분은 시루를 들고 있는 모습을 상형한 것이고, 冂형은 부엌 아궁이이며, 양 손으로 땔감을 안으로 밀어 넣어 불을 지피는 것(𦥑象持甑. 冂爲竈口. 廾推林内火)'이라고 풀이하고 있다.[222]

본의가 '나무가 울창하게 자라는 것(木叢生者)'으로 풀이되는 **鬱**(울 从林鬱省聲)의 음부역할을 하는 **鬰**(울 从𦥑冂缶鬯, 彡, 其飾也) 역시 𦥑이 의부로 사용된 글자이다.[223]

僊(선 長生䙴去. 从人从䙴. 䙴亦聲)、**遷**(천 登也. 从辵䙴聲)의 글자에서 음부역할을 하는 **䙴**(천)의 小篆 자형은 '从舁囟聲'의 형태로 구성된 𦦙(천)이며, 본의는 '높이 올라가다(升高也)'로 풀이된다. 현재 해서체에서 사용되는 䙴은 或體字로서 '卩'이 추가된 𨙻(𦦙, 或从卩)의 변형이다. **標**、**漂**、**瓢**(표) 등의 글자에서 음부역할을 하는 **票**(표) 역시 소전 자형 㶾(从火䙴省)의 변형이며, 본의는 '불꽃이 날다(火飛也)'로 설명된다.[224]

이외에도, 『說文』에서는 **晨**(晨 신 从𦥑辰, 辰亦聲)、**農**(農 농 从晨囟聲)、**申**(申 신 从𦥑, 自持也) 등의 글자에서도 𦥑이 의부 역할을 하는 것으로 설명되고 있으나, 이는 小篆 자형에만 근거한 설명이다.[225]

---

222 重文으로 수록되어 있는 籒文에는 단순히 冂(竈口) 안에 林과 廾 및 火가 상하로 나열되어 형태로 나타나 있다. 소전 자형에서 同과 유사한 자형을 許愼은 '시루(甑)'로 해석하고 있으며, 해서체에서는 同형으로 정리되었으나, 興의 윗부분과는 구별되는 자형이다.

223 鬱은 본의가 '향내나는 풀(芳艸也)'로 풀이되며, '鬱金草'라고도 한다. 삶아서 祭床에 올렸다 하며, '鬱鬯酒' 역시 제상에 올리는 芳香酒를 말한다.

224 僊은 현대한자에서 仙으로 통용되고 있다.

225 農자의 重文으로 𦥑이 아닌 林으로 표기된 辳과 䢉이 『說文』에 수록되어 있고, 金文 계통에서는 '囟'이 '田'으로 나타나는 것으로 보아, 원시 자형은 '从晨囟聲'아닌, 농기구로 사용된 조개껍질(辰)과 수풀(林), 경작지(田) 등이 합쳐진 會意字로 보는 것이 타당할 것이다. 晨은 본의가 '어둑어둑한 새벽(早昧爽也)'으로 풀이된다. 해서체에서 동일한 자형으로 나타나는 또 하나의 晨은, 본의가 별자리를 지칭하는 '房星'으로 풀이되고, '从晶辰聲'의 형태로 구성된 曟이며, 晨은 或體字(或省)이다. 갑골문이나 금문에 나타나는 申의 자형은 '번개'가 치는 모양을 그린 형태로 나타나고, '電'의 初文으로 보는 것이 일반적이다(2.4의 申을 참조).

이와는 반대로, 본의가 '묶어서 잡아끌고 가는 것을 臾라 한다(束縛捽抴爲臾)'로 풀이되는 **臾**(유)를 『說文』에서는 '从申从乙'의 형태로 분석하고 있으나, 갑골문이나 금문에 나타나는 臾는 人과 臼의 조합으로 나타난다. 臾는 자소로 사용될 때, **庾**、**諛**(유) 등의 글자에서 음부역할을 한다.[226]

2.1.3 발、다리의 모양 또는 그 동작과 관련된 것

 止 지

止의 본의를 '(下基也)'를 『說文』에서는 '초목이 돋아나올 터가 있는 것을 상형

---

226 소전의 臾와 유사한 자형으로 나타나고, 甾(睿 견)、貴(賢 귀) 등의 글자들을 구성하는 자소로 사용되는 (궤, 괴 臾, 古文蕢. 象形)는 2.8을 참조.

(象艸木出有址)'한 자형으로 설명하고 있지만, 갑골문에는 단순히 사람의 발을 간략하게 그린 형태로 나타나 있다. 또한, 현재 해서체에서 서로 다른 자형으로 사용되고 있고, 각기 다른 부수로 독립되어 있는 **疋**(소, 필)、**夂**(치)、**夊**(쇠)、**辵**(착) 등의 글자들도 갑골문에서는 모두 止 혹은 止의 변형으로 나타난다.[227]

자소로 사용될 때, **正**(정 从一, 一以止)、**此**(차 止也. 从止从匕)、**步**(보 从止少相背)、**武**(무 止戈爲武)、**歲**(세 木星也. 从步戌聲)、**歷**(력 過也. 从止厤聲)、**歸**(귀 女嫁也. 从止婦省, 自聲) 등의 글자에서 의부역할을 하고, **址**、**祉**(지)、**齒**(치)、**徙**(사 从辵止聲)、**扯**(차) 등의 글자에서는 음부역할을 한다.[228]

이들 글자 가운데, 武는 다시 **虣**(포 虐也. 急也. 从虎从武)의 의부, **賦**、**賦**(부) 등의 글자에서는 음부역할을 한다.[229]

이외에도, 현용 해서체에서는 그 형태를 확인할 수 없지만, **前**(歬 전) 역시 소전에서는 '从止在舟上'의 형태로 나타나며, 자소로 사용될 때, **剪**(从刀歬聲)、**煎**、**湔**(전) 등의 글자에서 음부역할을 한다.[230]

227 止의 본의는 현대한자에서 趾(지)가 담당하고 있다.
228 此의 활용은 2.1.1 人의 파생자소 匕(비), 步와 歲는 아래의 步, 歷은 2.3의 厤(력), 歸는 2.8의 帚(추)를 참조.
229 '빛나다'라는 의미로 통용되는 斌(빈)은 份、彬(빈) 등의 글자들과 같은 글자로 설명되며, 자소로 사용될 때 贇(윤)의 음부역할을 한다. 彬과 份은 2.14의 彡(삼)을 참조.
230 갑골문에서의 前은 소전과 유사한 형태로 나타나지만, 허신이 설명하는 舟는 '발을 씻는 대야'의 형태로 보는 것이 다수설이며, '行' 혹은 '彳'이 추가된 형태의 자형도 나타난다. 현용 해서체의 前은 원래 '가위'를 의미하는 剪의 本字이지만, 歬의 의미로 통용되고 있다.

 正 정

正은 『說文』에서 본의가 '바르다(是也)'로 풀이되고, '从一, 一以止'의 자형으로 분석되고 있다. 그러나 갑골문에서의 正은 止 위에 口형이 그려져 있는 형태로 나타나고, 口형은 대개 목적지를 의미하는 것으로 해석하여, **征**의 初文으로 보는 것이 일반적이다.

자소로 사용될 때, **是**(시 直也. 从日正)、**定**(정 安也. 从宀从正)、**整**(정 齊也. 从攴从束从正. 正亦聲) 등의 글자에서 의부역할을 하고, **政**、**鉦**(정)、**症**、**証**(증) 등의 글자에서는 음부역할을 한다.

이들 글자가운데, 是는 다시 **韙**(위 是也. 从是韋聲)의 의부, **匙**(시)、**寔**(식)、**堤**、**提**、**踶**、**題**(제) 등의 글자에서 음부역할을 하며, 定은 **碇**、**錠**(정) 등의 글자에서 음부역할을 한다.

 甲文  金文  小篆 正 楷書

 丏 乏 핍

許愼은 乏자를 설명하면서, 『春秋』를 인용하여, "『春秋傳』曰 : 反正爲乏"이라고만 해 놓았다. 자소로 사용될 때, **鴔**(핍)、**貶**(폄)、**覂**(봉) 등의 글자에서와 같이 주로 음부역할을 한다.

 疌 섭

疌은 본의가 '빠르다(疾也)'로 풀이되고, 자형은 '从又从止, 屮聲'의 형태로 설명된다. 자소로 사용될 때, **捷**、**睫**、**崨**(첩)、**箑**(삽) 등의 글자에서 음부역할을 한다.

 金文  小篆 疌 楷書

 歰 삽

歰은 止의 사합자소(从四止)로서, 본의가 '매끄럽지 못하다(不滑也)'로 풀이되며, 자소로 사용될 때, **澀**、**譅**(삽) 등의 글자에서 음부역할을 한다.

 少 달

少은 止의 反文으로, 본의가 '밟다(蹈也)'로 풀이되며, 자소로 사용될 때, **癶**(발 从止少)의 왼쪽, **步**(보 从止少相背)의 아래 쪽 형태로 나타난다.

 癶 발

癶은 '양발을 옆으로 어긋지게 벌리고 있는 모양(足剌癶也)'으로 나타나며, 자소로 사용될 때, **登**(등 上車也. 从癶. 豆, 象登車形)、**癸**(계 从癶从矢)[231]、**癹**(발 以足蹋夷艸. 从癶从殳) 등의 글자에서 의부역할을 한다.

이들 글자들 가운데, 登은 다시 **燈**(등)、**證**(증)、**澄**、**瞪**(징), 癸는 **揆**、**戣**、**睽**、**葵**(규), 癹은 **發**(발 䠶發也. 从弓癹聲)의 음부역할을 하며, 發은 또 다시 **撥**、**潑**(발)、**廢**(폐) 등의 글자에서 음부역할을 한다.

---

231 癸는 본의가 '겨울에는 물이나 땅이 평평해서 헤아릴 수 있다(冬時, 水土平, 可揆度也)'로 풀이되고, 소전 자형은 䕭(규)에서 ++를 제거한 형태로 나타나며, '물이 사방에서 땅 가운데로 유입되는 모양을 상형(象水从四方流入地中之形)'한 것으로 설명되고, 癸는 『說文』에 重文으로 수록된 籒文 자형으로 '从癶从矢'의 형태로 분석된다. 예변 이후 矢가 天 혹은 夭의 형으로 변했다. 갑골문이나 금문에서의 癸는 화살을 겹쳐 놓은 것으로 보는 연구자도 있고, 혹은 해바라기(葵)의 모양, 혹은 끝이 두 갈래로 갈라진 창(戣)의 모양으로 등 異說이 많다. 重文으로 수록된 癸의 자형을 『六書統』에서는 '癸, 度長短也. 从癶. 步之也. 从矢, 知長短之度也. 俗加手作揆'로 풀이하고 있다.

步 보

步는 발이 상하로 어긋지게 배열된 형태로, 본의가 '가다(行也)' 풀이된다. 자소로 사용될 때, **涉**(섭 徒行厲水也. 从水步)、**陟**(척 登也. 从𠂤从步)、**歲**(세 木星也. 从步戌聲) 등의 글자에서 의부역할을 한다.

이들 글자 가운데, 涉은 다시 **瀕**(빈 水厓. 从頁从涉)의 의부역할을 하고, 瀕은 또 다시 **顰**(빈 涉水顰蹙. 从瀕卑聲)의 의부, **嚬**、**蘋**(빈) 등의 음부역할을 하며, 歲는 **劌**(귀)、**濊**、**穢**(예) 등의 글자에서 음부역할을 한다.[232]

疋 소 필

232 瀕은 현대한자에서 '濱'이 주로 그 의미를 담당하고 있다. 또한, 해서체에서는 水가 생략된 頻이 '자주(數 삭)'라는 의미로 사용되며(頻繁), 顰에서도 水가 생략되었다. 顰을 『玉篇』에서는 '憂愁不樂之狀也'로 풀이하고 있다.

疋는 본의가 '발(足也)'로 풀이되고, 자형은 '위는 종아리를 상형한 것이고, 아래는 止가 의부(上象腓腸, 下从止)'로 설명되며, 갑골문이나 금문에는 무릎부터 발까지의 모양을 상형한 형태로 나타난다.

자소로 사용될 때, **旋**(선 周旋, 旌旗之指麾也. 从㫃从疋. 疋, 足也)、**疏**(소 通也. 从㐬从疋, 疋亦聲) 등의 글자에서 의부 혹은 의부겸 음부역할을 하고, **胥**(서)、**楚**(초) 등의 글자에서는 음부역할을 한다.[233]

이들 글자 가운데, 旋은 다시 **璇**、**嫙**(선), 疏는 **蔬**(소), 胥는 **婿**、**惰**(서), 楚는 **礎**、**濋**、**憷**(초) 등의 글자에서 음부역할을 한다.[234]

 足 족

足을『說文』에서는 본의를 '사람의 다리(人之足也)'라고 풀이해 놓고, '从止口'의 회의자로 설명하고 있다. 그러나 금문과 소전에 나타난 口形은 정강이뼈의 모양을 그린 것으로 보는 것이 일반적이다.

자소로 사용될 때, **距**(거 雞距也. 从足巨聲)、**跡**(迹 적 步處也. 从辵亦聲. 蹟, 或从足責)、**路**(로 道也. 从足各聲)、**跳**(도 蹶也. 从足兆聲)、**踏**(蹋 답 踐也. 从足㒓聲)、**踐**(천 履也. 从足戔聲)、**躍**(약 迅也. 从足翟聲)、**跋**(발 蹎跋也. 从足犮

233 疑는 2.1.1 人의 匕(화)를 참조.
234 旋은 본의가 '깃발의 지휘에 따라 빙글빙글 돌다(周旋, 旌旗之指麾也)'로, 疏는 '통하다(通也)'로 풀이된다.

聲)、**跟**(근 足踵也. 从足艮聲)、**蹇**(건 跛也. 从足, 寒省聲)、**踊**(용 跳也. 从足甬聲) 등의 글자에서 의부역할을 하고, **促**(촉)、**捉**、**浞**(착) 등의 글자에서는 음부역할을 한다.[235]

 金文  小篆 足 楷書

 走 주

走는 본의가 '달리다(趨也)'로 설명되며, 소전에서는 '从夭止'의 회의자로 분석되지만, 갑골문에서는 단순히 사람이 팔을 흔드는 모습으로 나타나고, 금문에는 그 아래에 '止' 혹은 '辵'이 추가된 형태로 나타난다.

자소로 사용될 때, **赴**(부 趨也. 从走卜聲)、**起**(기 能立也. 从走已聲)、**超**(초 跳也. 从走召聲)、**越**(월 度也. 从走戉聲)、**趣**(취 疾也. 从走取聲)、**趨**(추 走也. 从走芻聲)、**趙**(조 趨趙也. 从走肖聲) 등의 글자에서 의부역할을 한다.

 甲文  金文  小篆 走 楷書

 彳 척

彳을 『說文』에서는 '사람 다리 부분의 넓적다리(股 고)、정강이(脛 경)、발(足 족) 세부분이 서로 연결되어있는 모양을 상형(象人脛三屬相連也)'한 것이라고 설명하고, 본의를 '작은 걸음(小步)'로 풀이하고 있다. 그러나 갑골문에서의 彳은 '네거리'를 의미하는 '行'의 자형 일부가 생략된 형태로 나타난다.[236]

---

235 跡은 『說文』에 迹이 正篆으로 수록되어 있고, 蹟과 速이 중문으로 수록되어 있다. 踏 역시 『說文』에는 蹋이 正篆으로 수록되어 있으나, 예변 이후 음부가 沓(답)으로 교체되었다. 路는 『說文』의 각 전본에 '从足从各'의 회의자로 수록되어 있으나, 段注本에 의거해 수정하였다.

236 行(행)은 2.5를 참조. 行은 『說文』에서 '从彳从亍'의 형태로 설명된다.

자소로 사용될 때, **役**(역 戍邊也. 从殳从彳)、**彼**(피 往, 有所加也. 从彳皮聲)、**往**(왕 之也. 从彳㞷聲)、**征**(정 正行也. 从彳正聲)、**待**(대 竢也. 从彳寺聲)、**律**(율 均布也. 从彳聿聲)、**後**(후 遲也. 从彳幺夂. 夂者, 後也)、**徐**(서 安行也. 从彳余聲)、**徑**(경 步道也. 从彳巠聲)、**得**(得 득 行有所得也. 从彳㝵聲)、**御**(어 使馬也. 从彳从卸. 馭, 古文御. 从又从馬)、**復**(복 往來也. 从彳复聲)、**循**(순 行順也. 从彳盾聲)、**微**(미 隱行也. 从彳㪯聲)、**徹**(철 通也. 从彳从攴从育)、**德**(덕 升也. 从彳㥁聲)、**很**(흔 不聽从也. 一曰行難也. 从彳𥃩聲) 등의 글자에서 의부역할을 한다.[237]

이들 글자들 가운데, 御는 다시 **禦**(어), 復은 다시 **覆**(복)의 음부역할을 하고, 徹 역시 자형의 일부가 생략된 형태(徹省聲)로 **撤**、**澈**、**轍**(철) 등의 글자에서 음부역할을 한다. 또한, 微는 다시 **徵**(징 召也. 从壬从微省)의 의부역할을 하고, **薇**、**黴**(미)、**徽**(휘) 등의 글자에서는 음부역할을 하며, 徵은 또 다시 **懲**、**瀓**、**癥**(징) 등의 글자에서 음부역할을 한다.

현재 통용자전류에서 彳부에 나열되어 있는 **從**(종 隨行也. 从辵从从, 从亦聲)과 **徒**(도 步行也. 从辵土聲) 및 **徙**(사 从辵止) 등의 글자는 소전에서는 모두 '辵'이 의부로 사용된 글자들이었으나 예변 이후 결구형태가 변해 214부수계통에서는 彳부에 배속시키고 있다. 이들 글자 가운데, 從은 다시 **慫**、**縱**(종) 등의 글자에서 음부역할을 한다.

---

237 得에서의 㝵(득 득)은 2.1.2의 寸, 微에서의 㪯(미)는 2.1.2의 攴과 2.1.1의 壬을 참조.

 廴 인

廴은 彳의 파생자소로서, '彳자를 끌어당긴 자형(从彳引之)'으로 설명되며, 본의는 '멀리 가다(長行也)'로 풀이된다.

자소로 사용될 때, **廷**(정 朝中也. 从廴壬聲)、**建**(건 立朝律也. 从聿从廴)、**延**(천 安步延延也. 从廴止) 등의 글자에서 의부역할을 한다.

이들 글자가운데, 廷은 다시 **庭**、**挺**、**艇**(정), **建**은 다시 **健**、**腱**、**鍵**(건) 등의 글자에서 음부역할을 한다. 또한, 延은 다시 **延**(연 長行也. 从延厂聲)의 의부역할을 하고, 延은 또 다시 **挻**、**涎**、**筵**(연)、**脡**(전)、**唌**、**蜑**(단)、**誕**(탄) 등의 글자에서 음부역할을 한다.[238]

 辵 착

辵은 본의가 '가다 서다 하다(乍行乍止也)'로 풀이되고, 자형은 '从彳从止'의 형태로 설명된다. 갑골문에서는 行(네거리)과 止의 조합으로 나타나며, 합체자의 자소로 사용될 때는 行의 자형일부가 생략된 형태(彳)와 止의 조합으로 표현 된 경우도 있고, 止 단독으로 나타나기도 한다.

자소로 사용될 때, **迎**(영 逢也. 从辵卬聲)、**近**(근 附也. 从辵斤聲)、**返**(반 還也. 从辵反聲)、**迫**(박 近也. 从辵白聲)、**述**(술 循也. 从辵术聲)、**迷**(미 惑也. 从辵米聲)、**追**(추 逐也. 从辵自聲)、**退**(퇴 卻也. 一曰行遲也. 从彳从日从夂)、**送**(송 遣也. 从辵倂省)、**逃**(도 亡也. 从辵兆聲)、**逆**(역 迎也. 从辵屰聲. 關東曰逆, 關西曰迎)、**透**(투 跳也. 過也. 从辵秀聲)、**逐**(축 追也. 从辵从豚省)、**途**(도 路也. 从辵余聲)、**通**(통 達也. 从辵甬聲)、**速**(속 疾也. 从辵束聲)、**造**(조 就也. 从辵告聲)、**逢**(봉 遇也. 从辵夆省聲)、**連**(련 負車也. 从辵从車)、**進**(진 登也. 从辵閵省聲)、**逸**(일 失也. 从辵兔)、**遂**(수 亡也. 从辵㒸聲)、**遇**(우 逢也. 从辵禺聲)、**遊**(游 유

238 延에서의 厂(예)는 2.17을 참조.

旌旗之流也. 从㫃汓聲)、**運**(운 迻徙也. 从辵軍聲)、**遍**(편 周也. 从辵扁聲)、**過**(과 渡也. 从辵咼聲)、**道**(도 所行道也. 从辵从䭫. 一達謂之道)、**達**(달 行不相遇也. 从辵羍聲)、**違**(위 離也. 从辵韋聲)、**遙**(요 逍遙也. 又, 遠也. 从辵䍃聲)、**遠**(원 遼也. 从辵袁聲)、**遣**(견 縱也. 从辵䜌聲)、**適**(적 之也. 从辵啻聲)、**遷**(천 登也. 从辵䙴聲)、**遲**(지 徐行也. 从辵犀聲)、**遵**(준 循也. 从辵尊聲)、**選**(선 遣也. 从辵巽. 巽, 遣之. 巽亦聲. 一曰選, 擇也)、**遺**(유 亡也. 从辵貴聲)、**避**(피 回也. 从辵辟聲)、**還**(환 復也. 从辵瞏聲)、**邊**(변 行垂崖也. 从辵臱聲)、**逝**(서 往也. 从辵折聲)、**逮**(체 及也. 从辵隶聲)、**遞**(체 更易也. 从辵虒聲)、**邀**(요 招也. 从辵敫聲) 등의 글자에서 의부역할을 한다.[239]

이들 글자가운데, 迷는 다시 **謎**(미), 逢은 **縫**、**蓬**(봉), 連은 **憐**、**漣**、**蓮**、**鏈**、**鰱**(련), 道는 **導**(도), 達은 **撻**、**闥**、**韃**(달) 등의 글자에서 음부역할을 한다.

239 退(从辵日夊)는 復(从彳日夊)가 本字이고, 退는 『說文』에 수록된 古文 자형(𨒓 从辵日夊)으로, 예변 이후 日과 夊가 粘合되어 艮의 자형으로 정리되었다. 送에서의 倂(잉)은 2.1.2의 廾(공)을 참조. 段玉裁는 連을 '사람이 끄는 수레(輓車也)'를 의미하는 輦(련 从車, 从扶在車前引之)의 古文이라고 설명하고 있다.

 夂 치  夊 쇠

夂의 자형을『說文』에서는 '사람의 두 정강이 뒤에 다다르는 자가 있는 것을 상형(象人脛後有致之者)'한 것이라고 설명하고, 본의를 '뒤따라 다다르다(从後至也)'라고 풀이하고 있으며, 夊의 자형은 '사람의 양 정강이가 질질 끌리는 모습을 상형(象人兩脛有所躧)'한 것이라 하고, 본의는 '질질 끌며 천천히 걷다(行遲曳夊夊)'라고 하였다. 그러나 갑골문에서의 夊와 夂는 서로 구별되지 않는 자형이다.

『說文』에서는 **夅**(항)、**夆**(봉)、**各**(각) 등의 글자에서 夂가 의부로 설명되며, 夊는 **夌**(릉)、**夋**(준)、**复**(夏 복) 등의 글자에서 의부역할을 하는 것으로설명된다.[240]

이들 글자들이 또 다시 다른 합체자의 자소로 사용되는 경우를 열거하면 아래와 같다.

 夆 봉

夆은 본의가 '만나다(牾也)'로 풀이되고, 자형은 '从夂丰聲'의 형태로 설명된다.[241]

자소로 사용될 때, **峰**、**烽**、**蜂**、**逢**、**鋒**(봉) 등의 글자에서 음부역할을 하고, 逢은 다시 **縫**、**蓬**(봉) 등의 글자에서 음부역할을 한다.

 夌 릉

夌은 본의가 '건너 뛰다(越也)'로 풀이되고, 자형은 '从夊从兴. 兴, 高也'의 형태로 설명된다.[242]

---

240 慶(경 从心从夊. 吉禮以鹿皮爲贄, 故从鹿省)은 2.1.5의 心, 夃(고 从乃从夂)는 2.1.4의 乃, 夏(夓하 从夊从頁从臼)、憂(우 从夊㥑聲) 등은 2.1.4의 頁, 後(후 从彳幺夊)、退(퇴 从辵日夊) 등은 본절의 彳과 辵, 愛(㤅 애 从夊㤅聲)는 2.1.4 欠의 파생자소 旡(기), 致(치 从夊从至)는 2.2.2의 至, 畟(측 从田人从夊)은 2.5의 田, 麥(맥 从來从夊)은 2.3을 참조.

241 丰(봉 从生, 上下達也)은 2.3을 참조.

자소로 사용될 때, **淩**、**綾**、**陵**(릉)의 글자에서 음부역할을 한다.

 甲文  小篆  楷書

 夋 준

夋은 본의가 '천천히 걷는 모양(行夋夋也)'으로 풀이되고, 자형은 '从夂允聲'의 형태로 설명된다.

자소로 사용될 때, **俊**、**峻**、**竣**、**駿**(준)、**悛**(전)、**酸**(산)、**梭**(사) 등의 글자에서 음부역할을 한다.

 夏 复 복

夏은 본의가 '옛 길(이미 와 봤던 길)을 걷다(行故道也)'로 풀이되고, 자형은 '从夂畐省聲'의 형태로 설명된다. 그러나, 갑골문에서의 夏은 금속의 주조과정에서 발로 풀무질을 하는 모습으로 해석하는 것이 일반적이다.[243]

자소로 사용될 때, **復**、**腹**、**複**、**鍑**、**馥**、**鰒**(복)、**愎**(퍅) 등의 글자에서 음부역할을 하고, 復은 다시 **覆**(복)의 음부역할을 한다.[244]

 甲文  金文  小篆  楷書

 㐄 과

㐄는 夂의 反文으로서, 夂와 상하로 결합하여 **夅**(항 从夂㐄. 相承不敢竝也)자를 구성하고, 좌우로 결합하여 **舛**(천 从夂㐄相背)자를 구성하며, **韋**(위)도 '从舛囗聲'의 형태로 설명되고 있다.

---

242 圥(先 육 从屮六聲)은 2.16의 六을 참조.
243 畐(복 从高省, 象高厚之形)은 2.6의 高를 참조.
244 復과 履(리 足所依也. 从尸从彳从夂, 舟象履形. 一曰尸聲)에서의 復형은 동형자소이다.

 夅 항

夅은 본의가 '항복(服也)'으로 풀이되고, 자형은 '从夂㐄, 相承不敢竝也'의 형태로 설명되며, 현대한자에서는 降(항)으로 통용된다.

자소로 사용될 때, **降**(항)、**絳**(강)、**洚**(홍) 등의 글자에서 음부역할을 하고, 降은 다시 **隆**(융 从生降聲)의 음부역할을 한다.[245]

甲文 金文 小篆 楷書

 舛 천

舛은 본의가 '마주 보고 눕다(對臥也)'로 풀이되고, 자형은 '从夂㐄相背'의 형태로 설명된다.

자소로 사용될 때, **桀**(걸 磔也. 从舛, 在木上也)、**粦**(燐 린 鬼火也. 从炎舛)、**舞**(무 樂也. 从舛無聲) 등의 글자에서 의부역할을 하고, **荈**(천)、**舜**(순) 등의 글자에서는 음부역할을 하며, 舜은 다시 **瞬**、**橓**(순) 등의 글자에서 음부역할을 한다.[246]

이들 글자가운데, 桀은 다시 **乘**(승 覆也. 从入桀)、**磔**(책 辜也. 从桀石聲) 등의 글자에서 의부역할을 하고, **傑**、**榤**(걸) 등의 글자에서는 음부역할을 한다. 또한, 粦은 **潾**、**鄰**、**鱗**、**麟**(린)、**憐**(련) 등의 글자에서 음부역할을 하며, 粦의 본의는 현대한자에서 **燐**이 담당하고 있다.[247]

---

245 夅의 통용자(降)로 읽을 때는 독음이 '항'이고(降服 항복, 投降 투항), 陟(척 登也)의 상대어로서 본의가 '내려가다(下也)'로 풀이되는 降은 '강'으로 읽는다(下降 하강, 降福 강복).

246 桀은 본의가 '제사에 사용하는 牲畜의 肢體를 찢다(磔也)'로 풀이된다. 粦은 본의가 '병기에 찔려 죽은 사람 및 牛馬의 피가 변해 생긴 귀신 불(兵死及牛馬之血爲粦. 粦, 鬼火也)'로 풀이되고, 예변 이후 '从炎舛'에서의 炎이 米로 변했다. 舞의 활용은 2.1.1의 大, 舜은 2.1.2의 爪를 참조.

247 갑골문이나 금문에 나타나는 乘은 단순히 사람이 나무 위에 올라가 있는 형태로 나타난다. 현재 통용 자전류에서 乘은 丿(별)부에 배속시키고 있다.

小篆 楷書

小篆 楷書

甲文 金文 古文 小篆 楷書

 韋 위

韋는 본의가 '서로 어긋나다(相背也)'로 풀이되고, '가죽이라는 의미로 가차되기도 한다(借以爲皮韋)'라고 설명되며, 자형은 '从舛囗聲'의 형태로 설명된다.[248]

자소로 사용될 때, **衛**(衞 위 从韋帀, 从行)、**韓**(韓 한 从韋, 取其帀也. 倝聲) 등의 글자에서 의부역할을 하고, **偉**、**圍**、**幃**、**緯**(위)、**諱**(휘) 등의 글자에서는 음부역할을 한다.[249]

이외에도, **韜**(도 劍衣也. 从韋舀聲)、**韍**(市 불 韠也. 上古衣蔽前而已, 市以象之. 从巾, 象連帶之形. 韍, 篆文市)、**韠**(필 韍也. 所以蔽前以韋. 从韋畢聲) 등의 글자에서도 의부역할을 하며, 이때는 假借義인 '가죽'을 의미한다.

甲文 金文 小篆 楷書

甲文 金文 小篆 楷書

---

248 갑골문에 나타나는 韋는 연구자에 따라 그 해석이 서로 달라, '주위를 에워싸다'라는 의미인 圍의 初文으로 보는 경우도 있고, '어긋나다'라는 의미인 違의 本字로 보는 경우도 있다.

249 소전에서의 衞는 본의가 '궁중에서 밤새워 지키는 守衛(宿衞也)'로 풀이되고, 예변 이후 '帀(잡)'이 생략되었으며, 갑골문이나 금문에서의 衛는 네거리를 의미하는 '行'과 특정한 구역을 의미하는 '口'형 및 두 개의 '止'로 구성되어 있으며, '네거리의 어떤 지점을 돌면서 지키다'라는 의미로 풀이하는 것이 일반적이다. 韓은 韓이 본자이며, 본의가 '우물 주위에 둘러쳐진 난간(井垣也)'으로 풀이된다. 倝(간)은 2.4의 旦(단)과 2.10의 㫃(언)을 참조.

久 구

久를 『說文』에서는 '뒤따르면서 뜸질하는 것이다. 사람의 양쪽 정강이 뒤에 떨어져 있는 것을 상형(从後灸之. 象人兩脛後有距也)'한 것이라 설명하고 있으나, 의미와 자형간의 관계가 모호하다. 연구자에 따라서 '사람을 뒤에서 잡아당기는 모양'으로 해석하는 경우도 있고, '병든 사람을 눕혀놓고 뜸을 뜨는 모습'으로 풀이하여 **灸**(从火久聲)의 初文으로 보는 경우도 있다.

자소로 사용될 때, **玖**、**匛**、**疚**(구) 등의 글자에서와 같이, 주로 음부역할을 한다.

㞢 之 지

之는 본의가 '나가다(出也)'라는 의미로 풀이된다. 之의 자형을 許愼은 小篆 자형에 근거하여 '풀이 돋아 나와 줄기가 점점 커져 뻗어 나아가는 바가 있음을 상형한 것이다. 一은 땅이다(象艸過屮, 枝莖漸益大, 有所之也. 一, 地也)'라고 설명하고 있지만, 갑골문에서의 之는 止와 一의 결합 형태로 나타나며, 一은 지면 혹은 출발선을 표시하는 것으로 해석된다. 금문에서의 之는 소전과 유사하게 나타난다.

자소로 사용될 때, **先**(선 前進也. 从儿之)、**封**(봉 爵諸侯之土也. 从之从土从寸) 등의 글자에서 의부역할을 하고, **事**(사 从史之省聲)、**志**(지 从心之聲)、**寺**(사 从寸之聲)、**芝**(지 从艸之聲) 등의 글자에서는 음부역할을 하는 것으로 설명된다. 그러나 합체자의 자소로 사용될 때는 형태를 파악하기 힘들 정도로 자형이 변한 상태로 나타나는 경우가 대부분이며, 결합대상에 따라 그 형태도 일정하지가 않다.[250]

이들 글자가운데, 志는 다시 **誌**(지), 寺는 **侍**、**時**、**恃**、**詩**(시)、**峙**、**痔**(치)、**待**(대)、**等**(등)、**特**(특) 등의 글자에서 음부역할을 하고, 時는 또 다시 **塒**、**蒔**(시), 待

250 嗤、媸、蚩(치) 등의 글자에서 음부역할을 하는 蚩(치 蟲也) 역시 '从虫之聲'의 형태로 구성되어 있다. 芝는 『說文』의 각 전본에는 '从艸从之'의 회의자로 설명하고 있으나, 본서는 段注本을 따랐다. 先의 활용은 2.1.1 儿의 파생자소를 참조. 事와 寺는 2.1.2 又의 파생자소 史와 寸, 志는 2.1.5의 心을 참조.

는 **偫**(치)의 음부역할을 한다.

이외에도, **旺、往、枉**(왕)、**狂、匡、筐**(광) 등의 글자에서 음부역할을 하는 **㞷**(황)의 경우, 본의가 '초목이 마구 자라는 것(艸木妄生也)'으로 풀이되고, '从之在土上'의 형태로 설명되는 글자이나, 예변 이후 자형이 主 혹은 王의 형태로 정리되었다.

 帀 잡

帀은 '두르다(周也)'라는 의미로, 之(지)의 倒文으로 설명된다. 자소로 사용되는 경우가 드물지만, **師**(사 二千五百人爲師. 从帀从𠂤)의 의부 역할을 하고, 師는 다시 **獅、篩**(사) 등의 글자에서 음부역할을 한다.[251]

 出 출  各 각  処 처

『說文』에서는 出의 자형을 '草木이 무성하게 자라 위로 뻗어 나오는 모양을 상형(象草木益茲, 上出達也)'한 것으로 설명하고, 各은 '从口夊. 夊者, 有行而止之, 不

251 𠂤(퇴)는 2.4의 阜(부)를 참조. 佩(패 大帶佩也)는 『說文』에서 '从人凡巾'의 자형으로 설명된다.

相聽也', 処는 '从几从夊'의 형태로 설명하고 있다.[252]

그러나 갑골문에 나타난 出과 各、処는 모두 止가 기본자소로서, 出과 各은 각각 凵(거주지)을 기준으로 하여 발(止)을 바깥쪽으로 향하게 위치시켜 '나가다(出)'라는 의미를 표시하고(出), 안쪽으로 향한 모습으로 '들어오다(各)'라는 의미를 나타내며, 処는 冂(凵과 같은 의미. 거주지) 안에 발을 안치시켜 '머무르다'라는 의미를 표시하고 있다.

이들 글자들은 갑골문 시기에 동일한 造字意圖로 만들어진 글자들로 보아야 할 것이고, 許愼은 나중에 변한 자형으로 설명하고 있다고 이해해야 할 것이다.

이들이 자소로 사용될 때, 出은 **敖**(오 出游也. 从出从放)、**賣**(매 出物貨也. 从出从買) 등의 글자에서 의부역할을 하고, **黜**(출)、**茁**(줄)、**屈**(굴)、**拙**(졸)、**咄**(돌)、**貀**(놜) 등의 글자에서는 음부역할을 하며, 屈은 다시 **堀**(窟)、**掘**(굴) 등의 글자에서 음부역할을 한다.[253]

各은 **咎**(구 災也. 从人从各. 各者, 相違也)의 의부역할을 하고, **咯**(각)、**客**(객)、**洛**、**落**、**烙**、**絡**、**酪**、**駱**(락)、**貉**(맥)、**路**(로)、**賂**(뢰) 등의 글자에서는 음부역할을 하며, 客은 다시 **喀**(객)、**額**(액), 洛은 **落**(락), 路는 **露**、**鷺**(로) 등의 글자에서 음부역할을 한다. 또한, 咎는 **⿱咎心**、**晷**、**⿰言咎**(구)、**⿰咎欠**、**綹**(유) 등의 글자에서 음부역할을 한다.

處(처)는 『說文』에 処의 重文으로 수록된 或體字(或从虍聲)이다.

252 出은 『說文』에서 본의가 '나가다(進也)', 各은 '다름을 의미하는 虛辭(異辭也)', 処는 '그치어 쉬다. 안석에 기대어 쉬는 것이다(止也. 得几而止)'로 풀이된다.

253 款(관 从欠⿱宀⿰取臣省)에서의 ⿱宀⿰取臣(최 从宀䝿聲)는 2.4 欠의 注를 참조. 敖의 활용은 2.1.2의 攴을 참조.

2.1.4 머리、얼굴、눈、코、귀、입、치아 등의 모양과 또는 그와 관련된 것

囟 신

囟은 '정수리의 모양을 상형(頭會𡿺蓋也. 象形)'한 글자로서, 자소로 사용될 때, **𤽉**(毘 비 人臍也. 从囟. 囟, 取气通也. 比聲)、**思**(사 容也. 从心从囟)、**𡿺**(腦 뇌 頭髓也. 从匕巛囟) 등의 글자에서 의부역할을 하고, **細**(세 从糸囟聲)에서는 음부역할을 하며, 예변 이후, 思、細 등의 글자에서는 자형이 '田'형으로 변하였다.[254]

이들 글자 가운데, 思는 다시 **慮**(려 謀思也. 从思虍聲)의 의부역할을 하며, **偲**、**媤**、**諰**、**顋**(시) 등의 글자에서 음부역할을 한다. 煩惱(번뇌)、苦惱(고뇌) 등에서의 **惱**는 『說文』에 **嫋**(뇌 有所恨也. 从女𡿺省聲)가 本字로 수록되어 있으며, **瑙**(노) 역시 𡿺가 생략된 형태로 음부역할을 하는 경우로 보아야 할 것이다.

甲文 古文 小篆 楷書

巤 렵

巤은 '정수리 위에 난 머리털과, 모발이 흩날리는 모양을 상형(象髮在囟上及毛髮巤巤之形也)'한 자형으로 설명되고, 현대한자에서는 **鬣**(렵)이 그 의미를 나타내고 있다.

자소로 사용될 때, **獵**、**躐**(렵)、**蠟**、**臘**(랍) 등의 글자에서와 같이, 주로 음부역할을 한다.

---

254 𤽉의 활용은 2.1.1 人의 파생자소 比를 참조. 𡿺는 현대한자에서는 腦로 통용되며, 『說文』에서는 𡿺에서의 匕(비)를 '대뇌와 머리카락이 서로 붙어있는 것을 표시한 것(匕, 相匕著也. 巛, 象髮. 囟, 象𡿺形)'이라고 설명하고 있으나, 의미가 잘 통하지 않는다.

 百 수

百는 '사람의 머리를 상형(頭也. 象形)'한 글자로 설명된다.

자소로 사용될 때, **脜**(유 面和也. 从百从肉)、**戛**(알 戟也. 从戈从百)、**頁**(頁 혈 頭也. 从百从儿)、**面**(면 顔前也. 从百, 象人面形)、**奡**(오 嫚也. 从百从夰, 夰亦聲) 등의 글자에서 의부역할을 하고, 戛은 다시 **嘎**(알)의 음부역할을 한다.[255]

 首 수

首는 百 위에 巛형이 추가된 글자로서, 이는 '머리털의 모양을 상형(巛, 象髮)'한 것으로 설명된다.

常用字의 자소로 사용되는 경우가 동일한 의미를 나타내는 頁에 비해 많지 않으나, **道**(도 所行道也. 从辵从𩠐)、**馗**(규 九達道也. 从九从首. 逵, 馗或从辵从坴)、**馘**(聝 괵 軍戰斷耳也. 从耳或聲. 馘, 聝或从首)、**䭫**(䭫 계 下首也. 从𩠐旨聲) 등의 글자에서 의부역할을 하고, **艏**(수)의 음부역할을 하며, 道는 다시 **導**(도)의 음부역할을 한다.

甲文 金文 小篆 楷書

 𥄉 県 교

𥄉(県)는 首의 倒文(到首也)으로 설명되며, 자소로 사용될 때, **縣**(현 繫也. 从系持県)의 의부 역할을 한다. 縣은 본의가 '매달다(繫也)'로 풀이되지만, 나중에 州(주)나 縣(현) 등의 행정구역을 나타내는 용도로 假借되고 나서부터는 心이 추가된 **懸**(현)이 본래의 의미를 나타내는 글자로 사용되게 되었다.

---

255 奡에서의 夰(고,호)와 그 활용은 2.1.1 大의 注를 참조.

 **頁 혈**

頁은 본의가 百나 首 등과 마찬가지로 '머리(頭也)'로 풀이되며, '从百从儿'의 형태로 구성된 頁이 본래의 자형이지만, 예변 이후 儿이 八형으로 변하게 되어 현재의 頁로 정리되었다.

자소로 사용될 때, **頂**(정 顚也. 从頁丁聲)、**頃**(경 頭不正也. 从匕从頁)、**項**(항 頭後也. 从頁工聲)、**順**(순 理也. 从頁从巛, 巛亦聲)、**須**(수 面毛也. 从頁从彡)、**煩**(번 熱頭痛也. 从頁从火. 一曰焚省聲)、**頌**(송 皃也. 从頁公聲)、**頗**(파 頭偏也. 从頁皮聲)、**領**(령 頸也. 从頁令聲)、**頸**(경 頭莖也. 从頁巠聲)、**瀕**(頻 빈 水厓. 从頁从涉)、**頭**(두 首也. 从頁豆聲)、**額**(頟 액 顙也. 从頁各聲. 俗作額)、**顔**(안 眉目之間也. 从頁彦聲)、**題**(제 頟也. 从頁是聲)、**願**(원 大頭也. 从頁原聲)、**顧**(고 還視也. 从頁雇聲)、**顯**(현 頭明飾也. 从頁㬎聲)、**顚**(전 頂也. 从頁眞聲)、**頰**(협 面旁也. 从頁夾聲)、**頒**(반 大頭也. 从頁分聲. 一曰鬢也)、**頓**(돈 下首也. 从頁屯聲)、**頷**(함 面黃也. 从頁含聲)、**顙**(상 頟也. 从頁桑聲) 등의 글자를 비롯한, 목에서 머리끝까지의 특정부위 혹은 그와 관련된 의미를 나타내는 글자를 구성하는 주요 의부 역할을 하고, **蝢**(혈)、**湏**(회) 등의 글자에서는 음부역할을 한다.[256]

이들 글자 가운데, 頃은 다시 **傾**(경)、**穎**、**潁**(영), 領은 **嶺**(령) 등의 글자에서 음부역할을 하고, 須는 **媭**、**盨**、**嬃**、**蕦**(수) 등의 글자에서 음부역할을 하며, 須의 본의는 현대한자에서 **鬚**(수)가 대신하고 있다. 또한, 頒은 다시 **寡**(과 少也. 从宀从頒. 頒, 分賦也. 故爲少)의 의부역할을 한다.[257]

이외에도, 본의가 '중원의 사람들(中國之人也)'로 풀이되고, **廈**(하)의 음부역할을 하는 **夏**(夓 하 从夊从頁从臼)도 頁이 의부로 사용되고 있고, **憂**(우 和之行也. 从夊

---

256 瀕과 頻의 관계는 2.1.2의 步(보), 顯에서의 㬎(현, 압)은 2.13 糸의 파생자소를 참조. 順의 자형을 大徐本에는 '从頁从巛'의 회의자로 수록해 놓고, 小徐本에는 '从頁巛聲'의 형성자로 고쳐 놓았다. 본서에서는 段注本을 따랐다.

257 頒(반)은 본의가 '큰 머리(大頭也)'로 풀이되고, '귀밑 털'이라는 의미도 있으며(一曰鬢也), '나누어 주다(分賦也, 攽也)'라는 의미는 假借義이다.

惪聲)의 음부역할을 하고 본의가 '시름(愁也)'으로 풀이되는 **惪**(우 从心从頁) 역시 頁이 의부로 사용된 글자이다. 憂는 자소로 사용될 때, **優**(우)、**擾**(요) 등의 글자에서 음부역할을 한다.[258]

현재 통용 자전류에서 頁부에 배속시키고 있는 **類**(류)의 경우, 犬(견)이 의부이고 頪(뢰)가 음부로 사용된 글자(从犬頪聲)이며, 통용 자전류에서 石(석)부에 배속시키고 있는 **碩**(석)은 頁이 의부이고, 石이 음부로 사용된 글자(从頁石聲)이다.[259]

面 면

面은 百에 얼굴 윤곽을 덧 부쳐 상형(从百, 象人面形)한 글자로서, 본의는 '얼굴의 전면(顏前也)'으로 풀이된다.

자소로 사용될 때, **靦**(전 面見也. 从面見, 見亦聲)、**䩉**(보 頰也. 从面甫聲) 등의

---

258 憂는 본의가 '태평스럽게 걸어가다(和之行也)'로 설명되지만, 나중에 優(우)가 그 의미를 담당하게 되었고, 憂는 惪의 본의를 대신하고 있다. 이런 경우는 한자의 의미 演變과정에서 어렵지 않게 발견되는데, 前이 원래 剪의 의미였으나, 前이 歬의 의미로 사용되자 前의 본의는 剪이 담당하게 된 것 역시 같은 예에 속한다. 이와 달리, 의미가 서로 바뀌게 되는 경우도 발생하는데, 來와 麥을 예로 들 수 있을 것이다.

259 頪는 본의가 '깨닫기 어려움(難曉也. 从頁米)'으로 풀이되고, '아주 흰 모양(一曰鮮白皃. 从粉省)'으로 풀이되기도 한다. 類는 본의가 '종류끼리 비슷한 경우가 많은데, 그 중에서 개가 가장 그러하다(種類相似, 唯犬爲甚)'로 풀이된다. 纇(뢰)、纇(류) 등의 글자들도 頪 또는 類가 음부로 사용된 경우이다. 碩은 본의가 '머리가 크다(頭大也)'로 풀이된다.

글자에서 의부 역할을 하며, **緬**、**麵**(면) 등의 글자에서는 음부역할을 한다.

 **目 목**

갑골문이나 금문에서의 目은 실제 눈의 모양을 그린 형태(人眼. 象形)로 나타나지만, 소전에서는 세로로 세운 형태로 정리되었다.

자소로 사용될 때, **直**(직 正見也. 从乚从十从目)、**盲**(맹 目無牟子. 从目亡聲)、**相**(상 省視也. 从目从木)、**盾**(순 瞂也. 所以扞身蔽目. 象形)、**省**(성 視也. 从眉省, 从屮)、**眉**(미 目上毛也. 从目, 象眉之形)、**看**(간 睎也. 从手下目)、**眠**(면 翕目也. 从目民聲)、**眞**(진 僊人變形而登天也. 从匕从目从乚. 八, 所乘載也)、**眼**(안 目也. 从目艮聲)、**睡**(수 坐寐也. 从目垂)、**睦**(목 目順也. 从目坴聲)、**督**(독 察也. 一曰目痛也. 从目叔聲)、**瞬**(순 目精也. 从目舜聲)、**瞻**(첨 臨視也. 从目詹聲) 등의 글자에서 의부역할을 하고, 음부로 사용되는 경우는 드물지만, **苜**、**鉬**(목) 등의 글자에서 음부역할을 한다.[260]

260 본의가 '보다(視也)'로 풀이되는 省의 자형을 『說文』에서는 '从眉省, 从屮'의 형태로 분석하고 있으나, 갑골문과 일부 금문에서는 目과 屮(철)의 조합으로 나타나고, 일부 금문에서는 目과 生의 조합인 眚(생)으로 나타나며, 『說文』에 수록된 古文 자형은 少와 囧(경)으로 구성되어 있다. 小篆으로 설명하는 경우에는 屮형을 풀을 의미하는 屮로 해석하고 있지만, 갑골문으로 해석하는 학자들은, 屮형을 生의 생략형으로 간주하여, 원래 眚과 같은 글자였으나 나중에 省(살피다)과 眚(눈에 백태가 끼다)으로 분화하였다고 설명하는 것이 일반적이다. 囧(冏)은 2.6을 참조. 眠은 『說文』에 瞑(명 翕目也. 从目冥, 冥亦聲)으로 수록되어 있고, 徐鉉은 眠을 瞑의 속자로 설명하고 있다(今俗別作眠). 이외에도, 본의가 '많다(多也)'로 풀이되는 衆(중)도, 소전 자형은 目이 의부(从乑目)'로 사용된 글자로서 眔이 本字이며, 着(착)은 일반적으로 著(저)의 俗字로 설명된다.

이들 글자들이 다시 합체자의 자소로 사용되는 경우를 열거하면 아래와 같다.

 直 직

直은 본의가 '바로 보다(正見也)'로 풀이되고, 자형은 『說文』에서 '从乚从十从目'의 형태로 설명되지만, 갑골문에서는 눈(目)위에 세로로 긴 획이 그어진 형태로 나타나 있다.[261]

자소로 사용될 때, **悳**(덕 外得於人, 內得於己也. 从直从心)、**置**(치 赦也. 从网直)、**矗**(촉 長直貌. 从三直) 등의 글자에서 의부역할을 하고, **植**、**殖**(식)、**値**(치) 등의 글자에서는 음부역할을 하며, 悳은 다시 **聽**(청 聆也. 从耳悳, 壬聲)의 의부, **德**(덕 升也. 从彳悳聲)의 음부역할을 하고, 聽은 또 다시 **廳**(청)의 음부역할을 한다.

 相 상

相은 본의가 '살펴 보다(省視也)'로 풀이되고, 자소로 사용될 때, **廂**、**想**、**湘**、**箱**、**霜**、**孀**(상) 등의 글자에서와 같이 주로 음부역할을 하며, 霜은 다시 **孀**(상)의 음부역할을 한다.

261 金文에 이르면 세로 획(丨)은 十의 형태로 나타나고, 乚(은)의 형태도 추가된다. 그러나 十과 乚의 의부 역할에 관해서는 쉽게 납득이 되지 않는 부분이다. 乚은 2.17을 참조.

盾 순

盾은 본의가 '방패(瞂也)'로 풀이되고, 자형은 '몸을 막고 눈을 가리는 방패의 모양을 상형(所以扞身蔽目. 象形)'한 형태로 설명된다.

자소로 사용될 때, **瞂**(벌 盾也. 从盾犮聲)、**䁅**(규 盾握也. 从盾圭聲) 등의 글자에서 의부역할을 하고, **循**、**楯**(순)、**遁**(둔) 등의 글자에서는 음부역할을 한다.[262]

眉 미

眉는 본의가 '눈썹(目上毛也)'으로 풀이되고, 자소로 사용될 때, **媚**、**嵋**、**湄**(미) 등의 글자에서와 같이 주로 음부역할을 한다.

眞 진

眞은 본의가 '신선이 모습을 바꾸어 등천하는 것(僊人變形而登天也)'으로 풀이되고, 자형은 '从匕从目从乚. 八, 所乘載也)'의 형태로 설명된다.[263]

자소로 사용될 때, **瞋**、**鎭**(진)、**愼**(신)、**塡**、**顚**(전)、**寘**(치) 등의 글자에서 음부역할을 한다.

---

262 ⿰目盾(올)자의 경우, '째려보다(惡視也)'라는 의미로 사용되지만, 자소로서의 盾의 용도가 분명하지 않다.

263 2.1.1 匕(화)의 注를 참조.

이상의 글자들 이외, 睪(역)、睘(瞏 경, 선)、𥄎(혈)、睿(叡 예)、苜(말)、眔(답) 등의 글자들 역시 目이 의부로 사용된 글자들이며, 이들이 또 다시 다른 합체자를 구성하는 예를 열거하면 아래와 같다.

 睪 역

睪은 본의가 '엿보다(伺視也)'로 풀이되고, 자형은 '从目从㚔'의 형태로 설명된다.[264]

자소로 사용될 때, 懌、繹、譯、驛(역)、釋(석)、鐸(탁)、澤、擇(택) 등의 글자에서와 같이 주로 음부역할을 한다.

 瞏 睘 경 선

睘은 본의가 '놀란 눈으로 보다(目驚視也)'로 풀이되고, 자형은 '从目袁聲'의 형태로 설명된다.

자소로 사용될 때, 圜、環、還(환)、噮(연)、儇、嬛、翾(현) 등의 글자에서와 같이 주로 음부역할을 한다.

 金文  小篆  楷書

 𥄎 혈

𥄎은 본의가 '눈짓으로 사람을 부리다(舉目使人也)'로 풀이되고, 자형은 '从攴从目'의 형태로 설명된다.

자소로 사용될 때, 夐(형 營求也. 从𥄎, 从人在穴上)의 의부역할을 하고, 夐은 다시 奐(환 取奐也. 一曰, 大也. 从廾夐省)의 의부, 瓊、藑(경)、矎、讂(현) 등의 음부역할을 하고, 奐은 또 다시 喚、煥、換、渙(환) 등의 글자에서 음부역할을 한다.[265]

---

264 㚔(幸 녑)은 2.1.1의 大를 참조.

睿 예

睿는 **叡**가 本字(叡 예 从𣦵从目, 从谷省. 睿, 古文叡. 壡, 籒文叡从土)로서, 본의가 '매우 밝다. 통달하다(深明也. 通也)'로 풀이되며, 자소로 사용될 때, **璿**(선)의 음부역할을 한다.[266]

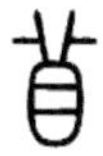

苜 말

苜은 본의가 '눈이 바르지 못하다(目不正也)'로 풀이되고, 자형은 '从𦫳从目'의 형태로 설명된다.

자소로 사용될 때, **蔑**(멸 勞目無精也. 从苜, 人勞則蔑然. 从戍)、**瞢**(몽 目不明也. 从苜从旬) 등의 글자에서 의부역할을 하고, **莧**(환 从兔足, 苜聲)에서는 음부역할을 한다.[267]

이들 글자 가운데, 蔑은 다시 **幭**、**懱**、**衊**(멸)、**韈**(말) 등의 글자에서 음부역할을 하고, 瞢은 **夢**(몽)、**薨**(훙) 등의 글자에서 자형의 일부가 생략된 형태로 음부역할(瞢省聲)을 한다. 또한 莧은 **寬**(관)의 음부역할을 하고, 寬은 다시 **髖**(관)의 음부역할을 한다.[268]

眔 답

眔은 본의가 '눈이 서로 미치다(目相及也)'로 풀이되고, 자형은 '从目从隶省'의 형태로 설명된다.

---

265 敻과 奐은 2.1.1에서 人의 파생자소로도 나열되어 있다.

266 濬(준)은 睿(준 深通川也. 从谷从𣦵. 𣦵, 殘地, 阬坎意也)의 古文 자형으로 설명된다.

267 瞢에서의 旬(현)은 본의가 '눈을 깜빡이다(目搖也)'로 풀이되고, 자형은 '从目勻省聲'의 형태로 분석되며, 眴은 重文으로 수록된 혹체자이다(旬或从旬). 莧은 본의가 '산양 중에 뿔이 작은 것(山羊細角者)'으로 풀이된다.

268 夢은 본의가 '밝지 않다(不明也)'로 풀이된다. 현대한자에서 '꿈'이라는 의미로 사용되는 夢은 원래 寢(몽 寐而有覺也. 从宀从疒, 夢聲)이 本字였으나, 예변 이후 夢으로 대체되었다.

자소로 사용될 때, **遝**(답)、**褱**(회)、**鰥**(환) 등의 글자에서 음부역할을 하고, 褱는 다시 **懷**(회)、**壞**(괴) 등의 글자에서 음부역할을 한다.[269]

 䀠 구

䀠는 目의 이합자소(从二目)로서, 본의가 '좌우로 보다(左右視也)'로 풀이된다.

자소로 사용될 때, **瞿**(구 鷹隼之視也. 从隹䀠, 䀠亦聲)의 의부겸 음부역할을 하고, 瞿는 다시 **矍**(확 隹欲逸走也. 从又持之, 矍矍也)의 의부, **懼**、**戵**、**衢**、**鸜**(구) 등의 음부역할을 하며, 矍은 또 다시 **彏**、**攫**、**玃**(확) 등의 글자에서 음부역할을 한다.

 見 견 현

見은 본의가 '보다(視也)'로 풀이되고, 자형은 '从目儿'의 형태로 분석된다.

자소로 사용될 때, **規**(규 有法度也. 从夫从見)、**覓**(멱 求也. 从爪从見)、**視**(시 瞻也. 从見示)[270]、**親**(친 至也. 从見亲聲)、**覺**(각 寤也. 从見學省聲)、**覽**(람 觀也. 从見監, 監亦聲)、**觀**(관 諦視也. 从見雚聲) 등의 글자에서 의부역할을 하고, **涀**、**筧**(견)、**峴**、**現**(현)、**硯**(연)、**靦**(간) 등의 글자에서는 음부역할을 한다.[271]

覞(요)는 見의 이합자소(从二見)로서, 본의가 '두 사람이 서로 대하면서 보다(竝視也)'로 풀이되며, 자소로 사용될 때, **覵**(간 很視也. 从覞肩聲)、**䨘**(희 見雨而比息. 从覞雨) 등의 글자에서 의부역할을 한다.

 甲文  金文  小篆 見 楷書

---

269 鰥은 원래 '물고기 이름(鰥魚也)'으로 사용되는 글자였으나, '홀아비(老而無妻曰鰥)'를 의미하기도 한다. 褱는 본의가 '옷 속에 품어서 끼우다(挾也)'로 풀이되고, '주머니'라는 의미로도 사용되었다(一曰橐). 『說文』의 각 전본에는 '俠也'로 수록되어 있고, 段注本에서는 '夾也'로 고쳐 놓았다.

270 段注本에는 '从見示聲'의 형성자로 고쳐 놓았다.

271 得(득)의 음부역할을 하는 㝵(득 득)은 2.1.2의 寸을 참조.

 臣 신

臣을 『說文』에서는 본의를 ‘이끌다. 임금을 섬기다(牽也. 事君也)’로 풀이하고, 자형을 단순히 ‘굴복하는 모습을 상형(象屈服之形)’한 것이라고 설명하고 있으나. 갑골문이나 금문에는 눈이 세로로 서있는 모양으로 나타난다. 이를 두고, 사람이 머리를 숙이면 눈이 세로로 서기 때문에 ‘굴복’이라는 의미가 생기는 것이라고 해석하기도 하고, 눈이 가로로 표현되면 평상시 보는 것을 의미하고, 세로로 표현될 때는 위로 올려보거나 밑으로 내려 보는 것을 나타내는 것으로, **朢**(망 从月从臣从壬)、**監**(감 从臥岎省聲)、**臨**(림 从臥品聲) 등에서의 臣을 예로 들어 설명하는 경우도 있다.[272]

자소로 사용될 때, **臥**(와 休也. 从人臣)、**臧**(장 善也. 从臣戕聲) 등의 글자에서는 의부역할을 하고, **臤**(간, 현 堅也. 从又臣聲)에서는 음부역할을 한다.[273]

이들 글자 가운데, 臥는 다시 **臨**(임 監臨也. 从臥品聲)、**監**(감 臨下也. 从臥岎省聲) 등의 글자에서 의부역할을 하고, 臧은 **藏**、**檅**、**臟**、**贓**(장) 등의 글자에서 음부역할을 하며, 臤은 **堅**(견 剛也. 从臤从土)、**緊**(긴 纏絲急也. 从臤絲省)、**豎**(수 堅立也. 从臤豆聲) 등의 글자에서 의부역할을 하고, **賢**(현)、**腎**(신) 등의 글자에서는 음부역할을 한다.[274]

또한, 監은 다시 **鑑**(감)、**艦**(함)、**濫**、**籃**、**藍**、**覽**(람)、**鹽**(염) 등의 글자에서 음부역할을 하고 覽은 다시 **欖**、**纜**(람) 등의 글자에서 음부역할을 한다.

 甲文  金文  小篆  楷書

 甲文  金文  小篆  楷書

---

272 許愼은 監자를 형성자로 설명하고 있지만, 갑골문에 나타난 監자의 자소는, 꿇어앉은 사람(人 혹은 卩)과 눈(目 혹은 臣) 그리고 그릇(물이 가득 담긴 皿 혹은 일반적 皿)으로서, ‘거울(鑑)’의 初文 또는 ‘감시하다’라는 의미로 해석한다. 금문에서의 臨은 사람(人)이 위에서 아래에 있는 器物(品)을 내려다 보고 있는(目 혹은 臣) 자형으로 나타난다. 朢은 2.1.1의 壬(정)을 참조.

273 臤은 본의가 ‘굳다(堅也)’로 풀이된다.

274 豎의 본의는 『說文』의 각 전본에 ‘豎立也’로 실려 있으나 본서에서는 段注本에 의거하였다.

 金文  小篆 臨 楷書

 艮 간

艮(𥃩)은 『說文』에서 '从匕目'의 형태로 설명되고, 본의가 '따르지 아니하다(很也)'로 풀이되고 있다.

자소로 사용될 때, **艱**、**豤**(간)、**眼**(안)、**恨**、**限**(한)、**根**(근)、**銀**、**齦**(은)、**很**、**痕**(흔) 등의 글자에서 음부역할을 하고, 豤은 다시 **墾**、**懇**(간) 등의 글자에서 음부역할을 한다.[275]

艮이 의부로 사용되는 경우는 발견되지 않으며, 현재 통용자전에서 艮부에 배열시키고 있는 **良**(량 善也. 从畗省亡聲)은 해서체의 자형에만 근거하여 배속시킨 것이고, **艱**(간 土難治也. 从堇艮聲)에서의 艮은 음부로 사용된 경우이다.[276]

 甲文  金文  小篆 良 楷書

 自 자

自는 본의가 '코(鼻也)'로 풀이되며, 자형 역시 그 모양을 상형(象鼻形)한 글자이다. 자소로 사용될 때, **臭**(취 禽走, 臭而知其迹者, 犬也. 从犬从自)、**息**(식 喘也. 从心从自, 自亦聲) 등의 글자에서 의부역할을 하고, **洎**(계)、**臮**(기) 등의 글자에서는 음부역할을 한다.

---

275 很은 본의가 '따르지 아니하다(不聽从也)' 혹은 '나아가기 힘들다(一曰行難也)'로 풀이된다.

276 艮은 『說文』에서 匕(비)부에 속한 글자이었으나, 梅膺祚가 『字彙』에서 부수를 214부로 정리할 때 새로 부수로 독립시켰다. 退에서의 艮형은 2.1.3의 辵(착), 良과 그 활용은 2.6의 畗(복), 艱에서의 堇(근)은 2.4의 土를 참조. 역시 梅膺祚가 새로 설정한 부수 가운데 하나이고 통칭 '돼지해 밑'으로 불리우는 '亠'는 2.18 亥를 참조.

櫋、**矈**(면)、**邊**、**籩**(변) 등의 글자에서 음부역할을 하는 **臱**(臱 면)의 경우, 『說文』의 自부에 나열되어 있는 글자이나, 본의만 '세밀해서 보이지 않다(宀宀不見也)'라고 설명하고, 자형에 관해서는 비워두었다(闕).[277]

이외에도, 『說文』에는 예변 이후 白(백)의 형태로 변한 또 하나의 코를 의미하는 글자로서 **白**(𦣹 자 从自省. 此亦自字也)가 수록되어 있는데, 자소로 사용될 때, **皆**(개 从比从白)、**魯**(로 从白魚聲)、**者**(자 从白𣥂聲)、**智**(𥏼, 𥎿 지 从白亏知)、**百**(백 从一白)、**習**(습 从羽从白)、**皇**(황 从自王) 등의 의부, **暜**(替 체 从竝白聲)의 음부역할을 하는 것으로 설명되고 있다.[278]

이들 글자 가운데, 魯는 다시 **櫓**(로), 百은 다시 **栢**(백)、**貊**(맥)、**宿**(숙), 皇은 **凰**、**幌**、**徨**、**惶**、**煌**、**篁**、**蝗**、**遑**、**隍**(황) 등의 글자에서 음부역할을 한다.[279]

 鼻 비

鼻는 본의가 '코로 공기를 빨아들여서 주는 것이다(引气自畀也)'로 풀이되고, 자형

277 『說文』의 각 전본에는 '宮不見也'로 수록되어 있으나, 段注本에 의거 '宀宀不見也'로 고쳤다.
278 해서체의 魯나 智에서는 曰형으로 나타나며(魯는 魚를 참조), 智에서의 亏(于 우)는 생략되었다. 皇의 자형설명은 '从自王'이라 해 놓고, 실제 수록된 소전 자형은 '白'이다. 그러나 금문에 나타나는 皇은 燈燭의 모양과 그 위의 불꽃을 그린 형태로 나타나며, '빛나다'라는 煌(황)의 本字로 보는 것이 일반적이다. 替(暜)는 2.1.1 大의 파생자소 竝(並 병)을 참조.
279 栢은 柏(백)의 俗字이다. 宿은 '从宀㐁聲'의 형태로, 㐁(숙)이 음부이며, 㐁은 夙(숙)의 古文 자형이다(2.4의 夕을 참조). 예변 이후 佰의 형태로 변했다. 皆와 者의 활용은 2.1.1의 比와 老를 참조.

은 '从自畀'의 형태로 설명되며, 自와는 古今字의 관계이다.[280]

자소로 사용될 때, **鼽**(구 病寒鼻窒也. 从鼻九聲)、**鼾**(한 臥息也. 从鼻干聲)、**齂**(희 臥息也. 从鼻隶聲)、**齅**(후 以鼻就臭也. 从鼻从臭) 등의 글자에서 의부역할을 하고, **嚊**、**嬶**、**濞**(비) 등의 글자에서는 음부역할을 한다.

耳 이

耳는 '귀의 모양을 상형(主聽者也. 象形)'한 글자이다.

자소로 사용될 때, **刵**(이 斷耳也. 从刀从耳)、**取**(취 捕取也. 从又从耳)、**聊**(료 耳鳴也. 从耳卯聲)、**聖**(성 通也. 从耳呈聲)、**聘**(빙 訪也. 从耳甹聲)、**聞**(문 知聞也. 从耳門聲)、**聯**(련 連也. 从耳, 耳連於頰也. 从絲, 絲連不絕也)、**聰**(총 察也. 从耳悤聲)、**聲**(성 音也. 从耳殸聲)、**職**(직 記微也. 从耳戠聲)、**聽**(청 聆也. 从耳悳, 壬聲)、**聾**(롱 無聞也. 从耳龍聲) 등의 글자에서 의부역할을 하고, **洱**、**餌**、**栮**(이)、**恥**(치) 등의 글자에서는 음부역할을 한다.[281]

耳의 이합자소인 **聑**(접)은 본의가 '편안하다(安也)'로 풀이되고, 삼합자소인 **聶**(섭)은 본의가 '귀에 바짝 다가가 은밀히 소곤거리다(駙耳私小語也)'라고 설명된다. 聑이 자소로 사용된 경우는 발견되지 않으며, 聶은 자소로 사용될 때, **攝**、**囁**、**懾**、**顳**(섭) 등의 글자에서와 같이 주로 음부역할을 한다.

---

280 畀(비 从丌由聲)는 본의가 '(물건을) 교부해 주다. 교부한 물건을 선반 위에 놓아두다(相付与也. 付与之物在閣上)'로 풀이된다. 畀에서의 丌(기)는 2.8, 由(불)은 2.2.1을 참조. 『說文』의 각 傳本에는 鼻를 '从自畀'의 회의자로 수록해 놓았으나, 朱駿聲의 『說文通訓定聲』에서는 畀를 음부로 설명하고 있다.

281 주로 문장에서 어조사로 사용되고, 倻、揶、椰、爺(야) 등의 글자에서 음부역할을 하는 耶(야)의 경우, 그 래원이 확인되지 않는 글자 중의 하나이다(2.1.1父의 주를 참조). 耿(경)은 『說文』에 '耳箸頰也. 从耳烓省聲'으로 수록되어 있으나, 小徐本에는 '从耳炯省聲'으로 수록해 놓고 있으며, 段注本에서는 본의를 '光也', 자형은 '从火聖省聲'의 형태로 분석하고 있다. 取의 활용은 2.1.2의 又, 聖、聽 등의 활용은 2.1.1 人의 壬(정)을 참조. 茸(용 艸茸茸皃)은 '从艸聰省聲'의 형태로 설명된다. 敢(감)은 2.1.1 爪의 파생자소 𠬪(표)를 참조.

 甲文  金文  小篆 耳 楷書

이외에도, **耴**(첩)、**咠**(집) 등의 글자에서도 耳는 의부역할을 하고 있는데, 이들이 자소로 사용되는 경우는 아래와 같다.

 耴 첩

耴은 본의가 '귀뿌리(耳垂也)'로 풀이되고, 耴에서의 乚형은 '귀뿌리가 아래로 늘어진 모양을 상형(象下垂之形)'한 것으로 설명된다.

자소로 사용될 때, **輒**(첩)、**踂**(섭) 등의 글자에서와 같이, 주로 음부역할을 한다.

 咠 집

咠은 본의가 '소곤거리다(聶語也)'로 풀이되고, 자형은 '从口耳'의 형태로 분석된다. 자소로 사용될 때, **輯**、**緝**、**戢**(집)、**楫**、**葺**、**檝**(즙)、**揖**(읍) 등의 글자에서와 같이, 주로 음부역할을 한다.

 口 구

口는 입의 모양을 상형(人所以言食也. 象形)한 글자이다.

자소로 사용될 때, **只**(지 語已詞也. 从口, 象气下引之形)、**叫**(규 嘑也. 从口丩聲)、**句**(구 曲也. 从口丩聲)、**可**(가 肯也. 从口㔽)、**司**(사 臣司事於外者. 从反后)、**右**(우 助也. 从口从又)、**古**(고 故也. 从十口. 識前言者也)、**召**(소 評也. 从口刀聲)、**吐**(토 口吐也. 从口土聲)、**同**(동 合會也. 从冃从口)、**合**(합 合口也. 从亼从口)、**吉**(길 善也. 从士口)、**名**(명 自命也. 从口从夕. 夕者, 冥也. 冥不相見,

故以口自名)、**吟**(음 呻也. 从口今聲)、**含**(함 嗛也. 从口今聲)、**吸**(흡 內息也. 从口及聲)、**吹**(취 嘘也. 出气也. 从口从欠)、**君**(군 尊也. 从尹. 發號, 故从口)、**否**(부 不也. 从口从不, 不亦聲)、**吾**(오 自稱也. 从口五聲)、**告**(고 牛觸人, 角箸橫木, 所以告人也. 从口从牛)、**味**(미 滋味也. 从口未聲)、**呼**(호 外息也. 从口乎聲)、**和**(화 相譍也. 从口禾聲)、**命**(명 使也. 从口从令)、**周**(주 密也. 从用口)、**哀**(애 閔也. 从口衣聲)、**咸**(함 皆也. 悉也. 从口从戌)、**哉**(재 言之間也. 从口𢦏聲)、**哲**(철 知也. 从口折聲)、**唐**(당 大言也. 从口庚聲)、**唯**(유 諾也. 从口隹聲)、**唱**(창 从口昌聲)、**問**(문 从口門聲)、**啓**(계 教也. 从攴启聲)、**喉**(후 咽也. 从口侯聲)、**喜**(희 樂也. 从壴从口)、**鳴**(명 鳥聲也. 从鳥从口)、**嘆**(탄 吞歎也. 从口歎省聲. 一曰太息也)、**噫**(희 飽食息也. 从口意聲)、**台**(이, 태 悅也. 从口㠯聲) 등의 글자에서 의부역할을 하고, **扣**、**釦**(구) 등의 글자에서는 음부역할을 한다.[282]

이들 글자 가운데, 只는 다시 **恖**、**枳**(지) 등의 음부, 句는 **佝**、**拘**、**敂**、**昫**、**枸**、**狗**、**耇**、**苟**、**鉤**、**駒**(구)、**姁**(후) 등의 음부, 昫는 또 다시 **煦**(후)의 음부역할을 하고, 右는 **若**(약 擇菜也. 从艸右)의 의부, **佑**、**祐**(우)、**盔**(회) 등의 음부역할을 하며, 若은 다시 **諾**(락)、**匿**(닉) 등의 글자에서 음부역할을 하고, 匿은 또 다시 **嫟**、**䁥**(닉)、**暱**(닐) 등의 글자에서 음부역할을 한다.[283]

또한, 古는 다시 **嘏**(가 大遠也. 从古叚聲)의 의부역할을 하고, **姑**、**固**、**故**、**沽**、**枯**、**苦**、**詁**、**辜**(고)、**胡**(호)、**居**(거) 등의 글자에서는 음부역할을 하며, 固는 또 다시 **個**(개), 胡는 **湖**、**瑚**(호), 居는 **倨**、**据**、**踞**、**鋸**(거) 등의 글자에서 음부역할을 하고, 召는 **昭**、**沼**、**紹**(소)、**照**、**詔**(조)、**招**、**超**(초) 등의 글자에서 음부역할을 하

282 啓의 음부로 설명되는 启(계)는 본의가 '열다(開也)'로 설명되고, 자형은 '从戶从口'의 형태로 분석된다(갑골문에는 戶와 又의 조합으로 나타난다). 可는 아래의 丂(하), 司와 后는 2.1.1 人의 파생자소, 台(이, 태)는 2.18의 㠯(이), 吳(오)는 2.1.1 大의 夨(열), 呈(정)은 2.1.1의 𡈼(정), 咠(집)은 위의 耳, 局(국)은 2.1.1人의 파생자소 尸를 참조. 현대한자에서 '두드리다'라는 의미로 사용되는 叩(고)는 『說文』에 敂(구 从攴句聲)로 수록되어 있고, 본의는 '치다(擊也)'로 풀이된다. 告의 字釋은 2.2.1의 牛를 참조.

283 若은 『說文』에서 본의가 '나물을 캐다(擇菜也)'로 풀이되지만, 갑골문에서의 若은 사람이 꿇어앉은 채 두 손을 들고 있는 모습으로 나타나며, 금문에서는 口가 추가된다. 이를 두고 연구자들 사이에는 異說이 많아서, '흩어진 머리칼을 다듬는 모습'으로 해석하는 경우도 있고, '어떤 사안에 대해 허락을 받기 위해 두 손을 공손히 들고 있는 모습'으로 해석하기도 한다.

며, 昭는 또 다시 **照**(조)의 음부역할을 한다.

同은 자소로 사용될 때, **興**(홍 起也. 从舁从同. 同力也)의 의부역할을 하고, **侗**、**洞**、**桐**、**胴**(동)、**筒**(통) 등의 글자에서는 음부역할을 하며, 合은 **盒**(합)、**拾**(습)、**恰**、**洽**、**翕**、**噏**、**歙**、**滃**、**闔**(흡)、**給**(급)、**答**、**荅**(답)、**塔**(탑), 名은 **茗**、**酩**、**銘**(명), 君은 **群**、**裙**、**郡**(군) 등의 글자에서 음부역할을 하며, 否는 **音**(杏 부 从丶从否, 否亦聲)의 의부겸 음부역할을 하고, 音는 다시 **剖**、**部**(부)、**倍**、**培**、**賠**、**陪**(배) 등의 글자에서 음부역할을 한다.[284]

이외에도, 吾는 **悟**、**梧**、**寤**(오)、**圄**、**語**、**齬**(어), 告는 **誥**、**靠**(고)、**窖**(교)、**浩**、**皓**(호)、**造**(조)、**酷**(혹)、**梏**、**鵠**(곡), 周는 **綢**、**週**(주)、**淍**、**彫**、**調**、**錭**、**雕**(조)、**瞓**(추) 등의 글자에서 음부역할을 하고, 咸은 **喊**、**緘**、**鹹**(함)、**感**、**憾**、**減**(감)、**箴**(잠), 唐은 **塘**、**糖**(당) 등의 글자에서 음부역할을 하며, 台는 **怡**、**貽**、**飴**(이)、**枲**(시)、**治**(치)、**冶**(야)、**怠**、**殆**、**笞**、**胎**、**苔**、**跆**、**邰**(태) 등의 글자에서 음부역할을 한다.[285]

현재 통용 자전류에서 口부에 배속시키고 있는 **各**(각 从口夂)、**史**(사 从又持中)、**吏**(리 从一从史, 史亦聲)、**向**(향 北出牖也. 从宀从口)、**善**(선 譱 从誩从羊. 善, 篆文善从言)、**員**(원 从貝囗聲) 등의 글자들은 원래 口와는 의미상 관련이 없는 글자들이다.[286]

284 杏는 예변 이후 자형이 音로 변했다. 2.17의 丶(주)를 참조.

285 可의 활용은 아래의 丂(고), 司의 활용은 2.1.1 人의 后, 吉의 활용은 2.1.1의 士, 喜의 활용은 2.11의 壴(주)를 참조. 敬에서의 苟(격)은 2.2.1의 羊을 참조.

286 木부에 소속되어 있는 杏(행)에서의 口 역시 '从木向省聲'의 형태로 분석된다(『說文』의 각 전본에는 '从木可省聲'으로 수록되어 있으나 段注本에 의거 '向省聲'으로 고침). 各은 2.1.3, 史와 吏는 2.1.2 又의 파생자소 史, 向은 2.6, 善은 아래 言의 파생자소 誩(경), 員은 2.2.1의 貝를 참조.

위에 열거한 글자들 이외, **㕯**(놜, 눌)、**咼**(괘, 와)、**吅**(훤)、**品**(품)、**㗊**(집) 등의 글자들 역시 口가 의부로 사용된 경우이며, 이들이 다시 자소로 사용되는 예는 아래와 같다.[287]

 㕯 놜 눌

㕯은 본의가 '어눌하다(言之訥也)'로 풀이되고, 자형은 '从口从内'의의 형태로 분석된다.

자소로 사용될 때, **商**(상 从外知内也. 从㕯章省聲)、**矞**(율 以錐有所穿也. 从矛从㕯) 등의 글자에서 의부역할을 하고, **裔**(예 衣裾也. 从衣㕯聲)、**巂**(휴 周燕也. 从隹, 屮象其冠也. 㕯聲) 등의 글자에서는 음부역할을 하며, 矞은 다시 **燏**(율)、**橘**(귤)、**譎**、**鷸**(휼) 등의 글자에서, 巂는 **孈**、**攜**、**瓗**(휴) 등의 글자에서 음부역할을 한다.

287 嫡、滴、摘、敵、適、謫(적)、蹢(척) 등의 글자에서 음부역할을 하는 啇(시)는 2.13 巾의 帝, 圖(도)의 의부, 鄙(비)의 음부역할을 啚(비)는 2.6의 㐭(름)을 참조.

 咼 괘 와

咼는 본의가 '입이 삐뚜러져 바르지 못하다(口戾不正也)'로 풀이되고, 자형은 '从口冎聲'의 형태로 분석된다.

자소로 사용될 때, **渦**、**窩**、**蝸**(와)、**過**、**鍋**(과) 등의 글자에서 음부역할을 한다.

 吅 훤

吅은 口의 이합자소(从二口)로서 본의가 '놀라서 부르짖다(驚嘑也)'로 풀이된다.

자소로 사용될 때, **哭**(곡 哀聲也. 从吅獄省聲)、**喪**(상 亾也. 从哭从亾, 亾亦聲)、**單**(단 大言也. 从吅車, 吅亦聲. 闕)、**患**(환 憂也. 从心上貫吅, 吅亦聲)、**嚴**(엄 教命急也. 从吅厰聲) 등의 글자에서 의부역할을 한다.[288]

이들 글자 가운데, 單은 다시 **簞**、**鄲**(단)、**憚**、**彈**(탄)、**嬋**、**禪**、**蟬**(선)、**闡**(천)、**鼉**(타)、**繟**(차)、**觶**(치) 등의 글자에서 음부역할을 하고, 嚴은 **儼**(엄)、**巖**(암) 등의 글자에서 음부역할을 한다.

이외에도, **愕**、**鄂**、**顎**、**鍔**、**鰐**(악) 등의 글자에서 음부역할을 하는 **咢**(咢 악 譁訟也. 从吅屰, 屰亦聲) 역시 吅이 의부로 사용된 경우이다.

---

288 單자의 경우, 『說文』에서는 본의를 '크게 말하다(大言也. 段注本)'로 풀이하고, 吅을 의부 겸 음부로 보고, 나머지 자형에 대해서는 비워두었으나(闕), 갑골문에서의 單자는 畢자와 같이 狩獵에 사용되는 도구의 모양으로 나타나 있다. 畢은 2.8의 華(반)을 참조. 喪도 『說文』에서는 哭과 亡의 결합(从哭亡, 亡亦聲)으로 설명하고 있지만, 갑골문에 나타나는 喪은 桑과 다수의 口형이 결합된 자형으로 나타는데, 이를 두고, 무성한 뽕나무의 잎을 그릇(口형)에 따 담는 모습으로 해석하는 경우도 있고(나중에 '잃다'라는 의미로 가차됨), 吅이 의부이고 '桑'은 음부라고 설명하기도 한다. 襄(양, 상)의 음부로 설명되는 䍜(영)은 2.13의 衣, 啚(축, 후)는 2.2.1, 僉(첨)은 2.17의 亼(집), 雚(관)은 2.2.2 隹(추)의 파생자소를 참조. '욕하다'라는 의미로 사용되는 罵(매)는 『說文』에 罵(매 从网馬聲)로 수록되어 있다.

 甲文 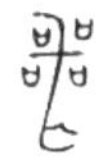 金文  小篆 喪 楷書

 甲文  金文  小篆 單 楷書

 品 품

品은 口의 삼합자소(从三口)로서 본의가 '많다(衆庶也)'로 설명되지만, 자형의 구성에 사용된 口는 '입'이 아니라, 祭器 또는 일반적 물건의 모양으로 해석하는 것이 고문자학계의 다수설이다.

자소로 사용될 때, **喿**(소 鳥羣鳴也. 从品在木上)、**區**(구 踦區, 藏匿也. 从品在匚中) 등의 글자에서 의부역할을 하며, **嵒**(암 山巖也. 从山品聲)에서는 음부역할을 한다.

이들 글자 가운데, 喿는 다시 **氉**、**鱢**(소)、**操**、**澡**、**燥**、**躁**(조)、**橾**(수) 등의 글자에서 음부역할을 하고, 澡는 또 다시 **藻**(조)의 음부역할을 하며, 嵒은 **癌**(암), 區는 **歐**、**毆**、**驅**、**鷗**(구)、**慪**(우) 등의 글자에서 음부역할을 한다.[289]

 甲文  金文  小篆 品 楷書

 㗊 집

㗊은 口의 사합자소(从四口)로서 본의가 '많은 입(衆口也)'으로 풀이된다.

자소로 사용될 때, **嘂**(교 高聲也. 一曰大呼也. 从㗊丩聲), **嚻**(효 聲也. 气出頭上, 从㗊頁) 등의 글자에서 의부역할을 하지만, **器**(기 皿也. 象器之口, 犬所以守之)에서의 口형은 그릇의 주둥이를 상형한 것이다.[290]

---

289 嵒을 『說文』의 각 전본에는 '从山品'의 회의자로 수록하고 있으나 본서에서는 段注本에 근거하였다. 해서체에서 嵒(암)과 동일한 자형으로 나타나는 嵒(녑)은 본의가 '多言也'로 설명되고, 자형은 '从品相連'의 형태로 풀이되지만, 자소로 사용되는 경우는 발견되지 않는다. 喦은 『說文』에 수록된 本의 古文 자형이며, 煰(고)는 燥의 俗字이다.

290 噩(악)은 『說文』에 수록되어 있지 않는 글자이지만, 『玉篇』에서는 字義가 '놀라다(驚也)'로 설명되며, 愕과 같은 의미로 사용된다. 자소로 사용될 때, 櫮、鑩、鱷(악) 등의 글자에서 음부역할을

 金文  小篆 器 楷書

 凵 감

凵은 '벌린 입을 상형(張口也. 象形)'한 글자로 설명되고 있으며, 『說文』에서 독립된 부수이나, 부수에 소속된 글자는 없다. 현재 통용되는 해서체 자전의 214부수에서도 凵은 부수로 설정되어 있으나, 배속된 글자들은 **凶**(흉)、**出**(출) 등을 비롯하여 모두 부수의 의미와는 상관관계가 없는 글자들다.[291]

 甘 감

甘은 본의가 '맛있다(美也)'로 풀이되고, 자형은 '从口含一'의 형태로 분석되며, '一'형은입 안에 머금고 있는 음식물을 표시하는 부호이다.

자소로 사용될 때, **甛**(첨 美也. 从甘舌)、**某**(모 酸果也. 从木从甘. 闕)、**甚**(심 尤安樂也. 从甘匹)、**斟**(집 斟斟, 盛也. 从十从甚) 등의 글자에서 의부역할을 하고, **坩**、**泔**、**疳**、**邯**(감) 등의 글자에서는 음부역할을 한다.[292]

이들 글자 가운데, 某는 다시 **謀**(모)、**媒**、**煤**(매) 등의 글자에서 음부역할을 하고, 甚은 **斟**(집 斟斟, 盛也. 从十从甚)의 의부역할을 하며, **諶**(심)、**斟**(짐)、**勘**(감)、**嵁**、**湛**、**黮**(담)、**糂**(삼) 등의 글자에서 음부역할을 한다.[293]

한다.

291 凶은 2.17, 函(함)은 2.3의 ㄢ(함), 凷(괴)는 2.4의 土, 厶(거)는 2.1.1 大의 파생자소 去, 出은 2.1.3을 참조. 凹(요)와 凸(철)은 움푹 파이거나, 볼록 튀어난 모양을 상형한 글자들이다(『說文』 미수록). 甾(甾 치)는 『說文』에서 缶(부)의 일종(東楚名缶曰甾)으로 설명되는 甾(甾 치)의 重文으로 수록된 고문자형이다(2.8을 참조).

292 許愼이 某자를 풀이하면서 '闕'이라고 한 것은, 字義는 '신맛이 나는 과일(酸果也)'인데 자형에서는 甘이 의부로 사용된 것을 말하는 것으로 해석하는 것이 일반적이다. 이에 대해, 某에서의 甘형을 '열매가 아직 익지 않은 모양' 또는 '신맛이 나는 과일의 모양'으로 보기도 하며, 매화나무를 의미하는 枏(남)과 같은 글자로 같은 글자라는 주장도 있다. 현대한자에서 불특정인을 가리키는 의미로 가차되었다.

293 斟(집)을 小徐本 및 段注本에는 '从十甚聲'의 형성자로 수록해 놓았다.

이외에도, 소전자형에서는 **旨**(지 美也. 从甘匕聲)、**香**(향 芳也. 从黍甘)、**猒**(염 飽也. 从甘肰) 등의 글자들 역시 甘이 의부로 사용되고 있다.[294]

 金文  古文  小篆 某 楷書

 舌 설

舌을 『說文』에서는 '从干口, 干亦聲'의 형태로 설명하고 있지만, 갑골문에는 단순히 입(口)에서 혀가 밖으로 나와 있는 형태로 나타나 있다.

자소로 사용될 때, **甛**(첨 美也. 从甘舌)、**舓**(지 以舌取食也. 从舌易聲) 등의 글자에서 의부역할을 하고, **絬**(설)、**銛**(염)、**銛**(섬) 등의 글자에서는 음부로 설명된다.[295]

현재 통용 자전류에서 舌부에 배속시키고 있는 **舍**(사)에서의 舌형을 비롯하여, **活**(활)、**話**(화) 등에서의 舌형 등은 예변 이후 나타나는 동형자소이다.[296]

 甲文  金文  小篆 舌 楷書

 㐁 첨

㐁 역시 '혀의 모양을 상형(舌貌. 从谷省, 象形. 㐁, 古文㐁)'한 글자로서, 자소로 사용되는 경우가 드물지만, **弼**(필 輔也. 重也. 从弜㐁聲)에서는 음부로 설명되고 있고, 예변 이후 자형이 百의 형태로 변하였다.[297]

---

294 旨(지)는 2.1.1 人의 匕(비)와 2.7의 匕(시), 香은 2.3 禾의 파생자소, 猒(염)은 2.2.1의 犬을 참조.
295 銛(염)、銛(섬) 등에서의 음부는 舌이라기보다는 甛의 생략형(甛省聲)으로 보는 것이 타당할 것이다.
296 活(활)、話(화) 등에서의 舌형 즉 昏(괄 塞口也. 从口氒省聲)은 2.3의 氏, 舍(사)는 2.6을 참조.
297 『說文』에서 역시 본의가 '혀(舌也)'로 풀이되는 圅(函 함)은 2.3의 马(함)을 참조.

金文 古文 小篆 或體 楷書

 谷 갹

谷은 '입천장 윗부분의 오목한 곳(口上阿也)'의 모양을 본 떠 만든 글자이다(从口, 上象其理). 자소로 사용될 때, **卻**(却 각)、**郤**(극) 등의 글자에서 음부역할을 하고, 卻은 다시 **腳**(脚 각)의 음부역할을 한다.[298]

 曰 왈

曰은 본의가 '의미를 실어 말하다(詞也)'로 풀이되고, 자형은 '从口乙聲'의 형태로 분석되며, 음부인 乙을 '입에서 气가 나오는 것을 상형한 것이기도 하다(亦象口气出也)'라고 설명하고 있으나, 갑골문이나 금문에서의 曰은 입(口)위에 가로 획(一)이 하나 그어져 있는 형태로 나타나고, 금문 중의 일부는 소전과 마찬가지로 一형이 ㄴ형으로 표시되어 있다. 연구자들의 대부분은 입에서 말이 나오는 것을 의미하는 것으로 보고 있으나, 혹자는 舌을 목탁의 탁설(鐸舌)로 보고, 曰은 목탁을 거꾸로 한 모양을 나타낸 것이라고 주장하는 경우도 있다.

자소로 사용될 때, **曷**(갈 何也. 从曰匃聲)、**朁**(잠 曾也. 从曰兓聲)、**曹**(조 獄兩曹也. 从棘从曰)、**曾**(증 詞之舒也. 从八从曰𡆧聲)、**會**(회 合也. 从亼从曾省) 등의 글자에서 의부역할을 하고, **汩**(율, 골)의 음부역할을 한다.[299]

이들 글자 가운데, 曷은 다시 **喝**、**渴**、**竭**、**葛**(갈)、**謁**(알)、**歇**(헐)、**愒**(憩)、**揭**(게) 등의 글자에서 음부역할을 하고, 朁은 **潛**、**熸**、**簪**、**蠶**(잠), 曹는 **嘈**、**槽**、

---

298 『說文』에는 谷의 重文으로 臄(或从肉从豦)자와 㖦(谷或如此)자가 수록되어 있다. 却은 卻의 속자이다.

299 曷은 2.1.1 勹의 파생자소 匃(개), 朁은 2.1.1 儿의 파생자소 兓(침), 曹는 2.8 東의 파생자소 棘(조), 曾과 會는 2.6의 囪(창)을 참조.

漕、**糟**、**遭**(조)、**慒**(종), 曾은 **增**、**憎**、**甑**、**繒**、**贈**(증)、**僧**(승), 會는 **劊**、**檜**、**獪**、**繪**、**膾**(회)、**儈**、**噲**(쾌) 등의 글자에서 음부역할을 한다.

현재 통용 자전류에서 曰부에 배속시키고 있는 **曲**(곡 象器曲受物之形)、**更**(경 从攴丙聲)、**書**(서 从聿者聲)、**最**(최 从冃从取) 등의 글자들에서의 曰형은 모두 예변 이후 曰과 같거나 유사하게 변한 경우들이며, **替**(체) 역시 䇾(체 从竝白聲)의 俗字이다. 또한, 위에 열거한 曷、朁、曹、曾、會 등의 글자들이 현대한자에서 나타내고 있는 의미와 의부로서의 曰과는 그 상관관계를 확인하기 힘든 경우가 대부분이다.

 甲文  金文  小篆  楷書

 言 언

言은 본의가 '바로 말하는 것을 言이라 하고, 논란하는 것을 語라 한다(直言曰言, 論難曰語)'로 풀이된다. 자형을 『說文』에서는 '从口䇂聲'의 형성자로 설명하고 있지만, 갑골문에 나타나는 言의 자형에 대해서는, 여러 가지 설이 있기는 하나, 입으로 피리를 부는 모습을 나타낸 것으로 보는 것이 다수설이며, 音과 같은 의미로 혼용되기도 한다.

자소로 사용될 때, **訂**(정 平議也. 从言丁聲)、**計**(계 會也. 筭也. 从言从十)、**討**(토 治也. 从言从寸)、**訓**(훈 說教也. 从言川聲)、**記**(기 疏也. 从言己聲)、**訟**(송 爭也. 从言公聲)、**訪**(방 汎謀曰訪. 从言方聲)、**設**(설 施陳也. 从言从殳. 殳, 使人也)、**許**(허 聽也. 从言午聲)、**訴**(소 告也. 从言, 㡿省聲)、**詐**(사 欺也. 从言乍聲)、**評**(평 品論也. 从言平聲)、**詞**(사 意内而言外也. 从司从言)、**詠**(영 歌也. 从言永聲. 咏, 詠或从口)、**試**(시 用也. 从言式聲)、**詩**(시 志也. 从言寺聲)、**話**(화 合會善言也. 从言𠯑聲)、**該**(해 軍中約也. 从言亥聲)、**詳**(상 審議也. 从言羊聲)、**誇**(과 譀也. 从言夸聲)、**誌**(지 記誌也. 从言志聲)、**認**(인 辨識也. 从言忍聲)、**誘**(유 相訹呼也. 从言秀声)、**語**(어 論也. 从言吾聲)、**誠**(성 信也. 从言成聲)、**誤**(오 謬也. 从言吳聲)、**誦**(송 諷也. 从言甬聲)、**說**(설 釋也. 从言兌聲)、**誰**(수 何也.

从言隹聲)、**課**(과 試也. 从言果聲)、**調**(조 和也. 从言周聲)、**談**(담 語也. 从言炎聲)、**請**(청 謁也. 从言青聲)、**諒**(량 信也. 从言京聲)、**論**(논 議也. 从言侖聲)、**諸**(제 辯也. 从言者聲)、**諾**(약 應也. 从言若聲)、**謀**(모 慮難曰謀. 从言某聲)、**謁**(알 白也. 从言曷聲)、**謂**(위 報也. 从言胃聲)、**謙**(겸 敬也. 从言兼聲)、**講**(강 和解也. 从言冓聲)、**謝**(謝 사 辭去也. 从言䠶聲)、**謠**(䚻 요 徒歌曰謠. 从言肉聲)、**謹**(근 愼也从言堇聲)、**證**(증 告也. 从言登聲)、**識**(식 常也. 一曰知也. 从言戠聲)、**譜**(보 籍錄也. 从言普聲)、**譯**(역 傳四夷之語者. 从言睪聲)、**議**(의 語也. 从言義聲)、**警**(경 戒也. 从言从敬, 敬亦聲)、**護**(호 救視也. 从言蒦聲)、**譽**(예 偁也. 从言與聲)、**讀**(독 誦書也. 从言賣聲)、**讓**(양 相責讓. 从言襄聲)、**讚**(찬 偁也. 从言贊聲)、**誓**(서 約束也. 从言折聲)、**誕**(탄 詞誕也. 从言延聲)、**謚**(시 行之迹也. 从言兮皿. 闕) 등의 글자에서 의부역할을 하고, **唁**(언)、**圁**、**狺**、**誾**(은) 등의 글자에서는 음부역할을 한다.[300]

 甲文  金文  小篆 言 楷書

 誩 경

誩(경)은 言의 이합자소(从二言)로서 본의가 '다투어 말하다(競言也)'로 풀이된다. 자소로 사용될 때, **譱**(선 吉也. 从誩从羊. 善, 篆文善从言)、**競**(경 彊語也. 一曰逐也. 从誩从二人) 등의 글자에서 의부역할을 한다.

해서체에서의 **善**(善)은 『說文』에 譱의 重文으로 수록된 篆文 자형으로서, 자소로 사용될 때, **繕**、**膳**、**饍**(선) 등의 글자에서 음부역할을 한다.[301]

---

300 현재 통용 자전류에서 言부에 배속시키고 있는 變(변 从攴䜌聲)은 言과 의미상 관련이 없는 글자이다. 䜌(연)은 2.13의 糸(멱)을 참조. 說(从言兌聲)을 형성자로 본 것은 小徐本 및 段注本에 근거 함. 謠는 『說文』에 䚻로 수록되어 있고, 段玉裁는 䚻와 謠를 古今字의 관계로 보고 있다(肉을 음부로 해석한 것도 段注本에 근거함). 讀의 음부인 賣(𧶠 육 从貝𡍲聲)은 2.2.1의 貝, 詹(첨)은 2.1.1 人의 𠂆(위), 讎(수)는 2.2.2의 隹(추)를 참조. 啻(意 억 从言从中)은 아래의 音을 참조.

301 競은 2.1.1 儿의 파생자소 兄을 참조. 본의가 '급히 말하다(疾言也)'로 설명되는 삼합자소 譶(답)은 자소로 사용되는 경우가 많지 않지만 霅(삽 从雨譶省聲)에서는 생략된 형태로 음부역할을 한다.

 甲文  金文  小篆 竸 楷書

 音 음

音은 본의가 '소리(聲也)'로 풀이되고, 자형은 『說文』에서 '从言含一'의 형태로 설명된다.

자소로 사용될 때, **章**(장 樂竟爲一章. 从音从十)、**竟**(경 樂曲盡爲竟. 从音从儿)、**意**(의 志也. 从心察言而知意也. 从心从音)、**韶**(소 虞舜樂也. 从音召聲)、**韻**(운 和也. 从音員聲)、**響**(향 聲也. 从音鄉聲) 등의 글자에서 의부역할을 하고, **愔**、**窨**(음)、**暗**、**諳**、**闇**、**黯**(암)、**湆**(읍) 등의 글자에서는 음부역할을 한다.

이들 글자 가운데, 章은 다시 **竷**(감 繇也, 舞也. 樂有章. 从章从夅从夂)의 의부역할을 하고, **暲**、**璋**、**障**(장)、**彰**(창)、**商**(상 从外知内也. 从冏章省聲) 등의 글자에서 음부역할을 하며, 竷은 또 다시 **贛**(공 賜也. 从貝竷省聲)、**醰**(감 酒味淫也. 从酉竷省聲) 등의 글자에서 음부역할을 하고, 贛은 또 다시 **贑**、**灨**(공)、**戇**(당) 등의 글자에서 음부역할을 한다. 또한, 竟은 다시 **境**、**鏡**(경)、**獍**(영)、**糡**(강) 등의 글자에서 음부역할을 하고, 意는 **薏**(의)、**噫**(희) 등의 글자에서 음부역할을 한다.

 金文  小篆 章 楷書

 甲文  金文  小篆 竟 楷書

 啻 억

啻은 본의가 '유쾌하다(快也)'로 풀이되고, 자형은 '从言从中'의 형태로 분석된다.

자소로 사용될 때, **意**(薏 억 滿也. 从心啻聲. 一曰十萬曰啻. 意, 籀文省)의 음부역할을 하고, 자형은 예변 이후 '从心从音'의 意(의)와 같은 자형으로 변했다.

意(䇻)은 자소로 사용될 때, 億、憶、檍、臆(억) 등의 글자에서 음부역할을 한다.

 戠 시 직

戠는『說文』에서 자형이 ‘从戈从音’의 형태로 분석되지만, 字義에 관해서는 설명을 하지 않고 비워 놓았다(闕).

자소로 사용될 때, 𡡶、職、織(직)、識(식)、幟、熾(치) 등의 글자에서 음부역할을 한다.

 甲文  金文  小篆 戠 楷書

 丂 고

丂는 ‘기류가 펴져 나오려 하나, 위에서 막히는 모습(气欲舒出, 勹上礙於一也)’을 나타낸 글자로 설명된다.

자소로 사용될 때, 号(호 痛聲也. 从口在丂上)、兮(혜 語所稽也. 从丂, 八象气越亏也)、甹(병 亟詞也. 从丂从由)、寧(녕 願詞也. 从丂寍聲) 등의 글자에서 의부역할을 하고, 考(고 从老省丂聲)、朽(후)、巧(교) 등의 글자에서는 음부역할을 한다.[302]

이들 글자 가운데, 号는 다시 號(호 呼也. 从号从虎)의 의부, 鴞(효)의 음부역할을 하고, 號는 또 다시 饕(도)의 음부역할을 하며, 甹은 娉、聘、騁(빙), 寧은 儜、

302 甲文에 나타나는 考에서의 丂형은 노인이 잡고 있는 지팡이의 모습이다. 考와 攷의 관계는 2.1.1 老의 注를 참조. 寧의 음부인 寍(녕)은 본의가 ‘安也’, 자형은 ‘从宀, 心在皿上. 皿, 人之飲食器, 所以安人也’의 형태로 설명되며, 甹(정)은 본의가 ‘定息也’로 설명되고, ‘从血甹省聲’의 형태로 구성된 글자이며, 甯(녕)은 본의가 ‘所願也’로 설명되고, ‘从用寧省聲’의 형태로 구성된 글자이다(2.17의 用을 참조).

嚀、濘、聹、薴、䗿(녕) 등의 글자에서 음부역할을 하고, 考는 拷(고)의 음부역할을 한다.

𠀀 하

𠀀는 丂의 反文(反丂也)으로서, 可(가 肯也. 从口𠀀, 𠀀亦聲)의 의부겸 음부역할을 하는 것으로 설명되고 있으며, 可는 다시 奇(기 異也. 一曰不耦. 从大从可)、哥(가 聲也. 从二可) 등의 글자에서 의부역할을 하고, 苛、訶(가)、何、河、荷(하)、阿(아)、砢(라) 등의 글자에서는 음부역할을 한다.

이들 글자 가운데, 奇는 다시 寄、崎、琦、綺、騎(기)、倚、椅(의), 哥는 歌、滒(가) 등의 글자에서 음부역할을 한다.

兮 혜

兮는 본의가 '말이 잠시 머무르다(語所稽也)'로 풀이되며, 자형은 '丂가 의부이고, 八형은 气가 넘쳐 나와 흩어지는 모양을 상형(从丂, 八象气越亏也)'한 것으로 설명된다.

자소로 사용될 때, 乎(호 語之餘也. 从兮, 象聲上越揚之形也)、羲(희 气也. 从兮義聲) 등의 글자에서 의부역할을 하며, 乎는 다시 呼、虖(호) 등의 글자에서 음부역할을 하고, 虖는 또 다시 嫭、歑、滹、謼(호) 등의 음부역할을 하며, 羲는 曦、

爔、犧(희) 등의 글자에서 음부역할을 한다.

 亏 于 우

于는 『說文』에서 '气가 펼쳐지는 모양을 상형(象气之舒亏)'한 글자로서, 자형이 '从丂从一. 一者其气平也'의 형태로 설명되고 있지만, 갑골문에 나타나는 于의 자형은 원(圓)을 그리는 도구로 보는 것이 다수설이다.

자소로 사용될 때, **平**(평 語平舒也. 从亏八. 八, 分也)、**粤**(월 亏也. 審愼之詞也. 从宷从亏)、**虧**(휴 气損也. 从亏虍聲) 등의 글자에서 의부역할을 하고, **宇**、**盂**、**迂**、**雩**(우)、**汚**(오)、**夸**(과) 등의 글자에서는 음부역할을 하며, 平은 다시 **坪**、**泙**、**萍**、**評**(평) 등의 글자에서 음부역할을 한다.[303]

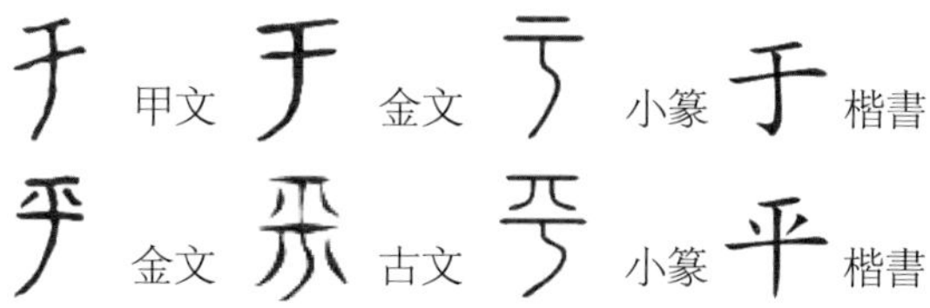

 乃 내

乃는 『說文』에서 '气가 나오기 힘든 모양을 상형(象气之出難也)'한 것으로 설명되고 있다. 갑골문이나 금문에서도 유사한 형태로 나타나지만, 사람의 옆모습에서 가

303 갑골문에는 平자가 보이지 않으나, 금문에 나타나는 平은 저울의 양 끝에 물건을 올려놓은 모습으로 해석하기도 하고, 平地에서 사용하는 農具의 모양을 상형한 것으로 보기도 한다. 粤에서의 宷(심 審의 本字)과 그 활용은 2.2의 釆(변), 해서체에서 粤과 유사한 자형으로 나타나는 奧(오 从宀聵聲)와 그 활용은 2.2 廾(공)의 注와 2.6의 宀(면), 咢(악)과 그 활용은 2.1.4 口의 吅(훤), 夸(과)와 그 활용은 2.1.1의 大, 智(𥏼, 𣉻 지 从白亏知)는 본절 위의 自를 참조.

슴이 돌출한 형상을 그린 것으로 **奶**(내)의 初文으로 보는 것이 다수설이다.

자소로 사용될 때, **夃**(고 秦以市買多得爲夃. 从乃从夊)의 의부역할을 하고, **奶**、**鼐**(내)、**仍**、**艿**、**扔**、**礽**、**迈**(잉) 등의 글자에서는 음부역할을 하며, 夃(고)는 다시 **盈**(영 滿器也. 从皿夃)의 의부, 盈은 또 다시 **楹**(영)의 음부역할을 한다.[304]

 甲文  金文  小篆  楷書

 欠 흠

欠은『說文』에서 본의가 '입을 벌려 입김이 풀어져 흩어지는 것이다(張口气悟也)'라고 풀이되고, 소전 자형은 '气가 사람 위로 나오는 모습을 본뜬 것(象气从儿上出之形)'으로 분석된다. 그러나 갑골문에서는 사람이 꿇어앉아 앞으로 입을 벌리고 있는 형태로 나타나 있다.[305]

자소로 사용될 때, **次**(차 不前, 不精也. 从欠二聲)[306]、**吹**(취 嘘也. 从口从欠)、**㳄**(선 慕欲口液也. 从欠从水)、**歐**(구 吐也. 从欠區聲)、**飲**(歙 음 歠也. 从欠酓聲)[307]、**欽**(흠 欠皃. 从欠金聲)、**欣**(흔 笑喜也. 从欠斤聲)、**欲**(욕 貪欲也. 从欠谷聲)、**欺**(기 詐欺也. 从欠其聲)、**歌**(가 詠也. 从欠哥聲. 謌, 謌或从言)、**歎**(탄 吟也. 从欠鷬省聲)、**歡**(환 喜樂也. 从欠雚聲)、**款**(歀 관 意有所欲也. 从欠窾省)、**歇**(헐 息也. 一曰气越泄) 등의 글자에서 의부역할을 한다.[308]

---

304 孕(잉)은 2.1.1의 子, 秀(수)는 2.3의 禾를 참조.

305 갑골문의 飲자에 나타나는 欠의 경우, 물이나 술이 담긴 그릇(酉 혹은 皿)에 사람이 혀를 내밀고 마시는 모습으로 나타나 있다. 气는 기운을 의미하는 氣의 本字이다. 2.4의 气를 참조.

306 현대한자에서 '버금' 혹은 '차례' 등의 의미로 사용되는 次는『說文』에서 본의가 '앞서지도 못하고 정밀하지도 못하다(不前, 不精也)'로 풀이되고, 二가 음부(从欠二聲)로 설명되지만, 갑골문이나 금문에서는 입으로 무엇을 내뿜는 모양을 나타내고 있다.

307 飲의 소전자형은 欠이 의부이고 酓(염)이 음부로 설명되나, 예변 이후 현재의 자형으로 변했다. 酓은 酉(유)가 의부이고 今(금)이 음부이며(从酉今聲), 본의가 '술맛이 쓰다(酒味苦也)'로 풀이된다.

308 현대한자에서 欠은 단독으로 사용될 때, '하품' 혹은 '모자라다' 등의 의미로 사용된다. 그러나 합체자의 의부로 사용될 때는, 입이나 코로 출입하는 숨결과 관련되거나 혹은 氣의 흡입으로 음

이들 글자 가운데, 次는 다시 咨、姿、恣、瓷、資(자) 등의 글자에서 음부역할을 하며, 次은 또 다시 盜(도 私利物也从次, 次欲皿者)、羨(선 貪欲也. 从次, 从羑省) 등의 글자에서 의부역할을 한다.309

炊(취)는 『說文』에서 火가 의부이고 吹가 생략된 형태로 음부역할을 하는 것(爨也. 从火, 吹省聲)으로 설명되고 있으나, 아궁이에 불을 지피기 위해입김을 불어 넣는다는 의미로 이해하는 것이 오히려 타당할 할 것이다.310

 甲文  小篆 欠 楷書

 甲文  金文  小篆 飮 楷書

 金文  小篆 次 楷書

 甲文  小篆 盜 楷書

식을 들이키는 것과 관련된 의미를 나타내기도 하고, 다수의 글자에서 감정이입이 된 상태의 气와 관련된 의미를 나타내고 있다. 이러한 관계로 欠이 의부로 사용된 글자들은 口 혹은 心이 의부로 사용된 글자들과 의미가 겹치는 경우가 많다. 예를 들면, 歐와 吐는 같은 의미이고, 본의가 '貪慾也'로 풀이되는 欲은 나중에 의부 心이 추가된 慾이 그 의미를 담당하게 되었다. 嘆과 歎의 경우, 고문헌이나 현대한자에서 동일한 의미로 사용되는 경우가 많지만, 『說文』에서는 嘆과 歎의 의미를 구별하여, 嘆을 슬픈 쪽으로(嘆, 吞歎也. 从口歎省聲. 一曰太息也), 歎을 기쁜 쪽으로 풀이하고 있다.

309 羨에서의 羑(구)는 본의가 '좋은 방향으로 나아가게 하다(進善也)'로 풀이되고, 자형은 '从羊久聲'의 형태로 설명된다.

310 현대한자에서 '유연하다'의 의미로 사용되는 軟(연)은 고문자계통에서 확인이 되지 않는 글자이다. 다만 『玉篇』에서는 輭(연)의 의미를 '부드럽다(柔也)'로 풀이해 놓고, 軟을 俗字라고 설명하고 있다. 款(관)에서의 竅(최)는 본의가 '변방(塞也)'으로 풀이되고, 자형은 '从宀㱿聲', 㱿(췌)는 본의가 '초나라 사람들은 점을 쳐서 길흉을 묻는 것을 㱿라 한다(楚人謂卜問吉凶曰㱿)'로 풀이되고, 자형은 '从又持祟', 祟(수)는 본의가 '신이 내리는 禍(神禍也)'로 풀이되고, 자형은 '从示从出'의 형태로 설명된다.

旡 기

旡는 欠의 反文(从反欠)으로서, 본의는 '음식이 목에 걸려 숨을 못 쉬는 것을 旡라 한다(飮食气逆不得息曰旡)'로 설명되며, 갑골문에는 '사람이 꿇어 앉아 입을 벌린 채 고개를 뒤로 돌린 모습'으로 나타나 있다.

자소로 사용될 때, **旣**(기 小食也. 从皀旡聲)、**㤅**(애 惠也. 从心旡聲) 등의 글자에서 음부역할을 하는 것으로 설명되며,[311] 旣는 다시 **慨**、**漑**、**槪**(개) 등의 글자에서 음부역할을 하고, 㤅는 다시 **愛**(𢙴 애 从夊㤅聲)의 음부, 愛는 또 다시 **曖**、**嬡**、**噯**、**瞹**(애) 등의 글자에서 음부역할을 한다.

牙 아

牙는 본의가 '어금니(牡齒也)'로 풀이되고, 자형은 '윗니와 아랫니가 서로 맞물려 있는 모양을 상형(象上下相錯之形)'한 것으로 설명된다.

자소로 사용될 때, **芽**、**訝**、**雅**(아)、**岈**(하)、**衺**、**邪**(사) 등의 글자에서와 같이 주로 음부역할을 하며, 邪는 다시 **琊**、**釾**(야) 등의 글자에서 음부역할을 한다.

---

311 旣는 『說文』에서 皀(급)이 음부로 설명되지만, 갑골문이나 금문에서의 旣는 음식물이 담긴 그릇 앞에서 고개를 돌려 있는 형태로 나타나고, 이미 식사를 다 마쳤다는 의미를 나타내고 있어 卽과 상대적인 의미로 사용되었다. 㤅는 본의가 '사랑하다(惠也)'로 풀이되고, 愛는 '걸어가는 모양(行皃)'으로 풀이되지만, 현대한자에서는 愛가 㤅의 의미를 나타내고, 愛의 본의는 소실되었다.

 𠚕 齒 치

𠚕는 '이빨의 모양을 상형(象口齒之形)'한 글자로서, 齒에서의 止는 음부(止聲)로 사용되었다.

자소로 사용될 때, **齔**(츤 毁齒也. 男八月生齒, 八歲而齔. 女七月生齒, 七歲而齔. 从齒从七)、**齗**(은 齒本也. 从齒斤聲)、**齟**(저 齒不正也. 从齒且聲)、**齬**(어 齒不相值也从齒吾聲)、**齦**(은 齧也. 从齒皀聲)、**齡**(령 年也. 从齒令聲)、**齾**(알 缺齒也. 从齒獻聲)、**齧**(설 噬也. 从齒㓞聲) 등을 비롯한, 치아와 관련된 의미를 나타내는 글자들의 의부역할을 한다.[312]

 甲文  古文  小篆 齒 楷書

 𦣝 이

𦣝는 '턱의 모양을 상형(顄也, 象形)'한 글자로서 돌려 세워진 상태로 정리되었다. **頤**(이)는 『說文』에 重文으로 수록된 𦣝의 篆文 자형이다.

자소로 사용되는 경우가 많지 않지만, **巸**(이 廣𦣝也. 从𦣝巳聲)의 의부역할을 하고, **宧**、**⿰王𦣝**(이)、**姬**(희)、**茝**(채) 등의 글자에서는 음부역할을 하며, 巸(이)는 다시 **⿱巸女**、**熙**(희) 등의 글자에서 음부역할을 한다.[313]

---

312 段玉裁는 齔(츤)에서의 七(칠)을 '변화'를 의미하는 '匕(화)'로 고쳐야 한다고 주장하고 있다.
313 𦣝 이외에, '턱'을 의미하는 글자로는 頁이 의부로 사용된 頷、顄(함)、頜(합) 등의 글자들이 있다.

2.1.5 모발、수염、뼈와 살 등을 비롯한 신체 기타부위와 관련된 것

毛 모

毛는 '눈썹이나 머리카락류 및 짐승의 털을 상형(眉髮之屬及獸毛也. 象形)'한 글자이다.

자소로 사용될 때, **毫**(호 長銳毛也. 从毛高省聲)、**毯**(담 毛席也. 从毛炎聲) 등의 글자에서 의부역할을 하고, **耗**、**芼**、**酕**(모) 등의 글자에서는 음부역할을 한다.[314]

毳(취)는 毛의 삼합자소(从三毛)로서 본의가 '짐승의 솜털(獸細毛也)'로 풀이된다. 자소로 사용될 때, **蠹**(비 毛紛紛也. 从毳非聲)의 의부역할을 하고, **橇**、**[illegible]**、**竁**、**膬**(취) 등의 글자에서는 음부역할을 한다.

金文 小篆 楷書

而 이

而는 '뺨에 난 수염의 모양을 상형(頰毛也. 象毛之形)'한 글자이다.

자소로 사용될 때, **耐**(耏 내 罪不至髡也. 从彡而, 而亦聲. 耐, 或从寸. 諸法度字从寸)의 의부겸 음부역할을 하고, **侕**、**輀**(이)、**需**(수)、**耎**(연) 등의 글자에서 음부역할을 한다.[315]

이들 글자 가운데, 耎은 **堧**、**愞**、**輭**(연) 등의 글자에서 음부역할을 하며, 硬(경)의 상대어로 사용되는 **軟**(연)은 輭의 俗字이다.[316]

---

314 毫는 『說文』에 豪(从希高聲)로 수록되어 있으며, 豪는 重文으로 수록된 籀文이고, 毫는 俗字로 설명되지만(大徐本), 毫는 고문헌에서 일찍부터 '길고 가는 짐승의 털(長銳毛也)'이라는 의미로 사용되었다. 希(이)는 2.2.1의 豕를 참조. 老와 尾는 2.1.1의 老와 尸를 참조.

315 耐는 耏의 或體字(或从寸)로서 본의가 '수염을 깎는 형벌(罪不至髡也)'로 풀이 되고 髡(곤) '머리를 깎다(鬄髮也)'로 풀이된다. 耑(단)은 2.3을 참조.

 甲文  金文  小篆 而 楷書

 冄 冉 염

冉은 '수염이 아래로 늘어뜨려져 있는 모양을 상형(毛冄冄也. 象形)'한 글자로서, 예변 이후 髟(표)가 추가된 髥(염)으로 대체되었다.

자소로 사용될 때, 苒、蚺(염), 聃、舑(담)、枏(남)、那(䢮 나 从邑冄聲) 등의 글자에서와 같이 주로 음부역할을 하고, 那는 다시 哪、娜、挪(나) 등의 글자에서 음부역할을 한다.[317]

 甲文  金文  小篆 冉 楷書

 長 장

長은 『說文』에서 본의가 '오래되다(久遠也)'로 풀이되고, 자형은 '从兀从匕, 亡聲'의 형성자로 설명되고 있으나, 갑골문에는 사람의 머리가 긴 모양을 그린 형태로 나타나 있으며, '老'와 흡사한 형태로 나타나기도 한다.

자소로 사용될 때, 髟(표 从長从彡)、镻(절 蛇惡毒長也. 从長失聲)、镾(미 久長也. 从長爾聲) 등의 글자에서 의부역할을 하고, 張、帳、賬(장)、脹(창)、棖(정) 등의 글자에서는 음부역할을 하며, 張은 다시 漲(창)의 음부역할을 한다.

 甲文  金文  小篆 長 楷書

---

316 耎은 『說文』에서 본의가 '앞쪽이 조금 크다(稍前大也)'로, 『玉篇』에서는 '부드럽다(柔也)'로 풀이된다. 輭은 2.1.4 欠의 注를 참조. 需와 그 활용은 2.4의 雨를 참조.
317 再는 2.17의 冓를 참조.

 髟 표

髟는 본의가 '머리카락이 길게 늘어진 모습(長髮猋猋也)'으로 풀이되며, 자형은 '从長从彡'의 형태로 분석된다.

자소로 사용될 때, **髮**(발 根也. 从髟犮聲)、**髴**(불 若似也. 从髟弗聲)、**鬟**(환 總髮也. 从髟瞏聲) 등의 글자에서 의부역할을 하며, 원래 수염을 의미하던 冄(염)이나 須(수) 등의 글자들도, 예변 이후 髟가 추가되어 **髥**、**鬚** 등으로 정리되었다.

 金文  小篆 髟 楷書

 冎 과

冎는 '머리 융골의 모양을 상형(象形. 頭隆骨也)'한 글자이다.

자소로 사용될 때, **骨**(골 肉之覈也. 从冎, 有肉)、**別**(刐 별 分解也. 从冎从刀)、**肯**(肎 긍 骨間肉肎肎箸也. 一曰骨無肉也. 从肉冎省) 등의 글자에서 의부역할을 하고, **咼**(괘 口戾不正也. 从口冎聲)의 음부역할을 한다.[318]

이들 글자 가운데, 別은 다시 **莂**(별)、**捌**(팔), 肯은 **掯**、**裉**(긍) 등의 글자에서 음부역할을 하고, 咼는 다시 **媧**、**緺**(왜)、**渦**、**蝸**、**窩**(와)、**過**、**鍋**(과)、**腡**(라) 등의 글자에서 음부역할을 한다.

318 해서체의 別에서 刂(도)를 제외한 부분(冎)과 另(령)은 서로 다른 글자로서, 另은 그 자형 래원이 불분명하다. 拐(괴)와 柺(괘)에서는 원래 冎가 음부로 사용되었고, 예변 이후 자형이 변한 경우로 유추되지만 확실한 판단은 유보할 수밖에 없다.

 歺 歹 알 태

歺은 본의가 '살을 발라낸 뼈의 잔해(𠜑骨之殘也)'로 풀이되고, 자형은 '冎의 반쪽 형태를 취한 것(从半冎)'으로 설명된다.

자소로 사용될 때, **死**(사 澌也, 人所離也. 从歺从人)、**殃**(앙 咎也. 从歺央聲)、**殆**(태 危也. 从歺台聲)、**殉**(순 用人送死也. 从歺旬聲)、**殊**(수 死也. 从歺朱聲)、**殘**(잔 賊也. 从歺戔聲)、**歿**(歾 몰 終也. 从歺勿聲. 歿, 歾或从𠬛)、**殯**(빈 死在棺, 將遷葬柩, 賓遇之. 从歺賓, 賓亦聲)、**殖**(식 脂膏久而變也. 从歺直聲)、**殮**(렴 衣死也. 从歺僉聲)、**殤**(상 不成人也. 人年十九至十六死爲長殤; 十五至十二死爲中殤; 十一至八歲死爲下殤. 从歺, 傷省聲)、**殞**(운 歿也. 从歺員聲) 등의 글자에서 의부역할을 하고, 死는 다시 **葬**(장 藏也. 从死在茻中. 一, 其中所以荐之. 茻, 亦聲)、**薨**(훙 公侯殍也. 从死瞢省聲) 등의 글자에서 의부역할을 한다.[319]

이외에도, '从川歺省聲'의 형태로 설명되는 **𡿪**(렬)은 **列**(𠜑 렬 分解也. 从刀𡿪聲)의 음부역할을 하고, 列은 다시 **烈**、**裂**、**冽**、**洌**(렬)、**例**(례)、**峛**(리) 등의 글자에서 음부역할을 한다.[320]

 骨 골

骨은 '뼈에 살점이 붙어 있는 모양(从冎, 有肉)'을 나타낸 자형으로, 본의는 '살의 핵심(肉之覈也)'으로 풀이된다.

---

319 瞢(몽)은 2.2.1 羊의 丫(개), 𣦼(잔)과 壑(학)、叡(예) 등은 2.1.2 又의 파생자소를 참조.
320 𡿪은 본의가 '물이 흐르는 모양(水流𡿪𡿪也)'으로 풀이된다.

자소로 사용될 때, **骸**(해 脛骨也. 从骨亥聲)、**體**(체 總十二屬也. 从骨豊聲)、**髓**(髓 수 骨中脂也. 从骨隓聲) 등의 글자에서 의부역할을 하고, **滑**、**鶻**(골)、**縎**(할)、**猾**、**螖**(활) 등의 글자에서는 음부역할을 한다.[321]

呂 려

呂는 '등뼈의 모양을 상형(脊骨也. 象形)'한 글자이다.

자소로 사용될 때, **躳**(궁 身也. 从呂从身. 躬, 躳或从弓)의 의부역할을 하고, **侶**、**梠**、**閭**(려) 등의 글자에서는 음부역할을 하며, 閭는 다시 **櫚**(려)의 음부역할을 한다.[322]

宮의 경우, 『說文』에서는 '从宀躳省聲'의 형성자로 설명하고 있으나, 갑골문에 나타나는 宮에서의 呂형은 대개 집의 구조물을 표현한 자형으로 간주하는 것이 일반적이다. 宮이 자소로 사용되는 경우는 드물지만, **营**(궁)、**㓊**(동) 등의 글자에서 음부역할을 한다.

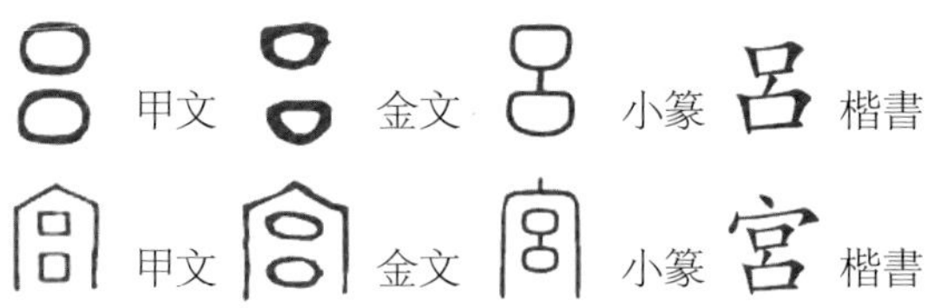

𠦬 괴

𠦬 역시 呂와 마찬가지로 '등뼈를 의미하고, 옆구리 갈비뼈의 모양을 상형(背呂也.

321 隓(휴)는 2.1.2 又의 左를 참조.

322 竆、䢼、藭(궁) 등의 글자에서 음부역할을 하는 躬(궁)은 躳의 혹체자(躬, 躳或从弓)이다.

象脅肋形)'한 자형으로 설명되고, **脊**(척)의 소전 자형은 '从𠂹从肉'의 형태로 나타나며, 본의는 𠂹와 동일하게 '등뼈(背呂也)'로 풀이된다.

脊은 자소로 사용될 때, **瘠**(膌)、**蹐**、**鶺**(척) 등의 글자에서와 같이 주로 음부역할을 한다.[323]

 金文  小篆 脊 楷書

 **肉 육**

肉은 고깃점을 상형(胾肉也. 象形)한 글자이다.[324]

자소로 사용될 때, **肖**(초 从肉小聲)、**肝**(간 木藏也. 从肉干聲)、**肺**(폐 金藏也. 从肉㳄聲)、**肩**(肩 견 从肉, 象形. 肩, 俗肩从戶)、**肯**(肎 긍 骨間肉肎肎箸也. 从肉冎省. 一曰骨無肉也)、**肥**(비 多肉也. 从肉从卪)、**胡**(호 从肉古聲)、**胃**(위 从肉, 囷象形)、**背**(배 脊也. 从肉北聲)、**胞**(포 兒生裹也. 从肉从包)、**脈**(衇 맥 血理分衺行體者. 从𠂢从血. 脈, 衇或从肉)、**脅**(협 兩膀也. 从肉劦聲)、**胸**(匈 흉 膺也. 从勹凶聲. 肾, 匈或从肉)、**脫**(탈 消肉臞也. 从肉兌聲)、**脣**(순 口耑也. 从肉辰聲)、**脚**(腳 각 脛也. 从肉卻聲)、**腐**(부 爛也. 从肉府聲)、**腦**(𡿺 뇌 从匕巛囟)、**腸**(장 大小腸也. 从肉昜聲)、**腹**(복 厚也. 从肉复聲)、**腰**(㒸 요 从臼交省聲)、**膚**(부 皮也. 从肉盧省聲)、**臟**(장 五臟也. 从肉藏聲)、**腑**(부 臟腑. 从肉府聲)、**膽**(담 連肝之府. 从肉詹聲)、**脂**(지 戴角者脂, 無角者膏. 从肉旨聲)、**肪**(방 肥也. 从肉方聲)、**膏**(고 肥也. 从肉高聲)、**胎**(태 婦孕三月也. 从肉台聲)、**胖**(반 半體肉也. 一曰廣肉. 从半从肉, 半亦聲)、**腋**(액 左右脅之間曰腋. 从肉夜声)、**腎**(신 水藏也.

323 小篆에서 𠂹과 유사한 자형으로 나타나는 㲎(수)는 2.3을 참조. 傘(산)의 경우, 현재 전해지고 있는 『說文』에는 수록되어 있지 않지만, 『集韻』에는 『說文』을 인용하여 '繖(산), 蓋也. 从糸散聲. 亦作傘'이라고 설명되어 있다.

324 段玉裁는 사람의 살은 肌(기)라 하고, 짐승의 살을 肉이라한다라고 풀이하고 있지만, 인체의 한 부분을 표현할 때 肉이 기본의부로 사용되는 관계로 여기에 나열하였다.

从肉臤聲)、**腔**(강 內空也. 从肉从空, 空亦聲)、**脛**(경 胻也. 从肉巠聲)、**膜**(막 肉間胲膜也. 从肉莫聲)、**筋**(근 肉之力也. 从力从肉从竹. 竹, 物之多筋者)、**肋**(륵 脅骨也. 从肉力聲)、**膾**(회 細切肉也. 从肉會聲)、**炙**(자 炮肉也. 从肉在火上)、**祭**(제 祭祀也. 从示, 以手持肉)、**胤**(윤 子孫相承續也. 从肉从八从幺) 등의 글자에서 의부역할을 하고, **育**(육 从𠫓肉聲)、**䍃**(요 从缶肉聲)、**䚻**(요 从言肉聲) 등의 글자에서는 음부역할을 한다.[325]

현재 통용 자전류에서 肉부에 배속시키고 있는 **能**(능)은 『說文』에서 본의를 '곰의 일종(熊屬)'로 풀이하면서도, 자형은 '足似鹿. 从肉㠯聲'의 형태로 분석하고 있다. 그러나 금문에 나타나는 能이나 갑골문에 나타나는 **熊**(웅)의 자형을 보면, 단순히 곰의 모양을 그린 상형자임을 확인할 수 있다.

 甲文  小篆 肉 楷書

위의 글자들 가운데, 다시 다른 합체자의 자소로 사용되는 예를 열거하면 아래와 같다.

 **肖 초**

肖는 본의가 '형체나 용모가 닮았다(骨肉相似也)'로 풀이되고, 자소로 사용될 때, **哨**、**稍**(초)、**宵**、**消**、**逍**、**銷**(소)、**趙**(조)、**削**(삭) 등의 글자에서와 같이 주로 음부역할을 한다.[326]

---

325 有는 2.1.2의 又, 祭는 1.15의 示, 腰는 2.1.2의 𦥑(곡), 胤은 2.13의 幺(요), 然(연 从火肰聲)과 肰(연 从犬肉)은 2.2.1의 犬, 朕(짐)、勝(승)、藤(등) 등은 2.9의 舟를 참조. 蠃、臝、鸁(라)、羸(리)、嬴、瀛、籯、贏(영) 등의 글자에서 음부역할을 하는 𣎆(라)의 경우, 『說文』에는 '或曰獸名'이라고만 밝힌 채, 자형 해석은 비워두었다(闕). 育(육)은 2.1.1 子의 𠫓(돌)을 참조, 肉은 합체자의 자소로 사용될 때 대부분 ⺼형으로 나타나며, 舟 역시 '달'을 의하는 月과 동일한 자형으로 나타나는 경우가 적지 않다.

326 屑(설 動作切切也)의 소전 자형은 '从尸㕯聲'의 형태이나, 예변 이후 肖형으로 변하였다. 㕯(흘)은 본의가 '振㕯也'로 풀이되지만, 구체적 의미가 모호하며, 자소로 사용될 때, 佾(일 舞行列也. 从人㕯聲)의 음부역할을 한다.

 **肩 肩 견**

肩은 본의가 '어깨(髆也)'로 풀이되고, 현재 통용되는 肩은 『說文』에 重文으로 수록된 속자(俗肩从戶)이다. 자소로 사용될 때, **狷**、**菺**、**鵳**(견)、**顅**(간) 등의 글자에서와 같이 주로 음부역할을 한다.

 **胡 호**

胡는 본의가 '소의 턱 아래 늘어진 살(牛顄垂也)'로 풀이되고, 자소로 사용될 때, **湖**、**瑚**、**糊**、**蝴**(호) 등의 글자에서 음부역할을 한다.

 **胃 胃 위**

胃는 본의가 '곡물의 소화를 맡는 臟腑(穀府也)'로 풀이되고, 肉(月)을 제외한 자형은 위장 속의 모양을 상형한 것으로, 예변 이후 田형으로 정리되었다. 자소로 사용될 때, **𦳊**(屎 시 糞也. 从艸胃省)의 의부역할을 하고, **喟**、**渭**、**蝟**、**謂**、**颵**(위) 등의 글자에서는 음부역할을 한다.

 金文  小篆  楷書

 **脅 협**

脅은 본의가 '양 옆구리(兩膀也)'로 풀이되고, 자소로 사용될 때 **嗋**、**愶**(협) 등의 글자에서 음부역할을 한다.

 **䍃 요**

䍃는 본의가 '질그릇(瓦器也)'으로 풀이되고, 자소로 사용될 때, **搖**、**瑤**、**遙**(요) 등의 글자에서 음부역할을 하며, 현재 해서체에서 통용되는 **謠**(요)는 䚻가 本字이다.[327]

 肙 연

肙은 본의가 '작은 벌레(小蟲也)'로 풀이되고, 자형은 '从肉口'의 형태로 설명된다. 자소로 사용될 때, **涓**、**捐**、**娟**、**蜎**(연)、**狷**、**絹**(견) 등의 글자에서 음부역할을 한다.[328]

 心 심

心은 사람 심장의 모양을 상형(在身之中. 象形)한 글자이다.

자소로 사용될 때, **忌**(기 憎惡也. 从心己聲)、**忍**(인 能也. 从心刃聲)、**志**(지 意也. 从心之聲)、**忘**(망 不識也. 从心从亡, 亡亦聲)、**忙**(망 心迫也. 从心亡声)、**忠**(충 敬也. 从心中聲)、**念**(념 常思也. 从心今聲)、**忽**(홀 忘也. 从心勿聲)、**快**(쾌 喜也. 从心夬聲)、**怒**(노 恚也. 从心奴聲)、**思**(사 容也. 从心囟聲)、**慮**(려 謀思也. 从思虍聲)、**怠**(태 慢也. 从心台聲)、**急**(급 疾也. 从心及聲)、**怨**(원 恚也. 从心夗聲)、**性**(성 天命之謂性. 从心生聲)、**怪**(괴 異也. 从心圣聲)、**恥**(치 辱也. 从心耳聲)、**恐**(공 懼也. 从心巩聲)、**恕**(서 仁也. 从心如聲)、**恣**(자 愛也. 从心次聲)、**恩**(은 惠也. 从心因聲)、**息**(식 喘也. 从心从自, 自亦聲)、**恭**(공 肅也. 从心共聲)、**恒**(恆, 恆 항 常也. 从心从舟, 在二之間)、**恨**(한 怨也. 从心艮聲)、**患**(환 憂也. 从心上貫吅, 吅亦聲)、**悠**(유 从心攸聲)、**悅**(說 열 懌也. 从言兌)、**悔**(회 悔恨也. 从心毐聲)、**悟**(오 覺也. 从心吾聲)、**悲**(비 痛也. 从心非聲)、**惑**(혹 亂也. 从心或聲)、**惠**(혜 仁也. 从心从叀)、**惡**(악, 오 過也. 从心亞聲)、**悽**(처 痛也. 从心妻聲)、**情**(정 性之動也. 从心青聲)、**惜**(석 痛也. 从心昝昔聲)、**惟**(유 凡思也. 从心隹聲)、**感**(감 動人心也从. 心咸聲)、**想**(상 心有所欲而思也. 从心相聲)、**愁**(수 憂

---

327 䍃(요)는 2.1.4 言의 注를 참조.

328 肙을 『說文』의 각 傳本에는 '从肉口聲'으로 수록해 놓았으나, 段注本에서는 '从肉口'로 고쳐 놓았으며, 口형은 입(口)을 의미하는 口가 아니고, 머리와 꼬리가 이어진 형상을 나타낸 것이라고 설명하고 있다.

也. 从心秋聲)、**愈**(유 勝也. 从心兪聲)、**愉**(유 悅也. 从心兪聲)、**意**(의 志也. 从心察言而知意也. 从心从音)、**愚**(우 戇也. 从心禺聲)、**惱**(뇌 嫍 有所恨也. 从女𡿺省聲)、**慈**(자 愛也. 从心玆聲)、**態**(태 意也. 从心从能)、**愧**(媿 괴 慙也. 从心鬼聲. 愧, 媿或从恥省)、**愼**(신 謹也. 从心眞聲)、**慶**(경 行賀人也. 从心从夊. 吉禮以鹿皮爲贄, 故从鹿省)、**慙**(참 媿也. 从心斬聲)、**慧**(혜 儇也. 从心彗聲)、**慰**(위 安也. 从心尉聲)、**慾**(欲 욕 貪欲也. 从欠谷聲)、**慕**(모 思也. 从心莫聲)、**慘**(참 毒也. 从心參聲)、**慢**(만 惰也. 从心曼聲)、**慣**(관 習也. 从心貫聲)、**慨**(개 忼慨, 壯士不得志也. 从心旣聲)、**憲**(헌 敏也. 从心从目, 害省聲)、**憩**(愒 게 息也. 从心曷聲)、**憎**(증 惡也. 从心曾聲)、**憐**(련 哀也. 从心粦聲)、**憤**(분 懣也. 从心賁聲)、**憫**(閔 민 弔者在門也. 从門文聲)、**懇**(간 悃也. 从心豤聲)、**應**(譍 응 當也. 从心雁聲)、**憶**(억 念也. 从心意聲)、**懲**(징 恣也. 从心徵聲)、**懸**(縣 현 繫也. 从系持県)、**懷**(회 念思也. 从心褱聲)、**懼**(구 恐也. 从心瞿聲)、**戀**(孌 연 慕也. 从女䜌聲) 등의 글자에서 의부역할을 하고, **沁**、**芯**、**吣**(심) 등의 글자에서는 음부역할을 한다.[329]

이들 글자 가운데, 忌는 다시 **認**、**跽**、**鵋**(기), 忍은 **認**(인), 志는 **誌**(지), 念은 **捻**、**踗**、**隂**(념)、**稔**、**脍**(임), 恒(恆)은 **堩**、**揯**、**緪**(긍) 등의 글자에서 음부역할을 하고, 思는 **慮**(려 謀思也. 从思虍聲)의 의부역할을 하며, 慮는 다시 **濾**、**鑢**(려) 등의 글자에서 음부역할을 한다. 또한, 惠는 **蕙**(혜)、**穗**(수) 등의 글자에서 음부역할을 한다.

현재 통용 자전류에서 心부에 배속시키고 있는 **必**(필 从八弋, 八亦聲)、**愛**(애 从夊㤅聲)、**憂**(우 从夊𢝊聲) 등의 글자들은 소전을 비롯한 고문자계통에서는 모두 心이 의부로 사용된 글자들이 아니다.[330]

---

329 閔(민)과 憫, 縣과 懸, 說과 悅 등은 서로 각각 古今字의 관계이다, 隱(은)、穩(온) 등의 글자에서 음부역할을 하는 㥯(은)은 2.1.2의 爪, 憶의 음부역할을 하는 意(억)은 2.1.4 言의 파생자소 啻(억)을 참조.

330 必은 본의가 '분별의 기준(分極也)', 愛는 '걸어가는 모양(行皃)', 憂는 '태평스럽게 걸어가다(和之行也)'로 풀이된다. 必은 2.16의 八, 愛와 㤅(애)는 2.1.4 欠의 파생자소 旡(기), 憂와 𢝊(우)는 2.1.4의 頁을 참조. 心의 三合字素인 惢(예)는 본의가 '의심하다(心疑也)'로 풀이되며, 자소로 사용될 때, 橤、縈、蕊(예) 등의 글자에서와 같이 주로 음부역할을 한다.

 甲文  金文  小篆 **心** 楷書

 力 력

力을 『說文』에서는 '힘줄의 모양을 상형(象人筋之形)'한 것으로 설명하고 있으나, 갑골문이나 금문에 나타나는 力은 농기구(耒)의 모양을 상형한 글자로 보는 것이 일반적이다.

자소로 사용될 때, **加**(가 語相增加也. 从力从口)、**功**(공 以勞定國也. 从力从工, 工亦聲)、**劣**(열 弱也. 从力从少)、**助**(조 佐也. 从力且聲)、**努**(노 用力也. 从力奴聲)、**勉**(면 彊也. 从力免聲)、**勇**(용 气也. 从力甬聲)、**動**(동 作也. 从力重聲)、**務**(무 趣也. 从力敄聲)、**勞**(로 勤也. 从力, 熒省. 熒, 火燒冂, 用力者勞)、**勝**(승 任也. 从力朕聲)、**勤**(근 勞也. 从力堇聲)、**募**(모 廣求也. 从力莫聲)、**勢**(세 盛力也. 从力埶聲)、**勵**(려 勉力也. 从力厲聲)、**勸**(권 勉也. 从力雚聲)、**飭**(식 致堅也. 从人力食聲)、**勳**(훈 能成王功也. 从力熏聲)、**筋**(근 肉之力也. 从力从肉从竹. 竹, 物之多筋者)、**劫**(겁 人欲去, 以力脅止曰劫)、**男**(남 丈夫也. 从田从力. 言男用力於田也)、**幼**(유 少也. 从幺从力) 등의 글자에서 의부역할을 하고, **屴**、**朸**、**赲**(력)、**仂**、**氻**、**肋**(륵) 등의 글자에서는 음부역할을 한다.

이들 글자가운데, 加는 다시 **伽**、**架**、**痂**、**袈**、**跏**、**駕**、**嘉**(가)、**賀**(하) 등의 글자에서 음부역할을 하고, 幼는 **呦**(유)、**拗**、**窈**(요), 勞는 **撈**(로)、**膋**(료)、**犖**(락) 등의 글자에서 음부역할을 하며, 男은 **舅**(구)、**嬲**(뇨) 등의 글자에서 의부역할을 한다.[331]

力의 삼합자소인 **劦**(협)은 본의가 '같이 힘쓰다(同力也)'로 풀이되며, 자소로 사용

331 嘉에서의 壴(주)는 2.11을 참조. 塋、瑩、營、榮(영)、螢(형) 등의 글자들은 2.4 火의 熒(형)을 참조.

될 때, **協**(협 眾之同和也. 从劦十)、**恊**(협 同心之和. 从劦心)、**勰**(협 同思之和. 从劦思) 등의 글자에서 의부역할을 하고, **脅**(협)의 음부역할을 하며, 脅은 다시 **嗋**、**愶**(협) 등의 글자에서 음부역할을 한다.

 **血 혈**

血은 본의가 '제사지낼 때 바치는 희생의 피(祭所薦牲血也)'로 풀이되고, 자형은 '从皿. 一, 象血形'의 형태로 설명된다.

자소로 사용될 때, **衁**(황 血也. 从血亡聲)、**衃**(배 凝血也. 从血不聲)、**盇**(합 覆也. 从血大) 등의 글자에서 의부역할을 하고, **恤**、**烅**、**卹**(휼)、**侐**、**殈**、**洫**(혁) 등의 글자에서는 음부역할을 한다.[332]

이들 글자 가운데, 盇은 예변 이후 자형이 **盍**으로 정리되었으며, 자소로 사용될 때, **嗑**、**榼**、**闔**(합)、**鎑**(탑)、**豔**(염)、**磕**、**蓋**(개) 등의 글자에서 음부역할을 하고, 蓋는 다시 **鑉**(탑)、**瓂**(개)、**壒**、**濭**(애) 등의 글자에서 음부역할을 한다.[333]

 **也 야**

也는 본래 '여자의 음부를 상형(女陰也. 象形)'한 글자로 설명되지만, 나중에 어조사로 전용되게 되자, 현대한자에서는 **膣**(질)이 그 본의를 나타내고 있다.[334]

332 『說文』에서 血이 의부로 설명되는 盟(盟 맹 歃血誓也. 从囧从血. 盟, 古文从明)은 2.6의 囧(경)과 2.7의 皿(명)을 참조.

333 豔은 예변 이후 대개 艷(염)으로 통용되고 있다. 去(거)는 2.1.1의 大를 참조.

자소로 사용될 때, **弛**、**匜**(이)、**施**(시 从㫃也聲)、**池**、**地**(지)、**馳**(치) 등의 글자에서 음부역할을 하고, '소수 부족의 명칭'으로 사용되는 **㐌**(이)는 『說文』에 수록되어 있지 않으나, **椸**、**貤**(이)、**絁**(시)、**沲**、**拖**、**陁**(타) 등의 글자에서 음부역할을 한다.[335]

2.2 동물과 관련된 근원자소와 파생자소

2.2.1 일반동물이나 파충류 또는 그와 관련된 것

 甶 불

甶은 '귀신 머리를 상형(鬼頭也. 象形)'한 글자로 설명된다.

자소로 사용될 때, **鬼**(귀 从儿甶, 象鬼頭. 从厶)、**畏**(외 惡也. 从甶虎省. 鬼頭而虎爪, 可畏也)、**禺**(우 从甶从禸) 등의 글자에서 의부역할을 하고, **畀**(비 相付与也. 付与之物在閣上. 从丌甶聲)의 음부역할을 한다.[336]

이들 글자 가운데. 畏는 다시 **猥**(외)의 음부, 畀는 **異**(이 分也. 从廾畀)、**鼻**(비 引气自畀也. 从自畀) 등의 글자에서 의부역할을 하며, 異는 또 다시 **戴**(대 分物得增益曰戴. 从異𢦏聲)의 의부, **翼**(익)의 음부역할을 한다.

 甲文  金文  古文  小篆  楷書

---

334 段注本에서는 '从乀, 象形. 乀亦聲'으로 수록해 놓았다. 乀(이)는 2.17의 厂(예)를 참조. 금문에서의 也는 뱀을 상형한 它와 같은 글자로 보는 경우도 있고, 주전자를 의미하는 匜(이)의 初文이라고 주장하는 견해도 있다.

335 施(시 旗皃. 从㫃也聲)와 그 활용은 2.10을 참조.

336 禺와 그 활용은 아래의 禸(유), 畀와 鼻의 관계는 2.1.4 鼻의 注를 참조.

 甲文  金文  小篆  楷書

 鬼 귀

鬼는 본의가 '사람이 죽으면 귀신이 되는 것이다(人所歸爲鬼)'로 풀이되고, 자형은 '从儿由, 象鬼頭. 从厶'의 형태로 분석된다. 갑골문이나 금문에서는, 소전에서의 厶(사)가 나타나지 않으며, 간혹 示(시)가 추가 되어 있는 형태로 나타나는 경우가 있다.

자소로 사용될 때, **魂**(혼 陽气也. 从鬼云聲)、**魄**(백 陰神也. 从鬼白聲)、**魅**(鬽 매 老精物也. 从鬼彡. 彡, 鬼毛. 魅, 或从未聲)、**醜**(추 可惡也. 从鬼酉聲)、**魔**(마 鬼也. 从鬼麻聲) 등의 글자에서 의부역할을 하고, **騩**(귀)、**傀**、**塊**、**愧**(괴)、**嵬**(외)、**螝**、**褢**(회) 등의 글자에서는 음부역할을 하며, 嵬는 다시 **巍**(魏 위 从嵬委聲)의 의부역할을 한다.[337]

 甲文  金文  小篆  楷書

 牛 우

牛는 소의 뿔을 강조하여 정면에서 본 소의 모습을 상형(象角頭三, 封尾之形)한 글자이다.

자소로 사용될 때, **牟**(모 牛鳴也. 从牛, 象其聲气从口出)、**牢**(뢰 養牛馬圈也. 从牛冬省. 取其四周帀也)、**牧**(목 養牛人也. 从攴从牛)、**物**(물 萬物也. 从牛勿聲)[338]、**特**(특 牡牛也. 从牛寺聲)、**牽**(견 引前也. 从牛, 象引牛之縻也. 玄聲)、**犧**

---

337 嵬는 본의가 '산이 높이 솟다(高不平也)'로, 巍는 '높다(高也)'로 풀이되며, 예변 이후 巍에서의 山이 탈락되었다.

338 物은 『說文』에서 본의가 '만물(萬物也)'로 풀이되고, 그 이유를 '소는 큰 동물로서, 천지의 數는

(희 宗廟之牲也. 从牛羲聲)、**牲**(생 牛完全也. 从牛生聲)、**牡**(모 畜父也. 从牛土聲)、**牝**(빈 畜母也. 从牛匕聲)、**件**(건 分也. 从人从牛. 牛大物, 故可分)、**半**(반 物中分也. 从八牛. 牛爲物大, 可以分也)、**告**(고 牛觸人, 角箸横木, 所以告人也. 从口从牛) 등의 글자에서 의부역할을 한다.[339]

이들 글자 가운데, 牟는 다시 **眸、鉾、鴾、麰**(모) 등의 글자에서 음부역할을 하고, 半은 **叛**(반 半也. 从半反聲)의 의부, **伴、畔、胖**(반) 등의 음부역할을 하며, 告는 **誥、靠**(고)、**窖**(교)、**浩、皓**(호)、**造**(조)、**酷**(혹)、**梏、牿、鵠**(곡) 등의 글자에서 음부역할을 한다.[340]

牽牛星에서 비롯된다. 그래서 牛가 의부이다(牛爲大物. 天地之數, 起於牽牛. 故从牛)'라고 설명하고 있지만, 갑골문에 나타나는 物의 자형은 쟁기와 소의 조합으로 나타나고, 그 옆에 흙이 튀는 모습이 그려져 있으며, '雜色 소'라는 의미로 사용된다.

339 告는 『說文』에서 '소는 뿔로 사람에게 부비대기를 좋아하기 때문에, 뿔을 가로질러 나무를 대서 사람에게 알리게 한다'라고 설명하고 있으나, 段玉裁는 '从口牛聲'의 형성자로 보아야 한다고 주장하고 있다. 고문자계통에서 告의 자형은 모두 유사하게 나타나지만, 字義는 학자마다 견해가 달라 '수갑'을 나타내는 梏(곡), '외양간'을 의미하는 牿(고), '알리다'라는 의미의 誥(고)의 初文으로 보기도 하며, 강연을 시작할 때 종을 쳐서 알렸기 때문에 告를 鍾을 거꾸로 세워 놓은 자형으로 보는 견해도 있다.

340 牛의 三合字素인 犇(분)은 『說文』에 수록되어 있지 않지만, 소가 놀라 달린다는 의미로 奔과 통용된다. 舄(시)는 코뿔소의 모양을 상형한 글자이며, 兕(시)는 『說文』에 舄의 重文으로 수록된 古文 자형이며, 犀(서)는 '从牛尾聲'의 형태로 구성된 형성자이다.

犬 견

犬은 개의 모양을 상형(狗之有縣蹏者也. 象形)한 글자이다.

자소로 사용될 때, **犯**(범 侵也. 从犬㔾聲)、**狀**(상 犬形也. 从犬爿聲)、**狗**(구 犬也. 从犬句聲)、**猛**(맹 健犬也. 从犬孟聲)、**猶**(유 玃屬. 从犬酋聲)、**獨**(독 犬相得而鬭也. 从犬蜀聲)、**獲**(획 獵所獲也. 从犬蒦聲)、**獸**(수 兩足曰禽, 四足曰獸. 从嘼从犬)、**獻**(헌 宗廟犬名羹獻. 犬肥者以獻之. 从犬鬳聲)、**狂**(광 狾犬也. 从犬㞷聲)、**狐**(호 䄏獸也. 从犬瓜聲)、**狼**(랑 似犬, 銳頭, 白頰, 高前, 廣後. 从犬良聲)、**狽**(패 狼屬也. 从犬貝聲)、**獎**(㯖 장 嗾犬厲之也. 从犬, 將省聲)、**尨**(방 犬之多毛者. 从犬从彡)、**猜**(시 恨賊也. 从犬青聲)、**狄**(적 赤狄, 本犬種. 从犬. 亦省聲) 등의 글자에서 의부역할을 하고, **汱**、**甽**(견)、**抌**(현) 등의 글자에서는 음부역할을 한다.

이들 글자 가운데, 尨은 다시 **哤**、**庬**、**牻**(방). 狄은 **楸**、**荻**、**逖**(적) 등의 글자에서 음부역할을 한다.

이외에도, **肰**(연 犬肉也. 从肉犬)、**戾**(려 曲也. 从犬出戶下. 戾者, 身曲戾也)、**狊**(격 犬視皃. 从犬目)、**猌**(은 犬張齗怒也. 从犬來聲) 등의 글자들 역시 犬이 의부로 사용된 경우이며, 肰은 다시 **猒**(염 飽也. 从甘从肰)의 의부, **然**(从火肰聲)의 음부역할을 하며, 戾는 **淚**(루 从水戾聲)의 음부, 狊은 **湨**、**鶪**(격)、**瞁**(혁) 등의 음부, 猌은 **憖**(은 从心猌聲)의 음부역할을 한다.

이들 글자 가운데, 猒은 다시 **厭**(염, 엽 笮也. 从厂猒聲. 一曰合也)의 음부역할을 하고, 厭은 또 다시 **魘**、**懕**(염)、**壓**(압)、**擪**(엽) 등의 글자에서 음부역할을 한다.[341]

341 '타다'라는 의미에서의 然과 燃은 古今字의 관계이다. 猌의 경우, 段玉裁는 '从犬來'의 회의자로 보아야한다고 주장한다. 猒의 의미는 나중에 厭이 담당하게 되었다. 臭(취)는 2.1.4의 自, 獻과 獸는 본절의 虎와 嘼를 참조.

犾(은)은 犬의 이합자소(从二犬)로서, 본의가 '두 마리의 개가 서로 물고 싸우다(兩犬相齧也)'로 풀이되고, 자소로 사용될 때, **獄**(옥 确也. 从犾从言)의 의부역할을 하고, 獄은 다시 **嶽**(곡 从吅, 獄省聲)、**嶽**、**鸑**(악) 등의 글자에서 음부역할을 한다. 삼합자소인 **猋**(표)는 犮과 마찬가지로 본의가 '개가 달리는 모습(犬走貌)'으로 설명되며, 자소로 사용될 때, **飈**(표)의 음부역할을 한다.

犬(犭)이 의부로 사용된 글자들은 당연히 개 또는 개과의 동물과 관련된 의미를 표시하지만, 예변 이후 **狸**(貍 리)、**猫**(貓 묘) 등에서와 같이 **豸**(치)를 대신하거나, **猪**(豬 저)에서와 같이 **豕**(시)를 대신하기도 한다. 이와는 반대로, 현재 통용 자전류에서 頁부에 배속시키고 있는 **類**(류)는 원래는 犬이 의부(从犬頪聲)로 사용된 글자로서, 본의가 '종류가 비슷한 것들 가운데, 개가 특별히 심하다(種類相似, 唯犬爲甚)'로 풀이된다.342

 甲文  金文  小篆 犬 楷書

 甲文  金文  小篆 獻 楷書

 甲文  小篆 尨 楷書

 犮 발

犮은 본의가 '개가 달리는 모습(走犬貌)'으로 풀이되며, 자형은 '从犬而丿之'의 형태로 설명된다.

자소로 사용될 때, **拔**、**跋**(발)、**罰**(벌)、**帗**、**祓**、**韍**(불) 등의 글자에서와 같이 주로 음부역할을 한다.

 金文  小篆 犮 楷書

342 원숭이를 의미하는 猿(원)이나 사자를 의미하는 獅(사) 같은 경우, 처음부터 犬(犭)이 의부로 사용되었다. 頪(뢰)의 활용은 2.1.4 頁의 注를 참조.

丫 丫 개

丫는 양의 뿔을 상형(羊角也. 象形)한 글자로서, 자소로 사용될 때, **乖**(괴 从丫而兆. 兆, 古文別)、**𥄕**(말 目不正也. 从丫目) 등의 글자에서 의부역할을 하는 것으로 설명된다.

𥄕은 자소로 사용될 때, **瞢**(몽 目不明也. 从𥄕从旬)、**蔑**(멸 勞目無精也. 从𥄕从戍) 등의 글자에서 의부역할을 하고, **寬**(관 从宀萈聲)의 음부 역할을 하는 **萈**(환 山羊細角者. 从兔足, 从𥄕聲)에서는 𥄕이 음부로 설명되며, 瞢은 다시 **夢**(몽 不明也. 从夕瞢省聲)、**薨**(훙 从死瞢省聲) 등의 글자에서 음부역할을 하고, 蔑은 **幭**、**懱**(멸)、**韈**(말) 등의 글자에서 음부역할을 한다.[343]

이외에도, **寢**(㝲 침 病臥也. 从㝲省, 㚆省聲)、**寤**(오 寐覺而有信曰寤. 从㝲省, 吾聲)、**寐**(매 臥也. 从㝲省, 未聲) 등의 글자에서 의부역할을 하는 것으로 설명되는 **㝲**(몽)은 **夢**의 本字로서, 자형이 '从宀从疒, 夢聲'의 형태로 분석되며, 본의는 '누워 자면서 감각이 있는 것(寐而有覺也)'으로 풀이된다.

 甲文  小篆 夢 楷書

羊 羊 양

羊은 그 뿔과 네발 및 꼬리를 상형(从丫. 象四足尾之形)한 글자이다.

자소로 사용될 때, **美**(미 甘也. 从羊从大)、**義**(의 己之威儀也. 从我羊)、**群**(군 輩也. 从羊君聲)、**羔**(고 羊子也. 从羊照省聲)、**羞**(수 進獻也. 从羊. 羊, 所進也. 从丑, 丑亦聲) 등의 글자에서 의부역할을 하고, **洋**、**養**、**羕**(양)、**姜**、**羌**(강)、**祥**、**詳**、**翔**(상) 등의 글자에서는 음부역할을 하며, 羕은 다시 **樣**(양)의 음부역할을 한다.[344]

---

343 𥄕은 2.1.4 目의 파생자소로 나열되어 있다.

344 達(달 从辵羍聲) 및 撻、闥、韃(달) 등의 글자에서 음부역할을 하는 羍(幸 달 从羊大聲)은 2.1.1의 大, 善(선 从言从羊)은 2.1.4의 言, 羑(구 从羊久聲)는 2.1.4 欠의 注를 참조. 갑골문에서의 美는 사람(大)이 머리 위에 장식물을 쓰고 있는 모습으로 나타난다. 羌(강)에서의 羊은 의부겸

이들 글자 가운데, 義는 다시 **儀、蟻、議、艤**(의)、**羲**(희 气也. 从兮義聲) 등의 글자에서 음부역할을 하고, 羲는 또 다시 **曦、爔、犧**(희) 등의 글자에서 음부역할을 하며, 羔는 **羹**(鬻 갱 五味盉羹也. 从䰜从羔. 羹, 小篆从羔从美)의 의부역할을 한다.

羊의 삼합자소인 **羴**(전)은 '양의 노린내(羊臭也)'를 의미하며, **羼**(찬 从羴在尸下. 尸, 屋也)의 의부역할을 하고, **鮮**(선 从魚, 羴省聲)에서는 자형의 일부가 생략된 형태로 음부역할을 한다. **羶**(전)은 『說文』에 羴의 重文으로 수록된 或體字(或从亶)이다.

 茍 격

茍은 본의가 '스스로 소견이 좁고 성미가 급한 것을 경계하다(自急敕也)'라고 풀이되며, 자형은 '从羊省, 从勹口'의 형태로 설명된다.

자소로 사용될 때, **敬**(경 肅也. 从攴茍)의 의부역할을 하며, **備**(비 愼也. 从人葡聲)의 음부로 설명되는 **葡**(𤰈 비 具也. 从用茍省)에서도 茍은 자형의 일부가 생략된 형태로 의부역할을 한다.[345]

음부(西戎牧羊人也. 从人从羊, 羊亦聲. 南方蠻閩从虫, 北方狄从犬, 東方貉从豸, 西方羌从羊)로 사용되었다. 差(차 从左从𠂹)는 2.1.2의 𠂇(좌), 着(착 著의 俗字)은 2.1.4의 目을 참조.

345 敬의 활용은 2.1.2의 攴, 葡의 활용은 2.17의 用을 참조.

彑 彑계

彑는 본의가 '돼지의 머리(豕之頭)'로 풀이되고, 자형은 '뾰족하게 위로 보이는 부분을 상형(象其銳而上見也)'한 것으로 설명된다.

자소로 사용될 때, **彘**(체 豕也. 从彑从二匕, 矢聲)、**彖**(단 豕走也. 从彑从豕省)、**㣇**(이, 제 脩豪獸. 一曰河内名豕也. 从彑. 下象毛足) 등의 글자에서 의부역할을 한다.[346]

이들 글자 가운데, 彖은 다시 **褖**(단)、**禒**(단)、**篆**(전)、**猭**(천)、**褖**(선)、**緣**、**櫞**(연)、**喙**、**餯**(훼) 등의 글자에서 음부역할을 하며, 㣇는 **彙**(휘 蟲, 似豪豬者. 从㣇, 胃省聲. 蝟, 或从虫)、**𧰽**(호 豕鬣如筆管者, 出南郡. 从㣇高聲. 豪, 籒文从豕) 등의 글자에서 의부역할을 하고, **肄**(𦘔 이 習也. 从聿㣇聲. 肄, 篆文𦘔)의 음부역할을 한다.[347]

통용 자전류에서 彑부수에 배속되어 있으며, **剝**(박 裂也. 从刀从彔. 彔, 刻割也. 彔亦聲)의 의부겸 음부역할을 하고, **錄**、**綠**、**祿**(록)、**逯**(록, 복, 밀) 등의 글자에서 음부역할을 하는 **彔**(록)의 경우, 『說文』에서는 '나무에 무엇을 뚜렷하게 새겨놓은 모양을 상형(刻木彔彔也, 象形)'한 글자로 풀이하고 있지만, 갑골문이나 금문에서의 彔은 두레박으로 우물의 물을 퍼 올리는 형태로 나타난다.[348]

346 『說文』에서 彘(체)는 '从彑从二匕, 矢聲'의 형성자, 豕는 '돼지의 털과 다리 및 꼬리를 상형(象毛足而後有尾)'한 글자로 설명되고 있다. 그러나 갑골문에 나타나는 彘는 몸에 화살이 꽂혀 있는 형태로 나타나는 야생돼지이고, 豕는 가축으로서의 돼지로 이해하는 것이 일반적이다.

347 '고슴도치'를 의미하는 彙는 현대한자에서 상용의가 '모으다'로 사용되며, 𧰽는 예변 이후 豪와 毫로 분화되어, '豪傑'、'秋毫' 등으로 운용된다. 𦘔 역시 예변 이후 肄의 형태로 자형이 변했다. 본의가 '宗廟常器也'로 설명되는 彝(이)는 『說文』의 각 傳本에서 '从糸. 廾, 持之. 米, 器中實也. 彑聲'의 형성자로 풀이하고 있으나, 段玉裁는 '从彑. 象形'으로 고쳐놓았다.

348 彔은 『說文』에서 독립된 부수이며, 소속 글자는 없다.

 豕 시

豕는 '돼지의 털과 다리 및 꼬리를 상형(象毛足而後有尾)'한 글자이다.

자소로 사용될 때, **豚**(㒼 돈 小豕也. 从彖省, 象形. 从又持肉, 以給祠祀. 豚, 篆文从肉豕)、**豪**(豪 호 豕鬣如筆管者, 出南郡. 从希高聲. 豪, 籒文从豕)、**豬**(저 豕而三毛叢居者. 从豕者聲)、**逐**(축 追也. 从辵从豚省)、**圂**(혼 廁也. 从囗, 象豕在囗中也)、**豨**(희 豕走豨豨. 从豕希聲) 등의 글자에서 의부역할을 하며, **㒸**(수 从意也. 从八豕聲)의 음부역할을 한다.

이들 글자 가운데, 豨는 다시 **甤**(유 草木實甤甤也. 从生豨省聲)의 음부, 㒸는 **遂**(수)、**隊**(대) 등의 글자에서 음부역할을 하고, 遂는 또 다시 **燧**、**璲**、**襚**(衣死人也)、**邃**(深遠也. 从穴遂聲)、**隧**(수) 등의 글자에서 음부역할을 하며, 隊는 **墜**(추)의 음부역할을 한다.

이외에도, **豖**(축 絆足行豖豖. 从豕繫二足)、**豙**(豙 의 豕怒毛豎. 从豕辛)、**豦**(거 鬬相丮不解也. 从豕虍. 豕虍之鬬, 不解也) 등의 글자에서도 豕가 의부로 사용되고 있으며, 豖은 다시 **啄**、**涿**、**琢**(탁)、**諑**(착)、**冢**(총 从勹豖聲), 豙는 **毅**、**藙**(의), 豦는 **據**、**遽**(거)、**劇**、**勮**(극)、**噱**、**醵**(갹) 등의 글자에서 음부역할을 하고, 冢은 또 다시 **塚**(총)의 음부역할을 한다.

豩(빈)은 豕의 이합자소로서 **豳**(빈)、**燹**(선) 등의 글자에서 음부역할을 하고, 燹은 다시 **鬩**(분 从鬥燹聲)의 음부역할을 한다.[349]

349 豳은 『說文』에서 邠(周太王國. 从邑分聲)의 重文(豳, 美陽亭. 从山豩聲. 闕)으로 수록되어 있다. 현재 통용 자전류에서 豕부에 배속시키고 있는 象(상)、豫(예) 등은 아래의 象을 참조.

 虍 호

虍는 '호랑이의 무늬를 상형(虍文也. 象形)'한 것으로 풀이되고, **虎**는 '호랑이의 발이 사람의 다리와 닮은 것을 상형(从虍, 虎足象人足. 象形)'한 것으로 설명된다. 자소로 사용될 때, 虍와 虎는 모두 호랑이를 의미하며, '호랑이의 무늬'라는 의미는 **彪**(표)가 담당한다.

자소로 사용될 때, **虐**(학 殘也. 从虍, 虎足反爪人也)、**號**(호 呼也. 从号从虎)、**彪**(표 虎文也. 从虎, 彡象其文也)、**虞**(우 騶虞也. 白虎黑文, 尾長於身. 仁獸, 食自死之肉. 从虍吳聲) 등의 글자에서 의부역할을 하고, **虛**(허 从丘虍聲)、**處**(処 처 从几从夊 處, 処或从虍聲) 등의 글자에서는 음부역할을 한다.[350]

이들 글자 가운데, 虐은 다시 **瘧**、**謔**(학) 등의 글자에서 음부역할을 하고, 彪는 **滮**(표)의 음부역할을 하며, 虛는 **墟**、**噓**、**𡹷**(허) 등의 글자에서 음부역할을 한다.

이외에도, **虒**(사 委虒, 虎之有角者也. 从虎厂聲)、**虔**(건 虎行皃. 从虍文聲)、**虘**(차 虎不柔不信也. 从虎且聲) 및 **䖒**(희 古陶器也. 从豆虍聲)、**䧽**(호 鳥也. 从隹虍聲)、

350 현재 통용 자전류에서 虍부에 배속시키고 있는 虛나 處에서의 虍는 의부가 아닌 음부로 사용된 글자들이다.

虜(로 獲也. 从毌从力虍聲)、**𧇊**(로 𦥸也. 从甾虍聲)、**慮**(려 謀思也. 从思虍聲)、**鬳**(권 鬲屬. 从鬲虍聲) 등의 글자들도 虍가 의부 혹은 음부로 사용된 글자들이다.[351]

이들 글자 가운데, 虒는 다시 **榹**、**褫**(사)、**遞**(체)、**嗁**(제)、**篪**(지) 등의 음부, 虔은 **𠜾**、**𢯷**(건) 등의 음부, 虘는 **蔖**(차)、**摣**(사)、**覷**(처)、**謯**(저) 등의 음부, 虛는 **戲**(희)의 음부, 虐는 **虧**(휴)의 음부, 虜는 **擄**(로)의 음부, 𧇊는 **盧**(로 从皿𧇊聲)의 음부역할을 하며, 盧는 또 다시 **爐**、**蘆**(로)、**廬**、**臚**、**驢**(려) 등의 글자에서 음부역할을 하고, **膚**(부)는 『說文』에 수록된 臚(려)의 重文(膚, 籒文臚)이다. 또한, 慮는 **濾**、**勴**(려), 鬳은 **甗**(언)、**獻**(헌)、**瓛**(환) 등의 글자에서 음부역할을 한다.

虤(현)은 虎의 이합자소(从二虎)로서, 본의가 '호랑이가 화나다(虎怒也)'로 풀이된다. 자소로 사용되는 경우가 많지 않으나 **贙**(현 从虤, 對爭貝)의 의부역할을 한다.

象 상

象은 코끼리의 모양을 상형(象耳牙四足之形)한 글자로, **豫**(예 象之大者. 从象予聲)、**像**(상 象也. 从人从象, 象亦聲) 등의 글자에서 의부 혹은 의부겸 음부역할을 한다.

爲의 경우, 『說文』에서는 '어미 원숭이(母猴也)'를 의미하고, 자형 역시 그 모양을 상형(爪, 母猴象也. 下腹爲母猴形)한 것이라고 설명하고 있으나, 갑골문이나 금문에는 손(又 혹은 爪)으로 코끼리(象)를 부리는 자형으로 나타나 있다. 자소로 사용될

---

351 虒에서의 厂(예)는 2.17, 𧇊에서의 甾(치)는 2.8, 豦(거)는 위의 豕를 참조.

때, **僞**、**蔿**(위)、**譌**(귀) 등의 글자에서와 같이 주로 음부역할을 한다.

 **能 능**  **熊 웅**

許愼은 能의 본의를 '곰 류(熊屬)'로 설명하고, 자형을 '足似鹿, 从肉㠯聲'의 형태로 파악하였으며, 곰을 의미하는 熊은 '从能炎省聲'의 형태로 설명하여, 能과 熊 두 글자 모두를 형성자로 간주하였으나, 고문자계통에 나타나는 能과 熊은 서로 구별되지 않는 글자로서 상형자로 보는 것이 일반적이다.

자소로 사용될 때, 能은 **態**(태 意也. 从心从能)、**罷**(파 遣有辠也. 从网能) 등의 글자에서 의부로 설명되며, 熊은 **羆**(비 如熊, 黃白文. 从熊, 罷省聲)의 의부로 사용된다.

 **馬 마**

馬는 '말의 모양을 상형(象馬頭髦尾四足之形)'한 글자이다.

자소로 사용될 때, **馮**(풍, 빙 馬行疾也. 从馬仌聲)、**篤**(독 馬行頓遲. 从馬竹

聲)、**騎**(기 跨馬也. 从馬奇聲)、**騷**(소 擾也. 一曰摩馬. 从馬蚤聲)、**驅**(구 馬馳也. 从馬區聲)、**驛**(역 置騎也. 从馬睪聲)、**驚**(경 馬駭也. 从馬敬聲)、**驗**(험 馬名. 从馬僉聲)、**騰**(등 傳也. 从馬朕聲)、**馴**(馬順也. 从馬川聲)、**駐**(馬立也. 从馬主聲)、**駕**(馬在軛中. 从馬加聲) 등의 글자에서 의부역할을 하고, **瑪**、**碼**、**禡**(마)、**罵**(매) 등의 글자에서는 음부역할을 한다.[352]

鹿 록

鹿은 '사슴의 모양을 상형(象頭角四足之形, 从比)'한 글자로서, 許愼이 '从比'라고 한 것은 소전 자형에 얽매인 까닭으로 이해하여야 할 것이다.

자소로 사용될 때, **慶**(경 行賀人也. 从心从夊. 吉禮以鹿皮爲贄, 故从鹿省)、**麋**(미 鹿屬. 从鹿米聲)、**麇**(균 麞也. 从鹿, 囷省聲)、**麒**(기 仁獸也. 麋身牛尾, 一角. 从鹿其聲)、**麟**(린 大牝鹿也. 从鹿粦聲)、**麗**(려 旅行也. 鹿之性, 見食急則必旅行. 从鹿丽聲) 등의 글자에서 의부역할을 하고, **麓**、**漉**、**熝**(록) 등의 글자에서는 음부역할을 한다.

이들 글자 가운데, 麗는 다시 **儷**、**驪**(려)、**灑**、**曬**(쇄)、**釃**(시)、**纚**、**邐**、**鸝**(리)、**酈**(력) 등의 글자에서 음부역할을 한다.

鹿의 삼합자소인 **麤**(추)는 **塵**(진 鹿行揚土也. 从麤土)에서 의부역할을 하지만, 예변 이후 **雧**(集 집)과 마찬가지로 **塵**으로 간화되었다.

---

352 馬의 三合字素인 驫(표)는 본의가 '다수의 말(衆馬也)'로 설명되며, 자소로 사용될 때 驫木(신 衆盛也. 从木驫聲)의 음부역할을 한다.

 廌 치 태

廌는 전설상의 동물인 '해치'의 모양을 상형(解廌. 獸也. 似山牛, 一角. 古者決訟, 令觸不直. 象形. 从豸省)한 글자이다.

자소로 사용될 때 **薦**(천 獸之所食艸. 从廌从艸)、**法**(灋 법 刑也. 平之如水, 从水. 廌, 所以觸不直者去之, 从去. 法, 今文省) 등의 글자에서 의부역할을 한다. 현대한자에서의 法은 **灋**의 廌(치)가 생략된 자형이다.[353]

 豸 치

豸를 『說文』에서는 '등뼈가 긴 짐승이 느릿느릿 걸으면서 먹이를 잡기위해 엿보는 형태(獸長脊, 行豸豸然, 欲有所伺殺形)'라고 설명하고 있고, 갑골문에 나타나는 豸는 짐승이 입을 벌리고 있는 형태로 표현되어 있다.

자소로 사용될 때, **豺**(시 狼屬, 狗聲. 从豸才聲)、**豹**(표 似虎, 圜文. 从豸勺聲)、**貊**(貉 맥 北方豸穜. 从豸各聲) 등의 글자에서 의부역할을 하며, **貍**(리)、**貓**

353 현대한자에서 薦과 荐(천)은 동일한 의미로 운용되지만, 薦은 본의가 '짐승이 먹는 풀(獸之所食艸)', 荐은 '풀로 만든 깔개(薦蓆也)'로 풀이된다.

(묘) 등의 글자들에서도 의부로 사용되었으나, 현대한자에서는 의부가 犭(견)으로 대체되어 **狸**、**猫** 등으로 운용되며, **貌**(모)는 『說文』에 **皃**(모 从人, 白象人面形)의 重文으로 수록된 或體字(籒文皃, 从豹省)이다.

 甲文  金文  小篆 豸 楷書

 **鼠 서**

鼠는 본의가 '구멍을 뚫고 사는 동물들의 총칭(穴蟲之總名也)'으로 풀이된다.

자소로 사용될 때 **竄**(찬 墜也. 从鼠在穴中)、**鼢**(분 地行鼠, 伯勞所作也. 一曰偃鼠. 从鼠分聲)、**鼪**(생 飛生鼠. 从鼠生聲)、**鼬**(유 如鼠, 赤黃而大, 食鼠者从鼠由聲) 등의 글자에서 의부역할을 하고, 음부로 사용되는 경우는 드물지만, **癙**(서)에서는 음부역할을 한다.[354]

 甲文  小篆 鼠 楷書

 **兔 토**

免는 '토끼의 앉아있는 모습과 꼬리의 모양을 상형(象兎踞, 後其尾形)'한 글자로 설명되며, 자소로 사용될 때, **冤**(원 屈也. 从兔从冂. 兔在冂下, 不得走, 益屈折也)、**逸**(일 失也. 从辵兎. 兔謾訑善逃也) 등의 글자에서 의부역할을 한다.[355]

 甲文  小篆 兔 楷書

---

354 巤(렵)은 2.1.4의 囟(신)을 참조.

355 寃(원)은 冤의 俗字이다. 본의가 '달리다(疾也)'로 풀이되는 兎의 삼합자소인 㲜(부)는 자소로 사용되는 경우가 발견되지 않는다. 免(면)과 그 활용은 2.1.1의 儿을 참조.

 **㲋 착**

㲋은 '토끼와 비슷하면서도 좀 더 큰 청색 짐승의 모양을 상형(獸也. 似兔, 青色而大. 象形. 頭與兔同, 足與鹿同)'한 글자로서, **毚**(참 狡兔也, 兔之駿者. 从兔㲋)의 의부역할을 하고, 毚은 **儳**、**嚵**、**巉**、**攙**、**讒**(참) 등의 글자에서 음부역할을 한다.

 **龍 룡**

龍을 『說文』에서는 '从肉, 飛之形, 童省聲'의 형성자로 설명하고 있지만, 갑골문이나 금문에는 대체적으로 뱀과 비슷한 모양에 뿔과 다리를 표시한 경우도 있고, 간략하게 선으로만 나타낸 경우도 있는 상형자로 나타난다.

자소로 사용될 때, 龍은 **龕**(감 龍皃. 从龍合聲)[356]、**龗**(령 龍也. 从龍霝聲) 등의 글자에서 의부역할을 하고, **瓏**、**籠**、**聾**(롱)、**龐**(방)、**龔**(공) 등의 글자에서는 음부역할을 한다.

龖(답)은 龍의 이합자소(飛龍也. 从二龍)로서, 자소로 사용되는 경우가 드물지만, **襲**(습 重衣也. 从衣龖省聲)에서는 생략된 형태로 음부역할을 하며, **𪚥**(답)은 삼합자소(龍行𪚥𪚥. 从三龍)이다.

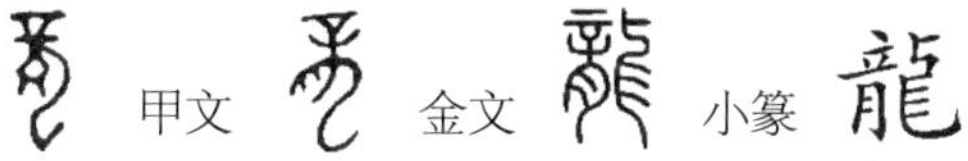
甲文 金文 小篆 楷書

356 龕은 『說文』의 각 전본에 '从龍合聲'으로 표기되어 있으나, 段注本에는 『九經字樣』에 근거해 '从龍今聲'으로 고쳐 놓았다.

 龜 구 귀

龜는 거북의 모양을 상형(从它. 龜頭與它頭同)한 글자이다.

자소로 사용될 때, 爞(초 灼龜不兆也. 从火从龜)、龜冬(동 龜名. 从龜冬聲)、龜冉(염 龜甲邊也. 从龜冄聲) 등의 글자에서 의부역할을 하고, 鬮(구)에서는 음부역할을 한다.

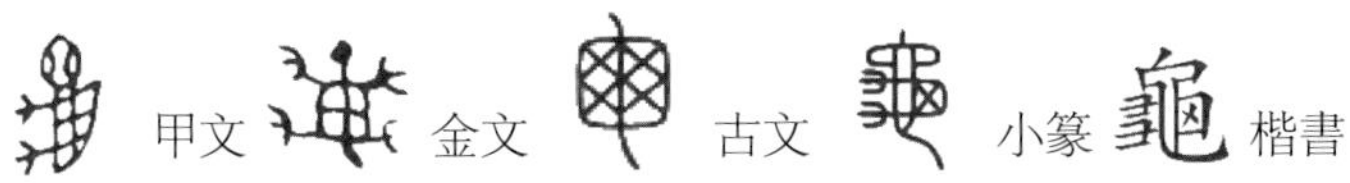

 易 역 이

易을 『說文』에서는 '도마뱀을 상형(蜥易, 象形)'한 글자로 설명하고 있다. 그러나 갑골문에 나타나는 易은 물 혹은 술이 담긴 두개의 잔으로 나타나기도 하고, 그 잔 옆에 두 개의 손(廾)이 추가된 형태도 있으며, 물이나 술이 담긴 한 개의 잔으로 표현된 경우도 있다.

『說文』에서 설명하는 易은 현대한자에서 蜴(척)으로 통용되며, 자소로 사용될 때, 錫(석)、剔、惕、踢(척) 등의 글자에서와 같이, 주로 음부역할을 한다.

 巴 파

『說文』에서는 巴(蟲也. 或曰食象它. 象形)를 아래의 它(타)、虫(회) 등과 함께 모두 뱀 종류를 상형한 글자로 설명하고 있다.

자소로 사용될 때, 把、爸、芭、爬、琶(파) 등의 경우와 같이 주로 음부역할을 한다.[357]

 它 타

它의 자형을 『說文』에서는 ‘虫의 자형을 길게 끌어 꼬리가 늘어 뜨려진 모습을 상형(虫也. 从虫而長. 象冤曲垂眉形)한 것으로 설명하고 있으며, 현대한자에서는 『說文』에서 它의 重文으로 수록된 **蛇**(사 或从虫)가 뱀의 총칭으로 사용되고 있다.

자소로 사용될 때, **陀**、**舵**、**駝**(타) 등의 글자에서 음부역할을 한다.

甲文 金文 小篆 楷書

 黽 맹 민

黽은 ‘맹꽁이의 모양을 상형(鼃黽也. 从它. 象形)’한 글자이다.

자소로 사용될 때, **蠅**(승 營營青蠅. 蟲之大腹者. 从黽从虫)、**鼃**(와 蝦蟇也. 从黽圭聲)、**鼀**(축 蟾蠩也. 从黽尤聲)、**鼇**(오 海大鼇也. 从黽敖聲)、**鼈**(별 甲蟲也. 从黽敝聲)、**鼉**(타 水蟲. 似蜥易, 長大. 从黽單聲) 등의 글자에서 의부역할을 하고, **鄳**(맹)、**僶**(민) 등의 글자에서는 음부역할을 한다.

이들 글자 가운데, 蠅은 자형의 일부가 생략된 형태로 **繩**(승 索也. 从糸, 蠅省聲)의 음부역할을 하고, 鼀 역시 자형의 일부가 생략된 형태로 **竈**(조 炊竈也. 从穴鼀省聲. 竃, 竈或不省)의 음부역할을 한다.

甲文 金文 小篆 楷書

---

357 巳(사)는 2.18을 참조.

 虫 회

虫는 갑골문이나 금문, 소전 모두 소전의 它와 유사한 형태로 나타나며, 뱀을 그린 상형자이다. 그러나 虫가 자소로 사용될 때는, 뱀뿐만이 아니라 파충류를 비롯한 벌레와 관련된 여러 동물들을 지칭하는 글자들의 의부로 사용된다.

자소로 사용될 때, **蛇**(사 它, 或从虫)、**蝶**(蜨 접 从虫疌聲. 俗作蝶)、**螢**(형 从虫, 熒省聲)、**蠻**(만 从虫䜌聲)、**蜀**(촉 葵中蠶也. 从虫, 上目象蜀頭形, 中象其身蜎蜎) 등의 글자에서 의부역할을 하며, 蜀은 다시 **燭**、**觸**(촉)、**獨**(독)、**屬**(속 从尾蜀聲)、**濁**、**斀**、**鐲**(탁)、**噣**(주) 등의 글자에서 음부역할을 하고, 屬은 또 다시 **囑**、**斸**(촉) 등의 글자에서 음부역할을 한다.

蚰(곤)은 虫의 이합자소(从二虫)로서, '파충류의 총칭(蟲之總名也)'으로 사용되며, **𧕴**(虱 슬 从蚰卂聲)、**𧓉**(蚤 조 从蚰叉聲. 𧓉或从虫)、**蠭**(蜂 봉 从蚰逢聲. 螽, 古文省)、**蠶**(잠 从蚰朁聲)、**蠠**(蜜 밀 从蚰鼏聲. 蜜, 蠠或从宓)、**蠹**(두 从蚰橐聲) 등의 글자에서 의부역할을 하지만, 예변 이후 대부분 虫로 대체되었다.

蟲(충)은 虫의 삼합자소(从三虫)로서, 『說文』에서는 '발이 있는 것을 蟲이라 부르고, 발이 넓은 것을 豸라 한다(有足謂之蟲, 無足謂之豸)'라고 설명된다.

자소로 사용될 때, **蠱**(고 腹中蟲也. 从蟲从皿)의 의부역할을 하고, **融**(융 炊气上出也. 从鬲蟲省聲)、**赨**(동 赤色也. 从赤, 蟲省聲) 등의 글자에서는 자형의 일부가 생략된 형태로 음부역할을 한다.[358]

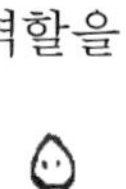 甲文  金文  小篆 虫 楷書

 金文  小篆 蜀 楷書

358 蚩(치 蟲也. 从虫之聲)와 그 활용은 2.1.3의 之를 참조.

 魚 어

魚는 물고기의 모양을 상형(水蟲也. 象形)한 글자이다.

자소로 사용될 때, **漁**(瀺 어 捕魚也. 从瀺从水. 漁, 篆文从魚)、**鮮**(선 魚名. 出貉國. 从魚羴省聲)、**鮪**(유 鮥也. 从魚有聲)、**鯉**(리 鱣也. 从魚里聲)、**鯨**(鱷 경 海大魚也. 从魚畺聲. 鯨, 鱷或从京)、**鰻**(만 魚名. 从魚曼聲)、**鱗**(린 魚甲也. 从魚粦聲)、**鮺**(자 藏魚也. 从魚, 差省聲)、**鱻**(선 新魚精也. 从三魚. 不變魚) 등의 글자에서 의부역할을 하고, **䁩**(어)、**穌**(소) 등의 글자에서는 음부역할을 하며, 穌는 다시 **蘇**(소)의 음부역할을 한다.

魯(로)의 경우, 『說文』에서 '从白魚聲'의 형태로 설명하고 있지만, 갑골문에 나타나는 魯는 '그릇에 담긴 고기'의 형태로, '맛있는 고기'의 의미로 해석하는 것이 일반적이며, 자소로 사용될 때, **嚕**、**櫓**、**艪**(로) 등의 글자에서 음부역할을 한다.[359]

 辰 신 진

辰의 본의를 『說文』에서는 '진동하다(震也)'로 풀이하고, 자형을 '从乙匕, 厂聲.

359 白(자)는 2.1.4의 自를 참조. 『說文』의 각 전본에는 魯의 자형을 '从白, 鮺省聲'으로 수록하고 있으나, 본서에서는 段注本에 근거하였다. 魯는 『說文』에서 본의가 '둔함을 표시하는 詞이다(鈍詞也)'로 풀이된다.

从二. 二, 古文上也'의 형태로 복잡하게 설명하고 있으나, 갑골문에는 단순히 조개의 모양을 상형한 자형으로 나타나며, **蜃**(신)의 初文으로 보는 것이 일반적이다.

자소로 사용될 때, **辱**(욕 恥也. 从寸在辰下)、**晨**(晨 신 早昧爽也. 从臼从辰)、**農**(농 耕也. 从晨囟聲) 등의 글자에서 의부 역할을 하고, **唇**、**振**、**震**(진)、**娠**(신)、**脣**(순) 등의 글자에서는 음부역할을 한다.[360]

이들 글자 가운데, 辱은 다시 **蓐**、**縟**(욕) 등의 글자에서 음부역할을 하고, 蓐은 또 다시 **薅**(호 从蓐, 好省聲)의 음부역할을 하며, 農은 **濃**、**膿**、**醲**(농) 등의 글자에서 음부역할을 한다.

貝 패

貝는 '조개의 모양을 상형(海介蟲也. 象形)'한 글자이다.

자소로 사용될 때, **貞**(정 卜問也. 从卜, 貝以爲贄. 一曰鼎省聲)、**負**(부 恃也. 从人守貝, 有所恃也. 一曰受貸不償)、**財**(재 人所寶也. 从貝才聲)、**貢**(공 獻功也. 从貝工聲)、**販**(판 買賤賣貴者. 从貝反聲)、**貧**(빈 財分少也. 从貝从分)、**貨**(화 財

360 『說文』에서는 辱에서의 辰을 음양오행설에 의거하여 '농사짓는 때(農時)'로 해석하고, 寸을 '법도'로 풀이하여, 辱을 農時를 어긴 경우 당하는 恥辱이라고 설명하고 있으나, 갑골문에서의 辱은 又와 辰의 조합으로 나타나며, 辰은 農具의 대용품으로 사용된 조개껍질로 보는 것이 일반적이다. 晨、農 등은 2.1.2 臼(곡)의 注를 참조. '별자리의 이름(房星)'을 나타내는 曟(신 从晶辰聲. 晨, 曟或省)은 2.4의 晶을 참조.

也. 从貝化聲)、**貪**(탐 欲物也. 从貝今聲)、**貫**(관 錢貝之貫. 从毌貝)、**責**(책 求也. 从貝朿聲)、**貯**(저 積也. 从貝宁聲)、**貴**(귀 物不賤也. 从貝臾聲)、**買**(매 市也. 種网貝)、**貸**(대 施也. 从貝代聲)、**費**(비 散財用也. 从貝弗聲)、**貿**(무 易財也. 从貝丣聲)、**賀**(하 以禮相奉慶也. 从貝加聲)、**賃**(임 庸也. 从貝任聲)、**資**(자 貨也. 从貝次聲)、**賓**(빈 所敬也. 从貝㝉聲)、**賜**(사 予也. 从貝易聲)、**賤**(천 賈少也. 从貝戔聲)、**賦**(부 斂也. 从貝武聲)、**賞**(상 賜有功也. 从貝尚聲)、**賢**(현 多財也. 从貝臤聲)、**賣**(매 出物貨也. 从出从買)、**質**(질 以物相贅. 从貝从斦. 闕)、**賴**(뢰 贏也. 从貝剌聲)、**贈**(증 玩好相送也. 从貝曾聲)、**贊**(찬 見也. 从貝从兟)、**賂**(뢰 遺也. 从貝各聲)、**賄**(회 財也. 从貝有聲)、**賭**(도 博簺也. 从貝者聲)、**購**(구 以財有所求也. 从貝冓聲)、**賻**(부 助也. 从貝尃聲)、**賈**(고 賈市也. 从貝襾聲)、**賁**(분 飾也. 从貝卉聲)、**贅**(췌 以物質錢. 从敖貝) 등의 글자에서 의부역할을 하고, **唄**、**浿**、**狽**、**現**、**郥**(패) 등의 글자에서는 음부역할을 한다.[361]

이들 글자 가운데, 貞은 다시 **偵**、**禎**(정), 貫은 **慣**(관), 責은 **積**、**績**、**蹟**(적)、**漬**(지)、**債**(채 从人責, 責亦聲), 貴는 **匱**(櫃)、**潰**、**饋**(궤)、**讀**(회)、**遺**(유), 賞은 **償**(상), **賴**는 **懶**、**癩**(라), **贊**은 **瓚**、**讚**、**鑽**(찬), 賈는 **價**(가), 賁은 **噴**、**墳**、**憤**(분) 등의 글자에서 음부역할을 한다.

이외에도, **哨**、**瑣**、**鎖**(쇄) 등의 글자에서 음부역할을 하는 **貨**(쇄)는 본의가 '조개가 부딪치는 소리(貝聲也)'로 풀이되고 자형은 '从小貝'의 형태로 설명된다.

해서체에서 '賣買'의 賣와 같은 자형으로 나타나고, **嬻**、**瀆**、**櫝**、**牘**、**讀**、**讟**、**黷**(독)、**續**(속) 등의 글자에서 음부역할을 하는 **賣**(육)은 본의가 '돌아다니며 팔다(衒也)'로 풀이되고, 자형은 '从貝𡏳聲. 𡏳, 古文睦'의 형태로 설명된다.

---

361 貝가 의부로 사용된 貞、則、員、敗 등에서의 貝는 고문자계통에서 鼎으로 나타나는 경우가 많다. 贊에서의 兟(신)은 2.1.1 儿의 先을 참조. 賓의 음부로 설명되는 㝉(면)은 '从宀丏聲'의 형태로 구성되어 있다. 丏(면)은 2.17, 貯의 宁(저)는 2.8, 貴의 臾(궤)는 2.1.2의 臼(곡), 貿의 丣(卯 묘)는 2.6을 참조. 賢의 경우, 段注本에서는 '多財也'로 고쳐 놓았고, 『玉篇』에서는 '有善行也'로 풀이하고 있다.

현재 통용 자전류에서 口(구)부에 나열되어 있는 **員**(원 物數也. 从貝囗聲)의 경우, 貝가 의부이고 囗(위)가 음부로 설명되는 글자로서, 자소로 사용될 때, **圓**(원)、**娟**、**涓**、**捐**(연)、**殞**、**韻**(운) 등의 글자에서 음부역할을 한다. 또한, 刀부에 나열되어 있는 **則**(칙 等劃物也. 从刀从貝. 貝, 古之物貨也. 劃, 古文則. 鼎, 籀文則从鼎) 역시 貝가 의부로 설명되며, 則은 다시 **側**、**測**、**廁**(측)、**賊**(적 从戈則聲) 등의 글자에서 음부로 사용된다.[362]

賏(영)은 貝의 이합자소로서, 본의가 '조개목걸이(頸飾也)'로 설명되며, 자소로 사용될 때, **嬰**(영)、**罌**、**甖**、**罃**、**鸎**(앵) 등의 글자에서 음부역할을 하고, 嬰은 다시 **瓔**、**纓**(영)、**嚶**、**櫻**(앵) 등의 글자에서 음부역할을 한다.

362 현재 통용 자전류에서 敗(패 毁也. 从攴貝)는 攴부, 具(구 共置也. 从廾, 从貝省)는 八부에 배속시키고 있다. 具와 그 활용은 2.1.2의 廾(공)을 참조.

皮 피

『說文』에서는 皮의 본의를 '짐승의 가죽을 벗기는 것을 皮라 한다(剝取獸革者謂之皮)' 라고 설명하고, 자형을 '从又, 爲省聲'의 형성자로 분석하고 있으나, 금문에서의 皮는 又와 짐승가죽의 모양을 그린 자형이 결합된 형태로서, 손(又)으로 짐승의 가죽을 벗기는 구체적 형태로 나타난다.

자소로 사용될 때, 皮는 **皰**(포 面生气也. 从皮包聲)、**皯**(간 面黑气也. 从皮干聲) 등의 글자에서 의부역할을 하고, **彼**、**疲**、**被**、**陂**(피)、**波**、**破**、**跛**(파) 등의 글자에서는 음부역할을 하고, 波는 다시 **婆**(파)의 음부역할을 한다.

革 革 혁

『說文』에서는 革의 본의를 '짐승의 가죽으로서, 털을 제거한 것(獸皮, 治去其毛)'으로 설명하면서도, 자형은 重文으로 수록한 古文에 근거해 '古文革从三十. 三十年爲一世, 而道更也. 臼聲'의 형태로 분석하고 있다. 그러나 금문에 나타난 자형은 卅과 관계없이 양손(臼)으로 짐승의 가죽을 벗겨내는 모양으로 나타나 있다.[363]

자소로 사용될 때, **勒**(륵 馬頭絡銜也. 从革力聲)、**鞭**(편 驅也. 从革便聲)、**鞠**(국 蹋鞠也. 从革匊聲)、**霸**(박 雨濡革也. 从雨从革) 등의 글자에서 의부역할을 하고, **焞**(혁)、**愅**、**緙**(격) 등의 글자에서는 음부역할을 한다.

이들 글자 가운데, 霸은 다시 **覇**(霸 패 从月霸聲)의 음부역할을 한다.[364]

---

363 許愼이 卅을 의부로 본 이유는, '獸皮, 治去其毛' 뒤에 '革, 更之'라는 의미를 부가하고, 이에 얽매여 '卅年爲一世而道更也'라고 설명한 것으로 판단된다.

 角 각

角은 짐승의 뿔을 상형(獸角也. 象形)한 글자이다.

자소로 사용될 때, **解**(해 判也. 从刀判牛角)、**衡**(형 牛觸, 橫大木其角. 从角大, 行聲)、**觸**(촉 抵也. 从角蜀聲)、**觴**(상 觶實曰觴, 虛曰觶. 从角, 煬省聲)、**觶**(치 鄉飲酒角也. 从角單聲) 등의 글자에서 의부역할을 하고, **埆**、**捔**、**桷**(각)、**确**(학)、**斛**、**唃**(곡) 등의 글자에서는 음부역할을 한다.

이들 글자 가운데, 解는 다시 **懈**、**蟹**、**邂**(해) 등의 글자에서 음부역할을 한다.

 嘼 후

嘼는 본의가 '가축(犍也)'으로 풀이되고, 자형은 '동물의 머리와 귀의 모양, 그리고 발로 땅을 밟고 있는 모양을 상형(象耳頭厹地之形)'한 것으로 설명된다.

---

364 霸는 본의가 '음력 매월 초에 처음 보이는 달빛(月始生, 霸然也)'으로 풀이되며, 覇는 霸의 俗字이다.

자소로 사용되는 경우가 드물지만, **獸**(수 两足曰禽, 四足曰獸. 从嘼从犬)의 의부역할을 한다.

 内 유

内는 '짐승의 발이 땅을 밟는 모습을 상형한 글자로서, 九는 음부이다(獸足蹂地也. 象形. 九聲)'로 풀이되며, 蹂(유)는 『說文』에 重文으로 수록된 篆文 자형이다.

자소로 사용될 때, **禽**(금 走獸總名. 从内. 象形. 今聲)、**离**(리 山神, 獸也. 从禽頭, 从内, 从屮)、**禺**(우 母猴屬, 頭似鬼. 从由从内)、**禹**(우 蟲也. 从内. 象形)、**禼**(설 蟲也. 从内. 象形)、**萬**(만 蟲也. 从内. 象形) 등의 글자에서 의부역할을 한다.[365]

이들 글자 가운데, 禽은 다시 **擒**、**檎**(금), 离는 **璃**、**離**、**籬**(리), 禺는 **偶**、**寓**、**愚**、**遇**(우)、**顒**(옹), 禹는 **瑀**、**踽**(우)、**湡**(유) 등의 글자에서 음부역할을 하고, 禼은 **竊**(절 从穴米. 禼、廿, 皆聲也. 廿, 古文疾)의 음부역할을 한다.[366]

또한, 萬은 **澫**(만)、**勱**(매)、**糲**(려) 등의 글자에서 음부역할을 하고, **勵**、**礪**、**蠣**(려)、**濿**(례) 등의 글자에서 음부역할을 하는 **厲**(려)는 본의가 '숫돌(磨石)'로 풀이되고, 자형은 '从厂, 蠆省聲'의 형태로 분석되며, **蠆**(蠆 채)는 '독충의 일종을 상형(毒蟲也. 象形)'한 글자로서, 예변 이후 자형이 萬과 虫의 결합 형태로 변했다. '邁進(매진)하다'의 '**邁**' 역시 '从辵蠆省聲'의 형태로 설명된다.

 甲文  金文  小篆 萬 楷書

365 禼은 禼의 俗字이다.

366 竊은 『說文』에서 形聲字의 音符가 두 개로 설명되는 특수한 경우로서, 禼과 廿(질)을 모두 음부로 설명하고 있으나, 예변 이후 廿은 제거되었다.

 金文  小篆 蠆 楷書

 釆 변

釆은 본의가 '변별하다(辨別也)'로 풀이되고, 자형은 '짐승의 발가락이나 발톱자국을 분별하는 것을 상형(象獸指爪分別也)'한 글자이다.

자소로 사용될 때, **審**(宷 심 悉也. 知宷諦也. 从宀从釆. 審, 篆文宷从番)、**悉**(실 詳盡也. 从心从釆)、**釋**(석 解也. 从釆睪聲) 등의 글자에서 의부역할을 하고, **𢍏**(권 摶飯也. 从廾釆聲)의 음부역할을 한다.

이들 글자 가운데, 審은 『說文』에 宷의 重文으로 수록된 篆文 자형으로서, 자소로 사용될 때 **嬸**、**瀋**、**覾**、**讅**(심) 등의 글자에서 음부역할을 하고, 悉은 **窸**、**蟋**(실)、**僁**(설) 등의 글자에서 음부역할을 한다.

𢍏의 경우, 예변 이후 𠔉형으로 粘合되어 **卷**、**券**、**圈**、**眷**、**絭**(권)、**豢**(환) 등의 글자에서 음부역할을 하며, 卷은 다시 **倦**、**惓**、**捲**、**涹**、**鬈**、**齤**(권) 등의 글자에서 음부역할을 한다.[367]

 甲文  金文  小篆 釆 楷書

 番 번

番(번)은 '釆에 짐승의 발바닥을 상형한 田형을 추가한 자형(从釆. 田, 象其掌)'으

367 墺、懊、澳(오) 등의 글자에서 음부역할을 하는 奧(오 宛也. 室之西南隅) 역시 『說文』에서는 𢍏이 음부(从宀𢍏聲)로 설명되며, 糞(분)도 『說文』에서는 釆이 의부로 사용된 것으로 설명된다(从廾推𠦒棄釆也. 官溥說 : 似米而非米者, 矢字).

로 본의가 '짐승의 발(獸足謂之番)'으로 풀이되며, **蹞**(번)은 『說文』에 수록된 番의 或體字(或从足从煩)이다.

자소로 사용될 때, **幡**、**燔**、**翻**(飜)、**膰**、**蕃**、**轓**、**鐇**、**鷭**(번)、**潘**、**磻**(반) 등의 글자에서 음부역할을 하고, 潘은 다시 **藩**(번)의 음부역할을 한다.

卵 란

卵은 알의 모양을 상형(凡物無乳者, 卵生. 象形)한 글자로서, 자소로 사용되는 경우는 드물지만, **孵**(부 孵化也. 从卵孚聲)、**毈**(단 卵不孚也. 从卵段聲) 등의 글자에서 의부역할을 한다.

2.2.2 새 또는 새와 관련된 것

隹 추

隹는 새의 모양을 상형(鳥之短尾總名也. 象形)한 글자이다.

자소로 사용될 때, **雅**(아 楚烏也. 从隹牙聲)、**雄**(웅 鳥父也. 从隹厷聲)、**雌**(자 鳥母也. 从隹此聲)、**雁**(안 鵝也. 从隹从人, 厂聲)、**隻**(척 鳥一枚也. 从又持隹. 持一隹曰隻, 二隹曰雙)、**離**(리 黃倉庚也. 鳴則蠶生. 从隹离聲)、**難**(鸛 난 鳥也. 从鳥堇聲. 難, 鸛或从隹)、**雞**(鷄 계 知時畜也. 从隹奚聲. 鷄, 籒文雞从鳥)、**雀**(작 依人小鳥也. 从小隹)、**雇**(고 九雇. 農桑候鳥, 扈民不婬者也. 从隹戶聲)、**雉**(치 野鳥也. 从隹矢聲)、**雕**(조 鷻也. 从隹周聲. 鵰, 籒文雕从鳥)、**雍**(雝 옹 雝𪆫也.

从隹邕聲) 등의 글자에서 의부역할을 하고, **錐**、**椎**(추)、**售**(수)、**唯**、**惟**、**維**(유)、**堆**、**推**(퇴)、**淮**(회)、**崔**(최)、**稚**(치) 등의 글자에서는 음부역할을 한다.[368]

이들 글자 가운데, 離는 다시 **籬**(리), 難은 **灘**(탄)、**儺**(나), 雀은 **截**(截 절), 雇는 **顧**(고), 雍은 **壅**、**擁**、**甕**、**癰**、**饔**(옹), 唯는 **雖**(수), 淮는 **匯**(滙 회), 崔는 **催**、**慛**(최) 등의 글자에서 음부역할을 하고, 維는 **羅**(라 以絲罟鳥也. 从网从維)의 의부역할을 한다. 또한, 截은 또 다시 **巀**(절, 제)、**嶻**(찰), 羅는 또 다시 **蘿**、**邏**(라) 등의 글자에서 음부역할을 한다.[369]

현재 통용자전류에서 隹부에 배속시키고 있는 **雖**(수 似蜥蜴而大. 从虫唯聲)、**雜**(잡 五彩相會. 从衣集聲) 등의 글자들은 각각 虫와 衣가 의부로 사용된 글자들이다.

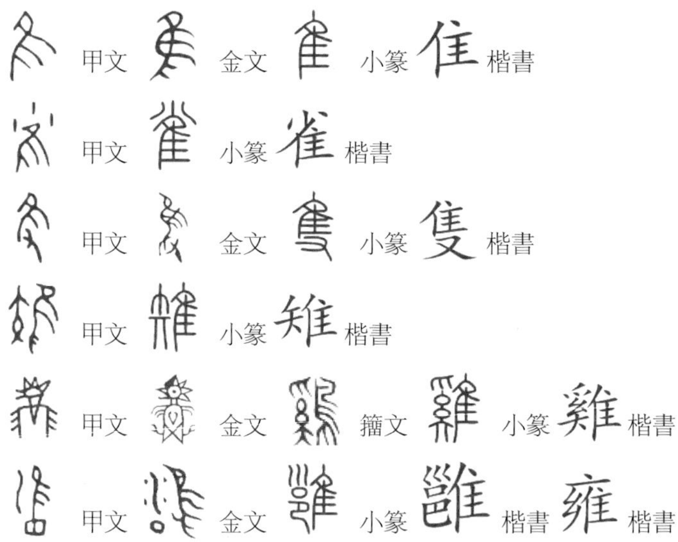

위에 열거한 글자들 이외, **隼**(준)、**奞**(순)、**隺**(각, 확)、**萑**(환)、**雋**(준)、**巂**(휴) 등의 글자들 역시 隹가 의부로 사용된 경우이며, 이들이 다시 자소로 사용되는 예는 아

368 焦(초)와 그 활용은 아래의 雥(잡)을 참조. 雍은 雝이 本字이고, 예변 이후 자형이 雍으로 변한 경우이다. 邕(옹)은 2.5의 川을 참조.

369 進은 '从辵閵省聲'의 형태로 설명되며, 閵(린)은 '从隹, 㒇省聲, 㒇(진)은 '从門二. 二, 古文下字'의 형태로 설명된다. 雁(鷹)、應、膺(응) 등의 글자들은 2.1.1 人의 疒(녁)을 참조. 罹의 경우, 본의가 '근심(心憂也)'으로 풀이되지만, 자형에 관해서는 '从网. 未詳'이라고만 해놓고, '離와 통용되는 경우가 많다(古多通用離)'라고 부연설명하고 있다.

래와 같다.[370]

 隼 준

隼은 본의가 '비둘기과의 새(祝鳩也)'로 풀이되고, 『說文』에서는 '**鵻**(순, 추 从鳥隹聲)의 혹체자(或从隹一)로 설명된다. 자소로 사용될 때, **準**(준 平也. 从水隼聲)의 음부 역할을 한다.[371]

 奞 순

奞은 본의가 '새가 날개를 펴 분기하여 날다(鳥張毛羽自奮也)'로 풀이되고, 자형은 '从大从隹'의 형태로 설명된다.

자소로 사용될 때, **奪**(탈 手持隹失之也. 从又从奞)、**奮**(분 翬也. 从奞在田上) 등의 글자에서 의부역할을 한다.

 隺 각 확

隺은 본의가 '높이 다다르다(高至也)'로 풀이되고, 자형은 '从隹, 上欲出冂'의 형태로 설명된다. 자소로 사용될 때, **榷**(각)、**鶴**(학)、**確**(확) 등의 글자에서 음부역할을 한다.

 雈 환

雈은 '솔개류(鴟屬)'를 의미하며, 자형은 '从隹从丫. 有毛角'의 형태로 설명된다.[372]

---

370 瞿(구)와 矍(확)은 2.1.4 目의 파생자소 䀠(구), 雐(호 从隹虍聲)는 2.2.1의 虍, 翟(적)은 아래의 羽를 참조.

371 '从隹一'에서의 一은 꼬리가 긴 새의 모양을 상형한 非字字素로 보아야 할 것이다. 准은 準의 俗字이다.

372 '풀이 많은 모양(艸多貌)'이라는 의미의 '从艸隹聲'의 '萑(추)'와는 구별되는 글자이다.

자소로 사용될 때, **蒦**(획, 약 商也. 一曰, 度也. 从又持萑)、**雚**(관 小雀也. 从萑吅聲)、**舊**(구 雖舊, 舊留也. 从萑臼聲) 등의 글자에서 의부 역할을 한다.

이들 글자 가운데, 蒦은 다시 **獲**、**擭**(획)、**穫**、**矱**、**鑊**(확)、**護**、**頀**(호) 등의 글자에서, 雚은 **灌**、**罐**、**觀**(관)、**歡**、**驩**(환)、**勸**、**權**(권)、**嚾**(훤) 등의 글자에서 음부역할을 한다.

 雋 전 준

雋은 본의가 '새가 살찌다(鳥肥也)'로 풀이되고, 자형은 '从弓, 所以射隹'의 형태로 분석된다. 자소로 사용될 때, **鐫**(전)、**儁**、**寯**(준) 등의 글자에서와 같이 주로 음부역할을 한다.

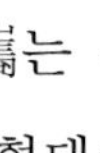 巂 휴

巂는 본의가 '주나라 제비(周燕也)'로 풀이되고, 자형은 '从隹, 屮象其冠也. 㕯聲'의 형태로분석된다. 자소로 사용될 때, **孈**、**攜**、**瓗**(휴) 등의 글자에서 음부역할을 한다.[373]

 雔 수

373 携는 攜의 俗字이고, 巂의 俗字도 隽의 형태로 나타난다.㕯(놜)은 2.1.4의 口를 참조.

雔는 隹의 이합자소(雙鳥也. 从二隹)로서, 자소로 사용될 때, **雙**(쌍 隹二枚也. 从雔. 又, 持之)、**靃**(확 飛聲也. 雨而雙飛者, 其聲靃然) 등의 글자에서 의부역할을 하고, **讎**(수)의 음부역할을 한다.

이들 글자 가운데, 雙은 다시 **艭**(쌍)、**愯**(송 从心, 雙省聲) 등의 글자에서 음부역할을 하고, 靃(확)은 예변 이후 **霍**의 형태로 정리되어, **曤**、**攉**(확)、**藿**、**瀖**、**癨**(곽)、**嚯**(학) 등의 글자에서 음부역할을 한다.

 金文  小篆 雔 楷書

 雥 잡

雥은 隹의 삼합자소(羣鳥也. 从三隹)로서, 자소로 사용될 때, **雧**(集 집 羣鳥在木上也. 从雥从木. 集, 雧或省)의 의부 역할을 하고, **⿱雥火**(焦 초 火所傷也. 从火雥聲. 焦, 或省)의 음부역할을 한다.

이들 글자들은 예변 이후 集과 焦로 운용되며, 자소로 사용될 때, 集은 **潗**、**鏶**(집)、**雜**(襍 잡 五彩相會. 从衣集聲) 등의 글자에서, 焦는 **憔**、**樵**、**礁**、**蕉**、**醮**(초) 등의 글자에서 음부역할을 한다.

 甲文  小篆 雥 楷書

 甲文  金文  小篆  或體 集 楷書

 鳥 조

鳥는 隹와 마찬가지로 새의 모양을 상형한 글자이다. 『說文』에서는 鳥를 '꼬리가 긴 새의 총칭이다(長尾禽總名也)'라고 하고, 隹를 '꼬리가 짧은 새의 총칭이다(鳥之短尾總名也)'라고 하여, 서로 구분하여 설명하고 있으나, 자소로 사용될 때 의미상의 구별은 없다.

자소로 사용될 때, **鳴**(명 鳥聲也. 从鳥从口)、**鳳**(봉 神鳥也. 从鳥凡聲)、**鴻**(홍 鴻鵠也. 从鳥江聲)、**鷄**(雞 계 知時畜也. 从隹奚聲. 鷄, 籒文雞从鳥)、**鴛**(원 鴛鴦也. 从鳥夗聲)、**鴦**(앙 鴛鴦也. 从鳥鴦聲)、**鴨**(압 鶩也. 俗謂之鴨. 从鳥几聲)、**鳩**(구 鶻鵃也. 从鳥九聲)、**鷗**(구 水鴞也. 从鳥區聲)、**梟**(효 不孝鳥也. 从鳥頭在木上) 등의 글자에서 의부역할을 하고, **鳭**、**窵**、**蔦**(조)、**島**(도 从山鳥聲) 등의 글자에서는 음부역할을 하며, 島는 다시 **搗**(도)의 음부역할을 한다.[374]

烏(오)는 '까마귀(孝鳥也)'를 의미하고, 小篆 자형에는 鳥에서 눈을 표시하는 부분이 생략되어 있으며, **於**(어)는 烏의 重文(於, 象古文烏省)으로 수록되어 있다. 자소로 사용될 때, 烏는 **嗚**、**塢**、**嵨**、**鄔**(오) 등의 글자에서, 於는 **菸**(어, 연)、**閼**(알) 등의 글자에서 음부역할을 한다.

위에서 열거한 隹와 鳥 이외에도, **舄**(석)、**焉**(언)、**燕**(연) 등의 글자들 역시 특정한 새의 모양을 상형한 글자들이며, **朋**(䎃 붕 古文鳳. 象形)과 **鵬**(鵬 붕 亦古文鳳) 역시 『說文』에 鳳의 重文(䎃, 古文鳳)으로 수록된 古文 자형이며, 후일 朋은 '벗'의 의미로 가차되었다.[375]

---

374 鷹(雁 응)은 2.1.1 人의 疒(녁)을 참조. 梟는 鄡(교)의 음부역할을 한다.
375 갑골문이나 금문에서의 朋은 조개(貝) 혹은 옥(玉)을 두 줄로 엮어 놓은 賏(영) 혹은 玨(각)과 유사한 형태로 나타난다.

이들 글자 가운데. 舃은 다시 **潟**(석)、**寫**(사) 등의 글자에서 음부역할을 하고, 寫는 또 다시 **瀉**(사)의 음부역할을 하며, 焉은 **嫣**、**鄢**(언), 燕은 **嚥**、**嬿**(연) 등의 글자에서 음부역할을 한다. 또한, 朋은 **崩**、**堋**、**棚**(붕)、**輣**(팽)、**淜**(빙) 등의 글자에서 음부역할을 하고, 崩은 다시 **繃**(붕)의 음부역할을 한다.

 甲文  金文  古文 朋 楷書  古文 鵬 楷書

 乙 알

해서체에서 干支를 표시하는 甲乙丙丁의 乙과 혼용되는 乙(알) 역시 새의 모양을 상형(玄鳥也. 象形. 鳦, 乙或从鳥)한 글자이다.

자소로 사용될 때, **孔**(공 通也. 从乙从子)、**乳**(유 人及鳥生子曰乳, 獸曰産. 从孚从乙) 등의 의부, **軋**(알 輾軋有聲也. 从車乙聲)의 음부로 설명된다.

그러나, 孔의 금문 자형은 아이가 젖에 바싹 다가가 있는 모습으로 나타나 있으며, 갑골문에서의 乳는 母가 팔로 아이를 감싸 젖을 먹이는 형태로 나타난다.

 金文  小篆 孔 楷書

 甲文  小篆 乳 楷書

 乙 을

干支를 표시하는 乙(을)의 경우, 『說文』에서는 본의를 '봄에 초목이 꾸불꾸불 나오는 모습을 나타낸 것으로, 음기가 아직 강하여 그 나오는 모습이 바르지 못하고 굽은 것이다(象春艸木冤曲而出, 陰气尚彊, 其出乙乙也)'라고 설명하면서, 그 아래에는 '乙은 甲을 이어 받으며, 사람의 목줄기를 상형한 것이다(乙承甲, 象人頸)'라고 부가 설명하고 있다.[376]

乙은 자소로 사용될 때 **亂**(란 从乙. 乙, 治之也. 从𤔔)、**乾**(건 从乙. 乙, 物之達也. 倝聲)、**尤**(우 从乙又聲)、**尺**(척 从尸从乙. 乙, 識之也)、**臾**(유 从申从乙) 등의 의부역할을 하는 것으로 설명되고 있으며,[377] **曰**(왈 从口乙聲)、**戹**(액 从戶乙聲)、**失**(실 从手乙聲)、**札**(찰 从木乙聲)、**戹**(액 从戶乙聲)、**肊**(억 匈骨也. 从肉乙聲. 臆, 肊或从意) 등의 글자에서는 음부역할을 한다.[378]

 甲文  金文  小篆 乙 楷書

 **西 서**  **巢 소**

西(㢴)와 巢 역시 고문자 계통에서는 새가 둥지 위에 앉아 있는 자형으로 나타나는데, 西의 경우, '새가 둥지위에 있는 모습을 상형(鳥在巢上. 象形. 日在西方而鳥棲, 故因以爲東西之西. 棲, 西或从木妻)'한 자형으로 풀이되고, 巢는 본의가 '새가 나무위에 있는 것을 巢라 하고, 굴 속에 있는 것을 窠(과)라 한다(鳥在木上曰巢, 在穴曰窠)'로 풀이되며, 자형은 '从木, 象形'의 형태로 분석된다.

西는 자소로 사용될 때, **栖**、**硒**、**恓**(서)、**洒**(쇄)、**茜**(천)、**垔**(𡈼 인 从土㢴聲) 등의 글자에서 음부역할을 하는 것으로 설명되며, 垔은 다시 **湮**(인)、**煙**(연)、**甄**(견)、**黫**(안) 등의 글자에서 음부역할을 한다.[379]

---

376 갑골문이나 금문에서의 乙은 연구자에 따라서 '물고기의 내장'을 상형한 글자, 혹은 '칼(刀)'의 모양을 상형한 자형으로 보기도 하고, '작은 물줄기'를 의미하는 '𡿨(견)'과 같은 글자, 또는 '乚(알)'과 같은 글자로 보기도 한다.

377 이들 글자들에서 의부로 설명되는 乙은 乙 자체의 고정적 의미보다는 개별 글자에서 특정한 의미를 표시하는 형체자소로 보는 것이 타당할 것이다.

378 亂과 그 활용은 2.13의 𤔔(란), 乾에서의 倝(간)은 2.10의 㫃(언), 尤와 그 활용은 2.1.2 又의 파생자소, 尺과 그 활용은 2.1.1의 尸, 臾와 그 활용은 2.1.2의 𦥑(국), 曰과 그 활용은 2.1.4, 失과 그 활용은 2.1.2의 手를 참조. 戹은 2.1.1 卩의 注를 참조. 乞(걸, 기)과 그 활용은 2.4 气의 주를 참조. 현재 통용 자전류에서 乙부에 배속시키고 있는 九(구)、也(야) 등은 乙과 의미상 관련이 없는 글자들이다.

379 茜은 蒨(천)과 같은 의미로 사용되며, 본의가 '모수풀(茅蒐也)'로 풀이되고, 垔은 본의가 '막히다(塞也)'로 설명된다. 栖은 『說文』에 遷의 古文으로 수록되어 있다.

巢는 자소로 사용될 때, 樔、繅(소)、勦、剿、轈(초)、鏁(쇄) 등의 글자에서 음부 역할을 한다.

飛는 '새가 날아오르는 모양을 상형(鳥翥也. 象形)'한 글자이며, 卂은 본의가 '빨리 날다(疾飛也)'로 풀이되고, '새가 날아올라 털이 보이지 않는 것(从飛而羽不見)'을 표현한 자형으로 설명된다. 非의 자형도 『說文』에서는 '새가 날 때, 날개를 아래로 하여 양 날개가 서로 등진 상태를 취한 것(从飛下翄, 取其相背也)'으로 설명되고, 본의는 '거스르다(違也)'로 풀이 된다. 그러나 갑골문에 나타나는 非의 자형은, 무엇인지 단정하기 힘든 어떤 물체가 상반된 위치로 놓여 있거나, 그 물체 아래 𠬞(반)자가 부가된 형태로 표현되어 있는 경우도 있다.[380]

자소로 사용될 때, 飛는 **𩙣**(익 翄也. 从飛異聲. 翼, 篆文𩙣从羽)、**騛**(비 馬逸足者也. 从馬从飛) 등의 글자에서 의부역할을 하고, **𣛮**、**䨽**(비) 등의 글자에서는 음부역할을 하며, 非는 **罪**(죄 捕魚竹网. 从网非)、**𩇩**(비 別也. 从非己聲)、**靠**(고 相違也. 从非告聲)、**靡**(미 披靡也. 从非麻聲) 등의 글자에서 의부역할을 하고, **匪**、**扉**、**悲**、**緋**、**誹**(비)、**俳**、**排**、**裵**、**輩**(배) 등의 글자에서는 음부역할을 한다. 卂의 경우, **𤏲**(경 回疾也. 从卂營省聲)의 의부로 사용되고, **汛**、**迅**、**訊**、**阠**(신) 등의 글자에서는 음부역할을 한다.[381]

---

380 𠬞(반)은 2.1.2의 廾(공)을 참조.

381 자소로 사용될 때, 飛는 羽로 교체되는 경우가 많은데, 𩙣과 翼, 𩙸과 翻 등의 경우가 이에 속한다. 罪를 段注本에서는 '从网非聲'의 형성자로 고쳐놓았다. 𩇩의 경우, 段玉裁는 '从非己'의 회의자로, 朱駿聲은 '从己非聲'으로 보아야 한다고 주장한다.

不 불 至 지

『說文』에서는 不과 至의 자형도 새와 관련지어 설명하고 있는데, 不은 본의가 '새가 하늘 높이 날아올라 내려오지 않는 것(鳥飛上翔不下來也)'으로 풀이되고, 자형은 '从一, 一猶天. 象形'의 형태로 설명되고 있으며, 至는 본의가 '새가 높은데서 날다가 지면으로 내려오다(鳥飛高下至地也)'로, 자형은 '从一, 一猶地也. 象形'의 형태로 설명되고 있다. 그러나 갑골문에 나타나는 不은 '꽃받침'을 의미하는 자형으로 보는 것이 다수설이고, 至는 화살이 거꾸로 一형 위에 놓여 있는 형태로 나타나며, 일부 금문에서는 一형이 土로 나타난다.

丕(비)의 경우, 『說文』에서 '从一不聲'의 형태로 설명하고 있으나, 不과 丕는 금문에서 같은 형태로 나타나며, 이들은 원래 같은 글자였으나 나중에 분화된 글자로 보는 것이 일반적이다. 자소로 사용될 때, **伾**、**怌**(비)、**胚**(배) 등의 글자에서 음부역할을 한다.

不은 자소로 사용될 때, **否**(부 不也. 从口从不, 不亦聲)에서는 의부겸 음부역할을 하고, **怀**、**紑**(부)、**杯**、**盃**(배)、**鈈**(비) 등의 글자에서는 음부역할을 하며, 否는 다시 **痞**、**嚭**(비)、**俖**、**桮**(배) 등의 글자에서 음부역할을 한다.[382]

至는 자소로 사용될 때, **到**(도 至也. 从至刀聲)、**臻**(진 至也. 从至秦聲)、**臺**(대 觀, 四方而高者. 从至从之从高省)、**致**(치 送詣也. 从夊从至)、**室**(실 實也. 从宀从至. 至, 所止也)、**耊**(耊 질 年八十曰耊. 从老省从至) 등의 글자에서 의부역할을 하고, **侄**、**姪**、**窒**(질) 등의 글자에서는 음부역할을 하며, 到는 다시 **倒**(도), 致는 다시 **緻**(치), 室은 다시 **膣**(질)의 음부역할을 한다.[383]

臸(진)은 至의 이합자소로서, 본의가 '다다르다(到也)'로 풀이되며, 자소로 사용될

382 歪(왜)、甭(용) 등의 글자에서도 不은 의부역할을 한다. 否가 의부겸 음부로 사용된 咅(杏 부 从丶从否, 否亦聲)와 그 활용은 2.17의 丶(주)를 참조.

383 室을 小徐本과 段注本에서는 '从宀至聲'의 형성자로 고쳐 놓았다.

때, **晋**(晉 진 進也. 日出萬物進. 从日从臸)의 의부역할을 하고, 晋은 다시 **搢**、**瑨**、**縉**(진)、**戩**(전)、**鄑**(자) 등의 글자에서 음부역할을 한다.

羽 우

羽는 '조류의 긴 털을 상형(鳥長毛也. 象形)'한 글자로 설명된다.

자소로 사용될 때, **翻**(번 飛也. 从羽番聲. 或从飛)、**翁**(옹 頸毛也. 从羽公聲)、**習**(습 數飛也. 从羽从白)、**翊**(익 飛皃. 从羽立聲)、**翰**(한 天雞赤羽也. 从羽倝聲)、**翼**(䊢 익 翄也. 从飛異聲. 翼, 篆文䊢从羽)、**翔**(상 回飛也. 从羽羊聲)、**翥**(저 飛舉也. 从羽者聲)、**翅**(翄 시 翼也. 从羽支聲)、**扇**(선 扉也. 从戶羽) 등의 글자에서 의부역할을 하고, **栩**(우)、**珝**、**詡**(후) 등의 글자에서는 음부역할을 한다.[384]

이들 글자 가운데. 習은 다시 **翫**(완 習猒也. 从習元聲)의 의부역할을 하고, **褶**(습)、**摺**(접) 등의 글자에서는 음부역할을 한다.

이외에도, **翟**(적)、**翏**(료, 륙)、**翕**(탑) 등의 글자들 역시 羽가 의부로 사용된 경우이며, 이들이 다시 자소로 사용되는 예는 아래와 같다.

384 扇의 자형을 『說文』의 각 전본에는 '从戶, 从翄省聲'으로 수록해 놓았으나, 본서에서는 段注本에 근거하였다.

 翟 적

翟은 본의가 '산 꿩(山雉也)'으로 풀이되고, 자형은 '从羽从隹'의 형태로 설명된다.

자소로 사용될 때, **糴**(적)、**濯**、**擢**(탁)、**戳**(착)、**躍**(약)、**曜**、**燿**、**耀**(요) 등의 글자에서 음부역할을 하고, 糴은 다시 **糴**(적)、**糶**(조) 등의 글자에서 음부역할을 한다.

 甲文  金文  小篆 翟 楷書

 翏 료 륙

翏는 본의가 '높이 날다(高飛也)'로 풀이되며, 자형은 '从羽从㐱'의 형태로 설명된다.

자소로 사용될 때, **廖**、**蓼**(료)、**膠**(교)、**謬**(류)、**樛**(규)、**璆**(구)、**瘳**(추)、**嫪**(로)、**剹**、**戮**(륙) 등의 글자에서와 같이 주로 음부역할을 한다.

 金文  小篆 翏 楷書

 𦐇 탑

𦐇은 본의가 '성대하게 나는 모양(飛盛皃)'으로 풀이되며, 자형은 '从羽从冃'의 형태로 설명된다. 자소로 사용될 때, **榻**(탑)、**蹋**(답) 등의 글자에서 음부역할을 한다.

 几 수

几는 '새의 짧은 깃털로 나는 모양을 상형(鳥之短羽, 飛几几也. 象形)'한 글자로 설명되며, 자소로 사용되는 경우가 많지는 않지만, **鳧**(부 舒鳧, 鶩也. 从几鳥. 几亦聲)의 의부겸 음부역할을 하고, **殳**(수) 역시 『說文』에서는 几가 음부(从又几聲)로

설명된다.[385]

 甲文  金文  小篆  楷書

2.3 식물과 관련된 근원자소와 파생자소

 木 목

木은 나무의 모양을 상형(从屮, 下象其根)한 글자이다.

자소로 사용될 때, **朴**(박 木皮也. 从木卜聲)、**李**(이 果也. 从木子聲)、**材**(재 木梃也. 从木才聲)、**村**(邨 촌 聚落也. 从邑屯聲)、**杯**(桮 배 䀀也. 从木否聲)、**松**(송 木也. 从木公聲)、**板**(版 판 判也. 从片反聲)、**析**(석 破木也. 一曰折也. 从木从斤)、**枕**(침 臥所薦首者. 从水冘聲)、**枝**(지 木别生條也. 从木支聲)、**查**(사 水中浮木. 从木且聲)、**枯**(고 槁也. 从木古聲)、**栢**(柏 백 木名. 从木白聲)、**柱**(주 楹也. 从木主聲)、**柳**(류 小楊也. 从木丣聲. 丣, 古文酉)、**架**(가 杙也, 所以舉物. 从木加聲)、**某**(모 酸果也. 从木从甘)、**染**(염 以繒染爲色. 从水木, 从九)[386]、**柔**(유 木曲直也. 从木矛聲)、**校**(교 木囚也. 从木交聲)、**株**(주 木根也. 从木朱聲)、**核**(핵 果核也. 从木亥聲)、**根**(근 木株也. 从木艮聲)、**格**(격 木長皃. 从木各聲)、**桂**(계 江南木, 百藥之長. 从木圭聲)、**桃**(도 果也. 从木兆聲)、**桐**(동 榮也. 从木同聲)、**栽**(재 築牆長版也. 从木𢦏聲)、**栗**(율 从木, 其實下垂. 故从卤)、**案**(안 几屬. 从木安

385 본의가 '새털이 나 날다(新生羽而飛)'로 풀이되는 𠘩(진) 역시 𠘧가 의부로 사용된 글자이며, '从彡从人'의 㐱(진)은 音이 같고 자형도 유사하지만 구별되는 글자이며, 几(궤)와도 구별되는 글자이다. 殳(수)는 2.1.2 又의 파생자소를 참조.

386 『說文』의 각 전본에 '从水杂聲'으로 기재되어 있으나, 『說文』에는 '杂'이라는 글자가 수록되어 있지 않다. 본서에서는 段注本에 근거하였다.

聲)、**梅**(매 枏也. 可食. 从木每聲)、**梧**(오 梧桐木. 从木吾聲)、**械**(계 桎梏也. 从木戒聲)、**梁**(량 水橋也. 从木从水, 刅聲)、**梨**(棃 리 果名. 从木称聲. 称, 古文利)、**條**(조 小枝也. 从木攸聲)、**植**(식 戶植也. 从木直聲)、**楊**(양 木也. 从木昜聲)、**楓**(풍 木也. 从木風聲)、**極**(극 棟也. 从木亟聲)、**構**(구 蓋也. 从木冓聲)、**榮**(영 桐木也. 从木熒省聲)、**概**(개 杚斗斛. 从木旣聲)、**樓**(루 重屋也. 从木婁聲)、**標**(표 木杪末也. 从木票聲)、**模**(모 法也. 从木莫聲)、**樣**(양 栩實. 从木羕聲)、**樂**(악 象鼓鞞. 木, 虡也)、**樹**(수 生植之總名. 从木尌聲)、**橋**(교 水梁也. 从木喬聲)、**機**(기 主發謂之機. 从木幾聲)、**横**(횡 闌木也. 从木黃聲)、**檀**(단 木也. 从木亶聲)、**檢**(검 書署也. 从木僉聲)、**欄**(란 木欄也. 从木闌聲)、**權**(권 黃華木. 从木雚聲)、**札**(찰 牒也. 从木乙聲)、**杏**(행 果也. 从木向省聲)、**樸**(박 木素也. 从木菐聲)、**杲**(고 明也. 从日在木上)、**杳**(묘 冥也. 从日在木下) 등의 글자에서 의부역할을 하고, **沐**、**炑**(목) 등의 글자에서는 음부역할을 하며, 沐은 다시 **霂**(목)의 음부역할을 한다.[387]

이들 글자 가운데, 査는 다시 **喳**、**楂**(사), 某는 **謀**(모)、**媒**、**煤**(매), 柔는 **糅**、**蹂**(유) 등의 글자에서 음부역할을 한다.

이외에도, **隸**(예)의 음부역할을 하는 **柰**(내)는 '从木示聲', **親**(친)、**新**(신) 등의 글자에서 음부역할을 하는 **亲**(业 친)은 '从木辛聲'의 형태로 구성되어 있다.[388]

 甲文  金文  小篆  楷書

---

387 枕에서의 冘(임)은 2.5의 冂(경)을 참조. 栗에서의 卤(조)、棃(梨)에서의 称(리)、桑(상) 등은 아래를 참조. 條에서의 攸(유)는 2.1.2의 攴, 極에서의 亟(극)은 2.1.2의 又, 樓에서의 婁(루)는 2.1.1의 女, 標에서의 票(㶾)는 2.1.2의 臼(곡), 樂은 2.11을 참조. 佛家에서 사용하는 어휘인 '楞伽(릉가)'는 'lan'ka(랑카)'의 音借語로 설명되지만, 楞자의 자형 來源은 확인되지 않는다. 일반 자전류에서는 '나무 모서리' 혹은 '각목'을 의미하는 稜(릉)자와 같은 글자라고만 설명되고 있으며, 자소로 사용될 때 楞은 㘄、愣(릉) 등의 글자에서 음부역할을 한다.

388 柰와 亲의 본의는 모두 '나무의 열매(果也)'로 풀이된다. 某와 같이 木과 甘이 자소로 사용된 柑(감)은 某와 音義가 구별되는 글자이다. 束(속)과 東(동) 및 柬(간)、橐(탁) 등은 2.8, 業(업)은 아래의 丵(착), 葉(엽)은 2.16의 世(세), 棄는 2.1.2의 廾(공)과 2.8의 華(반)을 참조.

 本 본

本은 본의가 '나무의 아랫부분(木下曰本)'으로 풀이되고, 자형은 '从木, 一在其下'의 형태로 설명된다. 자소로 사용될 때, **呠**、**絊**(본)、**笨**、**苯**(분)、**鉢**(발) 등의 글자에서와 같이 주로 음부역할을 한다.[389]

 末 말

末은 본의가 '나무의 윗부분(木上曰末)'으로 풀이되고, 자형은 '从木, 一在其上'의 형태로 설명되며, 자소로 사용될 때, **抹**、**沫**、**茉**、**袜**、**靺**(말) 등의 글자에서와 같이 주로 음부역할을 한다.

 朱 주

朱는 본의가 '송백류와 같은 속이 붉은 나무(赤心木, 松柏屬)'로 풀이되고, 자형은 '从木, 一在其中'의 형태로 설명된다.

자소로 사용될 때, **株**、**珠**、**誅**(주)、**洙**、**殊**(수) 등의 글자에서와 같이 주로 음부역할을 한다.

 未 미

未는 '나무의 가지와 잎이 겹쳐있는 모양을 상형(象木重枝葉也)'한 글자로서, 본의는 '맛(味也)'으로 풀이된다.

자소로 사용될 때, **制**(剬 제 裁也. 从刀从未. 未, 物成有滋味, 可裁斷. 一曰止也)、**斄**(리 坼也. 从攴. 攴可剖物, 故從攴. 从厂. 厂之性坼, 山石之厓巖多坼裂,

---

389 笨(분)은 본의가 '대나무 속껍질(竹裏也)'로 풀이되고, 鉢(발)은 『說文新附』에 盋(발 从皿犮聲)의 或體字(或从金从本)로 수록되어 있다.

故從厂. 果孰有味亦坼, 故从未) 등의 글자에서 의부역할을 하고, **味**(미)、**妹**、**昧**、**寐**、**魅**(매) 등의 글자에서는 음부역할을 한다.

이들 글자 가운데, 制는 다시 **淛**、**製**(제) 등의 글자에서 음부역할을 하고, 𠩺는 **剺**、**釐**(리)、**漦**(시)、**斄**(태) 등의 글자에서 음부역할을 한다.

 禾 계 개

禾는 '나무의 굽은 꼭지를 상형한 글자로서, 더 이상 위로 자라지 못함(木之曲頭. 止不能上也)'을 의미한다.

자소로 사용될 때, **積**(지 多小意而止也. 从禾从支, 只聲)、**𥝲**(구 積𥝲也. 从禾从又, 句聲)、**稽**(계 留止也. 从禾从尤, 旨聲) 등의 글자에서 의부역할을 한다.[390]

 朿 자

朿는 '나무의 가시를 상형(木芒也. 象形)'한 글자이다. 자소로 사용될 때, **刺**(자 君殺大夫曰刺. 从刀朿, 朿亦聲)의 의부겸 음부역할을 하며, **責**(从貝朿聲)、**策**、**拺**(책) 등의 글자에서는 음부역할을 한다.

이들 글자 가운데, 刺는 다시 **莿**(자)의 음부역할을 하고, 責은 **債**(채 債負也. 从人責, 責亦聲)의 의부겸 음부, **嘖**、**簀**、**謮**、**齰**(책)、**積**、**績**、**蹟**(적)、**漬**(지) 등의 글자에서는 음부역할을 한다.[391]

朿의 이합자소는 **棘**(극 小棘叢生者. 从並朿)과 **棗**(조 羊棘也. 从重朿) 두 형태로 나타나는데, 모두 대추나무를 의미한다. 棘은 자소로 사용될 때, **蕀**、**襋**、**𩌏**(극)、**僰**(북) 등의 글자에서 음부역할을 한다.

390 이들 글자들은 현대 자전에서 모두 禾부에 배속되어 있다.
391 帝(제)도 『說文』에서는 '从上朿聲'으로 설명하고 있다. 帝와 啇(啻 시)는 2.13의 巾을 참조.

 桼 칠

桼은 '木汁이 물방울처럼 흘러내리는 모양을 상형(象形. 桼如水滴而下)'한 글자로서, **漆**(칠)의 初文이다. 자소로 사용될 때, **㯃**(칠)、**膝**(厀 슬) 등의 글자에서 음부역할을 한다.

 朵 타

朵는 '나무의 가지가 늘어진 모습을 상형(樹木垂朵朵也. 从木, 象形)'한 글자이다. 자소로 사용될 때, **剁**、**垛**、**跺**(타) 등의 글자에서와 같이 주로 음부역할을 한다.

 果 과

果는 본의가 '나무의 열매(木實也)'로 풀이되고, 자형은 '从木. 象果形在木之上'의 형태로 설명된다. 자소로 사용될 때, **窠**、**裹**、**課**、**菓**、**顆**、**夥**(과)、**裸**(라) 등의 글자에서와 같이 주로 음부역할을 한다.[392]

 桑 상

桑은 본의가 '누에가 그 잎을 먹는 나무(蠶所食葉木)'로 풀이되고, 자형은 '从叒木'

392 巢(소)는 2.2.2의 鳥를 참조.

의 형태로 분석되는데, 이는 叒(약)을 독체자(榑桑木也. 象形)로 간주했기 때문이다.

자소로 사용될 때, 嗓、搡、磉(상) 등의 글자에서와 같이 주로 음부역할을 한다.[393]

 甲文  小篆 桑 楷書

 片 편  爿 장

片은 본의가 '갈라낸 나무(判木也)'로 풀이되고, 자형은 '从半木'의 형태로 설명된다. 爿의 경우, 『說文』의 각 傳本에 수록되어 있지 않는 글자이나, 段注本에는 片의 反文(反片爲爿)으로 보충 수록해 놓았다.

片은 자소로 사용될 때, 片은 **版**(판 判也. 从片反聲)、**牒**(첩 札也. 从片枼聲)、**牘**(독 書版也. 从片賣聲)、**牌**(패 牌牓也. 从片卑聲)、**牖**(유 穿壁以木爲交窻也. 从片戶甫) 등의 글자에서 의부역할을 하고, **泮**(반)의 음부역할을 한다.[394]

爿은 자소로 사용될 때, **壯**、**妝**(粧)、**戕**、**醬**(从肉从酉, 爿聲)、**牆**(장 从嗇爿聲)、**牀**(床)、**狀**(상) 등의 글자에서 음부역할을 하고, 壯은 다시 **奘**、**莊**、**裝**(장), 戕은 **臧**(장 从臣戕聲), 醬은 **將**(장 从寸, 醬省聲), 牆은 **墻**(장 从土牆省聲)、**檣**(장 从木牆省聲)、**薔**(장 从艸牆省聲) 등의 글자에서 음부역할을 하며, 臧은 또 다시 **藏**、**臟**、**贓**(장), 將은 **漿**(장 从水, 將省聲)、**獎**(장 从犬, 將省聲) 등의 글자에서 음부역할을 한다. 이들 글자들 가운데, 漿、獎、醬등의 글자들은 예변 이후 **漿**、**獎**、**醬** 등의 형태로 변하였다.[395]

이외에도, **寢**(寷 침 病臥也. 从㝱省, 㝵省聲)、**寤**(오 寐覺而有信曰寤. 从㝱省, 吾聲. 一曰晝見而夜㝱也. 𡪴, 籒文寤)、**寐**(매 臥也. 从㝱省, 未聲) 등의 글자들은, 『說文』에서 모두 **㝱**(몽 寐而有覺也. 从宀从疒, 夢聲)이 생략된 형태(㝱省)로 의부

393 喿(소)는 2.1.4 口의 파생자소, 枲(예)는 2.1.5의 心, 毳(취)는 2.1.5의 毛, 桀(걸)과 乘(승)은 2.1.3의 舛(천)을 참조.

394 泮은 『玉篇』에서 泮(諸侯饗射之宮. 从水半, 半亦聲)의 古字로 설명된다.

395 檣、歃(색) 등은 2.6의 亩(름)을 참조.

역할을 하고, 각각의 나머지 자소가 음부역할을 하는 것으로 설명되며, 현대한자에서 '잠자다'는 의미로 사용되는 **寢**은 『說文』에 **寑**(寑 臥也. 从宀侵聲. 䆨, 籒文寑省)으로 수록되어 있다.[396]

氏 씨

氏는 『說文』에서 본의가 '巴蜀 지방에서는 산의 절벽 옆에 붙어 있다가 곧 떨어지려고 하는 것을 氏라고 한다. 氏가 붕괴되면 그 소리가 수 백리까지 들린다(巴蜀名山岸脅之旁箸欲落墮者曰氏. 氏崩聲聞數百里)'라고 풀이되고, 자형은 '象形. 乀聲'의 형태로 설명된다. 그러나 갑골문이나 금문에 나타나는 氏는 小篆 자형과 크게 다르지 않지만, 자형에 대한 해석은 대개 뿌리를 의미하는 **柢**(저)의 初文으로 보는 것이 다수설이며, 숟가락을 의미하는 **匙**(시)의 初文으로 보는 경우도 있다.

氏는 자소로 사용될 때, **氐**(저 从氏下箸一)、**𠂎**(궐 从氏下) 등의 글자에서 의부역할을 하고, **紙**(지)、**芪**(기)、**跃**(시) 등의 글자에서는 음부역할을 한다.

氐는 본의가 '다다르다(至也)'로 설명되고, 자소로 사용될 때, **䟡**(질 觸也. 从氐失聲)、**𢍁**(인 臥也. 从氐垔聲) 등의 글자에서 의부역할을 하고, **低**、**底**、**抵**(저)、**鴟**(치) 등의 글자에서는 음부역할을 한다.

또한, **婚**(从女从昏, 昏亦聲)、**惛**、**閽**(혼) 등의 글자에서 의부 혹은 음부역할을 하고, 본의가 '날이 저물다(日冥也)'로 풀이되는 **昏**(혼) 역시 '从日氐省'의 형태로 설

396 **寢**(몽)은 2.2.2 羊의 丫(개)를 참조.

명되며, 昏은 昬(一曰民聲)의 형태로 사용되기도 한다.[397]

氒은 본의가 '뿌리(木本也)'로 설명되고, 자소로 사용될 때, 昏(괄 塞口也. 从口氒省聲)의 음부역할을 하며, 昏은 예변 이후 舌의 형태로 변하여, **刮**、**括**、**适**(괄)、**活**(활)、**話**(화) 등의 글자에서 음부역할을 한다.

현재 통용 자전류에서 氏부에 배속시키고 있는 **民**(민)의 경우, 『說文』에서는 본의를 '많은 싹(衆萌也)'으로 풀이하고, 자형에 관해서는 '古文(𠈇)의 모양을 따른 것(从古文之象)'으로만 설명하고 있으나, 갑골문이나 금문에 나타난 자형으로 분석하는 연구자들은 '한쪽 눈을 날카로운 기물로 찌르고 있는 모습'으로 해석하여, '**盲**(맹)'의 初文으로 보는 경우도 있다.[398]

民은 자소로 사용될 때, **氓**(맹 民也. 从民亡聲)의 의부역할을 하고, **珉**、**敃**、**愍**(민)、**眠**(면) 등의 글자에서는 음부역할을 한다.

 林 림

林(림)은 木의 이합자소(从二木)로서, 본의가 '평지에 나무가 빽빽하게 나 있는 것을 말한다(平土有叢木曰林)'로 풀이된다.

자소로 사용될 때, **楙**(무 木盛也. 从林矛聲)、**楚**(초 叢木. 一名荊也. 从林疋聲)、**棥**(번 藩也. 从爻从林)、**焚**(燓 분 燒田也. 从火棥, 棥亦聲)[399]、**麓**(록 守山

397 惛(惽 혼)、殙(殟 혼)、敯(민) 등의 글자에서와 같이 昏과 昬이 혼용되기도 하고, 昬으로만 쓰이기도 한다.

398 民을 萌의 初文으로 볼 것인가 혹은 盲의 初文으로 볼 것인가 등의 문제는 학계에서 아직까지도 定說이 없는 상태로서, 본서에서 民을 氏의 파생자소로 나열한 것은 단지 해서체 자형에 근거한 것이다.

399 段注本에서는 燓을 焚(분 从火林)으로 고쳐놓았으며, 갑골문이나 금문에서도 燓은 焚으로 나타난다. 樊(번)、攀은 2.1.2의 廾(공)을 참조.

林吏也. 从林鹿聲)、**鬱**(울 木叢生者. 从林鬱省聲)、**森**(삼 木多皃. 从林从木) 등의 글자에서 의부역할을 하고, **淋**、**霖**(림)、**綝**、**諃**(침)、**禁**、**襟**(금)、**菻**(름)、**啉**、**婪**(람) 등의 글자에서는 음부역할을 한다.[400]

甲文 金文 小篆 林 楷書

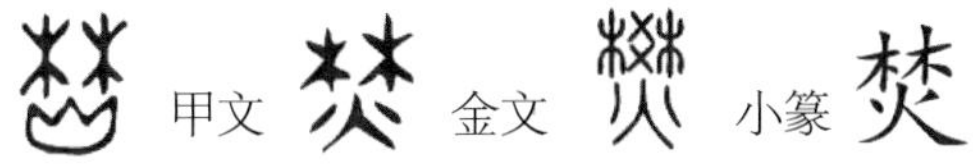
甲文 金文 小篆 焚 楷書

屮 철

屮은 '초목이 처음 생겨나는 모양을 상형(艸木初生也. 象丨出形, 有枝莖也)'한 글자로서, 아래에 나열하는 **艸**(초 从二屮)、**卉**(훼 从艸屮)、**茻**(망 从四屮)、**屯**(둔 从屮貫一屈曲之也) 등의 글자에서 의부역할을 하고, **旹**(얼 从自屮聲)、**疌**(섭 从又从止, 屮聲) 등의 글자에서는 음부역할을 하는 것으로 설명된다.[401]

甲文 金文 小篆 屮 楷書

艸 초

艸는 '여러가지 풀(百芔也)'을 의미하는 屮의 이합자소(从二屮)로서, **草**(초 从艸早聲)의 初文이다.

---

400 彬은 『說文』에 수록된 份(文質備也. 从人分聲)의 重文으로 수록된 古文(彬, 古文份从彡林. 林者, 从焚省聲)자형이다. 鬱에서의 鬱(울)은 2.1.2의 臼(곡)을 참조.

401 『說文』에서는 妻(처 从女从屮从又)、每(매 从屮母聲)、毒(독 从屮从毒) 등의 글자에서도 屮이 자소로 사용된 것으로 설명하고 있으나. 小篆 자형만을 근거로 한 오류이다. 熏(훈)의 경우, 자형이 '从屮从黑'의 형태로 분석되지만, '屮, 黑熏象'이라고 부연설명을 해 놓았다(2.14의 黑을 참조). 旹의 활용은 2.12의 辛(신), 疌의 활용은 2.1.3 止의 파생자소를 참조. 屰(역)은 2.12의 干(간)을 참조. 圥(坴 륙,록 菌坴, 地蕈. 叢生田中. 从屮六聲)은 2.16의 六을 참조.

자소로 사용될 때, **花**(화 榮也. 从艸化聲. 本作華)、**芳**(방 香艸也. 从艸方聲)、**芽**(아 萌芽也. 从艸牙聲)、**苗**(묘 艸生於田者. 从艸从田)、**苟**(구 艸也. 从艸句聲)、**若**(약 擇菜也. 从艸右. 右, 手也. 一曰杜若, 香艸)、**苦**(고 大苦, 苓也. 从艸古聲)、**英**(영 艸榮而不實者. 从艸央聲)、**茂**(무 艸豐盛. 从艸戊聲)、**荒**(황 蕪也. 从艸巟聲)、**荷**(하 芙蕖葉. 从艸何聲)、**莊**(장 艸大也. 从艸壯聲)、**菊**(국 大菊, 蘧麥. 从艸匊聲)、**菌**(균 地蕈也. 从艸囷聲)、**菜**(채 艸之可食者. 从艸采聲)、**華**(화 榮也. 从艸从𠌶)、**落**(락 凡艸曰零, 木曰落. 从艸洛聲)、**葉**(엽 艸木之葉也. 从艸枼聲)、**著**(저 藥草也. 从艸者聲)、**蒙**(몽 王女也. 从艸冢聲)、**蒸**(증 折麻中榦也. 从艸烝聲)、**蒼**(창 艸色也. 从艸倉聲)、**蓄**(축 積也. 从艸畜聲)、**蓋**(개 苫也. 从艸盍聲)、**蓮**(련 芙蕖之實也. 从艸連聲)、**蔬**(소 菜也. 从艸疏聲)、**蔽**(폐 蔽蔽, 小艸也. 从艸敝聲)、**薄**(박 林薄也. 一曰蠶薄. 从艸溥聲)、**薦**(천 獸之所食艸. 从廌从艸)、**藍**(람 染青艸也. 从艸監聲)、**藏**(장 匿也. 从艸臧聲)、**藝**(埶 예 種也. 从坴丮)、**藥**(약 治病艸. 从艸樂聲)、**蘇**(소 桂荏也. 从艸穌聲)、**蘭**(란 香艸也. 从艸闌聲)、**苑**(원 所以養禽獸也. 从艸夗聲)、**荐**(천 薦席也. 从艸存聲)、**蕪**(무 薉也. 从艸無聲)、**蔚**(울 牡蒿也. 从艸尉聲) 등의 글자에서 의부역할을 한다.[402]

이외에도, 본의가 '풀을 베다(刈艸也)'로 풀이되고, 자형이 '꼴을 묶는 모양을 상형(象包束艸之形)'한 것으로 설명되는 **芻**(추) 역시 艸가 의부로 사용되었으며, 자소로 사용될 때, **皺**、**趨**、**鄒**、**雛**(추)、**謅**(초) 등의 글자에서 음부역할을 한다.[403]

현재 통용 자전류에서 艸부에 배속시키고 있는 **萬**(만)은 '벌레의 모양을 상형(蟲也. 从厹, 象形)'한 글자이며, **茫**(망)은 '从水芒聲'의 형태로 설명되는 글자이다.[404]

 甲文  金文  小篆 若 楷書

402 茶(다, 차)는 고문자계통에서 발견되지 않는 來源이 未詳인 글자이며, 씀바귀를 의미하는 荼(도 从艸余聲)와는 音義가 구별된다. 莫(막)과 葬(장)은 아래의 茻을 참조. 孳、慈、磁、茲(艸木多益. 从艸, 兹省聲)(자) 등의 글자에서 음부역할을 하는 兹(자 黑也. 从二玄)는 2.13 糸의 玄을 참조.

403 갑골문에서의 芻는 勹가 아닌 又가 자소로 사용되고 있다. 若과 그 활용은 2.14 口의 右를 참조.

404 학계에서는 '전갈'의 모양을 본 뜬 것이라고 보는 것이 일반적이다. 萬의 활용은 2.2.1의 禸(유)를 참조.

 甲文  金文  小篆 芻 楷書

 卉 훼

卉는 본의가 '풀의 총명(艸之總名也)'으로 풀이되며, 屮의 삼합자소(从三屮)이다.

자소로 사용될 때, **賁**(분, 비 飾也. 从貝卉聲)、**奔**(분 走也. 从夭賁省聲) 등의 글자에서 음부역할을 하는 것으로 설명되며, 賁은 다시 **噴**、**墳**、**憤**(분) 등의 글자에서 음부역할을 한다.[405]

 金文  小篆 奔 楷書

 茻 망

茻은 본의가 '많은 풀(眾艸也)'로 풀이되며, 屮의 사합자소(从四屮)이다.

자소로 사용될 때, **莫**(막 日且冥也. 从日在茻中)、**莽**(망 南昌謂犬善逐菟艸中爲莽. 从犬从茻, 茻亦聲)、**葬**(장 藏也. 从死在茻中. 一, 其中所以荐之. 茻, 亦聲)、**寒**(한 凍也. 从人在宀下, 以茻薦覆之. 下有仌也) 등의 글자에서 의부역할을 한다.

이들 글자 가운데, 莫은 **暮**(모)의 初文으로서, 자소로 사용될 때 **寞**、**幕**、**漠**、**膜**(막)、**募**、**慕**、**摹**、**摸**、**模**、**謨**(모)、**墓**(묘) 등의 글자에서 음부역할을 한다.[406]

 甲文  金文  小篆 莫 楷書

 甲文  小篆 莽 楷書

---

405 金文에서의 奔은 사람이 팔을 휘젓고 있는 모습(大를 변형시킨 자형)아래 세 개의 止가 위치하는 자형으로 나타나 있고, 일부 자료에서는 세 개의 止가 세 개의 屮로 나타나며, 小篆에서도 卉로 정리되었다. 『說文』의 각 傳本에는 '賁省聲'으로 수록되어 있고, 段玉裁는 '卉聲'으로 고쳐 놓았다.

406 寒의 활용은 2.4의 仌(빙)을 참조.

 甲文  小篆 葬 楷書

 金文  小篆 奔 楷書금문 止

 屯 둔

屯은 본의가 '어렵다(難也)'로 풀이되고, 자형은 '초목이 처음 자랄 때 어렵게 땅을 뚫고 나오는 모양을 상형(象艸木之初生, 屯然而難)'한 형태로서, '풀이 땅을 뚫고 나오면서 구부러진 모양(从中貫一屈曲之也)'을 표시한 것으로 설명된다.

자소로 사용될 때, **春**(춘 推也. 从日艸屯, 屯亦聲)의 의부겸 음부역할을 하고,[407] **芚**、**鈍**(둔)、**純**、**肫**(순)、**吨**、**沌**、**頓**(돈) 등의 글자에서는 음부역할을 하며, 春은 다시 **椿**、**瑃**(춘)、**惷**、**蠢**(준) 등의 글자에서 음부역할을 한다.

 甲文  金文  小篆 屯 楷書

 甲文  金文  小篆 春 楷書

 朩 불

朩은 '초목이 자라 왕성한 모습(草木盛朩朩然)'을 의미하고, 자형은 '象形. 八聲'의 형태로 설명된다.

자소로 사용될 때, **孛**(패, 발 㝵也. 从朩, 艸木盛長朩朩然. 別作浡. 又人色變也. 从子)、**𣎆**(위 艸木𣎆孛之皃. 从朩畀聲)、**索**(삭, 색 艸有莖葉, 可作繩索. 从朩糸)、**南**(남 艸木至南方, 有枝任也. 从朩羊聲. 羊, 讀若飪)[408] 등의 글자에서 의부

407 春을 『說文』의 각 傳本에는 '从艸从日, 屯聲'으로 수록되어 있고, 段玉裁는 '从日艸屯, 屯亦聲'으로 고쳐 놓았다.

408 甲文에 나타나는 南의 자형은 악기의 모양을 상형한 것이라고 보는 것이 다수설이다. 羊(임)은

역할을 하고, 孛는 다시 **悖**(패)、**勃**、**浡**(발) 등의 음부역할을 하고, 浡은 또 다시 **渤**(발)의 음부역할을 하며, 索은 **嗦**、**鎍**(색), 南은 **楠**、**湳**、**腩**(남) 등의 글자에서 음부역할을 한다.

또한, 𣎵은 **肺**(폐)、**沛**(패) 등의 글자에서는 음부역할을 하며, 沛는 다시 **霈**(패)의 음부역할을 하지만, 예변 이후 자형이 폐슬(韠 필)의 모양을 상형한 **巿**(불), 또는 '장터(買賣所之也)'를 의미하는 **市**(시)로 대체되었다.

甲文 金文 古文 小篆 楷書

𠂔 지

𠂔는 본의가 '그치다(止也)'로 설명되고, 자형은 '从𣎵. 盛而一橫, 止之也'의 형태로 분석된다. 자소로 사용될 때, **姊**(姉)、**秭**、**笫**、**趀**(자)、**柹**(柿 시) 등의 글자에서 음부역할을 한다.[409]

生 생

生은『說文』에서 '초목이 땅위로 자라나오는 모양을 상형(象屮木生出土上)'한 글자로 설명되고, 갑골문에는 풀(屮)이 지면(一)위로 솟아나온 모양으로 나타나 있다.

자소로 사용될 때, **產**(산 生也. 从生彥省聲)、**隆**(隆 융 豐大也. 从生降聲)、**甤**(유 草木實甤甤也. 从生豕聲) 등의 글자에서 의부역할을 하고, **牲**、**眚**、**笙**、**甥**、**鼪**(생)、**性**、**姓**、**星**(성)、**旌**(정) 등의 글자에서는 음부역할을 한다.

2.12의 干을 참조.

409 예변 이후, 𣎵과 𠂔는 巿(불) 혹은 市(시)로 교체되는 경우가 쉽게 발견되는데, 肺、沛 등의 글자가 그러하고, 姊 역시 같은 예에 속한다. 犻(패)의 경우는 犻(从牛巿聲)가 本字로 설명된다. 巿은 2.13의 巾, 저자를 의미하는 市(시)는 2.5의 冂(경) 을 참조.

이들 글자 가운데, 産은 다시 剷、鏟、隡(산) 등의 글자에서 음부역할을 하고, 隡은 또 다시 薩(살)의 음부역할을 하며, 星은 惺、猩、腥、醒(성) 등의 글자에서 음부역할을 한다.

이외에도, 靜(정 審也. 从青爭聲)의 의부역할을 하고, 淸、晴、請(청)、情、睛、靖、精(정)、錆(창)、倩、精(천)、猜(시) 등의 글자에서 음부역할을 靑(청) 역시 生이 의부(从生丹)로 사용된 글자이다.[410]

甡(신)은 生의 이합자소(甡 从二生)로서, 본의가 '많이 생겨나서 나란히 선 모양(衆生竝立之貌)'으로 풀이되며, 자소로 사용될 때, 彗(혜 掃竹也. 从又持甡)의 의부역할을 하고, 彗는 다시 慧、槥(혜)、雪(雪 설 从雨彗聲) 등의 글자에서 음부역할을 한다.[411]

 甲文  金文  小篆 生 楷書

 丰 봉

丰은 '풀이 무성한 모양(艸盛丰丰也)'을 의미하고, '生자의 위아래를 길게 하여 줄기나 뿌리가 무성한 모양(从生, 上下達也)'을 표시한 자형으로 설명된다.

자소로 사용될 때, 夆、奉(봉)、胖、蚌、邦(방) 등의 글자에서와 같이 주로 음부역할을 하고, 夆은 다시 峰、烽、蜂、逢、鋒、髼(봉), 奉은 俸、捧、棒、琫、菶(봉), 邦은 梆、綁(방) 등의 글자에서 음부역할을 하고, 逢은 또 다시 縫、蓬(봉) 등의 글자에서 음부역할을 한다.[412]

 甲文  金文  小篆 丰 楷書

---

410 靑은 2.14의 丹(단)을 참조.
411 彗는 2.8을 참조.
412 夆(从夂丰聲)은 본의가 '맞이하다(啎也)'로 풀이되지만, 현대한자에서는 逢이 그 의미를 나타내고 있다. 奉은 2.1.2의 廾(공)을 참조.

 才 재

才는 본의가 '초목의 새싹(艸木之初也)'으로 풀이되고, 자형은 '丨이 위로 一을 뚫고 올라오는 것은 枝葉이 생겨나려 하는 것이다. 一은 땅이다(从丨, 上貫一. 將生枝葉. 一, 地也)'라고 설명된다. 갑골문이나 금문에는 丨형이 ▽형을 뚫고 나오는 모양으로 나타나지만, 자형 해석에 있어서는『說文』과 큰 차이가 없다.

자소로 사용될 때, **在**(从土才聲)、**材**、**財**(재)、**鼒**(자)、**豺**(시) 등의 글자에서 음부역할을 하고, **存**(존) 역시 '从子才聲'의 형태로 설명되며, 存은 다시 **洊**(존)、**荐**、**栫**(천) 등의 글자에서 음부역할을 한다. 또한 **哉**、**栽**、**裁**、**載**(재)、**戴**(대) 등의 글자에서 음부역할을 하는 **𢦏**(𢦏 재 傷也. 从戈才聲) 역시 才가 음부로 사용된 글자이다.[413]

 耑 단

413 閉(폐 从門. 才, 所以距門也)에서의 才형은 非字字素이다(2.6의 門을 참조).

耑은 '식물이 처음 생겨날 때 보이는 부분(物初生之題也)'을 의미하는 글자로서, '윗부분은 생겨나는 모양, 아랫부분은 뿌리의 모양을 상형(上象生形, 下象根也)'한 자형으로 설명된다.

자소로 사용될 때, **端**、**湍**(단)、**諯**、**顓**(전)、**喘**、**歂**(천)、**瑞**(서)、**惴**、**揣**(췌)、**椯**(타) 등의 글자에서와 같이 주로 음부역할을 하고, **段**(단 椎物也. 从殳耑省聲)에서는 생략된 형태로 음부역할을 하며, 段은 다시 **緞**、**鍛**(단) 등의 글자에서 음부역할을 한다.

 甲文  金文  小篆 耑 楷書

 金文  小篆 段 楷書

 丯 개

丯는 '풀이 생겨나면서 어지럽게 흐트러진 모습을 상형(象艸生之散亂也)'한 글자로서, 본의는 '잡풀(艸蔡也)'로 풀이된다.

자소로 사용될 때, **挌**(격 枝挌也. 从丯各聲)、**耒**(뢰 手耕曲木也. 从木推丯) 등의 글자에서 의부역할을 하고, **丰刀**(갈 巧丰刀也. 从刀丯聲)、**害**(해, 할 傷也. 从宀从口, 宀、口, 言从家起也. 丯聲)、**兢**(兢 긍 兢也. 从二兄, 从丯聲. 一曰兢, 敬也) 등의 글자에서는 음부역할을 한다.[414]

이들 글자 가운데, 丰刀은 다시 **契**(계 大約也. 从大从丰刀)의 의부역할을 하고, **絜**(서)、**挈**、**齧**(설)、**絜**(혈) 등의 글자에서는 음부역할을 하며, 契는 다시 **瘈**、**禊**、**稧**、**鍥**(계)、**楔**(설)、**喫**(끽) 등의 글자에서 음부역할을 하고, 絜은 다시 **潔**(결)의 음부역할을 한다.

또한, 害는 다시 **犗**(개)、**割**、**瞎**、**轄**(할)、**憲**(헌 敏也. 从心从目, 害省聲) 등의

414 耒는 2.5를 참조.

글자에서 음부역할을 하고, 憲은 또 다시 **櫶**、**橞**(헌) 등의 글자에서 음부역할을 한다.

丵 착

丵은 본의가 '무더기로 자라는 풀(叢生艸也)'로 풀이되고, 자형은 '산에서 풀들이 서로 나란히 자라있는 모양을 상형(象丵嶽相竝出也)'한 형태로 설명된다.

자소로 사용될 때, **業**(업 大版也. 所以飾縣鍾鼓. 从丵从巾. 巾象版)、**菐**(복 瀆菐也. 从丵从廾, 廾亦聲)、**叢**(총 聚也. 从丵取聲)、**對**(대 譍無方也. 从丵土, 从寸) 등의 글자에서 의부역할을 하고, **糳**(착 糲米一斛, 舂爲九斗曰糳. 从毇丵聲)의 음부역할을 한다.[415]

이들 글자 가운데, 業은 다시 **鄴**、**鄴**(업) 등의 음부, 菐은 **僕**(복 从人从菐, 菐亦聲. 蹼, 古文从臣)의 의부겸 음부역할을 하고, **墣**、**幞**、**獛**(복)、**撲**、**璞**、**樸**(박) 등의 글자에서는 음부역할을 하며, 僕은 또 다시 **濮**、**纀**(복) 등의 글자에서 음부역할을 한다. 또한, 糳은 다시 **鑿**(착 从金糳省聲)의 음부역할을 한다.

𠂹 수

𠂹는 '초목의 꽃이나 잎이 늘어진 모양을 상형(艸木華葉𠂹. 象形)'한 글자이다.

자소로 사용될 때, **𠌶**(화 艸木華也. 艸木華也. 从𠂹亏聲)、**差**(차 貳也. 差不相值也. 从左从𠂹)、**素**(소 白緻繒也. 从糸𠂹, 取其澤也) 등의 글자에서 의부역할을 하

---

415 對의 本字는 對(从丵从口从寸)이고, 對는 或體字(對或从士)이다. 糳에서의 毇(훼 从臼从殳)는 2.1.2 殳의 注를 참조.

고, 垂(수 遠邊也. 从土𠂹聲)에서는 음부역할을 한다.[416]

이들 글자 가운데, 𠌶는 다시 華(䔢 화 榮也. 从艸从𠌶)、曄(曅 엽 光也. 从日从𠌶)、韡(𩏾 위 盛也. 从𠌶韋聲) 등의 글자에서 의부역할을 하고, 華는 또 다시 皣(엽 艸木白華也. 从華从白)의 의부 및 樺、譁(화) 등의 음부, 差는 嗟、嵯、搓、磋、蹉、齹(차)、傞、槎(사) 등의 음부, 素는 繛(작 𦆽也. 从素卓聲. 綽, 繛或省)、𦆽(완 繛也. 从素, 爰省. 緩, 𦆽或省) 등의 의부 및 傃、嗉、榡(소) 등의 음부역할을 하고, 垂는 郵(우 境上行書舍. 从邑垂. 垂, 邊也)의 의부 및 睡、腄、陲(수)、箠、諈、錘(추)、唾(타) 등의 음부역할을 한다.

 乇 척 탁

乇은 '풀잎을 상형(艸葉也. 从垂穗, 上貫一, 下有根. 象形)'한 글자로 설명된다. 자소로 사용될 때, 托、託(탁)、宅(택)、亳(박)、吒(타) 등의 글자에서와 같이 주로 음부역할을 하고, 宅은 다시 烢(택)、侘、㤞(차)、秺(투) 등의 글자에서 음부역할을 한다.

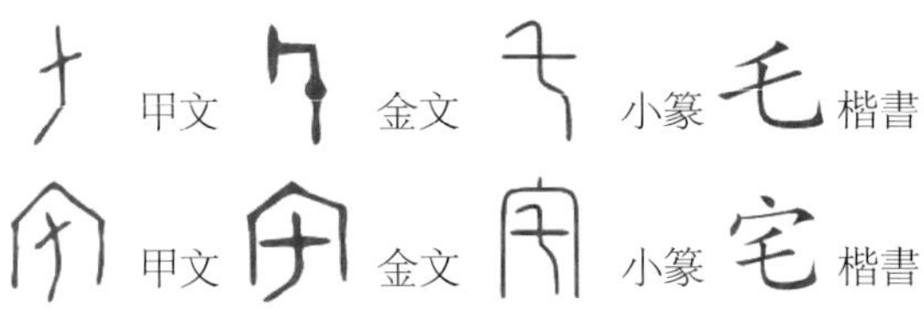

 𢎘 함

𢎘은 '초목의 꽃 몽우리가 피기 전의 모습을 상형(草木之華未發圅然. 象形)'한 글자로 설명된다.

416 差의 字釋은 2.1.2 𠂇(좌)의 注를 참조.

자소로 사용될 때, **圅**(函 함 舌也. 象形)、**甬**(용 艸木華甬甬然也. 从马用聲) 등의 글자에서 의부역할을 하고, **犯**、**氾**(범) 등의 글자에서는 음부역할을 하며, 氾은 다시 **范**(범 艸也)、**笵**(범 法也. 从竹. 竹, 簡書也. 氾聲. 古法有竹刑) 등의 글자에서 음부역할을 하고, 笵은 또 다시 **範**(범 範軷也. 从車笵省聲)의 음부역할을 한다.[417]

이들 글자들 가운데, 圅(函)은 다시 **涵**、**頷**(함) 등의 글자에서 음부역할을 하고, 甬은 **俑**、**勇**(从力甬聲)、**涌**(湧)、**踊**(용)、**誦**(송)、**桶**、**痛**、**通**(통) 등의 글자에서 음부역할을 한다.

 金文  小篆  楷書

 卣 조

卣는 '초목의 열매가 주렁주렁 늘어진 모양을 상형(艸木實垂卣卣然. 象形)'한 글자로 설명된다.

자소로 사용될 때, **栗**(률 木也. 从木, 其實下垂, 故从卣)、**粟**(속 嘉穀實也. 从卣从米) 등의 글자에서 의부역할을 하며, 栗은 다시 **凓**、**慄**(률), **粟**은 **傈**、**憟**(속) 등의 글자에서 음부역할을 한다.

 禾 화

禾는 '벼(嘉穀也)'를 의미하고, 자형은 '从木, 从𠂹省. 𠂹象其穗'의 형태로 설명되며, 고문자계통에서는 모두 벼가 익어 이삭이 늘어뜨려진 형태로 나타난다.

---

417 『說文』에서는 圅(函)의 본의를 '혀(舌也)'라고 설명하고 있지만, 금문에 나타나는 圅은 '화살을 담는 기구(盛矢之器)'로 보는 것이 일반적이다. 자형이 예변 이후 函으로 정리되었다. 马도 氾, 犯 등의 자형에서는 예변 이후 㔾의 형태로 변하였다. 笵과 範의 관계는 2.9의 車를 참조.

자소로 사용될 때, **秀**(수 禾實也. 有實之象下垂也)、**私**(사 禾也. 从禾厶聲)、**秋**(추 禾穀孰也. 从禾, 㷋省聲. 穮, 籒文不省)[418]、**科**(과 程也. 从禾从斗. 斗者, 量也)、**租**(조 田賦也. 从禾且聲)、**秩**(질 積也. 从禾失聲)、**移**(이 禾相倚移也. 从禾多聲)、**稀**(희 疏也. 从禾希聲)、**稅**(세 租也. 从禾兑聲)、**程**(정 品也. 十髮爲程, 十程爲分, 十分爲寸. 从禾呈聲)、**稚**(치 幼禾也. 从禾失聲)、**種**(종 先穜後孰也. 从禾重聲)、**稱**(칭 銓也. 从禾爯聲)、**稻**(도 稌也. 从禾舀聲)、**稿**(고 稈也. 从禾高聲)、**穀**(곡 百穀之總名. 从禾殸聲)、**積**(적 聚也. 从禾責聲)、**穫**(확 刈穀也. 从禾蒦聲)、**秒**(초 芒也. 从禾少聲)、**稍**(초 出物有漸也. 从禾肖聲)、**秉**(병 禾束也. 从又持禾)、**利**(리 銛也. 从刀. 和然後利, 从和省. 㓟, 古文利)、**穎**(영 禾末也. 从禾頃聲)、**秦**(진 禾名. 从禾, 舂省)、**穗**(采 수 禾成秀也. 从爪禾. 穗, 采或从禾惠聲)、**年**(秊 穀孰也. 从禾千聲) 등의 글자에서 의부역할을 하고, **和**、**杯**、**盉**(화) 등의 글자에서는 음부역할을 한다.[419]

이들 글자 가운데, 秀는 다시 **銹**(수)、**誘**(유)、**透**(투), 秋는 **楸**、**湫**、**甃**、**萩**、**鰍**、**鶖**(추)、**愀**、**煍**(초), 秉은 **棅**(柄 병), 利는 **悧**、**梨**(棃)、**痢**(리)、**藜**(려), 秦은 **溱**、**榛**、**臻**(진) 등의 글자에서 음부역할을 한다.

---

418 㷋(초)는 본의가 '거북을 태웠으나 점괘가 나타나지 않음(灼龜不兆也)'으로 풀이되고, 자형은 '从火从龜'의 형태로 설명된다.

419 稽(계)에서의 禾형은 본절의 木을 참조. 年은 2.1.1의 人을 참조. 갑골문에서의 利는 禾와 農具를 의미하는 力이 기본자소로 사용되었고, 경우에 따라서 又와 土가 더해진 형태로 나타나기도 하여 '농기구를 가지고 땅을 일구어 벼를 심는 모습'으로 해석하는 것이 일반적이다. 秀의 자형에 관해 許愼은 後漢 光武帝의 諱字(劉秀)인 관계로 설명을 하지 않았으나, 小徐本에는 '禾實也. 有實之象下垂也'로 풀이해 놓았다. 秃(독)의 경우, 許愼은 '無髮也. 从人, 上象禾粟之形, 取其聲. 王育說, 倉頡出見秃人伏禾中, 因以制字, 未知其審'으로 설명하고 있다. 酥(소)는 '羊乳로 만든 酪製品'을 의미하는 글자이나, 자소로서의 禾의 용도는 확실하지 않다.

 **朮 출**

朮은 '차조의 모양을 상형(稷之粘者. 从禾. 朮, 象形)'한 글자로서, 『說文』에 秫(출)의 或體字(秫或省禾)로 수록되어 있다.

자소로 사용될 때, **怵**(출)、**術**、**述**(술)、**訹**(수) 등의 글자에서와 같이 주로 음부역할을 한다.

 **黍 서**

黍는 '기장(禾屬而黏者也)'을 의미하며, 『說文』에서는 자형을 '从禾, 雨省聲'의 형성자로 설명하고 있지만, 갑골문과 금문에는 禾에 비해 낟알이 좀 더 흩어져 있는 자형으로 나타난다.

자소로 사용될 때, **黎**(려 履黏也. 从黍, 杒省聲. 杒, 古文利)、**黏**(점 相箸也. 从黍占聲) 등의 글자에서 의부역할을 하고, 黎는 다시 **藜**、**鑗**(려)、**犂**(犂 犁 从牛黎聲)(리) 등의 글자에서 음부역할을 한다.

 **香 향**

香은 본의가 '향내(芳也)'로 풀이되고, 소전 자형은 '𪏽(从黍从甘)'으로서, 黍와 甘이 의부로 사용되었지만,예변 이후 黍가 禾, 甘이 曰형으로 변한 경우이다.

자소로 사용될 때, **馥**(복 香气芬馥也. 从香复聲)、**馨**(형 香之遠聞者. 从香殸聲.

殸, 籒文磬) 등의 글자에서 의부역할을 한다.

秝 력

秝은 禾의 이합자소(从二禾)로서, 자소로 사용될 때, **兼**(겸 并也. 从又持秝. 兼持二禾, 秉持一禾)의 의부역할을 하고, **厤**(력 治也. 从厂秝聲)의 음부역할을 한다.

이들 글자 가운데, 兼은 다시 **謙**、**鎌**(겸)、**廉**(렴)、**嫌**、**㾾**(혐), 廉은 또 다시 **簾**(렴)의 음부역할을 하고, 厤은 **歷**、**曆**、**磿**(력) 등의 글자에서 음부역할을 하며, 歷은 또 다시 **瀝**、**轣**、**靂**(력) 등의 글자에서 음부역할을 한다.

甲文 小篆 秝 楷書
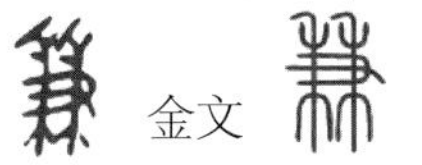
金文 小篆 兼 楷書

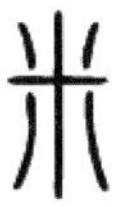

米 미

米는 '쌀의 낟알을 상형(象禾實之形)'한 글자이다.

자소로 사용될 때, **匊**(국 在手曰匊. 从勹米)、**粟**(속 嘉穀實也. 从卤从米)、**粲**(찬 爲米六斗大半斗曰粲. 从米𣦼聲)、**精**(정 擇也. 从米青聲)、**粹**(수 不雜也. 从米卒聲)、**粗**(조 疏也. 从米且聲)、**粒**(립 糂也. 从米立聲)、**粉**(분 傅面者也. 从米分聲)、**糖**(당 飴也. 从米唐聲)、**糧**(량 穀也. 从米量聲)、**糟**(조 酒滓也. 从米曹聲)、**糠**(穅 강 穀皮也. 从禾从米, 庚聲)、**糊**(黏 호 黏也. 从黍古聲)、**粥**(鬻 죽 鍵也. 从䰜米)、**糶**(조 穀也. 从米翟聲)、**糴**(적 市穀也. 从入从糶)、**糶**(조 出穀也. 从出从糶, 糶亦聲) 등의 글자에서 의부역할을 하고, **氼**、**迷**(미) 등의 글자에서는 음부역할을 하며, 迷는 다시 **謎**、**䜌**(미) 등의 글자에서 음부역할을 한다.[420]

---

420 현재 통용 자전류에서 米부에 배속시키고 있는 糞(분)의 小篆 자형은 '𦾤(从廾推𠦒棄釆也)'의 형

이들 글자 가운데, 匊은 다시 菊、鞠、麴(국), 粲은 燦、璨(찬) 등의 글자에서 음부역할을 한다.[421]

 來 래  麥 맥

來(周所受瑞麥來麰. 一來二縫, 象芒朿之形)와 **麥**(芒穀. 秋種厚薶, 故謂之麥)은 모두 보리의 모양을 상형한 글자이다. 다만, 『說文』에서는 소전 자형에 근거해서 麥을 '从來, 有穗者. 从夊'의 자형으로 설명하고 있고, 갑골문으로 분석하는 경우에는 夊형을 보리의 뿌리로 보는 것이 일반적이다.[422]

자소로 사용될 때, 來는 **崍**、**徠**、**萊**(래)、**賚**(뢰) 등의 글자에서와 같이 주로 음부역할을 하며,[423] 麥은 **麰**(모 麥也. 从麥牟聲)、**麴**(국 酒母也. 从麥匊聲)、**麪**(麫 면 麥末也. 从麥丏聲) 등의 글자에서 의부 역할을 한다.

태로 분석되며, 釆은 屎의 訛變으로 보는 것이 일반적이다. 屎는 갑골문에서 사람이 排便하는 모습을 구체적으로 나타내고 있으며, 小篆에서는 菌(시 糞也. 从艸胃省)가 屎의 의미를 나타하고 있다. 類(류 从犬頪聲)의 음부역할을 하는 頪(뢰)는 『說文』에서 '難曉也. 从頁米. 一曰, 鮮白貌. 从粉聲'의 형태로 설명된다. 粤(월)은 2.1.4의 于, 粦(린)은 2.1.3의 舛(천)을 참조.

421 匊은 2.1.1의 勹, 粲에서의 㕟(잔)은 2.1.2의 又, 粟에서의 卤(조)는 본절의 위를 참조.

422 연구자에 따라서는, 麥이 원래 '오다'라는 의미로 사용되었고, 來가 '보리'를 의미하는 것으로 보는 경우도 있다.

423 猌(은)은 2.2.1의 犬을 참조.

 朩 빈  𣏟 패  麻 마

朩은 본의가 '모시풀의 줄기를 쪼개어 벗긴 껍질(分枲莖皮也)'로 풀이되고, 자형은 '모시풀의 껍질모양을 상형(从屮. 八, 象枲皮)'한 것으로 설명되며, 麻는 '삼베'를 의미하는 𣏟(葩之總名也. 象形)와 广(엄)이 결합된 자형(與𣏟同. 人所治, 在屋下. 从广从𣏟)으로 분석된다.

자소로 사용될 때, 朩은 **枲**(시 麻也. 从朩台聲)의 의부역할을 하고, 𣏟는 **檾**(경 枲屬. 从𣏟熒省聲)、**𣏔**(산 分離也. 从𣏟从攴) 등의 글자에서 의부역할을 하며, 𣏔은 다시 **散**(㪔 산 雜肉也. 从肉𣏔聲)의 음부역할을 한다.

麻는 자소로 사용될 때, **䵡**(추 麻藍也. 从麻取聲)、**䵭**(곡 未練治纑也. 从麻後聲) 등의 글자에서 의부역할을 하고, **摩**、**磨**、**魔**、**痲**、**䜑**(마)、**靡**、**糜**、**縻**(미)、**麾**(휘) 등의 글자에서는 음부역할을 한다.

 竹 죽

竹은 대나무의 모양을 상형(冬生艸也. 象形)한 글자이다.

자소로 사용될 때, **笑**(소 喜也. 从竹从夭)[424]、**笛**(적 七孔筩也. 从竹由聲)、**符**(부 信也. 漢制以竹, 長六寸, 分而相合. 从竹付聲)、**第**(제 次第也. 从竹弟聲)、**筆**(필 秦謂之筆. 从聿从竹)、**等**(등 齊簡也. 从竹寺聲)、**答**(답 補籬也. 从竹合聲)、**策**(책 簡也. 从竹朿聲)、**算**(산 數也. 从竹从具)、**管**(관 如篪, 六孔. 从竹官聲)、**節**(절

424 笑자는 갑골문이나 금문계통에서도 발견되지 않는 글자이고,『說文』에도 원래 수록되어 있지 않았으나, 大徐本에서 추가한 글자이다. 후대 연구자들 마다 자형분석도 각기 달라, '从竹从犬'、'从犬, 箾省声' 등의 異說이 존재한다.

竹約也. 从竹即聲)、**筍**(순 竹胎也. 从竹旬聲)、**篇**(편 書也. 从竹扁聲)、**簡**(簡 간 牒也. 从竹閒聲)、**簿**(부 籍也. 从竹溥聲)、**籍**(적 簿書也. 从竹耤聲)、**箱**(상 大車牝服也. 从竹相聲)、**篆**(전 引書也. 从竹彖聲)、**籀**(주 讀書也. 从竹擂聲) 등의 글자에서 의부역할을 하고, **竺**(축 从二竹聲)、**筑**(축 从竹从巩. 巩, 持之也. 竹亦聲)、**篤**(독) 등의 글자에서는 음부역할을 하며, 筑은 다시 **築**(축)의 음부역할을 한다.

이들 글자 가운데, 箸은 다시 **劄**(차)의 음부역할을 하고, 節은 다시 **癤**(절)、**櫛**(즐) 등의 글자에서 음부역할을 한다.[425]

현재 통용 자전류에서 竹부에 배속시키고 있는 **竺**、**築**、**篤** 등의 글자들은 모두 竹이 음부로 사용된 글자들로서, 竹과 의미상 관련이 없는 글자들이며, **範**(범) 역시 '从車笵省聲'의 형태로 구성된 글자이다.

 甲文  金文  小篆 竹 楷書

 韭 구

韭는 부추의 모양을 상형(菜名. 象形, 在一之上. 一, 地也)한 글자로서, 韮의 初文이다.

자소로 사용될 때, **韱**(섬 山韭也. 从韭𢦏聲)、**䪤**(번 小蒜也. 从韭番聲) 등의 글자에서 의부역할을 하고, 韱은 다시 **孅**、**殲**、**纖**(섬)、**瀸**、**籤**(첨) 등의 글자에서 음부역할을 한다.

425 '从手, 持半竹'의 형태로 설명되는 支(지)는 2.1.2를 참조.

尗 숙

尗은 콩이 생기는 모양을 상형(象豆生之形也)한 글자로서, 菽(숙)의 初文이다.

자소로 사용될 때, **枝**(시 配鹽幽尗也. 从尗支聲. 豉, 俗枝从豆)의 의부역할을 하고, **叔**、**鮛**(숙)、**枝**(축)、**茮**(초) 등의 글자에서는 음부역할을 하며, 叔은 다시 **淑**、**菽**(숙)、**踧**(축)、**寂**(적)、**戚**(척)、**督**(독)、**惄**(녁)、**椒**(초) 등의 글자에서 음부역할을 하고, 戚은 또 다시 **慼**(척)、**磨**、**槭**、**蹙**、**鏚**、**顣**(축)、**摵**(색) 등의 글자에서 음부역할을 한다.[426]

瓜 과

瓜는 오이의 모양을 상형(蓏. 象形)한 글자로서, 자소로 사용될 때, **瓝**(박 小瓜也. 从瓜交聲)、**瓠**(호 匏也. 从瓜夸聲)、**瓢**(표 蠡也. 从瓜省, 票聲) 등의 글자에서 의부역할을 하고, **坬**、**抓**(과)、**孤**、**呱**(고)、**弧**、**狐**(호) 등의 글자에서는 음부역할을 한다.

㼌(유)는 瓜의 이합자소(从二瓜)로서 **蓏**(라 在木曰果, 在地曰蓏. 从艸从㼌)의 의부역할을 한다.

齊 제

齊는 '벼나 보리의 이삭이 팰 때 위가 가지런한 모습을 상형(禾麥吐穗上平也. 象

426 寂의 小篆 자형은 '宗(無人聲. 从宀尗聲)'의 형태로 나타난다. 豆는 2.7을 참조.

形)'한 글자이다.

자소로 사용될 때, **濟**、**薺**、**臍**、**霽**(제)、**齋**(从示齊省聲)、**賫**(재)、**齍**(자) 등의 글자에서와 같이 주로 음부역할을 한다.

 甲文  金文  小篆  楷書

2.4 자연 및 자연현상과 관련된 근원자소와 파생자소

 日 일

日은 해의 모양을 상형(从○一. 象形)한 글자이다.

자소로 사용될 때, **早**(조 晨也. 从日在甲上)、**旬**(순 徧也. 十日爲旬. 从勹日)、**旱**(한 不雨也. 从日干聲)、**昌**(창 美言也. 从日从曰. 一曰日光也)、**昇**(승 日上也. 从日升聲)、**明**(朙 명 照也. 从月从囧. 明, 古文朙从日)、**昏**(혼 日冥也. 从日氐省)、**星**(曐 성 萬物之精, 上爲列星. 从晶生聲. 星, 曐或省)、**是**(시 直也. 从日正)、**映**(영 明也. 隱也. 从日央聲)、**昨**(작 隔一宵也. 从日乍聲)、**昭**(소 日明也. 从日召聲)、**春**(춘 推也. 从日艸屯, 屯亦聲)、**時**(시 四時也. 从日寺聲)、**晨**(晨 신 早昧爽也. 从臼从辰. 辰, 時也. 辰亦聲)、**晚**(만 莫也. 从日免聲)、**晝**(주 日之出入, 與夜爲界. 从畫省从日)、**景**(경 光也. 从日京聲)、**晴**(姓 청 雨止而夜星見也. 从日召聲)、**普**(보 日無色也. 从日从竝)、**暑**(서 熱也. 从日者聲)、**暇**(가 閑也. 从日叚聲)、**暖**(난 溫也. 从日爰聲)、**暗**(암 日無光也. 从日音聲)、**暴**(曓 포, 폭 晞也. 从日从出, 从廾从米)[427]、**暫**(잠 不久也. 从日斬聲)、**暮**(모 日且冥也. 从日莫

427 해서체에서의 暴은 그 자형 래원이 두 개이다. 또 하나의 暴(曓 폭 从日出夲廾之)은 본의가 '나아가고자 하는 바로 달려가다(疾有所趣也)'로 풀이된다. 2.1.1 大의 파생자소 夲(도)를 참조. 해서체의 晨 역시 자형 래원이 두 개로서, 晨(晨 신 早昧爽也. 从臼从辰)의 字釋은 2.1.2 臼(곡)의 注, 晨(曟 신 房星. 从晶辰聲)은 아래의 晶을 참조.

聲)、**曉**(효 明也. 从日堯聲)、**曆**(력 日月星辰之循也. 从日厤聲)、**杲**(고 明也. 从日在木上)、**杳**(묘 冥也. 从日在木下)、**旭**(욱 日旦出皃. 从日九聲)、**昱**(욱 明日也. 从日立聲)、**昶**(창 日長也. 从日永. 會意)、**晃**(황 明也. 从日光聲)、**晋**(진 進也. 日出萬物進. 从日从臸)、**暘**(양 日出也. 从日昜聲)、**昆**(곤 同也. 从日从比) 등의 글자에서 의부 역할을 하고, **鈤**、**馹**(일)、**颶**(율)、**涅**(녈 从水从土日聲) 등의 글자에서는 음부역할을 한다.[428]

이들 글자 가운데, 早는 다시 **卓**(阜 탁 高也. 早匕爲卓)의 의부, **草**(초)의 음부역할을 하고, 卓은 또 다시 **倬**、**桌**(从木卓省聲)、**晫**、**琸**(탁)、**悼**、**掉**(도)、**罩**(조) 등의 글자에서 음부역할을 하며, 旬은 **殉**、**筍**、**荀**(순), 旱은 **悍**、**垾**、**捍**(한)、**稈**(간)、**睅**(환), 昌은 **倡**、**唱**、**娼**、**猖**、**菖**(창), 昇은 **焺**(승), 明은 **萌**、**盟**(맹), 昏은 **婚**(从女从昏, 昏亦聲)、**惛**、**閽**(혼), 星은 **惺**、**猩**、**腥**、**醒**(성) 등의 글자에서 음부역할을 한다.

또한, 是는 다시 **韙**(위 是也. 从是韋聲)의 의부, **匙**(시)、**寔**(식)、**堤**、**提**、**題**(제) 등의 글자에서 음부역할을 하며, 春은 **椿**、**瑃**(춘)、**惷**、**蠢**(준), 時는 **溡**、**蒔**(시), 景은 **憬**、**璟**(경), 普는 **譜**(보), 暴은 **曝**、**爆**、**瀑**(폭)、**髕**(복)、**儤**、**譽**(从言, 暴省聲)、**鑤**(포), 晋은 **搢**、**瑨**、**縉**(진), 昆은 **棍**(곤)、**混**(혼) 등의 글자에서 음부역할을 한다.

이외에도, **顯**(현)、**溼**、**濕**(습) 등의 글자에서 음부로 설명되는 **㬎**(현, 압 衆微杪也. 从日中視絲) 역시 日이 의부로 사용된 글자이다.[429]

현재 통용 자전류에서 日부에 귀속시키고 있는 **易**(역 蜥易, 象形)、**暢**(暘 창 不生也. 从田昜聲. 借爲通暘之暘. 今俗別作暢, 非是)、**智**(지 㴆, 矨 지 从白亏知) 등에서의 日형은 日과 의미상 관련이 없이 순전히 해서체 자형에 근거하여 나열시킨

428 晴은 姓의 俗字로 설명된다. 莫과 暮의 관계는 2.3의 茻(망)을 참조. 楚나라 屈原이 빠져 죽었다는 汨羅(멱라)의 汨(멱)은 '从水冥省聲'의 형태로 설명되고, 본의가 '물을 다스리다(治水也)'로 풀이되는 汩(율, 골)은 曰(왈)이 음부(从水曰聲)로 사용된 글자이다.

429 㬎은 2.13의 絲, 昜(양 从日一勿)은 2.10의 勿(물)을 참조.

경우이다.[430]

 旦 단

旦은 본의가 '밝다(明也)'로 풀이되고, 자형은 '从日見一上. 一, 地也'의 형태로 분석된다.

자소로 사용될 때, **暨**(기 日頗見也. 从旦旣聲)、**倝**(간 日始出, 光倝倝也. 从旦㫃聲) 등의 글자에서 의부역할을 하고, **但、袒、担、亶**(단)、**坦**(탄)、**疸、怛、靼**(달) 등의 글자에서는 음부역할을 하며, 亶은 다시 **壇、檀**(단)、**譠**(탄)、**顫、鱣**(전)、**嬗**(선)、**擅**(천) 등의 글자에서 음부역할을 한다.[431]

이들 글자 가운데, 倝은 다시 **朝**(𠦝 조 旦也. 从倝舟聲)의 의부, **幹**(간)、**韓**(从韋倝聲)、**翰**(한)、**乾**(건)、**斡**(알) 등의 음부역할을 하고, 朝는 다시 **潮**(淖 조 隨氣進退謂潮. 从水, 朝省)의 의부, **嘲、潮**(조)、**廟**(묘) 등의 음부역할을 하며, 幹은 **榦**(간)、**澣**(한), 翰은 **瀚**(한)의 음부역할을 한다.[432]

---

430 旨(지)와 그 활용은 2.1.1 人의 匕(비)와 2.7의 匕(시), 智는 2.1.4 自의 白(자)를 참조.
431 亶은 본의가 '많은 곡식(多穀也)'으로 풀이되고, 자형은 '从㐭旦聲'의 형태로 풀이된다. 㐭(름)은 2.6, 㫃(언)은 2.10을 참조.
432 갑골문에서의 朝는 '해가 풀섶 사이에서 뜨고, 달(月)도 아직 지지 않고 있는 형태'로 나타난다. 幹은 『說文』에 '榦(从木倝聲)'으로 수록되어 있고, 幹은 俗字이다.

 甲文  小篆 朝 楷書

 昔 석

昔은 『說文』에서 본의가 '말린 고기(乾肉也)'로 풀이되고, 자형은 '从殘肉, 日以晞之'의 형태로 분석된다. 그러나 갑골문에 나타나는 昔에서의 日 위의 부분은 災에서의 火 윗부분과 마찬가지로 홍수의 재해를 의미하는 것으로 보는 것이 일반적이다.

자소로 사용될 때, **惜**、**腊**(석)、**耤**(적)、**錯**(착)、**鵲**(작)、**齰**(색)、**借**(차)、**措**(조)、**醋**(초) 등의 글자에서 음부역할을 하고, 耤은 다시 **籍**(적)、**藉**(자) 등의 글자에서 음부역할을 한다.

 甲文  金文  籀文  小篆 昔 楷書

 晶 정

晶은 日의 삼합자소(从三日)로서, 본의가 '반짝이는 광채(精光也)'로 설명된다.

자소로 사용될 때, **星**(曐 성 萬物之精, 上爲列星. 从晶生聲. 星, 曐或省)、**參**(曑 참 商星也. 从晶㐱聲. 曑, 曑或省)、**晨**(曟 신 房星. 从晶辰聲. 晨, 曟或省)、**疊**(疊 첩 重也. 从晶从宜) 등의 글자에서 의부역할을 하고, 현재 해서체에서의 星、參、晨 등은 『說文』에 重文으로 수록된 이들의 或體字(或省)이다.[433]

이들 글자 가운데, 參은 다시 **慘**、**驂**(참)、**蔘**(삼), 疊은 다시 **曡**、**氎**、**鷃**(첩) 등의 글자에서 음부역할을 한다.

 甲文  小篆 晶 楷書

433 金文에서의 疊은 도마 혹은 祭臺(俎) 위에 어떤 물품이 포개져 있는 모양(重疊)으로 나타난다. 소전 疊에서의 晶은 예변 이후 畾(뢰, 루)형으로 변했다. 畾는 아래의 雷(뢰)를 참조.

甲文 古文 小篆 或體 星 楷書

金文 小篆 疊 楷書

月 월

月은 『說文』에서 이지러진 반달의 모양을 상형(闕也. 象形)한 글자로 설명된다. 자소로 사용될 때, **朔**(삭 月一日始蘇也. 从月屰聲)、**望**(망 出亡在外, 望其還也. 从亡, 朢省聲)、**朗**(랑 明也. 从月良聲)、**期**(기 會也. 从月其聲)、**霸**(覇 패 月始生, 霸然也. 从月䨣聲) 등의 글자에서 의부역할을 하고, **俏**、**刖**、**抈**、**鈅**(월) 등의 글자에서는 음부역할을 한다.[434]

현재 통용 자전류에서 月부에 배속시키고 있는 **朝**(조 从倝舟聲)와 **服**(복 从舟𠬝聲)은 『說文』에서 舟(주)가 음부 혹은 의부로 설명되고 있으며, 『說文』에서 '从月又聲'의 형태로 설명되는 **有**(유)는 金文에서는 '肉(육)'과 '又(우)'가 의부로 나타난다.

朋(붕)은 鳳(봉)의 古文 자형으로서 상형자이다.[435]

甲文 金文 小篆 月 楷書

甲文 金文 小篆 霸 楷書

夕 석

夕은 본의가 '해가 지다(莫也)'로 풀이되고, 자형은 '从月半見'의 형태로 설명되지

434 望은 2.1.1의 壬(정)을 참조. 覇는 霸의 俗字이다.
435 有와 그 활용은 2.1.2의 又, 朝와 服은 2.9의 舟, 朋과 그 활용은 2.2.2의 鳥를 참조.

만, 갑골문이나 금문에서는 月과 夕이 매우 유사한 형태로 나타난다.

자소로 사용될 때, **外**(외 遠也. 卜尚平旦, 今夕卜. 於事外矣)、**夜**(야 日入爲夜, 與晝對. 从夕亦省聲)、**夢**(몽 不明也. 从夕瞢省聲)、**夙**(숙 早敬也. 从丮夕. 㐰, 古文夙. 从人西. 宿从此)、**名**(명 自命也. 从口从夕. 夕者, 冥也. 冥不相見, 故以口自名)、**飧**(손 餔也. 从夕食) 등의 글자에서 의부역할을 하고, **汐**、**鈫**(석) 등의 글자에서는 음부역할을 한다.[436]

이들 글자 가운데, 夜는 다시 **䳟**(야)、**液**、**腋**(액), 名은 **茗**、**酩**、**銘**(명) 등의 글자에서 음부역할을 한다.

이외에도, **怨**、**苑**、**鴛**(원)、**宛**、**婉**、**琬**、**腕**、**踠**(盌)、**盌**(완)、**黦**(울) 등의 글자에서 음부역할을 하는 **夗**(원) 역시 夕이 의부로 사용된 글자(从夕从卪)로서, 본의는 '돌아 눕다(轉臥也)'로 풀이된다.

 多 다

多는 夕의 이합자소(从重夕)로서 본의가 '겹치다(重也)'로 풀이된다.

자소로 사용될 때, **夥**(과 齊謂多爲夥. 从多果聲)、**夠**(구 多也. 从多句聲) 등의 글자에서 의부역할을 하고, **爹**、**茤**(다)、**痑**(타)、**侈**(치)、**移**、**迻**、**黟**(이) 등의 글자에서는 음부역할을 하며, **奓**(차)는 『說文』에서 **奢**(사 侈也. 从大者聲)의 籀文으로 수록되어 있다.

---

436 夢과 寢(몽)의 관계는 2.2.1의 丫(개)를 참조.

본의가 '편안한 바(所安也)'로 풀이되고, **疊**(曡 첩 从晶从宜)、**誼**(의 人所宜也. 从言从宜, 宜亦聲) 등의 글자에서 의부, **椬**、**萓**(의) 등의 글자에서 음부역할을 하는 **宜**(宐 의) 역시 소전 자형은 '从宀之下, 一之上, 多省聲'의 형태로 분석된다.[437]

甲文 金文 小篆 楷書

甲文 金文 古文 古文 小篆 楷書

山 산

山은 '산의 모양을 상형(象形)'한 글자로서, 자소로 사용될 때, **岸**(안 水厓而高者. 从屵干聲)、**岳**(嶽 악 東泰, 南衡, 西華, 北恒, 中崇山, 王者巡狩所至. 从山獄聲. 岳, 古文象高形)、**峯**(봉 山頂也. 从山夆聲)、**島**(도 海中往往有山可依止曰島. 从山鳥聲)、**崇**(숭 嵬高也. 从山宗聲)、**崩**(붕 山壞也. 从山朋聲)、**嶺**(령 山道也. 从山領聲)、**巖**(암 岸也. 从山嚴聲)、**崔**(최 大高也. 从山隹聲) 등의 글자에서 의부역할을 하고, **汕**、**疝**(산)、**㚲**、**氙**(선)、**辿**(천) 등의 글자에서는 음부역할을 한다.[438]

이들 글자 가운데, 岸은 다시 **婩**、**錌**(안), 崔는 **催**、**摧**(최) 등의 글자에서 음부역할을 한다.

甲文 金文 小篆 楷書

甲文 古文 小篆 楷書 楷書

437 갑골문이나 금문에서의 宜는 도마(且 혹은 俎) 위에 고기(肉)를 얹어 놓은 형태로 나타난다.
438 岩(암)은 『龍龕手鑑』에 '巖, 古作岩'으로 실려 있다. 嵒(암 从山品聲)은 2.1.4 口의 品을 참조. 仙(선)은 僊이 本字이다. 2.1.2의 臼(곡)을 참조.

 丘 구

丘는 『說文』에서 '从北从一. 一, 地也. 象形'의 형태로 설명하고 있지만, 이는 소전자형에 근거해 '从北'으로 파악한 것이고, 갑골문이나 금문에는 봉우리가 두 개인 언덕의 모양으로 나타나 있다.

자소로 사용될 때, **虛**(허 大丘也. 从丘虍聲)、**屔**(니 反頂受水丘. 从丘从泥省, 泥亦聲) 등의 글자에서 의부역할을 하고, **蚯**、**邱**(구) 등의 글자에서는 음부역할을 하며, 虛는 다시 **墟**、**歔**(허) 등의 글자에서 음부역할을 한다.

岳은 『說文』에 **嶽**(악 从山獄聲)의 重文으로 수록된 古文(岳, 古文象高形) 자형이다.

 甲文  金文  古文  小篆 丘 楷書

 厂 한

厂은 산의 바위 기슭 쪽의 사람이 살만한 곳을 상형(山石之厓巖, 人可居. 象形)한 글자로 설명된다.

자소로 사용될 때, **仄**(측 側傾也. 从人在厂下)、**原**(厵 원 水泉本也. 从灥出厂下. 原, 篆文从泉)、**厥**(궐 發石也. 从厂欮聲)、**厭**(염, 엽 笮也. 从厂猒聲)、**屵**(알 岸高也. 从山厂, 厂亦聲)、**厓**(애 山邊也. 从厂圭聲) 등의 글자에서 의부역할을 하고, **雁**(안 从隹从人, 厂聲)、**彥**(언 从彣厂聲) 등에서는 음부역할을 한다.[439]

---

439 厄(액 从卩厂聲)은 2.1.1의 卩, 厚(후 从厂从㫗)는 2.6의 㫗(후), 厲(려 从厂, 蠆省聲)는 2.2.1의 禸(유), 厤(력 从厂秝聲)은 2.3 禾의 파생자소 秝(력), 𠩺(리 从攴从厂从未)는 2.3 木의 파생자소 未(미), 厭(염, 엽 从厂猒聲)은 2.2.1의 犬, 危(위 从产, 自卩止之)、詹(첨 从言从八从产) 등은 2.1.1 人의 파생자소 产(위)를 참조.

이들 글자 가운데, 仄은 다시 **昃**(측), 原은 **愿**、**源**、**願**(원), 厥은 **獗**、**蹶**(궐)、**撅**(궤), 厓는 **啀**、**崖**、**涯**(애) 등의 글자에서 음부역할을 한다. 또한, 屵은 **岸**(안 水厓而高者. 从屵干聲)의 의부역할을 하고, 岸은 다시 **婩**、**鞌**(안)、**炭**(탄 从火, 岸省聲) 등의 글자에서 음부역할을 한다.

본의가 '공 모양의 물체(圜, 傾側而轉者)'로 풀이되는 **丸**(환)은 『說文』에서 仄의 反文(丸 从反仄)으로 설명되며, **丸**은 丸의 俗字이다. 자소로 사용될 때, **肒**(환 搔生創也. 从肉丸聲)、**䶷**(위 鷙鳥食已, 吐其皮毛如丸)、**骫**(위 骨耑骫奊也. 从骨丸聲) 등의 글자에서 음부역할을 한다.

 **石 석**

石은 본의가 '산에 있는 돌(山石也)'로 풀이되고, 자형은 '在厂之下. 口, 象形'의 형태로 설명된다.[440]

자소로 사용될 때, **研**(연 礦也. 从石幵聲)、**破**(파 石碎也. 从石皮聲)、**硬**(경 堅也. 从石更聲)、**硯**(연 石滑也. 从石見聲)、**碑**(비 豎石也. 从石卑聲)、**碧**(벽 石之青美者. 从玉石, 白聲)、**確**(确 확 礊石也. 从石角聲)、**磨**(마 石磑也. 从石麻聲)、**礎**(초 礩也. 从石楚聲)、**磬**(경 樂石也. 从石殸. 象縣虡之形. 殳, 擊之也. 殸, 籀文省. 硜, 古文从巠)、**碎**(쇄 礦也. 从石卒聲)、**碍**(礙 애 止也. 从石疑聲)、**磊**(뢰 眾石也. 从三石) 등의 글자에서 의부역할을 하고, **碩**(석)、**拓**、**跖**(척)、**沰**、**橐**(탁)、**斫**(작)、**妬**(투) 등의 글자에서는 음부역할을 한다.[441]

---

440 갑골문에 나타나는 소전에서의 厂은 뾰족한 기물의 형태로 표시되어 있으며, 이를 돌 칼(石刀)의 변형으로 보기도 한다.

441 橐(탁)은 2.8의 束을 참조. 현재 통용 자전류에서 碩을 石부에 나열시키고 있는 것은 『康熙字典』에서부터 비롯된 오류이다. 殸(磬)의 활용은 2.1.2의 殳를 참조.

 自 퇴

自는 '작은 언덕의 모양을 상형(小𠂤也. 象形)'한 글자로 설명되며, **堆**(퇴)의 初文이다. 자소로 사용될 때, **師**(사 二千五百人爲師. 从帀从𠂤. 𠂤, 四帀, 衆意也)、**官**(관 吏事君也. 从宀从𠂤. 𠂤猶衆也) 등의 글자에서 의부역할을 하고, **追**(추 逐也. 从辵𠂤聲)、**帥**(수, 솔 佩巾也. 从巾𠂤聲. 帨, 帥或从兌)、**歸**(귀 女嫁也. 从止从婦省, 𠂤聲) 등의 글자에서는 음부역할을 한다.[442]

이들 글자 가운데, 師는 다시 **獅**、**篩**(사), 官은 **棺**、**管**、**館**(관), 追는 **搥**、**縋**、**鎚**(추), 帥는 **膟**(율)、**蟀**(솔), 歸는 **蘬**(귀)、**巋**、**巋**(규) 등의 글자에서 음부역할을 한다.

이외에도, **薛**(설)、**孼**、**蘖**(얼) 등의 글자에서 음부역할을 하는 **辥**(설)은 '从辛𡴎聲' 형태로 구성된 글자이고, **𡴎**(열)은 '从𠂤屮聲'의 형태로 설명된다.[443]

---

442 宮은 2.1.5의 呂를 참조. '허리에 차는 수건(佩巾也)'으로 풀이되는 帥의 본의는 현대한자에서 帥의 或體字인 帨(세)가 담당하고 있다. 𦣞(견)은 아래의 𨸏를 참조.

443 辥은 본의가 '죄를 짓다(辠也)', 𡴎은 '험하고 높다(危高也)'로 풀이된다. 2.12를 참조.

 𨸏 阜 부

阜는 '산에 돌이 없는 큰 高原의 모양을 상형(大陸, 山無石者. 象形)'한 글자이다. 자소로 사용될 때, **防**(방 隄也. 从𨸏方聲)、**阿**(아 大陵也. 一曰曲𨸏也. 从𨸏可聲)、**附**(부 小土山也. 从𨸏付聲)、**降**(항 下也. 从𨸏夅聲)、**限**(한 阻也. 从𨸏艮聲)、**院**(원 堅也. 从𨸏完聲)、**陣**(진 旅也. 从𨸏从車)、**除**(제 殿陛也. 从𨸏余聲)、**陰**(음 闇也. 水之南, 山之北也. 从𨸏侌聲)、**陳**(진 宛丘也. 从𨸏从木, 申聲)、**陵**(릉 大𨸏也. 从𨸏夌聲)、**陶**(도 再成丘也, 在濟陰. 从𨸏匋聲)、**陷**(함 高下也. 一曰陊也. 从𨸏从臽, 臽亦聲)、**陸**(륙 高平地. 从𨸏从坴, 坴亦聲)、**陽**(양 高明也. 从𨸏昜聲)、**隊**(대 從高隊也. 从𨸏㒸聲)、**階**(계 陛也. 从𨸏皆聲)、**際**(제 壁會也. 从𨸏祭聲)、**障**(장 隔也. 从𨸏章聲)、**隣**(鄰 린 五家爲鄰. 从邑粦聲)、**險**(험 阻難也. 从𨸏僉聲)、**隱**(은 蔽也. 从𨸏㥯聲)、**阻**(조 險也. 从𨸏且聲)、**陟**(척 登也. 从𨸏从步)、**陛**(폐 升高階也. 从𨸏坒聲)、**陪**(배 重土也. 一曰滿也. 从𨸏咅聲)、**隔**(격 障也. 从𨸏鬲聲)、**隙**(극 壁際孔也. 从𨸏从㣻, 㣻亦聲) 등의 글자에서 의부역할을 하고, **埠**、**阜**(부) 등의 글자에서는 음부역할을 한다.[444]

현재 통용 자전류에서 阜부에 배속시키고 있는 **隆**(隆 융 从生降聲)、**隋**(수 从肉从隓省)、**隨**(수 从辵, 嫷省聲) 등의 글자들은 阜와 의미상 관련이 없는 글자들이다.[445]

444 '从阜从𡕒'의 형태로 설명되고, 遣(견)의 음부역할을 하는 𠳋(𦥛 견)은 2.8의 𡕒(궤), 陪의 음부역할을 하는 咅(부)는 2.17의 丶(주)를 참조.
445 隆은 2.1.3의 夅(항), 隋、隨 등은 2.1.2의 𠂇(좌)를 참조.

 谷 곡

谷은 본의가 '샘물이 솟아나와 내와 합쳐져 이루어진 것(川出通川爲谷也)'으로 풀이되고, 자형은 '从水半見, 出於口'의 형태로 설명된다. 갑골문과 금문 모두 仌형과 口형의 결합으로 나타나며, 仌형은 계곡의 물줄기가 흘러나오는 모습으로 보고, 口형은 계곡의 입구를 표현한 것이라고 보는 것이 일반적이다.

자소로 사용될 때, **谿**(계 山瀆无所通者. 从谷奚聲)、**豁**(활 通谷也. 从谷害聲)、**谬**(료 空谷也. 从谷翏聲) 등의 글자에서 의부역할을 하고, **焀**(곡)、**俗**(속)、**欲**、**浴**(욕)、**綌**(격)、**容**(용)、**裕**(유) 등의 글자에서는 음부역할을 하며, 容은 다시 **溶**、**瑢**、**蓉**、**鎔**(용) 등의 글자에서 음부역할을 한다.[446]

 甲文  金文  小篆 **谷** 楷書

 㕣 연

㕣은 '山間의 움푹 패인 물웅덩이(山間陷泥地)'를 의미하고, 자형은 '从口, 从水敗貌'의 형태로 설명된다.

자소로 사용될 때, **沿**、**鉛**(연)、**船**(선) 등의 글자에서와 같이 주로 음부역할을 한다.

---

446 容은 본의가 '담다(盛也)'로 풀이되지만, 후일 頌(송 皃也)의 의미로 가차되었고, 頌은 '칭송(稱頌)'의 의미로 가차되었다. 容의 자형은 大徐本에서 '从宀谷'의 회의자로 수록해 놓았으나, 小徐本을 비롯한 이후 대부분의 전본에는 谷을 음부(从宀谷聲)로 수록해 놓고 있으며, 重文으로 수록된 古文자형은 公(공)이 음부(宩, 古文容从公)로 나타나 있다. 睿(叡 예 从𣦼从目从谷省. 睿, 古文叡)와 㴱(준 深通川也. 从谷从𣦵. 𣦵, 殘地, 阬坎意也)은 2.1.4 目의 파생자소, 叡(학 从𣦼从谷. 壑, 叡或从土)은 2.1.2 又의 𣦼(잔)을 참조.

水 수

水는 '물이 흐르는 모습을 상형(象衆水竝流, 中有微陽之气也)'한 글자이다.

자소로 사용될 때, **汎**(범 浮也. 从水凡聲)、**汚**(汙 오 薉也. 从水于聲)、**汗**(한 人液也. 从水干聲)、**汝**(여 水. 出弘農盧氏還歸山, 東入淮. 从水女聲)、**江**(강 水. 出蜀湔氐徼外崏山, 入海. 从水工聲)、**池**(지 畜水曰陂, 穿地通水曰池. 从水也聲)、**決**(결 下流也. 从水从夬)、**沈**(침 陵上滈水也. 从水冘聲)、**沐**(목 从水木聲)、**沒**(몰 沈也. 从水从㲿)、**沙**(사 水散石也. 从水从少. 水少沙見)、**泰**(태 滑也. 从廾从水, 大聲)、**河**(하 水. 出焞煌塞外昆侖山, 入海. 从水可聲)、**油**(유 水. 出武陵孱陵西, 東南入江. 从水由聲)、**治**(치 理也. 从水由聲)、**沿**(연 緣水而下也. 从水㕣聲)、**況**(황 寒水也. 从水兄聲)、**泊**(박 止舟也. 从水白聲)、**法**(灋 법 刑也. 平之如水, 从水. 廌, 所以觸不直者, 去之. 从去. 法, 今文省)、**波**(파 別水也. 从水皮聲)、**泣**(읍 無聲出涕曰泣. 从水立聲)、**泥**(니 水和土也. 从水尼聲)、**注**(주 灌也. 从水主聲)、**泳**(영 潛行水中也. 从水永聲)、**洋**(양 水. 出齊臨朐高山, 東北入鉅定. 从水羊聲)、**洗**(세 洒足也. 从水先聲)、**洛**(락 水. 出左馮翊歸德北夷界中, 東南入渭. 从水各聲)、**洞**(동 疾流也. 从水同聲)、**洪**(홍 洚水也. 从水共聲)、**洲**(州 주 水中可居曰州. 从水州聲)、**活**(涽 활 水流聲也. 从水昏聲)、**派**(파 別水也. 从水从𠂢, 𠂢亦聲)、**流**(㳅 류 水行也. 从沝㐬. 流, 篆文从水)、**消**(소 盡也. 从水肖聲)、**浦**(포 水濱也. 从水甫聲)、**浩**(호 大水貌. 从水告聲)、**浪**(랑 滄浪水也. 南入江. 从水良聲)、**浮**(부 汎也. 从水孚聲)、**海**(해 天池也. 以納百川者. 从水每聲)、**浸**(濅, 寖 침 水. 出魏郡武安, 東北入呼沱水. 从水㝲聲)、**涉**(㴇 섭 徒行厲水也. 从沝从步. 涉, 篆文从水)、**涯**(애 水邊也. 从水厓聲)、**涼**(량 薄寒也. 从水京聲)、**淑**(숙 清湛也. 从水叔聲)、**淚**(루 目液也. 从水戾聲)、**淡**(담 薄味也. 从水炎聲)、**淨**(瀞 정 無垢薉也. 从水爭聲)、**淫**(음 侵淫隨理也. 从水㸒聲. 一曰久雨爲淫)、**深**(심 水. 出桂陽南平. 西入營道. 从水𥦫聲)、**混**(혼 豐流也. 从水昆聲)、**清**(청 澄也. 从水青聲)、**淺**(천 不深也. 从水戔聲)、**添**(첨 益也. 从水忝聲)、**減**(감 損也. 从水咸聲)、**渡**(도 濟也. 从水度聲)、**測**(측 深所至也. 从水則聲)、**渴**(갈 盡也. 从水曷聲)、**湖**(호 大陂也. 从水胡聲)、**湯**(탕 熱水也. 从水昜聲)、**港**(항 水波也. 从水巷聲)、**溫**

(온 漸熱也. 从水𥁕聲)、**準**(준 平也. 从水隼聲)、**溪**(谿 계 水注川曰谿. 从谷奚聲)、**滄**(창 寒也. 从水倉聲)、**源**(厵, 原 원 水泉本也. 从灥出厂下. 原, 篆文从泉)、**滅**(멸 盡也. 从水烕聲)、**滴**(적 水點也. 从水啇聲)、**滿**(만 盈溢也. 从水㒼聲)、**漁**(瀺 어 捕魚也. 从𩺰从水. 漁, 篆文从魚)、**漂**(표 浮也. 从水票聲)、**漆**(칠 塗也. 从水桼聲)、**漏**(루 以銅受水, 刻節, 晝夜百刻. 从水屚聲)、**演**(연 長流也. 从水寅聲)、**漠**(막 北方流沙也. 一曰淸也. 从水莫聲)、**漢**(한 水. 東爲滄浪水. 从水堇聲)、**漫**(만 水廣大皃. 从水曼聲)、**漸**(점 進也. 从水斬聲)、**潔**(결 瀞也. 从水絜聲)、**潛**(잠 涉水也. 从水朁聲)、**潤**(윤 澤也. 从水閏聲)、**潭**(담 淵也. 从水覃聲)、**潮**(淖 조 隨氣進退謂潮. 从水, 朝省)、**澤**(택 光潤也. 从水睪聲)、**激**(격 衝也. 从水敫聲)、**濁**(탁 瀆也. 从水蜀聲)、**濃**(농 露多也. 从水農聲)、**濕**(습 水. 出東郡東武陽, 入海. 从水㬎聲)、**濟**(제 从水齊聲)、**濫**(람 氾也. 从水監聲)、**濯**(탁 从水翟聲)、**滯**(체 从水帶聲)、**氾**(범 濫也. 从水㔾聲)、**益**(익 饒也. 从水皿)、**汁**(즙 液也. 从水十聲)、**梁**(량 水橋也. 从木从水, 刅聲)、**衍**(연 从水从行)、**汨**(멱 从水冥省聲)、**汩**(골 治水也. 从水曰聲)、**涅**(녈 黑土在水中也. 从水从土日聲) 등의 글자에서 의부역할을 하고, 음부로 사용되는 경우는 드물지만, **㲻**(수)에서는 음부역할을 한다.[447]

이들 글자 가운데, 氾은 다시 **范**(범), 泊은 **箔**(박), 益은 **溢**(일), 衍은 **愆**(건)、**衜**(전) 등의 글자에서 음부역할을 한다.[448]

沝(추)는 水의 이합자소(二水也. 闕)로서, **㴇**(류 水行也. 从沝㐬)와 **㴠**(섭 徒行厲水也. 从沝步)의 의부역할을 하고, **流**와 **涉**은 각각 『說文』에 重文으로 수록된 篆文 자형이다.[449]

甲文 金文 小篆 楷書

447 汨(멱)과 汩(율, 골)은 본절 日의 注를 참조. 현재 통용 자전류에서 水부에 배속시키고 있는 求(구)는 裘(구)의 고문자형으로서, 裘는 '가죽 옷의 모양을 상형(皮衣也. 从衣, 象形)'한 자형으로 설명되고, 갑골문에서도 '衣'자에 털의 모양을 더해 그린 형태로 나타난다. 2.13을 참조.
448 涉과 瀕、頻 등과의 관계는 2.1.2의 步(보), 濕과 溼의 관계는 2.13의 絲(사)를 참조.
449 水의 삼합자소인 淼(묘 大水也. 从三水. 或作渺)는 자소로 사용되는 경우가 확인되지 않는다.

 仌 冫 빙

冫은 '물이 언 모양을 상형(象水凝之形)'한 글자이다.

자소로 사용될 때, **冬**(동 四時盡也. 从仌从夂. 夂, 古文終字)、**氷**(冰 빙 水堅也. 从水冫. 凝, 俗冰从疑)、**冶**(야 銷也. 从冫台聲)、**冷**(랭 寒也. 从冫令聲)、**凋**(조 半傷也. 从冫周聲)、**凍**(동 冰也. 从冫東聲)、**寒**(한 凍也. 从人在宀下. 从茻, 下有冫也)、**凜**(癝 름 寒也. 从冫廩聲) 등의 글자에서 의부역할을 하고, **馮**(풍)의 음부역할을 하며, 馮은 다시 **憑**(빙)의 음부역할을 한다.[450]

이들 글자 가운데, 冬은 다시 **疼**、**苳**(동)、**終**(종) 등의 글자에서 음부역할을 하고, 寒은 다시 자형의 일부가 생략된 형태로 **褰**、**謇**、**蹇**、**騫**(건) 등의 글자에서 음부역할을 한다.[451]

 永 영

永은 '물결이 길게 흐르는 모양을 상형(象水巠理之長永也)'한 글자로 설명된다.

---

450 凉(량)、冲(충)、况(황) 등의 글자들은 涼、沖、況 등이 本字이며, 飡(손)은 飧의 俗字이다.

451 冬에서의 夊형은『說文』에 終(종 从糸冬聲)의 重文으로 수록된 古文 자형으로서, 甲文이나 金文 및『說文』에 수록된 고문 자형에 나타난 자형도 소전과 유사한 형태이지만, 冫이 첨가되지 않은 것이 공통점이다. 자형 분석에 있어서는, '실의 양쪽 끝을 묶은 형태'로 보거나 또는 '가시나무의 일종을 상형한 것'으로 보는 등 異說이 많다. 塞(색 从土从𡨄)에서의 𡨄(색)은 2.1.2의 廾(공)과 2.8 工의 파생자소 㠭(전)을 참조.

자소로 사용될 때, **昶**(창 日長也. 从日永)、**羕**(양 水長也. 从永羊聲) 등의 글자에서 의부역할을 하고, **泳**(영 潛行水中也)、**詠**(영 歌也. 咏, 詠或从口) 등의 글자에서는 음부역할을 하며, 羕은 다시 **樣**、**漾**(양) 등의 글자에서 음부역할을 한다.

甲文 金文 小篆 永 楷書

 𠂢 파

𠂢는 永의 反文(水之衺流, 別也. 从反永)으로 설명되며, **派**(파 別水也. 从水从𠂢, 𠂢亦聲)의 初文이다.

자소로 사용될 때, **脈**(衇 맥 血理分衺行體者. 从𠂢从血. 脈, 或从肉. 䘑, 籒文)、**覛**(맥 衺視也. 从𠂢从見) 등의 글자에서 의부역할을 하고, **紙**(파)、**眽**(맥) 등의 글자에서는 음부역할을 하며, 脈은 다시 **霢**(맥)의 음부역할을 한다.

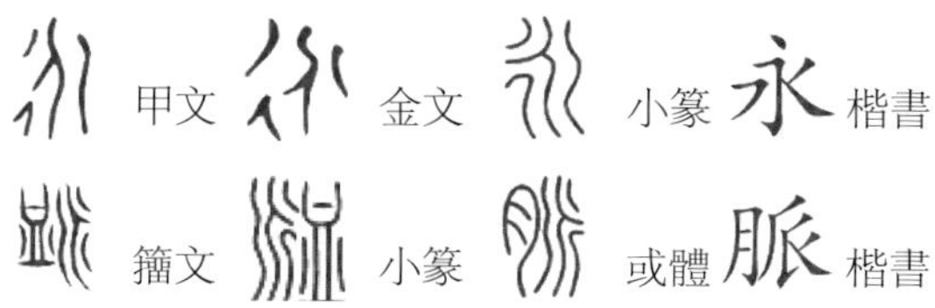

甲文 金文 小篆 永 楷書

籒文 小篆 或體 脈 楷書

 泉 천

泉은 본의가 '물의 발원지(水原也)'로 풀이되고, '물이 흘러나와 내의 모습을 이루는 모양을 상형(象水流出成川形)'한 글자이다.

자소로 사용될 때, **䲨**(반 泉水也. 从泉緐聲)의 의부역할을 하고, **闗**、**鰁**(천)、**瑔**(전)、**線**(선) 등의 글자에서는 음부역할을 한다.

灥(천, 순)은 泉의 삼합자소(三泉也)로서, **厵**(원 水泉本也. 从灥, 出厂下)의 의부역할을 하며, **原**(원)은 『說文』에 厵의 重文으로 수록된 篆文(原, 篆文从泉) 자형으

로서 **源**(원)의 初文이다.

자소로 사용될 때, **願**、**愿**(원)、**縓**(전)、**羱**(완)、**獂**(환) 등의 글자에서와 같이 주로 음부역할을 한다.

 甲文  小篆 泉 楷書

 川 천

川은 본의가 '관통해서 흘러 내려가는 물줄기(毌穿通流水也)'로 풀이된다. 『說文』에서는 '작은 물줄기(水小流也)'를 의미하는 𡿨(견)과, 이 보다 좀 더 큰 도랑을 의미하는 巜(괴 水流澮澮也)가 독립된 글자로 수록되어 있으며, '𡿨과 巜의 물이 모여 巛(川)이 되는 것(𡿨巜之水會爲川也)'으로 설명하고 있다.

이들이 자소로 사용될 때, 𡿨은 巜、巛 등을 구성하는 역할 이외에, 직접 자소로 사용되는 경우가 없고, 巜는 **粼**(린 水生厓石間粼粼也. 从巜粦聲)、**俞**(유 空中木爲舟也. 从亼从舟从巜. 巜, 水也) 등의 글자에서 의부역할을 하며, 俞는 다시 **喩**、**愉**、**愈**、**楡**、**瘉**、**諭**、**踰**、**逾**、**鍮**(유)、**輸**(수)、**偸**(투) 등의 글자에서 음부역할을 한다.

巛의 경우, **巛**(재 害也. 从一雝川)、**巠**(열 水流巠巠也. 从川歺省聲)、**巠**(경 水脈也. 从川在一下. 一, 地也. 壬省聲. 坙, 古文巠不省)、**巟**(황 水廣也. 从川亡聲)、**巘**(역 水流也. 从川或聲)、**侃**(간 剛直也. 从仙. 仙, 古文信也. 从川)、**邕**(옹 四方有水, 自邕城池者. 从川邑) 등의 글자에서 의부역할을 하고, **巟**、**玔**(천)、**巡**、**順**、**馴**(순)、**訓**(훈) 등의 글자에서는 음부역할을 한다.[452]

452 巛는 災(재)의 本字로서, 『說文』에는 烖(재 天火曰烖. 从火𢦏聲)의 重文으로 灾(或从宀火)、扒(古文从才)、災(籒文从巛) 등의 글자가 수록되어 있다. 巠을 大徐本에는 '从川列省聲'으로 수록하고 있다. 巘과 유사한 자형인 彧(욱)은 '从彡或聲'의 형태로 분석된다. 巢(소)는 2.3의 果(과)를 참조.

이들 글자 가운데, 歺은 列(𠛱 렬)의 음부역할을 하고, 列은 다시 **烈**、**裂**、**洌**、**冽**(렬)、**例**(례)、**峛**(리) 등의 글자에서 음부역할을 하며, 巠은 **勁**、**剄**、**徑**、**經**、**莖**、**輕**、**頸**(경)、**陘**(형)、**桱**(정), 巟은 **荒**、**謊**(황), 荒은 또 다시 **慌**(황)의 음부역할을 한다.

邕의 경우, 자소로 사용될 때 **雝**(옹 雝渠也. 从隹邕聲)의 음부역할을 하지만, 예변 이후 자형이 **雍**으로 변하였으며, 雍은 다시 **壅**、**擁**、**甕**、**癰**、**饔**(옹) 등의 글자에서 음부역할을 한다.

 金文  小篆 俞 楷書

 古文  小篆 巠 楷書

 古文  籒文  小篆  小篆  或體 災 楷書

 州 주

州(주)는 본의가 '물 가운데 머물 수 있는 모래섬(水中可居曰州)'으로 풀이되고, 자형은 '从重川'의 형태로 설명되며, 갑골문이나 금문에는 구체적으로 沙州의 모양을 본뜬 형태로 나타난다. **洲**(주)의 初文으로서, 洲와 古今字의 관계이다.

자소로 사용될 때, **銂**(주)、**酬**、**桝**、**絒**(수) 등의 글자에서와 같이 주로 음부역할을 한다.

 甲文  金文  古文  小篆 州 楷書

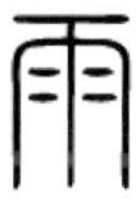

雨 우

雨는 본의가 '구름 아래로 비가 내리다(水从雲下也)'로 풀이되고, 자형은 '一象天, 冂象雲, 水霝其間也'의 형태로 설명된다.

자소로 사용될 때, **雪**(霻 설 凝雨也. 从雨彗聲)、**雲**(운 山川气也. 从雨, 云象雲回轉形. 云, 古文省雨)、**零**(령 餘雨也. 从雨令聲)、**雷**(靁 뢰 陰陽薄動靁雨, 生物者也. 从雨, 畾象回轉形)、**電**(전 陰陽激燿也. 从雨从申)、**需**(수 䇓也. 遇雨不進, 止䇓也. 从雨而聲)、**霜**(상 露所凝也. 从雨相聲)、**霧**(무 地气發也. 从雨敄聲)、**露**(로 潤澤也. 从雨路聲)、**雹**(박 雨冰也. 从雨包聲)、**震**(진 霹靂, 振物者. 从雨辰聲)、**霝**(령 雨零也. 从雨, 皿象霝形)、**露**(락 雨零也. 从雨各聲)、**屚**(루 从雨在尸下) 등의 글자에서 의부역할을 한다.[453]

이들 글자 가운데, 需는 다시 **⿰立需**、**繻**(수)、**儒**、**嬬**、**孺**(유)、**臑**(노), 霜은 **孀**、**灀**、**礵**(상) 등의 글자에서 음부역할을 하고, 霝은 **靈**(령), 屚는 **漏**(루)의 음부역할을 한다.

云 운

云은 '구름이 회전하는 모양을 상형(象雲回轉形)'한 글자로서, 『說文』에는 雲(从

453 霻는 예변 이후 彗(혜)의 자형 일부가 생략되어 현재의 雪형으로 정리되었으며, 雷(靁) 역시 같은 경우이다. 현재 통용 자전류에서 雨부에 배속시키고 있는 靈은 巫(무)가 의부이다.

雨云)의 古文 자형(古文省雨)으로 수록되어 있다.

자소로 사용될 때, 云은 耘、芸(운)、魂(혼), 雲은 橒、澐(운) 등의 글자에서 음부 역할을 한다.

陰(음 闇也. 水之南, 山之北也. 从𨸏侌聲)과 陰이 다시 음부역할을 하는 蔭、癊(음) 등의 글자에서의 侌(음)은『說文』에 霒(음 雲覆日也. 从雲今聲)의 重文으로 수록된 古文(侌, 古文或省) 자형이다.

气 기

气 는『說文』에서 '구름이 피어나는 모습을 상형(雲气也. 象形)'한 글자로 설명된다. 자소로 사용될 때, 氛(분 祥气也. 从气分聲. 雰, 氛或从雨)、氤(인 天地合气也. 从气因聲)、氳(온 氣盛也. 从气𥁕聲) 등의 글자에서 의부역할을 하고, 氣、汽(기)、忥(희) 등의 글자에서는 음부역할을 한다.[454]

氣(기 从米气聲)의 경우, 본의가 '손님에게 접대하는 쌀(饋客之芻米也)'로 풀이되지만, 예변 이후 '气'를 대신하게 되었으며, 의부도 '쌀'을 의미하는 '米'이지만, 현재 통용 자전류에서는 '气'부에 배속시키고 있다. 자소로 사용될 때, 熂、餼(희)、愾、鎎(개)、滊(헐) 등의 글자에서 음부역할을 한다.

현대 한자에서의 气는 氧(양)、氦(해)、氨(안) 등의 글자에서와 같이, 化學元素 기호를 표시하는 의부로 사용되기도 한다.

---

454 刉(刉 기 劃傷也. 从刀气聲. 一曰斷也)、吃(흘 言蹇難也. 从口气聲)、麧(흘 堅麥也. 从麥气聲)、齕(흘 齧也. 从齒气聲) 등의 글자들도『說文』에서는 气가 음부로 설명되고 있지만, 예변 이후 모두 乞(걸, 기)형으로 변했다. 屹、紇、訖(흘)、矻(골)、阣(개)、盵(기) 등의 글자들도 같은 경우로 보아야 할 것이다.『廣韻』에서는 乞을 독립된 자형으로 보고, 字義를 '구하다(求也)'로 풀이해 놓았다.

申 신

申을 『說文』에서는 본의를 '신(神也)'으로 풀이하고, 자형을 '从臼, 自持也'의 형태로 설명하고 있다. 그러나, 갑골문이나 금문에 나타나는 申은 **電**(전 陰陽激燿也. 从雨申聲)의 初文으로서, 번개가 치는 모양을 그린 것으로 보는 것이 일반적이다.

자소로 사용될 때, **坤**(곤 地也. 从土从申)、**輴**(인 擊小鼓, 引樂聲也. 从申柬聲)、**奄**(엄 覆也. 大有餘也. 又, 欠也. 从大申) 등의 글자에서 의부역할을 하고, **伸**、**呻**、**紳**(신)、**陳**(진从阜从木, 申聲) 등의 글자에서는 음부역할을 하며, 奄은 다시 **掩**(엄)、**庵**(암) 등의 글자에서 음부역할을 한다.[455]

畾 루

畾는 『說文』에 단독으로 수록되어 있지 않고, **靁**(雷 뢰 陰陽薄動靁雨, 生物者也. 从雨, 畾象回轉形)의 자소로 실려 있으며, 畾의 자형을 '회전하는 모양을 상형(象回轉形)'한 형태라고 설명하고 있다.

자소로 사용될 때, **儡**、**罍**、**擂**(뢰)、**壘**(루 軍壁也. 从土畾聲)、**累**(纍 루 綴得理也. 一曰大索也. 从糸畾聲) 등의 글자에서와 같이 주로 음부역할을 한다.[456]

---

455 臾(유 从申从乙)는 2.1.2의 臼(곡), 曳(예 从申丿聲)는 2.17의 丿(예)를 참조.

456 본의가 '벽돌을 겹쳐 쌓아 놓다(絫墼也)'로 풀이되는 壘(垒 루 从厽土)와 본의가 '붇다(增也)'로 설명되는 累(絫 루 从厽糸, 厽亦聲. 絫, 十黍之重也)는 2.5의 田과 2.6의 厽(루)를 참조. 현대한

風 풍

風은 '从虫凡聲'의 형태로 구성된 합체자이며, 虫가 의부로 사용된 이유를 『說文』에서는 '바람이 불면 벌레가 생겨나는데, 팔일이 지나면 변화 한다(風動蟲生, 故蟲八日而化)'라고 설명하고 있다.

자소로 사용될 때, **颱**(태 猛風也. 从風台聲)、**飄**(표 回風也. 从風票聲) 등의 글자에서 의부역할을 하고, **渢**、**楓**、**瘋**、**諷**(풍)、**颿**(범) 등의 글자에서는 음부역할을 한다. **嵐**(람 山名也)의 경우, '从山, 葻省聲'의 형태로 분석되고, **葻**(람 艸得風皃)은 '从艸風'의 형태로 분석된다.

土 토

土를 『說文』에서는 본의를 '땅이 만물을 토해 내어 생겨나게 하는 것(地之吐生物者也)'으로 풀이하고, 자형을 '二象地之上, 地之下. 丨, 物出形也'라고 복잡하게 설명하고 있지만, 갑골문이나 금문에는 단순히 지면(一)위에 흙덩이가 놓인 모습으로 나타나 있다.

자소로 사용될 때, **地**(지 大地也. 从土也聲)、**在**(재 存也. 从土才聲)、**均**(균 平徧也. 从土勻聲)、**坐**(㘴 좌 止也. 从土, 从畱省. 坐, 古文坐)、**坤**(곤 地也. 从土从申)、**埋**(薶 매 瘞也. 从土里聲)、**城**(성 以盛民也. 从土成聲)、**域**(역 邦也. 从土或聲)、**培**(배 培敦, 土田山川也. 从土音聲)、**基**(기 牆始也. 从土其聲)、**堂**(당 殿也. 从土尙聲)、**堅**(견 剛也. 从臤从土)、**堤**(제 滯也. 从土是聲)、**場**(장 祭神道也.

자에서 '중첩'의 의미로 사용되는 疊(첩)은 『說文』에서 '从晶从宜'의 형태로 설명된다.

一曰田不耕. 一曰治穀田也. 从土易聲)、**塊**(괴 墣也. 从土鬼聲)、**塔**(탑 西域浮屠也. 从土荅聲)、**塞**(색 隔也. 从土从寒)[457]、**境**(경 疆也. 从土竟聲)、**墓**(묘 丘也. 从土莫聲)、**增**(증 益也. 从土曾聲)、**墳**(분 墓也. 从土賁聲)、**墨**(묵 書墨也. 从土从黑, 黑亦聲)、**墮**(타 落也. 从土隋聲)、**壇**(단 祭場也. 从土亶聲)、**壁**(벽 垣也. 从土辟聲)、**壓**(압 壞也. 从土厭聲)、**壞**(괴 敗也. 从土褱聲)、**壤**(양 柔土也. 从土襄聲)、**垂**(수 遠邊也. 从土𠌶聲)、**塗**(도 泥也. 从土涂聲) 등의 글자에서 의부역할을 하고, **吐**、**汢**(토)、**徒**(도 从辵土聲)、**杜**、**肚**(두)、**牡**(모) 등의 글자에서는 음부역할을 한다.[458]

이들 글자 가운데, 坐는 다시 **剉**、**座**、**挫**、**痤**(좌), 堅은 **樫**(견)、**摼**(경)、**鏗**(갱) 등의 글자에서 음부역할을 하며, 垂는 **郵**(境上行書舍. 从邑垂. 垂, 邊也)의 의부역할을 하고, **睡**、**腄**、**錘**(수)、**箠**、**諈**、**錘**(추)、**唾**(타) 등의 글자에서는 음부역할을 한다.

현재 통용 자전류에서 土부에 배속시키고 있는 **執**(집 捕罪人也. 从丮㚔, 㚔亦聲)、**報**(보 治罪人也. 从㚔从𠬝. 𠬝, 服罪也) 등의 글자들은 土와 의미상 관련이 없는 글자들이다.

위에 열거한 글자들 이외, **凷**(괴)、**圣**(골)、**坴**(육)、**垔**(垔 인)、**堇**(근) 등의 글자들 역시 土가 의부로 사용된 경우이며, 이들이 다시 자소로 사용되는 예는 다음과 같다.

457 寒(𡨄 색 从𤣩从廾, 窒宀中)은 2.8의 工을 참조.
458 毀(훼 从土, 毇省聲)는 2.1.2 又의 殳(수)를 참조.

 凷 괴

凷는 **塊**(괴)의 本字(凷, 或从鬼)로서, 본의가 '흙덩이(墣也)'로 풀이되며, 자형은 '从土凵'의 형태로 설명된다. 자소로 사용될 때, **屆**(계 行不便也. 一曰極也. 从尸凷聲)의 음부역할을 한다.

 小篆  或體  楷書

 圣 골

圣은 본의가 "汝와 潁 사이의 지역에서는 '열심히 땅 가는 것을 圣이라 한다'(汝潁之閒謂致力於地曰圣)"로 풀이되고 자형은 '从又土'의 형태로 설명된다. 자소로 사용될 때, **怪**(괴)의 음부역할을 한다.

 甲文  小篆  楷書

 坴 륙

坴은 본의가 '흙덩이가 큰 모양(土塊坴坴也)'으로 풀이되고, 자형은 '从土尗聲'의 형태로 설명된다.[459]

자소로 사용될 때, **埶**(藝 예 種也. 从丮坴)、**陸**(륙 高平地. 从𨸏从坴, 坴亦聲) 등의 글자에서는 의부 혹은 의부겸 음부역할을 하고, **淕**、**踛**(륙)、**錴**(록)、**睦**(목)、**逵**(규) 등의 글자에서 음부역할을 한다. 또한, 埶는 다시 **勢**(세)、**熱**(열)、**褻**(설) 등의 글자에서 음부역할을 한다.[460]

459 尗(륙, 록 从屮六聲)는 2.16의 六을 참조.
460 埶에서의 丮(극 象手有所丮據也)은 2.1.2를 참조. 睦의 고문자형으로 설명되는 𡈼이 음부역할을 하는 賣(육 衒也. 从貝𡈼聲)과 그 활용은 2.2.1의 貝를 참조.

 㢴 垔 인

垔은 본의가 '막히다(塞也)'로 풀이되고, 자형은 '从土㢴聲'의 형태로 설명된다. 자소로 사용될 때, 湮(인)、煙(연)、甄(견)、黫(안) 등의 글자에서 음부역할을 한다.[461]

 金文  古文  小篆 垔 楷書

 堇 근

堇은 본의가 '점토(黏土也)'로 풀이되고, 자형은 '从黃省从土'의 형태로 설명된다.

자소로 사용될 때, 艱(간 土難治也. 从堇艮聲)의 의부, 僅、謹、勤(근)、難(난)、漢(한)、歎(탄) 등의 음부역할을 하고, 難은 다시 灘(탄)、儺(나)、臡(니) 등의 글자에서 음부역할을 한다.[462]

 金文  小篆 堇 楷書

 圭 규

圭는 土의 이합자소(从重土)로서, 본의가 '상서로운 옥(瑞玉也)'으로 풀이되고, 珪(규)는 『說文』에 수록된 圭의 古文 자형(古文圭从玉)이다.

자소로 사용될 때, 奎、閨(규)、畦(휴)、佳、街(가)、蛙(와)、桂(계)、卦(괘)、厓(애)、鞋(혜)、鮭(해) 등의 글자에서 음부역할을 하고, 卦는 다시 掛(괘), 厓는 다시 崖、涯(애) 등의 글자에서 음부역할을 한다.[463]

---

461 㢴(서)는 西의 本字이다. 2.2.2의 鳥(조)를 참조.
462 漢、難 등의 글자에서 음부역할을 하는 자소는 고문자계통에서 모두 堇으로 나타난다.
463 封(봉 从之从土从寸)은 2.1.3의 之를 참조.

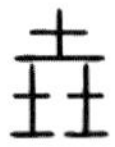 垚 요

垚는 土의 삼합자소(从三土)로서, 본의가 '흙이 높이 쌓여 있는 모양(土高皃)'으로 풀이된다.

자소로 사용될 때, **堯**(요 高也. 从垚在兀上, 高遠也)의 의부역할을 하며, 堯는 다시 **僥**、**繞**(요)、**曉**、**驍**(효)、**翹**(교)、**鐃**(뇨)、**燒**(소) 등의 글자에서 음부역할을 한다.

 火 화

火는 '불길이 위로 솟으면서 타오르는 모양을 상형(炎而上. 象形)'한 글자이다.

자소로 사용될 때, **灰**(회 死火餘㶳也. 从火从又. 又, 手也. 火既滅, 可以執持)、**災**(烖 재 天火曰烖. 从火𢦔聲. 災, 籀文从巛)、**炭**(탄 燒木餘也. 从火, 岸省聲)、**烈**(렬 火猛也. 从火列聲)、**然**(연 燒也. 从火肰聲)、**煙**(연 火气也. 从火垔聲. 烟, 或从因)、**煩**(번 熱頭痛也. 从頁从火. 一曰焚省聲)、**熙**(희 燥也. 从火配聲)、**照**(조 明也. 从火昭聲)、**熟**(䵹, 孰 숙 食飪也. 从丮𦎧聲)[464]、**熱**(열 溫也. 从火埶聲)、**燈**(등 燈火也. 从火登聲)、**燒**(소 燔也. 从火堯聲)、**燥**(조 乾也. 从火喿聲)、**燭**(촉 火炬也. 从火蜀聲)、**爆**(폭 爆落也. 从火暴聲)、**爐**(로 火爐也. 从火盧聲)、**爛**(란 熟也. 从火闌聲)、**光**(광 明也. 从火在人上)、**灸**(구 灼也. 从火久聲)、**炙**(자 炮肉也. 从肉在火上) 등의 글자에서 의부역할을 하며, 음부로 사용되는 경우는 드물지만, **伙**、**鈥**(화) 등의 글자에서 음부역할을 한다.[465]

이들 글자 가운데, 灰는 다시 **恢**、**盔**(회), 光은 **侊**(광)、**恍**、**晃**(황) 등의 글자에서 음부역할을 하고, 晃은 다시 **滉**、**幌**(황) 등의 글자들의 음부역할을 한다. 또한 然은 **撚**(연)의 음부역할을 하고, 然의 본의는 현대한자에서 **燃**(연)이 나타내고 있다.

---

464 2.6의 亯(향)을 참조.

465 秋(추 从禾, 㷗省聲. 龝, 籀文不省)에서의 火는 2.3의 禾, 狄(적 从犬亦省聲)은 2.1.1 大의 亦과 2.2.1의 犬을 참조

현재 통용 자전류에서 火(灬)부에 배속시키고 있는 **烏**(오)、**焉**(언)、**燕**(연)、**熊**(웅)、**無**(무) 등의 글자들은 火와 의미상 관련이 없는 글자들이다.[466]

 甲文  小篆 火 楷書

 甲文  金文  古文 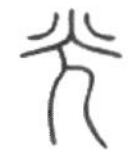 小篆 光 楷書

 尞 료

尞는 본의가 '나무를 태워 하늘에 제사 지냄(柴祭天也)'으로 풀이되고, 자형은 '从火从昚. 昚, 古文愼字. 祭天所以愼也'의 형태로 설명되지만, 예변 이후 火의 자형을 확인할 수 없게 되었다.[467]

자소로 사용될 때, **僚**、**燎**、**寮**、**療**、**瞭**、**遼**(료) 등의 글자에서 음부역할을 한다.

 甲文  金文  小篆 寮 楷書

 炎 염

炎(염)은 火의 이합자소(从重火)로서, 본의가 '불 빛이 위로 올라가다(火光上也)'로 설명된다.

자소로 사용될 때, **錟**(焰 염 火行微錟錟也. 从炎臽聲)、**䗼**(점, 첨 火行也. 从炎占聲)、**燅**(섬 於湯中爚肉. 从炎, 从熱省)、**燮**(섭 和也. 从言从又炎. 籒文燮从羊)、**粦**(粦 린 兵死及牛馬之血爲粦. 粦, 鬼火也. 从炎舛) 등의 글자에서 의부역할을 하고, **琰**(염)、**淡**、**痰**、**談**(담)、**剡**(섬, 염)、**裧**(섬) 등의 글자에서는 음부역할을 한다.

---

466 烏、焉、燕 등은 2.2.2의 烏, 熊은 2.2.1의 能, 無는 2.1.1의 大를 참조.

467 票(표)、朕(짐) 등도 火가 의부로 사용된 글자들이다. 票는 2.1.2의 臼(곡), 朕은 2.1.2의 廾(공)을 참조.

이들 글자 가운데, 粦은 다시 潾、鄰、鱗、麟(린)、憐(련) 등의 글자에서 음부역할을 하며, 예변 이후 炎은 米형으로 변하였다.

 甲文  金文  小篆 炎 楷書

 焱 염

焱(염)은 火의 삼합자소(从三火)로서, 본의는 '불꽃(火華也)'으로 풀이된다.

자소로 사용될 때, 熒(형 屋下鐙燭之光. 从焱冂)、燊(신 盛皃. 从焱在木上) 등의 글자에서 의부역할을 한다.

이들 글자 가운데, 熒은 자형의 일부가 생략된 형태로 다시 勞(로 劇也. 勤也. 从力, 熒省)의 의부역할을 하고, 螢、鎣(형)、塋、榮、瑩、營(영)、縈(경)、鶯(앵) 등의 글자에서는 음부역할을 하며, 榮은 또 다시 嶸、濼(영), 營은 濴(영), 瑩은 瀅(형), 鎣은 瀠(형)의 음부역할을 한다. 또한, 勞는 다시 嘮、嶗、撈(로)、膋(료)、犖(락) 등의 글자에서 음부역할을 한다.

 炗 광

炗은『說文』에 光의 古文(从火在儿上. 炗, 古文)으로 수록되어 있는 글자이다.

자소로 사용될 때, 庶(서 屋下眾也. 从广炗)의 의부역할을 하고, 庶는 다시 度(도 法制也. 从又庶省聲)、席(석 籍也. 从巾庶省聲. 㡯, 古文席从石省) 등의 글자에서 음부역할을 하며, 嫬(서)、蔗(자)、遮(차)、摭(척) 등의 글자에서도 음부역할을 한다.[468]

---

468 갑골문이나 금문에 나타나는 庶는 火의 윗부분이 石의 형태로 나타나 있으며, '从火石, 石亦聲'의 兼聲會意字로서 '煮'의 本字로 보는 것이 일반적이다(許愼 자신도 席의 重文인 㡯자를 '㡯, 古文席, 从石省'이라고 설명하고 있다). 席은『說文』의 각 傳本에서 회의자(从巾庶省)로 수록되어 있으나, 본서에서는 段注本의 견해를 따랐다.『說文』에서는 黃도 '从田从炗, 炗亦聲'의 형태로 설명하고 있다.

이들 글자 가운데, 度는 다시 **渡**、**鍍**(도)、**剫**、**庹**(탁) 등의 글자에서 음부역할을 한다.

 金 금

金을 『說文』에서는 '从土, 左右丶象金在土中形. 今聲'의 형태로 분석하고 있으나, 금문에 나타나는 金은, 용범의 형상과 좌우에 금속의 용액이 흘러나오는 모습을 몇 개의 점으로 표시하고 있는 것으로 해석하는 것이 일반적이다.

자소로 사용될 때, **針**(鍼 침 所以縫也. 从金咸聲. 俗作針)、**鈍**(둔 錭也. 从金屯聲)、**鉛**(연 青金也. 从金㕣聲)、**銀**(은 白金也. 从金艮聲)、**銘**(명 記也. 从金名聲)、**銃**(총 銎也. 从金充聲)、**銅**(동 赤金也. 从金同聲)、**銳**(예 芒也. 从金兌聲)、**錄**(록 金色也. 从金录聲)、**錢**(전 冶銅爲錢, 易貨也. 从金戔聲)、**錯**(착 金涂也. 从金昔聲)、**鋼**(강 鍊鐵也. 从金岡聲)、**鍊**(련 冶金也. 从金柬聲)、**鎖**(쇄 鐵鎖, 門鍵也. 从金𧴪聲)、**鎭**(진 博壓也. 从金眞聲)、**鏡**(경 景也. 从金竟聲)、**鐘**(종 樂鐘也. 从金童聲)、**鐵**(철 黑金也. 从金戴聲)、**鑛**(광 銅鐵樸石也. 从金廣聲)、**釜**(鬴 부 鍑屬. 从鬲甫聲. 釜, 鬴或从金父聲)、**釣**(조 鉤魚也. 从金勺聲)、**鍛**(단 小冶也. 从金段聲)、**鐸**(탁 大鈴也. 从金睪聲)、**銜**(함 馬勒口中. 从金从行. 銜, 行馬者也)、**鑿**(착 穿木也. 从金糳省聲) 등의 글자에서 의부역할을 하고, **唫**、**埊**、**錦**(금)、**欽**(흠)、**崟**、**趛**(음)、**淦**(감) 등의 글자에서는 음부역할을 한다.[469]

---

469 金의 삼합자소로서, 주로 '興旺'의 의미를 나타내는 鑫(흠, 홍)은 자소로 사용되는 경우가 확인되지 않는다.

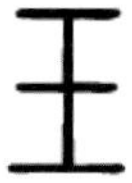 玉 옥

玉은 '세 개의 玉을 꿰뚫어 엮어 놓은 모양을 상형(象三玉之連. 丨, 其貫也)'한 글자이고, 갑골문이나 금문에서도 소전과 유사하게 나타난다.

자소로 사용될 때, **珍**(진 寶也. 从玉㐱聲)、**現**(현 顯也. 从玉見聲)、**球**(구 王磬也. 从玉求聲)、**理**(리 治玉也. 从玉里聲)、**琢**(탁 治玉也. 从玉豖聲)、**環**(환 璧也. 从玉睘聲)、**弄**(롱 玩也. 从廾持玉)、**瑞**(서 以玉爲信也. 从玉耑)、**璧**(벽 瑞玉圜也. 从玉辟聲)、**珠**(주 蚌之陰精. 从玉朱聲)、**璿**(선 美玉也. 从玉睿聲)、**瓊**(경 赤玉也. 从玉敻聲) 등의 글자에서 의부역할을 하고, **鈺**、**鳿**(옥)、**頊**(욱) 등의 글자에서는 음부역할을 한다.[470]

현재 통용 자전류에서 玉부에 배속시키고 있는 **琴**(금)을 비롯하여, **瑟**(슬)、**琵**(비)、**琶**(파) 등에서의 珏형은 현악기의 모양을 상형(珡, 象形)한 글자로서, 珏과는 의미상 관련이 없다.

珏(각)은 玉의 이합자소(二玉相合爲一珏)로서, 자소로 사용될 때 **班**(반 分瑞玉. 从珏从刀)의 의부역할을 한다.

 甲文  金文  古文  小篆  楷書

470 睿(예)와 敻(형)은 1.1.4의 目을 참조.

2.5 거주、경작 및 경작도구와 관련된 근원자소와 파생자소

 冂 경

冂의 자형은『說文』에서 '먼 곳의 경계를 상형(邑外謂之郊, 郊外謂之野, 野外謂之林, 林外謂之冂郊. 象遠界也)'한 글자로 설명되고 있으며, **回**은 重文으로 수록된 古文 자형(古文冂. 囗, 象國邑), **坰**은 或體字(回, 或从土)이다.

자소로 사용될 때, **市**(시 買賣所之也. 市有垣. 从冂从乁, 象物相及也. 乁, 古文及字. 之省聲)、**央**(앙 从大在冂之內. 大, 人也)、**冘**(임, 유 冘冘行皃. 从儿出冂)、**隺**(각, 확 从隹, 上欲出冂) 등의 글자에서 의부역할을 한다.[471]

이들 글자 가운데, 市는 다시 **鬧**(뇨 不靜也. 从市鬥)의 의부역할을 하고, 央은 **殃**、**秧**、**鴦**(앙)、**映**、**英**(영) 등의 글자에서 음부역할을 한다. 또한, 冘은 **沈**、**枕**(침)、**酖**(짐, 탐)、**帎**(담)、**眈**、**耽**(탐) 등의 글자에서 음부역할을 하고, 沈은 다시 **霃**(침)의 음부역할을 한다.[472]

冂의 古文 자형으로 설명되는 回도 자소로 사용되는 경우가 있는데, **扃**、**絅**、**苘**(경)、**炯**、**泂**、**詗**、**迥**(형) 등의 글자에서와 같이, 주로 음부역할을 한다.[473]

현재 통용 자전류에서 冂부에 배속시키고 있는 **冊**(책 象形)、**再**(재 从一, 冓省)、**冒**(모 从冃从目) 등의 글자들은 冂과 의미상 관련이 없는 글자들이다.

---

471 冘의 본의를『說文』의 각 전본에는 '淫淫行皃'로 수록해 놓았으나, 段注本에 근거하여 '冘冘行皃(갈까 말까 망설이면서 걸어가는 모습)'로 고쳤다.

472 柹(시)는『說文』에 '赤實果. 从木𠂔聲', 姊(姉 자)는 '从木𠂔聲', 肺(폐)는 '从肉巿聲', 沛(패)는 '从水巿聲' 등의 형태로 수록되어 있지만, 예변 이후, 𠂔(자)、巿(불)、市(시)、巿(불 从巾, 象連帶之形)의 자소들은 서로 뒤섞여 巿(불) 혹은 市(시)의 형태로 사용되는 경우가 많다. 𠂔와 巿의 활용은 2.3, 隺의 활용은 2.2.2 隹의 파생자소, 市과 그 활용은 2.13의 巾을 참조. 沈(陵上滈水也)의 소전 자형은 '从水冘聲'의 형태로 분석되지만, 갑골문에는 동물(牛 혹은 羊)이 물에 빠져있는 모양으로 나타난다.

473 烱(경)、泂(형) 등에서의 冋(경)은 2.6을 참조.

囗 위

囗는 본의가 '돌다(回也)'로 풀이되고, 자형은 '돌아서 에워 싼 모양을 상형(象回帀之形)'한 글자로 설명된다.

자소로 사용될 때, **囚**(수 繫也. 从人在囗中)、**回**(회 轉也. 从囗, 中象回轉形. 㘈, 古文)、**因**(인 就也. 从囗大)、**困**(곤 故廬也. 从木在囗中)、**固**(고 四塞也. 从囗古聲)、**國**(국 邦也. 从囗从或)、**圍**(위 守也. 从囗韋聲)、**園**(원 所以樹果也. 从囗袁聲)、**圓**(원 圜全也. 从囗員聲)、**圖**(畫計難也. 从囗从啚. 啚, 難意也)、**團**(단 圜也. 从囗專聲)、**囷**(균 廩之圜者. 从禾在囗中. 圜謂之囷, 方謂之京)、**囹**(령 獄也. 从囗令聲)、**圄**(어 守之也. 从囗吾聲)、**囿**(유 苑有垣也. 从囗有聲)、**圂**(혼, 환 廁也. 从囗, 象豕在囗中也)、**圜**(환 天體也. 从囗瞏聲) 등의 글자에서 의부역할을 하고, 음부로 사용되는 경우는 드물지만, 본의가 '물건의 수량(物數也)'으로 풀이되는 **員**(원)은 『說文』에서 '从貝囗聲. 鼎, 籒文从鼎'의 자형으로 설명되고 있다.[474]

이들 글자 가운데, 囚는 다시 **泅**(수), 回는 **徊**、**廻**、**茴**、**蛔**(회), 因은 **咽**、**姻**、

474 啚(비)는 2.6의 㐭(름)을 참조. 因의 경우, 『說文』에서는 본의를 '나아가다(就也)'라고 설명하고 있지만, 갑골문이나 금문에서의 囗형은 깔개 또는 자리의 모양을 상형한 것이고, 大형은 그 무늬의 모양을 그린 것으로, 茵의 初文으로 보기도 한다.

絪、**茵**(인)、**烟**(연)、**恩**(은),[475] 困은 **悃**、**梱**(곤), 固는 **痼**、**錮**(고)、**個**、**箇**(개), 國은 **幗**(괵)、**槶**(귀), 囷은 **菌**(균), 圂은 **溷**(혼)、**㯻**(곤) 등의 글자에서 음부역할을 한다.[476]

현재 통용 자전류에서 囗부에 배속시키고 있는 **四**(사 象四分之形. 𦉭, 古文四. 亖, 籒文四)는 囗와 의미상 관련이 없는 글자이다.

 邑 읍

邑은 본의가 '나라(國也)'로 풀이되고, 자형은 '从囗从卪'의 형태로 설명된다.

자소로 사용될 때, **那**(𨚗 나 西夷國. 从邑冄聲)、**邦**(방 國也. 从邑丰聲)、**邪**(사 琅邪郡. 从邑牙聲)、**郊**(距國百里爲郊. 从邑交聲)、**郎**(랑 魯亭也. 从邑良聲)、**郡**(군 周制, 天子地方千里, 分爲百縣, 縣有四郡. 至秦初置三十六郡, 以監其縣. 从邑君聲)、**部**(부 署也. 从邑咅聲)、**郭**(鄗 곽 齊之郭氏虛. 从邑𩫏聲)、**郵**(우 境上行書舍. 从邑垂)、**都**(도 有先君之舊宗廟曰都. 从邑者聲)、**邱**(구 地名. 从邑丘聲)、**邸**(저 屬國舍. 从邑氏聲)、**鄰**(린 五家爲鄰. 从邑粦聲) 등의 글자에서 의부역할을 하고, **俋**、**唈**、**悒**、**浥**、**篒**、**裛**(읍) 등의 글자에서는 음부역할을 한다.[477]

---

475 咽의 경우, '목구멍'의 의미로 사용될 때는 '인', '목이 메이다'라는 의미로 사용될 때는 '열'로 읽힌다.

476 回의 고문자형으로 설명되는 囘(古文回, 象亘回形)는 자소로 사용될 때, 𠬛(叟 몰 入水有所取也. 从又在囘下)、亘(선 求亘也. 从二从囘) 등의 글자에서 의부역할을 한다. 𠬛의 활용은 2.1.2 又의 파생자소, 亘의 활용은 2.16의 二, 㯻(곤)의 활용은 2.8의 束을 참조.

477 邕(옹 从巛邑)은 2.4의 川, 郭과 𩫏(곽 象城郭之重, 兩亭相對也)은 2.6을 참조.

이들 글자 가운데, 那는 다시 **哪**、**娜**、**挪**(나), 邪는 **琊**、**釾**(야), 郞은 **廊**、**榔**、**瑯**、**螂**(랑)등의 글자에서 음부역할을 한다.

 甲文  金文  小篆  楷書

 䢿 郒 항

郒(䢿 항)은 邑과 그 反文을 합쳐 놓은 자형으로서, 본의가 '마을 길(鄰道也)'로 풀이된다.

자소로 사용될 때, **鄉**(향 國離邑, 民所封鄉也. 嗇夫別治. 封圻之内六鄉, 六鄉治之. 从䢿皀聲)、**䢽**(䢽 항 里中道. 从䢿从共. 皆在邑中所共也. 巷, 篆文从䢿省) 등의 글자에서 의부역할을 한다.

이들 글자 가운데, 鄉은 갑골문이나 금문에서는 **卿**(경)과 구별되지 않는 자형으로서, **饗**(鄉人飲酒也. 从食从鄉, 鄉亦聲)과 같은 의미로 사용된다. 자소로 사용될 때, **⿸尸鄉**、**嚮**、**響**(향) 등의 글자에서 음부역할을 한다.[478]

䢽의 경우, 예변 이후 자형이 **巷**으로 변하였으며, 자소로 사용될 때, **港**(항)의 음부역할을 한다.

 甲文  金文  小篆  楷書

 ⿱十亞 壼 곤

壼(⿱十亞)은 본의가 '궁중의 길(宮中道)'로 풀이되고, 자형은 '从囗, 象宮垣、道、上之形'의 형태로 설명되며, 자소로 사용되는 경우는 보이지 않는다.

---

478 卿은 2.1.1 卩(절)의 卯(제)와 2.7의 皀(급)을 참조.

 亞 아

亞를 『說文』에서는 '사람이 몸을 굽혀 등지고 있는 모양을 상형(象人局背之形)'한 것이라고 설명하고, 본의를 '추하다(醜也)'라고 풀이하고 있다. 그러나 갑골문이나 금문에서는 서로 유사한 형태로 나타나지만 자형해석에 관해서는 說이 다양한 상태이다. 취락구조의 平面圖 혹은 가옥의 형태를 표시한 자형으로 보는 것이 다수설이고,[479] 모서리의 모양을 상형한 것으로 보는 경우도 있다. '次第'라는 의미는 後起義로 보는 것이 정설이다.

자소로 사용될 때, **亞**、**啞**、**婭**、**猰**、**痾**(아)、**堊**、**惡**(악) 등의 글자에서와 같이 주로 음부역할을 한다.

 甲文  金文  小篆 亞 楷書

 里 리

里는 본의가 '거주하다(居也)'로 풀이되며, 자형은 '从田从土'의 형태로 설명된다.

자소로 사용될 때, **野**(야 郊外也. 从里予聲)、**釐**(리 家福也. 从里𠩺聲) 등의 글자에서 의부역할을 하고, **理**、**裏**、**貍**、**鯉**(리)、**埋**(매) 등의 글자에서는 음부역할을 하며, 貍는 다시 **薶**、**霾**(매) 등의 글자에서 음부역할을 한다.[480]

 金文  小篆 里 楷書

---

479 壼(곤)의 小篆 자형을 『說文』에서는 '从囗, 象宮垣道之形'으로 분석하고 있다. 壺(호)는 2.7의 酉를 참조.

480 重(里부)、童(立부)、量(里부) 등에서의 里형은 2.1.1의 壬(정)을 참조.

行 행

行은 『說文』에서 자형이 ‘从彳从亍’의 형태로 분석되고, 본의도 ‘사람이 발걸음이 앞으로 나아가다(人之步趨也)’로 풀이되고 있으며, 行자를 설명하기 위해 亍(촉)을 彳의 反文으로 설명하고, 亍의 본의를 ‘걸음을 멈추다(步止也)’라고 풀이하고 있다. 그러나 갑골문에서의 行은 단순히 네거리를 표시하는 독체자로 나타난다.

자소로 사용될 때, **術**(술 邑中道也. 从行术聲)、**街**(가 四通道也. 从行圭聲)、**衝**(衝 충 通道也. 从行童聲)、**衛**(衞 위 宿衞也. 从韋帀, 从行. 行, 列衞也)、**衍**(연 水朝宗于海也. 从水从行)、**銜**(함 馬勒口中. 从金从行. 銜, 行馬者也)、**衢**(구 四達謂之衢. 从行瞿聲) 등의 글자에서 의부역할을 하고, **荇**、**絎**(행)、**桁**(항)、**衡**(형) 등의 글자에서는 음부역할을 하며, 衡은 다시 **蘅**(형)의 음부역할을 한다.[481]

이들 글자 가운데, 衍은 다시 **愆**(건)、**餰**(전) 등의 글자에서 음부역할을 한다.

田 전

田의 자형은 갑골문과 금문、소전 등에서 모두 유사한 형태로 나타나지만, 처음에는 사냥터의 구역을 나타내었고, 井田法이 시행된 이후 경작지를 의미하는 글자로 사용된 것으로 보는 것이 일반적이다.

자소로 사용될 때, **男**(남 丈夫也. 从田从力. 言男用力於田也)、**界**(계 境也. 从田

481 術에서의 朮(출)은 2.3을 참조. 현재 통용 자전류에서 行부에 배속시키고 있는 衡(형 牛觸, 橫大木其角. 从角大, 行聲)에서의 行은 음부로 사용된 경우이다.

介聲)、**畓**(답 从田从水)、**略**(략 經略土地也. 从田各聲)、**畫**(화 界也. 象田四界. 聿, 所以畫之)、**當**(당 田相値也. 从田尙聲)、**畿**(기 天子千里地. 以遠近言之, 則言畿也. 从田, 幾省聲)、**苗**(묘 艸生於田者. 从艸从田)、**甸**(전 天子五百里地. 从田, 包省) 등의 글자에서 의부역할을 하고, **佃**、**屇**、**沺**、**鈿**(전) 등의 글자에서는 음부역할을 한다.[482]

이들 글자 가운데, 男은 다시 **舅**(구)、**嬲**(뇨) 등의 글자에서 의부역할을 하고, 苗는 다시 **描**、**貓**(猫)、**錨**(묘) 등의 글자에서 음부역할을 한다.

이외에도, **稷**、**溭**、**㮨**、**禝**(직)、**謖**(속) 등의 글자에서 음부역할을 하는 **畟**(측) 역시 田이 의부(治稼畟畟進也. 从田儿, 从夊)로 사용된 경우이다.[483]

현재 통용 자전류에서 田부에 배속시키고 있는 **畏**(외)、**異**(이)、**畢**(필)、**番**(번) 등과 **甲**(갑)、**申**(신)、**由**(유) 등의 글자들은 田과 의미상 관련이 없는 글자들이고, 心부의 **思**, 肉부의 **胃** 등에서의 田형 역시 '경작지'를 의미하는 田과는 동형자소일 따름이다.[484]

由의 경우, 『說文』에 수록되어 있지 않으나 段注本에서는 由를 보충해 수록해 놓고, **繇**(요 隨從也. 从系䍃聲)의 或體字(或繇字)로 설명하고 있다.

자소로 사용될 때, **甹**(병 亟詞也. 从丂从由)의 의부역할을 하고, **油**、**柚**、**釉**(유)、**宙**、**紬**、**胄**(주)、**抽**(추)、**岫**、**袖**(수)、**軸**(축)、**笛**、**迪**(적) 등의 글자에서는 음부역할을 한다.[485]

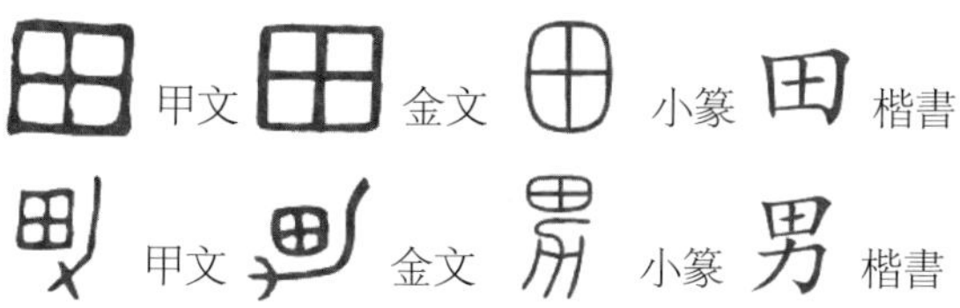

482 '田畓'에서의 畓자는 우리나라에서 만들어 사용하고 있는 글자이다.

483 畝(무)는 畮(六尺爲步, 步百爲畮. 从田每聲)의 或體字(或从十久)이다. 畐(복)은 2.6 高의 파생자소를 참조. 甾(치 東楚名缶曰甾. 象形. 由, 古文)는 2.1.4의 凵과 2.8을 참조.

484 畏(외)、異(이)、番(번) 등은 2.2.1, 畢(필)은 2.8, 甲(갑)은 2.18, 申(신)은 2.4를 참조.

485 甹(병)과 그 활용은 2.1.4의 丂(고)를 참조.

甲文 金文 小篆 楷書

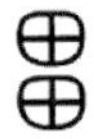 畕 강

畕(강)은 田의 이합자소로서, 본의가 '나란히 붙어 있는 밭(比田也)'으로 설명된다.[486]

자소로 사용될 때, **畺**(강 界也. 从畕. 三, 其界也)의 의부역할을 하고, 畺은 다시 **僵、彊、橿、殭**(강)、**鱷**(경 海大魚也. 从魚畺聲. 鯨, 鱷或从京) 등의 글자에서 음부역할을 한다. **疆**(강)은 畺의 或體字(或从土彊聲)이다.

예변 이후, 田의 삼합형태 혹은 田형으로 나타나는 **畾**(뢰, 루)는 그 래원이 두 갈래이다. 하나는, **靁**(雷 뢰 从雨, 畾象回轉形)에서 비롯된 畾(뢰)로서 **儡、罍、擂**(뢰)、**壘**(루 軍壁也. 从土畾聲)、**累**(纍 루 綴得理也. 一曰大索也. 从糸畾聲) 등의 글자에서 음부역할을 한다. 나머지 하나는, **厽**(루 累坺土爲牆壁. 象形)'에서 비롯된 畾(루)로서, **壘**(垒 루 絫墼也. 从厽从土)、**累**(絫 루 增也. 从厽从糸. 絫, 十黍之重也) 등의 글자에서 의부역할을 한다.[487]

小篆 或體 楷書

 留 류

留(畱)는 『說文』에서 '从田丣聲'의 형태로 설명되고, 丣(유)는 酉(의) 고문(丣, 古文酉)자형으로 수록되어 있다. 그러나, 금문에 나타나는 丣형은 밭 옆에 있는 도랑의 구덩이에 물을 모아 놓은 형태로 나타난다.

486 段玉裁는, '比, 密也', '比田者, 兩田密近也'라고 주석을 달아놓았다.
487 현대한자에서 '중첩'의 의미로 사용되는 疊(첩)은 『說文』에서 '从晶从宜'의 형태로 설명된다. 畾(뢰)는 2.4, 厽(루)는 2.6을 참조.

자소로 사용될 때, **榴**、**瑠**、**溜**、**瘤**(류)、**㨨**(추) 등의 글자에서 음부역할을 하며, 㨨는 다시 **籀**(주)의 음부역할을 한다.

 金文  小篆 留 楷書

 **畜 축 휵**

畜의 자형을『說文』에서는『淮南子』의 설을 인용하여 '玄田爲畜'이라 하고, 또『魯郊禮』의 설도 인용하여 '䔬, 从田从兹. 兹, 益也'라고 하는 등 두 가지로 설명하고 있고, 본의는 '밭에서 수확한 것을 쌓아 두다(田畜也)'로 풀이하고 있지만, 갑골문이나 금문에 나타나는 畜은, 사냥터(田)에서 잡은 짐승을 끈(幺 혹 糸)으로 묶어둔 것으로 보는 경우도 있고, 동물의 창자와 연이어진 胃의 형상을 표현한 것으로 해석하기도 한다.

자소로 사용될 때, **滀**、**稸**、**蓄**、**鄐**(축)、**慉**、**搐**(휵) 등의 글자에서와 같이, 주로 음부역할을 한다.

 甲文  金文  小篆 畜 楷書

 **𠃬 주**

𠃬는 '밭고랑이 구불구불한 모양을 상형(象耕田溝詰詘也)'한 글자로서, **𠷎**(주 从田, 象耕田溝詰詘也)의 或體字(𠃬, 𠷎或省)로 설명되며, 𠷎는 해서체 **疇**(주)의 本字이다.[488]

예변 이후, 𠃬는 다른 자소와 粘合되어 원래의 자형을 소실하게 되었는데,『說文』

488 大徐本에는 '象耕屈之形'으로 수록되어 있으나, 본서에서는 段注本을 따랐다.

에서는 口부의 𠷎(嚋 주 誰也)를 '从口𠃬, 又聲', 白(자)부의 𤾜(疇 주 詞也)를 '从白𠃬聲'으로 풀이하고 있으며, 예변 이후 '从老省𠃬聲'의 **壽**(수 久也)가 **嬦**(수)、**儔**、**疇**、**籌**、**躊**、**鑄**(주)、**濤**、**燾**、**禱**(도) 등의 글자에서 음부역할을 하고 있다.[489]

 小篆  或體 疇 楷書

 金文  小篆 壽 楷書

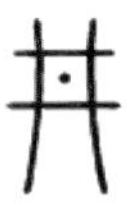 丼 井 정

丼은 본의가 '여덟 가구마다 한 개의 우물이 있다(八家一丼)'로 풀이되고, 자형은 '井은 우물의 얼개를 그린 것이고, 丶형은 두레박의 모양을 상형(象構韓形. 丶, 罋之象也)'한 것으로 설명되며, 예변 이후 丶형은 생략되었다.[490]

자소로 사용될 때, **阱**(정 陷也. 从𨸏从井, 井亦聲. 穽, 阱或从穴)、**荆**(형 罰辠也. 从丼从刀, 丼亦聲)[491]、**刱**(창 造法刱業也. 从丼刅聲) 등의 글자에서 의부역할을 하고, **姘**、**汫**(정)、**耕**(경) 등의 글자에서는 음부역할을 한다.

 耒 뢰

耒는 본의가 '밭을 가는 굽은나무(手耕曲木也)'로 풀이되고, 자형은 '从木推丯'의

---

489 𠃬(주)는 『說文』에 단독으로 수록되어 있지 않다. 段玉裁는 嚋의 結構를 𠃬와 같이 '从口𠃬聲'으로 보아야 壽의 음부가 𠃬가 될 수 있다고 주장하고 있으며, 만약 許愼의 설명대로라면, 壽의 음부는 𠃬가 아니라, 𠷎가 되어야 하고, 예변 이후, 又가 寸으로 변한 것으로 설명될 수 있을 것이다.

490 고문자계통에서 두레박으로 우물의 물을 퍼 올리는 형태로 나타나는 彔(록 刻木彔彔也, 象形)과 그 활용은 2.2.1 彑(계)를 참조.

491 刑(형 剄也. 从刀幵聲)은 2.12 干의 幵(견)을 참조.

형태로 설명되며, 금문에서의 耒는 쟁기류의 모습을 구체적으로 그린 자형으로 나타나 있다.[492]

자소로 사용될 때, **耕**(경 治田也. 从耒井聲. 一曰古者井田)、**耤**(적 帝耤千畝也. 古者使民如借, 故謂之耤. 从耒昔聲)、**耡**(서 耤稅也. 从耒助聲)、**耘**(䢵 운 除苗間穢也. 从耒員聲) 등의 글자에서 의부역할을 하고, **誄**、**誄**、**銇**、**頛**(뢰) 등의 글자에서는 음부역할을 하며, 耤은 다시 **籍**(적)、**藉**(자) 등의 글자에서 음부역할을 한다.

 金文  小篆 耒 楷書

 臼 구

臼는 '절구의 모양을 상형(舂臼也. 象形)'한 글자이다.

자소로 사용될 때, **舂**(용 擣粟也. 从廾持杵以臨臼, 杵省)、**臿**(삽 舂去麥皮也. 从臼, 干所以臿之)、**舀**(요 抒臼也. 从爪臼) 등의 글자에서 의부역할을 하고, **舅**、**舊**(구) 등의 글자에서는 음부역할을 한다.[493]

이들 글자 가운데, 舂은 다시 **秦**(진 禾名. 从禾, 舂省)의 의부역할을 하고, 秦은 또 다시 **溱**、**榛**、**臻**(진) 등의 글자에서 음부역할을 하며, 臿은 **唽**、**插**(삽), 舀는 **滔**、**稻**、**蹈**、**韜**(도) 등의 글자에서 음부역할을 한다.

현재 통용 자전류에서 臼부에 배속시키고 있는 **與**(여 从舁与)、**興**(흥 从舁同, 同力也) 등의 글자들은 '절구'를 의미하는 臼와는 의미상 관련이 없는 글자들이며, **舅**에서의 臼는 음부로 사용되었다.[494]

---

492 丯(개 艸蔡也. 象艸生之散亂也)는 2.3을 참조.

493 毁(훼 从土, 毇省聲)에서의 臼米(구 从臼米)와 毇(훼 从臼米从殳)는 2.1.2의 殳(수), 鑿(착 穿木也. 从金, 糳省聲)에서의 糳(착 从毇丵聲)은 2.3의 丵(착), 叟(叜 수 老也. 从又从灾)는 2.1.2의 又(우), 臽(함 小阱也. 从人在臼上)은 2.17의 凶(흉)을 참조.

494 與와 興은 2.1.2의 臼(곡)을 참조.

 午 오

午을『說文』에서는 '오월이 되어 陰氣가 양기를 거슬러 땅을 뚫고 나오는 것을 상형(五月陰氣啎屰陽, 冒地而出也. 象形)'한 것이라고 설명하고 있다. 그러나 갑골문이나 금문에서의 午는, 비록 異說이 많기는 하지만, 절구공이(杵)의 모양을 상형한 것이라고 보는 것이 다수설이다.

자소로 사용될 때, **啎**(오 逆也. 从午吾聲)의 의부역할을 하고, **仵**、**旿**(오)、**杵**(저)、**許**(허) 등의 글자에서는 음부역할을 한다.

2.6 가옥、건축 및 그와 관련된 근원자소와 파생자소

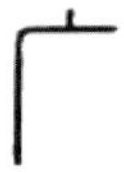 广 엄

广의 자형은 '厂으로 집을 삼은 것이고, 가옥의 뾰족하게 높은 모양을 상형(因厂爲屋也. 从厂, 象對刺高屋之形)'한 형태로 설명된다.

자소로 사용될 때, **序**(서 東西牆也. 从广予聲)、**床**(牀 상 安身之几坐也. 从木爿聲)、**底**(저 山居也. 一曰下也. 从广氐聲)、**店**(점 置也. 从广占聲)、**府**(부 文書藏也. 从广付聲)、**座**(좌 牀座也. 从广坐聲)、**庫**(고 兵車藏也. 从車在广下)、**庭**(정

宮中也. 从广廷聲)、**廉**(렴 仄也. 从广兼聲)、**廊**(랑 東西序也. 从广郎聲)、**廟**(묘 尊先祖皃也. 从广朝聲)、**廢**(폐 屋頓也. 从广發聲)、**廣**(광 殿之大屋也. 从广黃聲)、**廳**(청 屋也. 从广氏聲)、**庠**(상 禮官養老. 夏曰校, 殷曰庠, 周曰序. 从广羊聲)、**庖**(포 廚也. 从广包聲)、**廚**(주 庖屋也. 从广尌聲)、**廈**(하 屋也. 从广夏聲)、**廛**(전 一畝半, 一家之居. 从广里八土)、**廐**(廏 구 馬舍也. 从广𣪘聲) 등의 글자에서 의부역할을 한다.[495]

이들 글자 가운데, 店은 다시 **惦**、**踮**(점), 府는 **腑**、**腑**(부), 庫는 **褲**(고), 廉은 **濂**、**簾**(렴), 廣은 **壙**、**曠**、**鑛**(광)、**擴**(확), 廛은 **纏**、**躔**(전) 등의 글자에서 음부역할을 한다.

현재 해서체에서 广과 동일한 자형으로 나타나는 **庚**(경 广부)、**庸**(용 广부)、**康**(강 广부)、**唐**(당 口부) 등에서의 广형과, **鹿**(록 鹿부)、**慶**(경 心부)、**廌**(치 广부) 및 **庶**(서 广부)、**度**(도 广부)、**席**(석 巾부), **應**(응 心부)、**膺**(응 肉부)、**鷹**(응 鳥부) 등에서의 广형은 모두 广과 의미상 관련이 없는 동형자소들이다.[496]

 金文  小篆 庫 楷書

 金文  小篆 廣 楷書

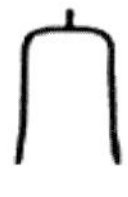 宀 면

宀은 '집의 모양을 상형(交覆深屋也. 象形)'한 글자이다.

자소로 사용될 때, **宅**(택 所託也. 从宀乇聲)、**宇**(우 屋邊也. 从宀于聲)、**守**(수

495 廏(구)의 음부로 설명되는 𣪘(구)는 '从殳从㠯'의 형태로 구성되어 있으며, 㠯(전)는 『說文』에서 叀(전)의 古文 자형으로 설명된다. 廐는 俗字이다.

496 庚、庸、康、唐 등은 2.11, 鹿、慶、廌 등은 2.2.1, 庶、度、席 등은 2.4 火의 파생자소 炗(광), 應、膺、鷹 등은 2.1.1의 疒(녁)을 참조.

守官也. 从宀从寸. 寺府之事者. 寸, 法度也)、**安**(안 靜也. 从女在宀下)、**完**(완 全也. 从宀元聲)、**宗**(종 尊祖廟也. 从宀从示)、**官**(관 吏事君也. 从宀从𠂤)、**宙**(주 舟輿所極覆也. 从宀由聲)、**定**(정 安也. 从宀从正)、**宜**(宐 의 所安也. 从宀之下, 一之上, 多省聲)、**客**(객 寄也. 从宀各聲)、**宣**(선 天子宣室也. 从宀亘聲)、**室**(실 實也. 从宀从至. 至, 所止也)、**宮**(궁 室也. 从宀, 躳省聲)、**害**(해 傷也. 从宀从口. 宀、口, 言从家起也. 丯聲)、**宴**(연 安也. 从宀妟聲)、**家**(가 居也. 从宀, 豭省聲)、**容**(용 盛也. 从宀、谷. 宊, 古文容从公)、**宿**(숙 止也. 从宀佰聲. 佰, 古文夙)、**寄**(기 託也. 从宀奇聲)、**寂**(宗 적 無人聲. 从宀尗聲. 誌, 宗或从言)、**富**(부 備也. 一曰厚也. 从宀畐聲)、**寒**(한 凍也. 从人在宀下. 从茻, 下有仌也)、**察**(찰 覆審也. 从宀祭)、**寡**(과 少也. 从宀从頒. 頒, 分賦也, 故爲少)、**寢**(寑 침 臥也. 从宀侵聲. 㝲, 籒文寑省)、**實**(실 富也. 从宀从貫. 貫, 貨貝也)、**審**(宷 심 悉也. 知宷諦也. 从宀从釆. 審, 篆文宷从番)、**寫**(사 置物也. 从宀舄聲)、**寬**(관 屋寬大也. 从宀莧聲)、**寶**(보 珍也. 从宀从王从貝, 缶聲)、**宰**(재 辠人在屋下執事者. 从宀从辛. 辛, 辠也)、**宋**(송 居也. 从宀从木)、**宛**(완 屈草自覆也. 从宀夗聲)、**寓**(우 寄也. 从宀禺聲) 등의 글자에서 의부역할을 한다.[497]

이들 글자 가운데, 守는 다시 **狩**(수), 安은 **按**、**案**(안) 등의 글자에서 음부역할을 하며, 完은 **寇**(구 暴也. 从攴从完)[498]의 의부역할을 하고, **浣**、**莞**(완)、**晥**、**皖**、**睆**(환)、**院**(원) 등의 글자에서 음부역할을 한다. 또한, 宗은 **倧**、**棕**、**綜**、**踪**(종)、**崇**(숭), 定은 **碇**、**錠**(정), 官은 **棺**、**琯**、**管**(관) 등의 글자에서 음부역할을 하고, 宜는 **疊**(첩 重也. 从晶从宜)、**誼**(의 人所宜也. 从言从宜, 宜亦聲) 등의 글자에서 의부역할을 하고, **椬**、**萓**(의) 등의 글자에서는 음부역할을 한다.

이외에도, 客은 **喀**(객)、**額**(액), 宣은 **渲**、**瑄**(선), 宮은 **营**(궁)、**䆞**(동, 홍), 害는 **犗**(개)、**割**、**瞎**、**轄**(할)、**憲**(헌 从心从目, 害省聲) 등의 글자에서 음부역할을 하고, 憲은 또 다시 **幰**、**櫶**(헌) 등의 글자에서 음부역할을 한다. 또한, 家는 **嫁**、**稼**(가),

497 宴에서의 妟(안 从女日)은 2.1.1의 女, 害에서의 丯(개 象艸生之散亂也)는 2.3, 寬에서의 莧(환 从兎足, 从苜聲)은 2.2.1의 𦫳(개)을 참조. 寒의 활용은 2.4의 冫(빙)을 참조.

498 2.1.1 儿의 兀(올)을 참조.

容은 **溶**、**瑢**、**蓉**、**鎔**(용), 察은 **擦**(찰), 寫는 **瀉**(사), 寬은 **髖**(관), 宛은 **婉**、**琬**、**腕**、**豌**(완)、**黦**(울) 등의 글자에서 음부역할을 한다.[499]

현재 해서체에서 宀의 자형을 쉽게 확인할 수 없을 정도로 자형이 변했지만, **墺**、**澳**、**懊**(오) 등의 글자에서 음부역할을 하는 **奧**(오 宛也. 室之西南隅) 역시 '从宀舜聲'의 형태로서 宀이 의부로 사용된 글자이다.[500]

현재 통용 자전류에서 宀부에 배속시키고 있는 **密**(밀 山如堂者. 从山宓聲)、**賓**(빈 所敬也. 从貝㝉聲)、**寧**(녕 願詞也. 从丂盜聲)、**寅**(髕也. 正月陽气動, 去黃泉, 欲上出, 陰尙彊, 象宀不達. 髕寅於下也. 鋆, 古文寅) 등에서 자소로 사용된 宀은 모두 의부로서의 宀이 아닌 경우들이다.[501]

이들 글자 가운데, 賓은 다시 **嬪**、**殯**、**濱**、**髕**(빈), 寧은 **儜**、**嚀**、**濘**、**聹**、**薴**、**蠔**(녕), 寅은 **夤**、**戭**、**鏔**(인)、**演**、**縯**(연) 등의 글자에서 음부역할을 한다.

499 宛에서의 夗(원 从夕从卩)은 2.4의 夕을 참조.
500 奧에서의 舜(권 从廾采聲)은 2.2.1의 釆(변), 粵(월 从寀亏)은 2.1.4의 于를 참조.
501 寧에서의 盜(녕)은 본의가 '편안하다(安也)'로 풀이되고 자형은 '从宀, 心在皿上. 人之飮食器, 所以安人'의 형태로 설명된다. 寅자의 자형을 『說文』에서는 음양오행설에 의거하여 지극히 추상적으로 설명하고 있지만, 갑골문에 나타난 寅의 자형은 단순한 화살(矢) 혹은 화살을 양손(𦥑)으로 잡고 있는 형태로 나타난다. 密에서의 宓(밀 安也. 从宀必聲)은 2.16의 八, 賓에서의 㝉(면 冥合也. 从宀丏聲)은 2.17의 丏(면)을 참조. 塞(색 隔也. 从土从㓾)은 2.1.2의 廾(공)과 2.8 工의 파생자소,, 它(타 虫也. 从虫而長. 象寃曲垂眉形)는 2.2.1, 宁(저 辨積物也. 象形)는 2.8을 참조,

 穴 혈

穴은 본의가 '흙집(土室也)'으로 풀이된다. 자형을 『說文』에서는 '从宀八聲'의 형성자로 설명하고 있지만, 동굴 또는 움집의 움푹 파인 모습을 그린 상형자로 보는 것이 일반적이며, 갑골문이나 금문에는 穴의 자형이 나타나지 않는다.

자소로 사용될 때, **究**(구 窮也. 从穴九聲)、**空**(공 竅也. 从穴工聲)、**突**(돌 犬从穴中暫出也. 从犬在穴中)、**窗**(囪 창 囪在牆曰牖, 在屋曰囪. 象形. 窗, 或从穴)、**窻**(窻 창 通孔也. 从穴悤聲)、**竆**(궁 極也. 从穴躳聲)、**竊**(절 盜自中出曰竊. 从穴从米, 卨、廿皆聲. 廿, 古文疾. 卨, 古文偰)、**竅**(규 空也. 从穴敫聲)、**窺**(규 小視也. 从穴規聲)、**窠**(과 空也. 穴中曰窠, 樹上曰巢. 从穴果聲)、**穿**(천 通也. 从牙在穴中)、**窒**(질 塞也. 从穴至聲)、**窖**(교 地藏也。从穴告聲)、**竈**(조 炊竈也. 从穴鼀省聲. 竃, 竈或不省)、**窈**(요 深遠也. 从穴幼聲)、**窕**(조 深肆極也. 从穴兆聲)、**窟**(堀 굴 兔堀也. 从土屈聲) 등의 글자에서 의부역할을 하고, **岤**、**泬**(혈)、**鴥**(율) 등의 글자에서는 음부역할을 한다.

이들 글자 가운데, 空은 다시 **控**(공)、**腔**(강) 등의 글자에서 음부역할을 하고, 窒은 **膣**(질)의 음부역할을 한다.

 穼 罙 심 탐

穼(罙)은 본의가 '깊다(深也)'로 풀이되고, '구둘(一曰竈突)'이라는 의미도 있으며, 자형은 '从穴从火, 从求省'의 형태로 설명된다.

자소로 사용될 때, **堔**、**深**(심)、**探**、**㥲**(탐) 등의 글자에서와 같이 주로 음부역할을 한다.[502]

 向 향

向은 본의가 '북쪽으로 난 창문(北出牖也)'으로 설명된다. 자형을 『說文』에서는 '从宀从口'의 합체자로 분석하고 있지만, 口형은 창문의 모양을 상형한 非字字素이다.

자소로 사용될 때, **珦**、**餉**(향)、**尙**、**垧**、**恦**(상)、**杏**(행 从木, 向省聲) 등의 글자에서와 같이 주로 음부역할을 하고, **尙**(상 曾也. 庶幾也. 从八向聲)은 다시 **常**、**裳**、**嘗**、**賞**(상)、**堂**、**當**、**黨**(당)、**掌**(장)、**牚**(탱) 등의 글자에서 음부역할을 하고, 常은 또 다시 **瑺**、**鏛**(상)、**嫦**(항), 嘗은 **嚐**(상), 賞은 **償**(상), 堂은 **瞠**、**螳**、**蹚**(당), 當은 **儅**、**擋**、**礑**(당), 黨은 **儻**、**戃**、**讜**(당) 등의 글자에서 음부역할을 하고, 牚은 **撑**(탱)의 음부역할을 한다.[503]

 甲文  金文  小篆  楷書

502 금문에 나타나는 穼의 자형은 공기가 희박한 굴속에서 입을 크게 벌리고 호흡하며, 땀을 흘리는 형태로 해석된다.

503 『說文』의 각 전본에는 杏의 자형을 '从木可省聲'으로 수록해 놓았으나, 본서에서는 段注本을 따랐다.

 高 고

高는 본의가 '높다(崇也)'로 풀이되고, 자형은 '높은 樓閣의 모양을 상형(象臺觀高之形. 从冂口)'한 형태로 설명된다.

자소로 사용될 때, **亭**(정 民所安定也. 从高省, 丁聲)、**京**(경 人所爲絕高丘也从高省. 丨, 象高形)、**就**(취 就高也. 从京尤. 尤, 異於凡也)、**亮**(량 明也. 从儿, 高省)、**臺**(대 觀四方而高者. 从至从高省, 之聲)、**喬**(교 高而曲也. 从夭, 从高省) 등의 글자에서 의부역할을 하고, **敲**、**稿**、**鬲**、**膏**(고)、**蒿**、**鎬**(호)、**塙**、**毃**(각)、**嗃**、**熇**、**謞**(학) 등의 글자에서는 음부역할을 하며, 蒿는 다시 **嚆**(효)의 음부역할을 한다. **毫**、**豪**(호) 등의 글자 역시 高의 자형 일부가 생략된 형태로 음부역할을 하는 경우이다.[504]

이들 글자 가운데, 亭은 다시 **停**(정), 京은 **倞**、**勍**、**景**、**鯨**、**黥**(경)、**凉**、**諒**(량), 景은 또 다시 **憬**、**暻**、**璟**(경)、**影**(영) 등의 글자에서 음부역할을 하고, **顥**(호 白皃. 从頁从景)에서는 의부역할을 하며, 顥는 다시 **灝**(호)의 음부역할을 한다. 또한, 就는 **鷲**(취)、**僦**(추)、**蹴**(축), 亮은 **喨**(량), 喬는 **僑**、**嬌**、**橋**、**嶠**、**矯**、**轎**、**驕**(교)、**嚻**(효) 등의 글자에서 음부역할을 한다.

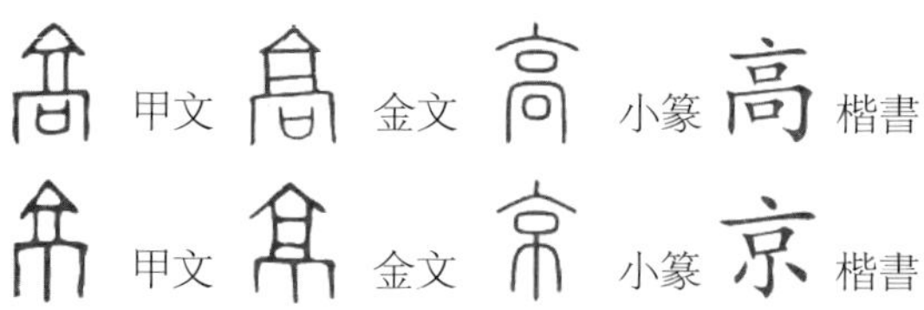

 𩫏 곽  鄭 郭 곽

𩫏은 '回가 의부이고, 성곽의 겹친 모양과 두 개의 정자가 서로 마주하고 있는 모양을 상형(从回, 象城郭之重, 兩亭相對也)'한 자형으로 설명되는데, 예변 이후 享형

504 毫와 豪의 관계는 2.1.5 毛의 注를 참조.

으로 정리되어 **郭**、**廓**、**墎** 등의 글자로 대체되었다.505

郭은 자소로 사용될 때, **漷**、**槨**、**鞹**(곽)、**霩**(확) 등의 글자에서 음부역할을 한다.

 亯 향  𦎫 향

亯은 『說文』에서 본의가 '바치다(獻也)'로 설명되고, 자형은 '高가 생략된 형태이며, 아랫부분(曰)은 익힌 음식물의 모양을 상형한 것(从高省. 曰, 象孰物之形)'으로 설명된다. 𦎫은 重文으로 수록된 篆文(篆文亯)자형이며, 예변 이후 **享**으로 정리되었다.

갑골문이나 금문에 나타나는 亯의 자형도 소전 자형과 크게 다르지 않지만, 자형해석에 있어서는 許愼이 亯의 아랫부분을 '象孰物之形'으로 본 것에 비해, 갑골문이나 금문을 대상으로 삼아 연구하는 학자들은 亯 전체를 廟堂의 모양을 상형한 것으로 보는 차이가 있다. 또한, 字義에 있어서도, 묘당은 제사를 지내는 곳이고, 제물을 바치는 곳이기도 하기 때문에 '바치다(獻也)'라는 의미로 引伸되었다고 보는 것이 일반적이다.

자소로 사용될 때, **𩫖**(용 用也. 从亯从自. 自, 知臭香所食也)、**𦎧**(순 孰也. 从亯从羊) 등의 글자에서 의부역할을 하고, 𦎧은 다시 **孰**(䎭 숙 食飪也. 从丮𦎧)의 의부역할을 하며, **敦**(𣪆 从攴𦎧聲)、**惇**、**焞**(돈)、**淳**、**醇**、**諄**、**錞**(순)、**埻**(준) 등의 글자에서는 음부역할을 하고, 敦은 또 다시 **燉**、**暾**(돈)、**鷻**(단)、**譈**、**鐓**(대) 등의 글자에서 음부역할을 한다. 孰은 **熟**의 本字이다.506

亯은 예변 이후 **享**(향)과 **亨**(형)의 자형으로 분화되어, 享은 '누리다', 亨은 '통하다(通也)' 혹은 '**烹**(팽)'의 의미로 사용되며, 亨은 다시 **哼**、**涥**、**脝**(형) 등의 글자에서는 음부역할을 한다.507

---

505 墎, 廓 등은 『說文』에 수록되어 있지 않지만, 郭과 古今字의 관계로 보는 것이 타당할 것이다.
506 孰을 『說文』의 각 傳本에는 '从丮𦎧聲'의 형성자로 수록하고 있으나, 段注本에서는 '从丮𦎧'의 회의자로 고쳐 놓았고, 본서에서도 이를 따랐다.

𣆪 㫗 후

㫗는 亯의 倒文(从反亯)으로, 본의가 '두텁다(厚也)'로 설명된다.

자소로 사용될 때, **厚**(후 山陵之厚也. 从厂从㫗)、**覃**(䆨 담 長味也. 从㫗鹹省聲. 𠧻, 篆文覃省) 등의 글자에서 의부역할을 하며, 覃은 다시 **潭**、**譚**(담)、**燂**(첨) 등의 글자에서 음부역할을 한다.

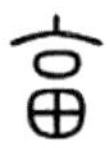

畐 복

畐은 본의가 '가득하다(滿也)'로 풀이되며, 자형은 '从高省, 象高厚之形'의 형태로 분석된다.

자소로 사용될 때, **良**(량 善也. 从畐省, 亡聲)의 의부역할을 하고, **匐**、**福**、**輻**(복)、**副**、**富**(부) 등의 글자에서는 음부역할을 하며, 良은 다시 **粮**、**痕**、**踉**(량)、**娘**、**廊**、**朗**、**狼**、**郎**(랑) 등의 글자에서 음부역할을 한다.[508]

507 鄗(郭 곽)에서의 䨥(곽) 역시 예변 이후 '享'형으로 정리되어, 享(향)과 동일한 형태로 나타난다.
508 갑골문、금문 및 『說文』에 수록된 良의 重文들은 서로 다른 다양한 형태로 나타나 있어, 자형의 來源을 파악하기가 쉽지 않다.

舍 사

舍는 집의 형태를 그린 상형자로, 『說文』에서는 '从亼. 屮, 象屋也. 口, 象築也'의 형태로 설명되고 본의는 '객사(市居曰舍)'로 풀이된다.[509]

자소로 사용될 때, **舒**(서 伸也. 从舍从予, 予亦聲. 一曰舒, 緩也)의 의부겸 음부역할을 하고, **偨、啥、捨**(사)、**鵨**(서) 등의 글자에서는 음부역할을 한다.[510]

이외에도, 본의가 '말이 펼쳐져 나옴(語之舒也)'으로 풀이되는 **余**(여) 역시 舍의 자형 일부가 생략된 형태로 음부역할(从八, 舍省聲)을 하는 것으로 설명된다.[511]

余는 자소로 사용될 때, **餘**(여)、**徐**、**敍**(서)、**涂**、**稌**、**荼**、**途**(도)、**斜**(사)、**除**(제) 등의 글자에서 음부역할을 하고, 涂는 다시 **塗**(도)의 음부역할을 한다.

倉 창

倉은 『說文』에서 본의가 '곡식을 저장하는 곳(穀藏也)'으로 설명되고, 자형이 '从食省, 口象倉形'의 형태로 분석된다. 갑골문에 나타나는 倉의 자형은, 뚜껑이 있는 그릇의 모양에, 爿이 음부로 사용된 형성자로 보는 것이 다수설이고, 지면에 帳幕을 치고 그 밑에 병풍 같은 것을 두른 모양으로 해석하는 경우도 있으며, 舍와 마찬가지로 亼과 창고의 구조물을 상형한 것으로 보기도 한다.

---

509 금문에 나타나는 舍의 자형을 해석하면서, 舍를 '从口余聲'의 형성자로 보고, 원래 '베풀다' 혹은 '公布하다'라는 의미를 나타내었으나, 나중에 '客舍'라는 의미로 假借되었다고 주장하는 경우도 있다.

510 段注本에서는 舒의 자형을 '从予舍聲'으로 고쳐 놓았다.

511 갑골문이나 금문에 나타나는 余의 자형은 '가옥의 형태'를 그린 것으로 보는 것이 다수설이고, '화살 촉' 혹은 '농기구'의 일종으로 보는 경우도 있다. 그러나 余은 일찍이 일인칭 대명사로 假借되었다.

자소로 사용될 때, **牄**(장, 창 鳥獸來食聲也. 从倉爿聲)의 의부역할을 하고, **滄**、**創**、**愴**、**滄**、**槍**、**蒼**、**瘡**、**艙**、**鶬**(창) 등의 글자에서는 음부역할을 한다.

甲文 金文 奇字 小篆 楷書

 㐭 름

㐭은 본의가 '곳간(穀所振入也)'으로 풀이된다. 㐭의 자형을 許愼은 '从入从回'의 합체자로 분석하면서도, '건축물과 창문의 모양을 상형(象屋形. 中有戶牖)'한 것이라고 부연설명하고 있다. **廩**은 重文으로 수록된 或體字(㐭或从广从禾)이다.

자소로 사용될 때, **稟**(품 賜穀也. 从禾㐭)、**亶**(단 多穀也. 从㐭旦聲)、**嗇**(색 愛濇也. 从來从㐭. 來者, 㐭而藏之. 故田夫謂之嗇夫)、**啚**(비 嗇也. 从口㐭. 㐭, 受也) 등의 글자에서 의부역할을 한다.

이들 글자 가운데, 稟은 다시 **凜**、**檁**、**懍**(름), 亶은 **壇**、**檀**(단)、**譠**(탄)、**顫**(전)、**嬗**(선)、**擅**(천) 등의 글자에서 음부역할을 하고, 嗇은 **牆**(墻 장 垣蔽也. 从嗇爿聲)의 의부, **歠**、**濇**、**穡**、**薔**、**轖**(색) 등의 음부역할을 하며, 牆은 다시 **蘠**(장)의 음부역할을 한다.[512]

또한, 啚는 **圖**(도 畫計難也. 从囗从啚. 啚, 難意也)의 의부, **鄙**(비)의 음부역할을 한다.

小篆 或體 楷書

甲文 金文 古文 小篆 楷書

512 현재 통용 한자에서, '장미'를 의미하는 蘠(장)을 '여뀌 풀(蓼)'을 의미하는 '薔(색 蓼之生澤者也)'자로 誤用하는 경우도 있다.

 戶 호

戶은 門의 반쪽 형을 상형(護也. 半門曰戶. 象形)한 글자이다.

자소로 사용될 때, **房**(방 室在旁也. 从戶方聲)、**戾**(려 曲也. 从犬出戶下. 戾者, 身曲戾也从犬出戶下)、**扃**(경 外閉之關也. 从戶冋聲)、**扇**(선 扉也. 从戶羽)、**扉**(비 戶扇也. 从戶非聲)、**戹**(액 隘也. 从戶乙聲)、**牖**(유 穿壁以木爲交窻也. 从片戶甫) 등의 글자에서 의부역할을 하고, **扈**、**芦**(호)、**雇**(고)、**所**(소)、**妒**(투) 등의 글자에서는 음부역할을 한다.[513]

이들 글자 가운데, 戾는 다시 **淚**(루), 扇은 **搧**、**煽**(선). 戹은 **硆**、**豟**、**軶**(액) 등의 글자에서는 음부역할을 하고, 雇는 다시 **顧**(고)의 음부역할을한다.

현재 통용 자전류에서 戶부에 배속시키고 있는 **所**(소 伐木聲也. 从斤戶聲)는 戶가 음부로 사용된 경우이다.

 甲文  古文  小篆  楷書

 門 문

門은 '戶의 이합자소로서, 문의 모양을 상형(从二戶. 象形)'한 글자이다.

자소로 사용될 때, **閉**(폐 闔門也. 从門. 才,所以距門也)、**開**(개 闢也. 从門从开)、**閏**(윤 餘分之月, 五歲再閏, 告朔之禮, 天子居宗廟, 閏月居門中. 从王在門中)、**閑**(한 闌也. 从門中有木)、**間**(閒 간 隙也. 从門从月)、**閣**(각 所以止扉也. 从門各聲)、**閨**(규 特立之戶, 上圜下方, 有似圭. 从門圭聲)、**關**(관 以木橫持門戶也.

---

513 扁(편 署也. 从戶冊. 戶冊者, 署門戶之文也从戶冊)과 그 활용은 2.8의 冊, 肁(조 始開也. 从戶从聿)는 2.1.2 聿의 注를 참조.

从門弁聲)、**閣**(궐 所以止扉也. 从門各聲)、**閵**(진 登也. 从門二. 二, 古文下字) 등의 글자에서 의부역할을 하고, **們**、**問**、**聞**(문)、**悶**、**閩**(민) 등의 글자에서는 음부역할을 한다.[514]

이들 글자 가운데, 閏은 다시 **潤**(윤), 間은 다시 **澗**、**磵**、**簡**(간) 등의 글자에서 음부역할을 한다.

閵의 경우, **藺**(린 鳥名也. 从隹, 閵省聲)、**閔**(린 火皃. 从火, 閵省聲)의 글자에서 자형의 일부가 생략된 형태로 음부역할을 하며, 藺은 **藺**、**躙**(躪)(린) 등의 글자에서 음부역할을 하며, **進**(진 登也. 从辵藺省聲) 역시 藺이 음부역할을 하는 것으로 설명된다.

 丣 卯 묘

卯는 『說文』에서 '문을 여는 모습을 상형(象開門之形)'한 글자로 설명된다. 갑골문이나 금문에서의 卯는 소전 자형과 유사하지만, 字釋에 있어서는, 두 개의 칼이 나란히 세워져 있는 모양、칼로 물건을 자르는 모양、투구의 모양、문이 닫힌 모양 등으로 異說이 많다.

---

514 閉에서의 才형은 門을 닫아거는데 사용되는 기물을 표시하는 非字字素이다. 開의 경우, 段注本에서는 '从門幵聲'의 형성자로 고쳐 놓았으나, 『說文』에 수록된 開의 고문 자형에서의 幵(견)형은 廾(공)위에 一형이 그려져 있고, 금문에서는 廾으로 나타나 있어서, 이를 '두 손(廾)으로 門의 빗장(一)을 여는 모습'으로 해석하는 것이 일반적이다(幵은 2.12 干을 참조).

자소로 사용될 때, **昴**(묘 白虎宿星. 从日卯聲)、**聊**(료 耳鳴也. 从耳卯聲)、**貿**(무 易財也. 从貝卯聲) 등의 글자에서와 같이 주로 음부역할을 하고, 貿는 다시 **鄮**(무)의 음부역할을 한다.[515]

 甲文  金文  古文  小篆 卯 楷書

 囱 창

囱은 '집에 난 창문의 모양을 상형(在牆曰牖, 在屋曰囱. 象形)'한 글자로 설명된다. **窗**은『說文』에 重文으로 수록된 或體字(窗, 或从穴)이고, **𡆸**은 古文(𡆸, 古文) 자형이다.

자소로 사용될 때, **悤**(총 多遽悤悤也. 从囱从心. 囱亦聲)의 의부겸 음부역할을 하고, 悤은 다시 **聰**、**總**、**蔥**(총)、**窻**(창) 등의 글자에서 음부역할을 하며, 聰은 또 다시 자형의 일부가 생략된 형태로 **茸**(용 艸茸茸皃. 从艸, 聰省聲)의 음부역할을 한다.[516]

囱의 고문 자형으로 설명되는 **𡆸**은 자소로 사용될 때, **曾**(증 詞之舒也. 从八从曰, 𡆸聲)의 음부역할을 하고, 曾은 다시 **會**(회 合也. 从亼, 从曾省. 曾, 益也)의 의부, **增**、**憎**、**甑**、**繒**、**贈**(증)、**僧**(승) 등의 음부역할을 하며, 會는 또 다시 **劊**、**澮**、**獪**、**繪**、**膾**(회)、**儈**、**噲**(쾌) 등의 글자에서 음부역할을 한다.[517]

 古文  小篆  或體 窗 楷書

---

515 해서체에서 卯와 같거나 유사하게 나타나는 柳、留 등에서의 卯형은 酉의 古文 자형으로 설명되는 丣(유)이다. 2.7의 酉를 참조.

516 怱은 悤의 俗字이고, 窓은 窻의 속자이다. 段玉裁는 窻자를 '잘못 수록된 필요 없는 글자(按此篆淺人所增. 古本所無. 當刪)'라고 설명하고 있다.

517 會는 2.17의 亼(집), 黑(흑 火所熏之色也. 从炎, 上出𡆸)은 2.14를 참조.

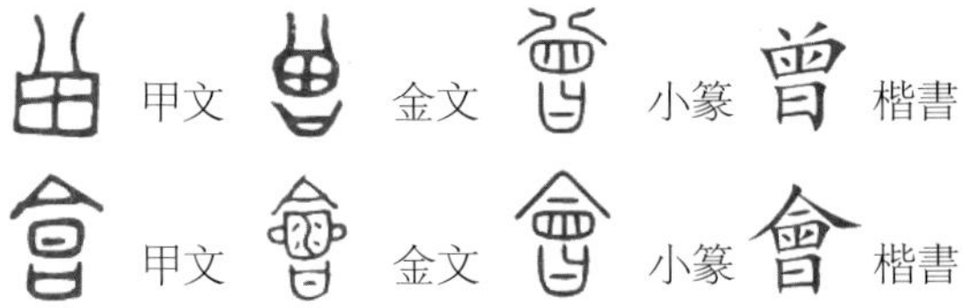

 囧 冏 경

冏은 '窗이 밝은 모습을 상형(窗牖麗廔闓明也. 象形)'한 글자로 설명되며, 明의 소전 자형은 '从月冏'의 형태로 구성되어 있고, 현재 사용되고 있는 **明**(명)은 『說文』에 重文으로 수록되어 있는 古文(古文从日) 자형이다. **盟**(맹) 역시 '从冏皿聲'의 **䀄**이 本字이며, 현재 통용되고 있는 **盟**은 『說文』에 䀄의 重文으로 수록되어 있는 古文(古文从明) 자형이다.[518]

자소로 사용될 때, **烱**、**浻**、**埛**(경)、**泂**(형) 등의 글자에서와 같이 주로 음부역할을 한다.[519]

518 『說文』의 각 전본에는 盟(䀄 맹 歃血誓也. 从囧从血. 盟, 古文从明)을 '从囧从血'의 회의자로 수록하고 있으나, 갑골문에는 冏과 皿의 조합으로 나타나며, 段注本에서는 '从冏皿聲'으로 고쳐 놓았다.

519 烱、埛 등의 글자들은 炯、坰 등의 글자들과 같은 의미로 사용된다. 冋(경)은 2.5의 冂(경)을 참조.

 厽 루

厽는 '흙을 퍼 일구어 벽을 쌓아 놓은 모습을 상형(絫坺土爲牆壁. 象形)'한 글자로 설명된다. 자소로 사용될 때, **絫**(絫 루 增也. 从厽糸, 厽亦聲. 絫, 十黍之重也)、**壘**(垒 루 絫墼也. 从厽土) 등의 글자에서 의부역할을 하며, 예변 이후 田 혹은 畾의 형태로 변하였다.[520]

2.7 음식 및 음식과 관련된 근원자소와 파생자소

 皀 급

皀을 『說文』에서는 '嘉穀이 용기에 담겨 있고, 숟가락으로 그것을 떠먹는 것을 상형(象嘉穀在裹中之形. 匕所以扱之. 或說, 皀, 一粒也)'한 글자로 풀이하고 있으나, 갑골문에 나타난 皀은 단순히 음식이 담긴 식기의 모양으로 나타나 있다.

갑골문에 근거한다면, **卽**(즉 从皀卩聲)、**旣**(기 从皀旡聲)、**卿**(경 从丣皀聲)、**鄕**(향 从郒皀聲) 등에서의 皀은 모두 의부이나, 許愼은 일부는 의부, 일부는 음부로 설명하고 있다.[521]

위의 글자들 이외에, 皀은 **簋**(궤 黍稷方器也. 从竹从皿从皀)에서도 의부역할을 한다.

---

520 儡、罍、攂(뢰) 등에서의 畾(뢰)는 2.4를 참조.

521 卽과 그 활용은 2.1.1의 卩, 旣와 그 활용은 2.1.4 欠의 旡(기), 丣(제)와 卿은 2.1.1 卩의 파생자소 丣, 郒(鼉 항)과 鄕 및 그 활용은 2.5의 邑을 참조. 廏에서의 皀형은 2.6 广의 注를 참조.

食 식

食을 『說文』에서는 皀과 亼의 조합(从皀亼聲, 或說亼皀也)으로 설명하고 있지만, 갑골문에 나타나는 食의 자형은 '음식이 뚜껑 달린 그릇에 담겨있는 모습'으로 해석하는 것이 일반적이다.

자소로 사용될 때, **飢**(기 餓也. 从食几聲)、**飯**(반 食也. 从食反聲)、**飮**(음 歠也. 从欠酓聲)、**飽**(포 猒也. 从食包聲)、**養**(양 供養也. 从食羊聲)、**餘**(여 饒也. 从食余聲)、**餓**(아 飢也. 从食我聲)、**館**(관 客舍也. 从食官聲)、**飤**(사 糧也. 从人食)、**饔**(옹 朝曰饔, 夕曰飧. 从食雍聲)、**飧**(손 餔也. 从夕食)、**餮**(餮 철 貪也. 从食, 殄省聲)、**餠**(병 麪餈也. 从食并聲)、**餈**(자 稻餠也. 从食次聲)、**餐**(찬 呑也. 从食奴聲)、**饌**(籑 찬 具食也. 从食算聲)、**饒**(飽也. 从食堯聲)、**饗**(향 鄉人飮酒也. 从食从鄉, 鄉亦聲) 등의 글자에서 의부역할을 하고, **蝕**(飾 식 敗創也. 从虫人食, 食亦聲)에서는 의부겸 음부, **飾**(식 㕞也. 从巾从人, 食聲)、**飭**(칙 致堅也. 从人从力, 食聲) 등의 글자에서는 음부역할을 한다.[522]

522 현재 통용 자전류에서 食부에 배속시키고 있는 飾은 食이 음부로 사용된 경우이다.

甲文 金文 小篆 飲楷書

酉 유

酉는『說文』에서 '古文 酉자의 형을 본떴다(象古文酉之形也)'라고 설명하고, 重文으로 수록된 古文 자형인 丣는 '卯의 자형에 一이 더해졌는데, 一은 문 닫은 것을 상형한 것이다(从卯. 一, 閉門象也)'라고 설명하고 있다. 그러나 갑골문이나 금문에 나타나는 酉의 자형은 술항아리를 상형한 것으로 보는 것이 일반적이다.

자소로 사용될 때, **酌**(작 盛酒行觴也. 从酉勺聲)、**配**(배 酒色也. 从酉己聲)、**酒**(주 就也. 从水从酉, 酉亦聲. 一曰造也, 吉凶所造也)、**酸**(산 酢也. 从酉夋聲. 關東謂酢曰酸)、**醉**(취 卒也. 卒其度量, 不至於亂也. 一曰潰也. 从酉从卒)、**醫**(의 治病工也. 从殹从酉)、**酎**(주 三重醇酒也. 从酉肘省聲)、**醬**(醬 장 鹽也. 从肉从酉, 酒以和醬也. 爿聲)、**酪**(락 乳漿也. 从酉各聲)、**醋**(초 客酌主人也. 从酉昔聲)、**酢**(초 醶也. 从酉乍聲)、**醒**(醉解也。从酉星聲)、**釀**(양 醞也. 作酒曰釀. 从酉襄聲)、**醢**(해 肉醬也. 从酉㿝) 등의 글자에서 의부역할을 하고, **庮**(유)、**唒**(주)、**醜**(추) 등의 글자에서는 음부역할을 한다.523

酉의 고문 자형으로 설명되는 **丣**의 경우, 자소로 사용될 때, **柳**、**留**、**劉**(류) 등의 글자에서 음부역할을 하고, 留는 다시 **瑠**、**溜**、**榴**、**瘤**(류)、**擂**(추) 등의 글자에서 음부역할을 하며, 擂는 또 다시 **籀**(주)의 음부역할을 한다. 또한, 劉는 다시 **瀏**、**瀏**、**藰**(류) 등의 글자에서 음부역할을 한다.524

---

523 酎를『說文』의 각 전본에는 '从酉時省'으로 수록해 놓았으나, 段注本에는 '肘省聲'으로 고쳐 놓았고, 본서에서도 이를 따랐다. 肘(주)는 2.1.2 寸의 注, 酥(소)는 2.3 禾의 注를 참조(䣧는 酥의 俗字). 釁(흔)은 2.1.2의 臼(곡)을 참조. 현재 통용 자전류에서 酉부에 배속시키고 있는 醜는 酉가 음부로 사용된 경우이다.

524 갑골문이나 금문에 나타나는 柳에서의 丣는 卯의 형태로 나타난다. 卯(묘)、貿(무) 등은 1.5 戶의 파생자소 卯(묘)를 참조.

 酋 추

酋는 본의가 '오래 담근 술(繹酒也)'로 풀이되며, 자형은 '从酉, 水半見於上'의 형태로 분석된다.

자소로 사용될 때, **尊**(䔿 존 酒器也. 从酋, 廾以奉之. 尊, 尊或从寸)、**奠**(전 置祭也. 从酋. 酋, 酒也. 下其丌也) 등의 글자에서 의부역할을 하고, **崷**、**揂**(추)、**猶**(유) 등의 글자에서는 음부역할을 한다.

이들 글자 가운데, 尊은 다시 **墫**(존)、**噂**、**樽**、**遵**(준) 등의 글자에서 음부역할을 하고, 奠은 **鄭**(정)의 음부역할을 한다.

鬯 창

鬯은 본의가 '찰기장과 향초를 섞어 만든 술로, 그 향기가 뛰어나 제사를 지낼 때 쓰인다(以秬釀鬱艸, 芬芳攸服, 以降神也)'로 풀이되고, 자형은 '从亼. 亼, 器也. 中象米. 匕, 所以扱之'의 형태로 설명된다. 갑골문이나 금문에 나타나는 鬯은 단순히 술항아리를 상형한 글자로 해석하는 것이 일반적이다.[525]

鬯이 자소로 사용되는 경우는 많지 않지만, **鬱**(울 芳艸也. 从臼缶冖鬯. 彡, 其飾也)、**𩰪**(거 黑黍也. 从鬯矩聲. 秬, 𩰪或从禾) 등의 글자에서 의부역할을 하고, **鬱**(울 木叢生者. 从林鬱省聲)에서는 자형의 일부가 생략된 형태로 음부역할을 하며, 鬱은 다시 **灪**、**爩**(울) 등의 글자에서 음부역할을 한다.

 甲文  金文  小篆  楷書

鹵 로

鹵를 『說文』에서는 '从西省, 囗象鹽形'의 형태로 설명하고, 본의를 '서쪽 지방의 염전(西方鹹地也)'로 풀이하고 있지만, 금문에 나타나는 鹵는 소금과 소금을 담는 그릇으로 해석하는 것이 일반적이다.

자소로 사용될 때, **鹽**(염 鹹也. 从鹵監聲)、**鹽**(从鹽省古聲)、**鹼**(감 鹵也. 从鹽省, 僉聲)、**鹹**(함 銜也. 北方味也. 从鹵咸聲)、**鹽**(고 河東鹽池. 从鹽省, 古聲) 등의 글자에서 의부역할을 하고, **滷**、**蓾**、**鹵**(로) 등의 글자에서는 음부역할을 하며, 鹹은 다시 자형의 일부가 생략된 형태로 **覃**(㽎 담 長味也. 从㫗鹹省聲. 㽎, 篆文覃省)의 음부역할을 하고, 覃은 다시 **潭**、**譚**(담)、**燂**(첨) 등의 글자에서 음부역할을 한다.[526]

---

525 亼(거)는 2.1.1 大의 去를 참조.
526 塩은 鹽의 俗字이다. 覃에서의 㫗(후)는 2.6을 참조.

鬲 력 격

鬲은 '솥의 모양을 상형(象腹交文, 三足)'한 글자로서, 䰛은 『說文』에 重文으로 수록된 古文(古文亦鬲字)자형이고, 䣂은 或體字(䣂, 鬲或从瓦)이다.

자소로 사용될 때, 粥(鬻 죽 鍵也. 从䰜从米)、融(융 炊气上出也. 从鬲蟲省聲)、鬳(권 从鬲虍聲) 등의 글자에서 의부역할을 하고, 蒚(력)、膈、隔(격)、塥(혁)、翮(핵)、鞷(액) 등의 글자에서는 음부역할을 하며, 鬳은 다시 甗(언)、獻(헌) 등의 글자에서 음부역할을 한다.

鼎 정

鼎은 본의가 '다리가 셋이고 두 귀가 달렸으며, 다섯 가지 맛을 조화시키는 보배로운 기물(三足兩耳, 和五味之寶器也)'로 풀이된다. 자형을 許愼은 '象析木以炊, 貞省聲'의 형태로 설명하고 있으나, 갑골문이나 금문에는 단순히 솥의 모양을 그린 상형자로 나타나 있다.

자소로 사용되는 경우가 많지 않지만, **鼏**(멱 以木橫貫鼎耳而擧之. 从鼎冂, 冂亦聲)、**鼐**(내 鼎之絕大者. 从鼎乃聲)、**鼒**(자 鼎之圜掩上者. 从鼎才聲) 등의 글자에서 의부역할을 하고, **檙**、**濎**、**薡**(정) 등의 글자에서는 음부역할을 한다.

 甲文  金文  小篆 鼎 楷書

 金文  小篆 鼒 楷書

豆 豆 두

豆는 본의가 '옛날 고기를 담던 그릇(古食肉器也)'으로 풀이된다. 豆의 자형을 許愼은 '从口, 象形'의 형태로 설명하고 있지만, 갑골문이나 금문에는 그릇의 뚜껑과 물건을 담는 부분 및 다리의 모양을 그린 상형자로 나타나 있다.

자소로 사용될 때, **豈**(기 還師振旅樂也. 一曰, 欲也, 登也. 从豆, 敳省聲)、**䖒**(희 古陶器也. 从豆虍聲) 등의 글자에서 의부역할을 하고, **痘**、**逗**、**頭**(두)、**豎**、**裋**(수)、**短**(단) 등의 글자에서는 음부역할을 하며, 䖒는 다시 **戲**(희)의 음부역할을 한다.[527]

 甲文  金文  小篆 豆 楷書

豊 豊 례

527 登(从癶. 豆, 象登車形)에서의 豆형은 수레에 올라타기 위한 받침대를 상형한 것이다. 豈의 활용은 2.11을 참조. 豇(강)、豉(시)、豌(盌 완)、豏(함) 등에서의 豆는 假借義(콩)로 사용되었다. 壹(일 專壹也)은 '从壺吉聲'의 형태로 구성된 글자로서, 자소로 사용될 때, 懿(의 專久而美也. 从壹从心从欠, 壹亦聲)의 의부겸 음부역할을 하고, 噎(열)、曀、殪(에)、饐、鷧(이) 등의 글자에서는 음부역할을 한다. 壺는 아래의 皿을 참조.

豊는 본의가 '禮를 행하는데 사용되는 器物(行禮之器也)'로 풀이되며, 자형은 '从豆, 象形'의 형태로 설명된다.

자소로 사용될 때, **禮**(예 履也. 所以事神致福也. 从示从豊, 豊亦聲)의 의부겸 음부역할을 하고, **澧**、**醴**、**鱧**(례)、**體**(체) 등의 글자에서는 음부역할을 한다.

 甲文  金文  小篆 豊 楷書

 豐 풍

豐은 본의가 '그릇에 무엇이 가득히 차 있는 것(豆之豐滿者也)'으로 풀이되고, 자형은 '从豆, 象形'의 형태로 설명된다.

자소로 사용될 때, **豔**(염 好而長也. 从豐. 豐, 大也. 盍聲)의 의부역할을 하고, **灃**、**葍**、**酆**、**豐**(풍) 등의 글자에서는 음부역할을 한다..

 甲文  金文  古文  小篆 豐 楷書

 皿 명

皿은 '음식물을 담는 그릇을 상형(飯食之用器也. 象形)'한 글자이다.

자소로 사용될 때, **益**(익 饒也. 从水皿. 皿, 益之意也)、**盛**(성 黍稷在器中以祀者也. 从皿成聲)、**盜**(도 私利物也. 从次, 次欲皿者)、**盟**(盟 맹 歃血誓也. 从囧从血. 盟, 古文从明)、**盡**(진 器中空也. 从皿㶳聲)、**監**(감 臨下也. 从臥, 䘓省聲)、**盤**(槃 반 承槃也. 从木般聲. 盤, 籀文从皿)、**昷**(온 仁也. 从皿, 以食囚也)、**盈**(영 滿器也. 从皿夃)、**醯**(혜 酸也. 作醯以鬻以酒. 从鬻、酒並省, 从皿. 皿, 器也)、**醆**(잔 小杯也. 从皿戔聲)、**盥**(관 澡手也. 从臼水臨皿)、**盧**(로 飯器也. 从皿䖍聲)、

盆(분 盎也. 从皿分聲) 등의 글자에서 의부역할을 하고, **孟**(맹)에서는 음부역할을 하며, 孟은 다시 **猛**、**錳**(맹) 등의 글자에서 음부역할을 한다.[528]

이들 글자 가운데, 益은 다시 **嗌**、**謚**(익)、**搤**、**縊**(액)、**溢**、**鎰**(일)、**隘**(애), 監은 **鑑**(감)、**濫**、**籃**、**藍**、**襤**、**覽**(람)、**鹽**(염) 등의 글자에서 음부역할을 하고, 覽은 다시 **攬**、**欖**、**纜**(람) 등의 글자에서 음부역할을 한다. 또한, 昷은 **溫**、**熅**、**瑥**、**瘟**、**緼**(온)、**蝹**(운)、**膃**(올)、**韞**(오) 등의 글자에서 음부역할을 하고, 緼은 또 다시 **蘊**의 음부역할을 하며, 盈은 **楹**(영), 盧는 **爐**、**蘆**(로)、**廬**、**臚**、**驢**(려) 등의 글자에서 음부역할을 한다.

皿 이외에도, **卣**(유 象形)、**巵**(치 圜器也)、**豆**(두 象器形)、**壺**(호 昆吾圜器也. 象形)、**斝**(가 玉爵也)、**爵**(작 禮器也. 象爵之形, 中有鬯酒. 又持之也)、**彝**(이 宗廟常器也. 从糸廾持米, 彑聲) 등의 글자들 역시 술이나 물, 혹은 기타 음식물을 담는 용기를 상형한 글자들이다.[529]

528 許愼은 盡에서의 㶳(신)을 음부로 설명하고, 㶳의 구조를 '从火聿聲'으로 풀이하고 있으나, 㶳(진 从聿从彡)의 생략형으로 보는 것이 일반적이다. 갑골문에서의 盡은 그릇(皿) 위에 손(又)으로 솔 같은 기물을 잡고 있는 모양으로 나타난다(2.1.2의 聿을 참조). 㶳은 현재 해서체에서 燼(신)으로 대체되었으며, 藎(신)에서는 음부역할을 한다. 盈에서의 夃(고 从乃从夊)는 2.1.4의 乃, 盇(盍 합 从血大)과 그 활용은 2.1.5의 血을 참조. 盟의 字釋은 2.6 囧의 注를 참조.

529 豆(두)는 酒器의 모양을 상형(鋀 酒器也. 从金, 豆象器形. 豆, 豆或省金)한 글자로, 斲(착 从斤豆聲)의 음부, 斲은 鬭(투 从鬥斲聲)의 음부역할을 한다(鬪는 俗字). 壼(곤)은 2.5, 壹과 그 활용은 위의 豆와 2.1.1의 士, 彝는 2.2.1의 彑(계), 巵(치)는 2.1.1 后(후)의 注, 器는 2.1.4 口(구)의 파생자소 㗊(집)을 참조. 爵의 활용은 2.1.2의 爪를 참조.

 匕 시

해서체에서 比의 **匕**(비)、化의 **匕**(화)、匕首의 **匕**(비) 등과 함께 同形字素로 나타나는 匕는 '숟가락'을 의미하는 **匙**(시 匕也. 从匕是聲)의 初文으로, **柶**(사 匕也)와 같은 의미로 사용된다.

자소로 사용될 때, **旨**(지 美也. 从甘匕聲)、**嘗**(상 口味之也. 从旨尙聲) 등의 글자에서 의부역할을 하며, 旨는 다시 **指**、**脂**(지)、**詣**(예)、**稽**(계)、**耆**(기) 등의 글자에서 음부역할을 하고, 耆는 또 다시 **嗜**、**愭**(기)、**搘**、**楮**(지) 등의 글자에서 음부역할을 한다.[530]

530 旨를 『說文』에서는 '从甘匕聲'의 형성자로 설명하고 있지만, 갑골문에는 그릇(口형)에 담긴 음식물과 숟가락(匕)의 조합으로 나타나며, 금문에 이르면 口형은 甘으로 나타난다. 嘗은 나중에 '일찍이'라는 부사로 전용되었고, 현대한자에서는 嚐이 그 의미로 사용된다. 稽에서의 禾(계, 개)는 2.3 木의 파생자소를 참조. 『說文』에서는 皀(급 象嘉穀在裹中之形. 匕所以扱之. 或說, 皀, 一粒也)과 鬯(창 从凵. 凵, 器也. 中象米. 匕, 所以扱之)에서도 匕(시)가 의부로 사용된 것으로 설명

 甲文  金文  小篆 旨 楷書

 勺 작

勺은 본의가 '떠서 취하다(挹取也)'로 풀이되고, 자형은 '손잡이가 달린 국자와 그 안의 내용물을 상형(象形, 中有實)'한 형태로 설명되고 있다.

자소로 사용될 때, **与**(여 賜予也. 一勺爲与)의 의부역할을 하고, **灼**、**酌**(작)、**約**(약)、**的**(旳)、**玓**(적)、**杓**、**豹**(표) 등의 글자에서는 음부역할을 하며, 約은 다시 **葯**(약)의 음부역할을 한다.

与는 자소로 사용될 때, **與**(여 黨與也. 从舁与)의 의부역할을 하고, 與는 다시 **歟**(여)、**擧**(거)、**嶼**(서)、**譽**(예) 등의 글자에서 음부역할을 한다.[531]

 小篆 勺 楷書

 小篆 与 楷書

하고 있다.

531 舁(여 从臼从廾)와 그 활용은 2.1.2의 臼(곡)을 참조.

2.8 도량형공구 및 기타 도구、기물과 관련된 근원 자소와 파생자소

工 工 공

工을 『說文』에서는 '사람이 원과 각을 그리는 자를 가지고 있는 것을 상형(象人有規榘)'한 것으로 자형을 설명하고 있지만, 갑골문에 나타나는 工은 단순히 각을 그리는 자의 모습을 상형한 것으로 해석하는 것이 일반적이다.

자소로 사용될 때, **巧**(교 技也. 从工丂聲)、**左**(手相左助也. 从𠂇工)、**巨**(거 規巨也. 从工, 象手持之. 榘, 巨或从木、矢. 矢者, 其中正也)、**差**(차 貳也. 差不相值也. 从左从𠂹)、**巫**(무 祝也. 女能事無形, 以舞降神者也. 象人兩褎舞形) 등의 글자에서 의부역할을 하고, **功**、**攻**、**空**、**貢**(공)、**紅**、**虹**(홍)、**江**、**舡**(강)、**項**、**肛**、**缸**(항) 등의 글자에서는 음부역할을 하며, 空은 다시 **控**(공)、**腔**(강), 江은 **鴻**(홍), 項은 **澒**(홍)의 음부역할을 한다.

이들 글자 가운데, 巨는 다시 **拒**、**炬**、**鉅**(거) 등의 글자에서 음부역할을 하고, **矩**(구 圓曰規, 方曰矩)는 『說文』에 巨의 重文으로 수록된 **榘**(구)의 생략형이며, **渠**(거 从水, 榘省聲)는 榘가 음부로 사용된 경우이다. 또한 差는 다시 **嗟**、**嵯**、**磋**、**蹉**、**䕓**(차)、**傞**、**槎**(사) 등의 글자에서 음부역할을 하고, 巫는 **靈**(령 神靈也. 从巫霝聲)、**筮**(서 龜爲卜, 策爲筮. 从竹从巫) 등의 글자에서 의부역할을 하며, 靈은 다시 **欞**、**爧**(령), 筮는 **噬**、**澨**(서) 등의 글자에서 음부역할을 한다.[532]

현재 통용 자전류에서 弋부에 배속시키고 있는 **式**(식 法也. 从工弋聲)은 弋이 음부이고, 工이 의부로 사용된 글자이며, 자소로 사용될 때, **拭**、**軾**(식) 등의 글자에서

532 左와 佐의 관계는 2.1.2의 𠂇(좌)를 참조. 巩(공 褱也. 从丮工聲)과 그 활용은 2.1.2의 丮(극)을 참조.

음부역할을 한다.

㠭 㠭 전

㠭은 工의 사합자소(从四工)로서, 본의가 '아주 자세히 보다(極交視之也)'로 설명된다.

자소로 사용될 때, **𡫳**(𡫳 색 窒也. 从㠭从廾, 窒宀中)의 의부역할을 하고, **𧝆**(전 丹縠衣. 从衣㠭聲)의 음부역할을 한다.

이들 글자 가운데, 𡫳은 다시 **塞**(색 隔也. 从土从𡫳)자의 의부역할을 하고,[533] 塞은 또 다시 **簺**(새 行棊相塞謂之簺. 从竹从塞, 塞亦聲)의 의부겸 음부역할을 하고, **賽**(새 報也. 从貝, 塞省聲)、**寨**(채 山居以木柵. 从木, 塞省聲) 등의 글자에서는 음부역할을 한다.

또한, 𧝆은 **展**(㞡 전 轉也. 从尸, 𧝆省聲)의 음부역할을 하고, 展은 또 다시 **蹍**、**輾**(전)、**碾**(년) 등의 글자에서 음부역할을 한다.[534]

533 段注本에서는 塞을 '从土𡫳聲'으로 고쳐 놓았다. 寒은 2.4의 冫(빙)과 2.5의 宀(면)을 참조.
534 殿(전 擊聲也. 从殳𡱂聲)에서의 𡱂(둔 从尸下丌居几)은 본의가 '대퇴골(髀也)'로 풀이되며, 해서체에서는 展(전 从尸𧝆省聲)과 동형으로 나타난다. 殿과 그 활용은 2.1.2의 殳(수)를 참조.

 斗 두

斗는 '量을 헤아리기 위한 손잡이가 달린 용기의 모양을 상형(十升也. 象形, 有柄)'한 글자로 설명된다.

자소로 사용될 때, **科**(과 程也. 从禾从斗. 斗者, 量也)、**料**(료 量也. 从斗, 米在其中)、**斜**(사 杼也. 从斗余聲)、**斛**(곡 十斗也. 从斗角聲)、**斟**(짐 勺也. 从斗甚聲)、**斠**(각 平斗斛也. 从斗冓聲) 등의 글자에서 의부역할을 하고, **抖**、**斗**、**斜**(두) 등의 글자에서는 음부역할을 한다.

 升 승

升은 '斗와 유사하지만 조금 작은 한 용기의 모양을 상형(十合也. 从斗, 象形)'한 글자로 설명된다.[535]

자소로 사용될 때, **抍**、**昇**(승) 등의 글자에서와 같이 주로 음부역할을 하고, 昇은 다시 **焺**(승)의 음부역할을 한다.

 几 궤

几는 '의자의 모양을 상형(尻几也. 象形)'한 글자이다.

535 고대 度量衡 단위에서 十合을 一升, 十升을 一斗, 十斗를 一斛이라 한다. 斝(가)는 2.7의 皿, 尺과 丈은 2.1.2 又의 寸을 참조.

자소로 사용될 때, **凭**(빙 依几也. 从几从任)、**凥**(거 處也. 从尸得几而止) 등의 글자에서 의부역할을 하고, **肌**、**飢**、**虮**(기) 등의 글자에서는 음부역할을 한다.[536]

현재 통용 자전류에서 几부에 배속시키고 있는 **凡**(범)의 경우, 본의가 '총괄하다(最括也)'로 풀이되고, 자형은 '从二. 二, 偶也. 从乃. 乃, 古文及'의 형태로 설명된다. 그러나, 갑골문에 나타나는 凡의 字釋에 관해서는, '다리가 달린 쟁반'의 모양을 상형한 자형으로서 **槃**(반)의 初文으로 보는 것이 다수설이고, **帆**의 초문이라는 주장도 있다.

凡은 자소로 사용될 때, **帆**、**汎**、**梵**(범)、**芃**(봉)、**骫**(위) 등의 글자에서 음부역할을 하고, **風**(풍 从虫凡聲)、**鳳**(봉 从鳥凡聲) 등의 글자에서도 凡은 음부로 설명되며, 風은 다시 **渢**、**瘋**、**楓**、**諷**(풍)、**颿**(범) 등의 글자에서 음부역할을 한다.

 甲文  金文  小篆  楷書

 且 차

且는 『說文』에서 본의가 '깔개(薦也)'로 풀이되고, 자형은 几의 파생자(从几, 足有二横. 一, 其下地也)로 설명된다. 그러나 갑골문에 나타나는 且는 제사를 지낼 때 사용하는 俎(조)와 같은 글자로 보고 祖의 初文이라고 주장하는 경우도 있고, 男根의 모양을 상형한 글자로 보기도 한다. 금문에 나타나는 且도 갑골문에서의 자형과 유사한데, 이를 神主의 位牌를 그린 상형자로 보는 경우도 있다.

자소로 사용될 때, **俎**(조 禮俎也. 从半肉在且上)、**䜭**(조 且往也. 从且豦聲) 등의 글자에서 의부역할을 하고, **助**、**殂**、**祖**、**租**、**粗**、**組**、**阻**(조)、**咀**、**姐**、**沮**、**詛**(

536 許愼은 処(처 處, 或从虍聲)도 '从夂几'의 형태로 분석하여 几부에 널어놓았다. 2.1.3을 참조. 凱(개)의 경우, 『說文』에 수록되어 있지 않는 글자이나, 『玉篇』에서는 '凱, 樂也. 或作愷. 又, 善也'로 풀이하고 있다. 凭의 경우, 현대한자에서는 凴、憑(빙) 등의 글자가 그 의미를 대신하고 있다.

저)、**査**(사)、**䶥**(차)、**鉏**(서) 등의 글자에서는 음부역할을 하며, 助는 다시 **鋤**(서)의 음부역할을 한다.[537]

 甲文  金文  小篆 且 楷書

 金文  小篆 組 楷書

 丌 기

丌는 '받침대의 모양을 상형(荐物之丌. 象形)'한 글자이다.

자소로 사용될 때, **典**(전 大冊也. 从冊在丌上)、**畀**(비 相付与也. 付与之物在閣上. 从丌由聲)、**巽**(巺 손 具也. 从丌㔾聲. 巺, 篆文巽)、**奠**(전 置祭也. 从酋. 酋, 酒也. 下其丌也) 등의 글자에서 의부역할을 한다.

이들 글자 가운데, 典은 다시 **倎**、**琠**、**腆**(전) 등의 글자에서 음부역할을 하고, 巽(손)은 다시 **選**(선 遣也. 从辵巽, 巽亦聲)의 의부겸 음부역할을 하며, **噀**、**潠**(손)、**僎**、**譔**、**選**(선)、**簨**(순)、**撰**、**饌**(찬) 등의 글자에서는 음부역할을 한다.[538]

 甲文  金文  古文  小篆 典 楷書

 古文  篆文  小篆 巽 楷書

 其 기

其는 키(箕)의 모양을 상형한 글자로서, 小篆 자형은 **箕**(簸也. 从竹𠀠. 象形. 丌,

537 宜(의 所安也. 从宀之下, 一之上, 多省聲)는 2.4 夕의 파생자소 多를 참조.

538 畀와 그 활용은 2.1.4 鼻의 注와 2.2.1의 由(불), 巽에서의 㔾(선)은 2.1.1 卩의 파생자소를 참조.

其下也)이고, **𠀠**는 『說文』에 箕의 重文으로 수록된 古文 자형이며, **其**는 籒文 자형이다.

자소로 사용될 때, **簸**(파 揚米去糠也. 从箕皮聲)의 의부역할을 하고, **基**、**期**、**旗**(기)、**斯**(사) 등의 글자에서는 음부역할을 하며, 斯는 다시 **嘶**、**廝**、**撕**(시) 등의 글자에서 음부역할을 한다.

 甲文  古文  籒文  籒文  小篆 箕 楷書

 丁 정

許愼은 干支를 나타내는 글자들을 모두 음양오행설에 근거하여 자형을 해석하고 있는데, 丁의 자형도 '丁은 丙을 이어 받아, 사람의 마음을 상형(夏時萬物皆丁實. 象形. 丁承丙, 象人心)'한 것이라고 설명하고 있다. 그러나 갑골문이나 금문에 나타나는 丁의 자형에 대해서는, **釘**(정)의 初文이라고 보는 경우가 있고, **頂**의 初文으로 보는 경우도 있다.

자소로 사용될 때, **汀**、**町**、**酊**、**訂**、**亭**(从高省, 丁聲)、**釘**、**頂**(정), **成**(성 从戊丁聲) 등의 글자에서 음부역할을 하고 亭은 다시 **停**(정), 成은 다시 **城**、**晟**、**盛**(성) 등의 글자에서 음부역할을 한다.[539]

 甲文  金文  小篆 丁 楷書

 甲文  金文  小篆 成 楷書

539 寧(从丂寍聲)은 2.1.4의 丂(고), 宁(저)는 본 절 아래를 참조.

 弋 익

弋은 『說文』에서, '나무를 쪼개어 끝을 예리하게 다듬은 말뚝(橛)의 모양을 상형한 것이고, 𠂆는 물건을 걸어 놓은 모양을 상형(象析木衺銳者形. 𠂆, 象物挂之也)'한 글자로 설명되며, 杙(익)의 初文이다.[540]

자소로 사용될 때, **式**(식 法也. 从工弋聲)、**代**(대 更也. 从人弋聲) 등의 글자에서 음부역할을 한다.[541]

이들 글자 가운데, 式은 다시 **拭**、**栻**、**軾**(식)、**弒**、**試**(시) 등의 글자에서 음부역할을 하고, 代는 다시 **垈**、**袋**、**貸**、**黛**(대) 등의 글자에서 음부역할을 한다.

 亅 궐  𠄌 궐

亅은 『說文』에서 '갈고리가 거꾸로 휘어진 모양을 상형(鉤逆者謂之. 象形)'글자로 설명되고, 𠄌은 亅의 反文으로, 본의가 '갈고리 모양으로 무엇을 표시하다(鉤識也)'로 풀이되고 있으며, 音은 亅과 같다.

이들 모두 成字字素로 사용되는 경우는 드물지만, 𠄌의 경우, **戉**(월 斧也. 从戈𠄌聲)의 음부로 설명되고 있다.[542]

---

540 갑골문에는 단순히 끝을 뾰족하게 다듬어 놓은 형태로 나타난다. 許愼은 小篆 자형에 근거하여 弋을 𠂆(예)부수에 넣어놓았다.

541 必(필 从八弋, 八亦聲)과 그 활용은 2.16의 八을 참조. 鳶(연)의 경우, 『說文』에는 鳶(연 鷙鳥也. 从鳥屰聲)으로 수록되어 있으며, 鳶에서의 弋은 자소로서의 역할이 분명하지 않다. 弌(일)、弍(이)、弎(삼) 등의 글자들은 각각 『說文』에 수록된 一、二、三의 古文 자형이다.

542 戉과 그 활용은 2.12의 戈(과)를 참조.

현재 통용 자전류에서 亅부에 배속시키고 있는 **了**(료 从子無臂. 象形)、**予**(여 推予也. 象相予之形)、**事**(사 職也. 从史, 之省聲) 등의 글자들은 亅과 의미상 관련이 없는 글자들이다.

 匚 방

匚은 '물건을 담는 그릇의 모양을 상형(受物之器. 象形)'한 글자이다.

자소로 사용될 때, **匜**(이 似羹魁, 柄中有道, 可以注水. 从匚也聲)、**匠**(장 木工也. 从匚斤. 斤, 所以作器也)、**匛**(柩 구 棺也. 从匚久聲)、**匧**(협 藏也. 从匚夾聲. 篋, 匧或从竹)、**匱**(궤 匣也. 从匚貴聲)、**匡**(匩 광 飲器, 筥也. 从匚㞷聲. 筐, 匩或从竹)、**匣**(갑 匱也. 从匚甲聲)、**匯**(회 器也. 从匚淮聲)、**匪**(비 器, 似竹筐. 从匚非聲) 등의 글자에서 의부역할을 한다.[543]

이들 글자 가운데, 匠은 다시 **𧼮**(장), 匡은 **哐**、**恇**、**眶**、**誆**(광) 등의 글자에서 음부역할을 한다.

 甲文  金文  籀文  小篆  楷書

 甲文  小篆  楷書

 曲 곡

曲은 匚과 같은 용도로 사용되는 '圜形의 도구를 상형(象器曲受物之形)'한 글자이다.

---

543 해서체에서 匚과 유사한 자형으로 나타나는 匸(혜)는 2.17을 참조.

자소로 사용되는 경우는 드물지만, **𤫩**(곡 觓曲也. 从曲玉聲)의 의부역할을 하고, **澢、粬、䯃**(곡)、**麯**(국) 등의 글자에서는 음부역할을 한다.[544]

 甲文  金文  古文  小篆 曲 楷書

 宁 저

宁의 본의를 『說文』에서는 '가려서 물건을 쌓다(辨積物也)'로 설명하고 있지만, 자형에 관해서는 단순히 '象形'이라고만 기재하고 있다. 그러나 小篆 자형으로는 무엇을 상형한 것인지 쉽게 판단할 수가 없으며, 갑골문이나 금문에 나타나는 宁는 상자나 궤짝의 모양을 상형한 것으로서, **貯**(저 積也. 从貝宁聲)의 初文으로 보는 것이 일반적이다.

자소로 사용될 때, **䍆**(저 㡞也. 所以載盛米. 从宁从甾. 甾, 缶也)의 의부역할을 하고, **佇、宔、紵、苧**(저) 등의 글자에서는 음부역할을 한다.

 甲文  金文  小篆 宁 楷書

 臾 궤 괴

臾는 **蕢**(궤, 괴 从艸貴聲)의 古文 자형(臾, 古文蕢)으로, '풀로 만든 그릇(艸器也)'을 의미한다.[545]

자소로 사용될 때, **𠂤**(𡉏 견 小塊也. 从𠂤从臾)의 의부역할을 하고, **貴**(𧵩 귀 物

544 農(농)、豊(례) 등에서의 曲형은 동형자소이다.
545 예변 이후 동형으로 나타나는 臾(유 从申从乙)는 2.1.2의 𦥑(곡)을 참조.

不賤也. 从貝臾聲)의 음부역할을 하며, 𠳋은 다시 遣(견)의 음부, 遣은 또 다시 譴(견)의 음부역할을 한다. 또한, 貴는 撌、瞶(귀)、匱(櫃)、潰、饋(궤)、僓、蹪(퇴)、譮(회)、聵(외)、蕢(괴)、遺(유) 등의 글자에서 음부역할을 한다.

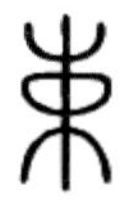

束 속

束은『說文』에서 본의가 '묶는다(縛也)'로 풀이되고, 자형은 '从囗木'의 형태로 설명된다. 그러나 갑골문에서는 주머니나 전대의 양 끝을 동여맨 모양으로 나타난다.

자소로 사용될 때, **柬**(간 分別簡之也. 从束从八. 八, 分別也)、**剌**(랄 戾也. 从束从刀. 刀者, 刺之也)、**竦**(송 敬也. 从立从束. 束, 自申束也) 등의 글자에서 의부역할을 하며, **涑**、**速**(속)、**勅**、**敕**(칙)、**娕**(착)、**欶**(삭, 수) 등의 글자에서는 음부역할을 한다.

이들 글자 가운데, 柬은 다시 **揀**、**諫**(간)、**闌**(란)、**煉**、**練**、**鍊**(련) 등의 글자에서 음부역할을 하고, 闌은 또 다시 **欄**、**蘭**(란) 등의 글자에서 음부역할을 한다. 또한 剌은 다시 **揦**、**𤦻**、**辣**、**瘌**、**鯻**(랄)、**賴**(뢰)、**喇**(라) 등의 글자에서 음부역할을 하고, 賴는 또 다시 **瀨**(뢰)、**懶**、**癩**(라) 등의 글자에서 음부역할을 한다.

㯻(곤 橐也. 从束圂聲) 역시 束이 의부로 사용된 글자이며, 㯻은 다시 **橐**(탁 囊也. 从㯻省, 石聲)、**櫜**(고 車上大橐. 从㯻省, 咎聲)、**囊**(낭 橐也. 从㯻省, 襄省聲) 등의 글자에서 의부역할을 한다.

 東 동

東의 자형을 許愼은 官溥의 說을 인용하여 '从日, 在木中'의 형태로 설명하고, 본의를 '움직이다(動也)'로 풀이하고 있지만, 갑골문에는 束과 유사한 형태로, 자루에 무엇을 넣고 위와 아래를 동여맨 모양으로 나타나며, **橐**(탁)이나 **束**과 같은 의미로 보는 것이 일반적이다.

자소로 사용될 때, **凍**、**棟**、**鍊**(동) 등의 글자에서와 같이 주로 음부역할을 한다. **量**(량 稱輕重也)의 경우, 『說文』에서는 '从重省, 曏省聲'의 형태로 설명되고, **重**(중 厚也)은 '从壬東聲'의 형태로 분석되지만, 갑골문에 나타나는 量은 자루(東)에 담긴 곡식과 그 양을 재는 도구(口형)의 모양을 상형한 것이라고 보는 것이 일반적이다. 量은 자소로 사용될 때, **糧**(량)의 음부역할을 한다.[546]

고대 지명을 나타내는 **陳**(진 宛丘, 舜後嬀滿之所封)은 '从阜从木, 申聲'의 자형으로 분석되는 글자로서, 자소로 사용될 때, **陳**、**樄**(진) 등의 글자에서 음부역할을 한다.

546 重과 童(동 男有辠曰奴, 奴曰童, 女曰妾. 从䇂重省聲)은 2.1.1의 壬(정)을 참조.

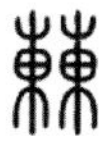 棘 조

棘의 자형을 許愼은 '从二東. 曹从此'라고 설명하고, 음과 뜻은 비워두었으며, **曹**(조)를 '从棘, 在廷東也. 从曰, 治事者也'의 형태로 분석하고, 본의를 '獄事의 원고와 피고(獄兩曹也)'로 풀이하고 있다.

그러나 갑골문이나 금문에서의 曹는 소전과 유사한 자형으로 나타나지만, 자형분석은 '술통 위에 두개의 풀 묶음이 있는 형상'으로 보고, '술지개미를 거르는 행위를 표시하는 것'으로 해석하여, **糟**의 初文으로 간주하는 것이 일반적이다.

曹는 자소로 사용될 때, **嘈**、**槽**、**漕**、**糟**、**遭**(조)、**慒**(종) 등의 글자에서 음부역할을 한다.

 甲文  金文  小篆 曹 楷書

 瓦 와

瓦는 '흙을 구워 만든 기물의 총칭으로서, 그 모양을 상형(土器已燒之總名, 象形)'한 글자로 설명된다.

자소로 사용될 때, **瓷**(자 瓦器也. 从瓦次聲)、**甄**(견 匋也. 从瓦垔聲)、**甕**(옹 罌也. 从瓦雍聲)、**瓮**(옹 罌也. 从瓦公聲) 등의 글자에서 의부역할을 하고, **佤**、**砙**(와) 등의 글자에서는 음부역할을 한다.[547]

 缶 부

缶는 '질그릇의 모양을 상형(瓦器, 象形)'한 글자이다.

547 垔(인)은 2.4의 土, 雍(옹)은 2.2.2의 隹를 참조.

자소로 사용될 때, **匋**(도 瓦器也. 从缶包省聲)[548]、**缺**(결 器破也. 从缶夬聲)、**䍃**(요 瓦器也. 从缶肉聲)、**罐**(관 器也. 从缶雚聲)、**𦈢**(수 小口罌也. 从缶乑聲)、**罌**(앵 缶也. 从缶賏聲) 등의 글자에서 의부역할을 하고, **缶**(부)、**寶**(보) 등의 글자에서는 음부역할을 하며, 匋는 다시 **淘**、**萄**、**陶**(도) 등의 음부, 䍃는 **搖**、**遙**、**謠**(요) 등의 글자에서 음부역할을 한다.[549]

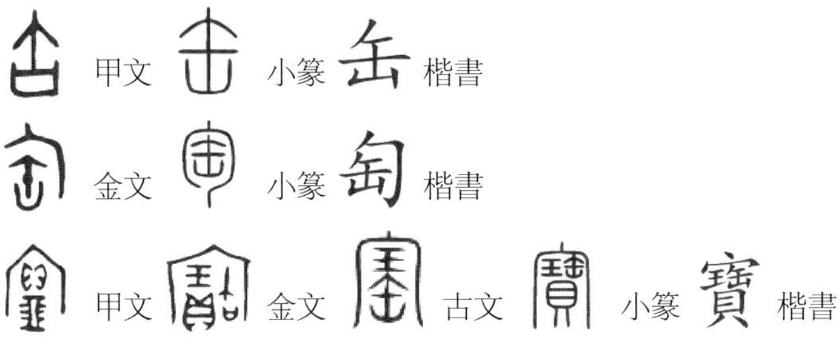

 甾 치

甾는 '질그릇의 모양을 상형한 것으로서, 東楚에서는 缶를 甾라 한다(東楚名缶曰甾. 象形)'로 풀이되며, **甶**는 重文으로 수록된 古文(甶, 古文) 자형이다.

자소로 사용될 때, **畚**(畚 본 𤰈屬. 蒲器也, 所以盛穜. 从甾弁聲)、**𤰈**(𤰈 병 竹器也. 从甾并聲)、**𤳨**(삽 古田器也. 从甾疌聲)、**𠧴**(로 𦈢也. 从甾虍聲) 등의 글자에서 의부역할을 하고, **淄**、**緇**、**輜**(치) 등의 글자에서는 음부역할을 한다.

이들 글자가운데, 𠧴는 다시 **盧**(로 飯器也. 从皿𠧴聲)의 음부역할을 하고, 盧는 또 다시 **爐**、**蘆**(로)、**廬**、**臚**、**驢**(려) 등의 글자에서 음부역할을 한다.

548 금문에서의 匋는 '从人持缶'의 형태로 나타난다. 해서체에서 陶器의 의미를 나타내는 陶(从𨸏匋聲)는 본의가 '再成丘也. 在濟陰'으로 설명되는 글자이다.

549 缺에서의 夬(쾌. 결)은 2.1.2 又의 파생자소를 참조.

帚 추

帚를 『說文』에서는 '쓸어 버리는 것이다(所以糞也)'라는 의미로 풀이하고, 又、冂、巾 등을 자소로 설명하고 있지만(从又持巾, 埽冂內), 갑골문에서는 빗자루를 거꾸로 세워 놓은 자형으로 나타난다.

자소로 사용될 때, **婦**(부 服也. 从女持帚灑掃也)、**掃**(埽 소 棄也. 从土从帚)、**侵**(侵 침 漸進也. 从人又持帚) 등의 글자에서 의부역할을 한다.

이들 글자 가운데, 婦는 자형의 일부가 생략된 형태로 **歸**(귀 女嫁也. 从止, 从婦省, 𠂤聲)의 의부역할을 하고, 歸는 다시 **蘬**(귀)、**巋**、**覺**(규) 등의 글자에서 음부역할을 하며, 侵은 **寢**(寑 침 从宀侵聲)의 음부역할을 하며, **浸**(침)은 소전에서 濅(从水𡬶聲)의 형태로 나타난다.[550]

 甲文  金文  小篆 帚 楷書

彗 혜

彗는 본의가 '빗자루(掃竹也)'로 풀이되고, 자형은 '从又持甡'의 형태로 설명된다.

자소로 사용될 때, **慧**、**暳**、**譿**(혜)、**轊**(세)、**鏏**(예)、**雪**(䨮 설 从雨彗聲) 등의 글자에서와 같이 주로 음부역할을 한다.[551]

 小篆  或體 彗 楷書

---

550 𡬶(침)은 寑(寑 침 卧也. 从宀侵聲)의 重文으로 수록된 籀文(𡬶, 籀文寑省) 자형이다. 寢(침)은 2.3의 爿(장)을 참조.

551 雪에서의 彗는 예변 이후 생략된 형태로 정리되었다.

 网 망

网의 자형을 『說文』에서는 '从冖, 下象网交文'의 형태로 분석하여, 网을 冖의 파생자로 설명하고 있으나, 갑골문이나 금문에 나타나는 网은 단순히 그물의 모양을 상형한 글자이다. **罔**과 **網**은 『說文』에 重文으로 수록된 网의 或體字들이다.

자소로 사용될 때, **罕**(罕 한 网也. 从网干聲)、**詈**(리 罵也. 从网从言. 网辠人)、**罪**(죄 捕魚竹网. 从网非聲. 秦以罪爲辠字)、**罵**(매 詈也. 从网馬聲), **羅**(라 以絲罟鳥也. 从网从維), **署**(서 部署, 有所网屬. 从网者聲)、**罷**(파 遣有辠也. 从网能. 言有賢能而入网, 而貫遣之)、**置**(치 赦也. 从网直)、**羈**(羈 기 馬絡頭也. 从网从馽. 馽, 馬絆也. 羈, 羈或从革)、**罹**(리 心憂也. 从网. 未詳) 등의 글자에서 의부역할을 하고, **岡**(강 山骨也. 从山网聲)에서는 음부역할을 한다.[552]

이들 글자 가운데, 詈는 다시 **罰**(벌 辠之小者. 从刀从詈. 未以刀有所賊, 但持刀罵詈, 則應罰)의 의부역할을 하고, 羅는 **蘿**、**邏**(라), 署는 **曙**(서), 罷는 **擺**(파)、**襬**(피)、**羆**(비 如熊, 黃白文. 从熊, 罷省聲) 등의 글자에서 음부역할을 하며, 岡(강)은 다시 **剛**、**堈**、**崗**、**鋼**(강) 등의 글자에서 음부역할을 한다.

 甲文  金文  小篆  或體  或體  楷書

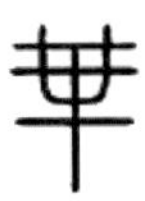 華 반 필

華은 '삼태기류의 모양을 상형(箕屬. 所以推棄之器也. 象形)'한 자형으로 설명된다. 자소로 사용될 때, **棄**(기 捐也. 从廾推華棄之, 从厶. 厶, 逆子也. 弃, 古文棄)、**糞**(분 棄除也. 从廾推華棄釆也) 등의 글자에서 의부로 사용된다. 그러나 **畢**(필 田

552 羈(羈)에서의 馽(馬 집)은 본의가 '말을 얽어 메다(絆馬也)'로 풀이되고, 자형은 '从馬, 囗其足. 縶, 馽或从糸執聲'의 형태로 설명된다.

网也. 从華, 象畢形微也)에서는 '그물'의 의미로 사용되었다.[553]

이들 글자 가운데, 畢은 다시 **嗶**、**滭**、**蹕**、**韠**(필)、**癉**(피)、**髀**(폐) 등의 글자에서 음부역할을 한다.

古文 籒文 小篆 楷書

率 솔

率은 '새를 잡는 그물의 모양을 상형(捕鳥畢也. 象絲网, 上下其竿柄也)'한 글자로서, 자소로 사용되는 경우는 드물지만 **摔**、**蟀**(솔) 등의 글자에서 음부역할을 한다.

甲文 金文 小篆 楷書

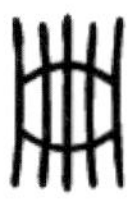
冊 책

冊은 '簡冊의 모양을 상형(象其札一長一短, 中有二編之形)'한 글자이다.

자소로 사용될 때, **典**(전 五帝之書也. 从冊在丌上)、**刪**(산 剟也. 从刀冊. 冊, 書也)、**嗣**(사 諸侯嗣國也. 从冊从口, 司聲)、**侖**(륜 輩也. 从亼冊)、**扁**(편 署也. 从戶冊. 戶冊者, 署門戶之文也) 등의 글자에서 의부역할을 하고, **柵**、**栅**(책) 등의 글자에서는 음부역할을 한다.

이들 글자 가운데, 侖은 다시 **倫**、**崙**、**淪**、**綸**、**輪**(륜)、**論**(론)、**睔**(곤) 등의 글자에서 음부역할을 하고, 扁은 **偏**、**篇**、**編**、**遍**、**騙**(편)、**匾**、**徧**、**稨**(변)、**斒**(반) 등

553 單은 2.1.4 口의 吅(훤), 糞은 2.3 米의 注를 참조.

의 글자에서 음부역할을 한다.[554]

 甲文  金文  古文  小篆 冊 楷書

 甲文  籀文  小篆 侖 楷書

2.9 교통 및 그와 관련된 근원자소와 파생자소

車 車 거 차

車는 갑골문이나 금문 및 소전 자형 모두에서 수레의 모양을 상형(輿輪之總名. 象形)한 형태로 나타난다. 다만 소전에 이르러서는 자형이 세워진 형태로 정리되었다.

자소로 사용될 때, **軍**(군 圜圍也. 四千人爲軍. 从車, 从包省)、**軒**(헌 曲輈藩車. 从車干聲)、**較**(較 교 車騎上曲銅也. 从車爻聲)、**載**(재 乘也. 从車𢦏聲)、**輕**(경 輕車也. 从車巠聲)、**輪**(륜 有輻曰輪, 無輻曰輇. 从車侖聲)、**輩**(배 若軍發車百兩爲一輩. 从車非聲)、**輸**(수 委輸也. 从車俞聲)、**輿**(여 車輿也. 从車舁聲)、**轉**(전 運也. 从車專聲)、**軌**(궤 車徹也. 从車九聲)、**轍**(철 車迹也. 从車, 徹省聲)、**軸**(축 持輪也. 从車由聲)、**軾**(식 車前也. 从車式聲)、**輯**(집 車和輯也. 从車咠聲)、**軋**(알 輾也. 从車乙聲)、**轢**(력 車所踐也. 从車樂聲)、**輔**(보 人頰車也. 从車甫聲)、**連**(련 員連也. 从辵从車)、**庫**(고 兵車藏也. 从車在广下)、**轟**(굉 羣車聲也. 从三車) 등의 글자에서 의부역할을 하고, **俥**、**硨**、**莗**(차) 등의 글자에서는 음부역할을 한다.

이들 글자 가운데, 軍은 다시 **皸**(군)、**暈**(훈)、**惲**、**運**(운)、**琿**(혼)、**暉**、**揮**、**煇**、

554 珊, 姍, 狦(산) 등에서의 冊은 刪의 생략형(刪省聲)이다. 典의 활용은 위의 丌(기), 聿(률)은 2.1.2를 참조.

輝、**翬**(휘), 連은 **慩**、**漣**、**蓮**、**鏈**、**鰱**(련) 등의 글자에서 음부역할을 한다.

현재 통용 자전류에서 竹부에 배속시키고 있는 **範**(범) 역시 車가 의부로 사용된 글자(从車, 笵省聲)로서, 본의가 '道神에게 지내는 제사(範軷也)'로 풀이되며, 현대한자에서는 '규범(規範)'의 의미로 사용된다. 그러나, '규범'이라는 의미는 원래 **笵**(범 法也. 从竹. 竹, 簡書也. 氾聲. 古法有竹刑)이 담당하였으나 현대한자에서는 範이 나타내게 되었다.

이와는 반대로, **輝**(휘)는 光이 의부이고 軍이 음부로 사용된 글자(从光軍聲)인데도 車부에 배속시키고 있다.[555]

 甲文  金文  小篆  楷書

 軎 여 세

軎는 '車軸의 끝부분을 상형(車軸耑也. 从車, 象形)'한 글자로서, 자소로 사용될 때, **毄**(격 相擊中也. 如車相擊. 故从殳从軎)의 의부역할을 하고, 毄은 다시 **擊**、**墼**(격)、**繫**、**罊**(계) 등의 글자에서 음부역할을 한다.

 舟 주

舟는 갑골문이나 금문 및 소전 자형 모두에서 '배의 모양을 상형(船也. 象形)'한 형태로 나타난다.

자소로 사용될 때, **船**(선 舟也. 从舟, 鉛省聲)、**艇**(정 小舟也. 从舟廷聲)、**艦**(함 禦敵船. 从舟監聲)、**航**(抗 方舟也. 从方亢聲)、**俞**(유 空中木爲舟也. 从亼从舟从巜. 巜, 水也)、**歬**(전 不行而進謂之歬. 从止在舟上)、**服**(복 用也. 一曰車右騑, 所

555 軟(연)은 2.4 欠(흠)의 注를 참조.

以舟旋. 从舟㞋聲)、**恒**(恆 항 常也. 从心从舟, 在二之間. 亙, 古文恆从月)、**般**(반 辟也. 象舟之旋, 从舟从殳. 殳, 所以旋也)、**舫**(방 船師也. 从舟方聲) 등의 글자에서 의부역할을 하고, **侜**、**洀**、**焖**、**琍**(주) 등의 글자에서는 음부역할을 하며, **朝**도 '从倝舟聲'의 형태로 설명된다.[556]

方 방

方을 『說文』에서는 '나란히 연결한 배를 의미하고, 두 배의 모양을 상형한 것으로, 뱃머리의 모양이 생략된 형태이다(併船也. 象兩舟, 省總頭形)'라고 설명하고 있으며, **汸**을 或體字(或从水)로 수록해 놓고 있다. 갑골문이나 금문에서도 소전 자형과 유사하게 나타나지만, 이에 대한 해석은 異說이 많으며, 쟁기(耒)의 모양을 상형한 것으로 보는 것이 다수설이다.

자소로 사용될 때, **斻**(항 方舟也. 从方亢聲)의 의부역할을 하고, **坊**、**妨**、**放**、**訪**(방)、**祊**、**閍**(팽) 등의 글자에서는 음부역할을 하며, **旁**(从上, 闕也. 方聲) 역시 方이 음부로 설명되는 글자로서, 旁은 **傍**、**榜**、**謗**(방)、**騯**(팽) 등의 글자에서 음부역할을 한다.[557]

---

556 兪와 그 활용은 2.4의 川, 歬(前)과 그 활용은 2.1.3의 止, 服에서의 㞋(복)과 그 활용은 2.1.2의 又, 般과 그 활용은 2.1.2의 殳, 朝와 그 활용은 2.4의 旦을 참조. 膯, 騰, 藤(등), 勝(승), 媵(잉), 賸(귀) 등의 음부로 설명되는 朕(짐)의 小篆 자형 역시 舟와 关(선)의 조합으로 나타나 있다(2.1.2의 廾을 참조). 예변 이후, 舟가 합체자의 자소로 사용될 때, '달'을 의미하는 月과 구별되지 않는 형태로 나타나는 경우가 많으며, 肉 역시 같은 경우이다.

557 斻은 예변 이후 航으로 대체되었다. 旁의 字釋에 있어서, 許愼은 上과 方 이외의 자형은 비워두

현재 통용 자전류에서 方부에 배속시키고 있는 **施**(시)、**旅**(려)、**旋**(선)、**族**(족)、**旗**(기) 등의 글자들은 모두 **㫃**(언)이 의부로 사용된 글자이며, **於**(어)는 새의 모양을 상형한 글자이다.

甲文 金文 小篆 方 楷書

甲文 金文 古文 古文 小篆 旁 楷書

2.10 깃발과 관련된 근원자소와 파생자소

㫃 언

㫃은 '휘날리는 깃발의 모양을 상형(旌旗之游, 㫃蹇之貌. 从屮, 曲而垂. 下㫃相出入也)'한 글자이다.

자소로 사용될 때, **旗**(기 从㫃其聲)、**旋**(선 周旋, 旌旗之指麾也. 从㫃从疋)、**施**(시 旗皃. 从㫃也聲)、**旅**(려 軍之五百人爲旅. 从㫃从从)、**族**(족 矢鋒也. 束之族族也. 从㫃从矢) 등의 글자에서 의부역할을 하고 **倝**(간 从旦㫃聲)의 음부역할을 한다.[558]

이들 글자 가운데, 旋은 다시 **嫙**、**璇**(琁)、**鏇**(선), 施는 **揓**、**湤**(시), 旅는 **膂**(려), 族은 **瘯**、**簇**、**鏃**(족)、**鷟**(작) 등의 글자에서 음부역할을 한다.

었다. 갑골문에서의 方을 쟁기류의 상형으로 보는 학자들은, 旁 역시 쟁기로 땅을 갈아엎는 작업을 하는 모양을 나타내고 있는 것으로 해석하고 있다. 臱(면)은 2.1.4의 自를 참조.

558 倝의 활용은 2.4 日의 파생자소 旦(단)을 참조.

游(유 旌旗之流也. 从㫃汓聲. 遊, 古文游) 역시 㫃이 의부로 사용된 글자이지만, 현대한자에서는 주로 '헤엄치다'라는 의미로 사용되고, 游의 古文 자형으로 설명되는 遊는 예변 이후 **遊**로 정리되었으며, 주로 '노닐다'라는 의미로 운용된다.

勿 물

勿은『說文』에서 본의가 '향리에 세워놓은 깃발(州里所建旗)'로 풀이되고, 자형은 '象其柄, 有三游'의 형태로 설명된다. 그러나 갑골문이나 금문에서의 勿은 小篆 자형과 유사하지만, **笏**(홀)의 初文으로 해석하기도 하고, 활시위를 잡아 당겨 弦(현)이 진동하는 모습을 표현한 것으로 보는 경우도 있다.

자소로 사용될 때, **昜**(양 開也. 从日一勿. 一曰飛揚, 一曰長也. 一曰彊者衆皃)의 의부역할을 하고, **沕**、**物**(물)、**忽**、**笏**(홀)、**刎**、**吻**(문) 등의 글자에서는 음부역할을 하며, 忽은 다시 **惚**(홀)、**淴**(올) 등의 글자에서 음부역할을 한다. 또한, 昜은 다시 **暘**、**揚**、**陽**(양)、**場**、**腸**(장)、**瑒**、**暢**(창)、**餳**(당)、**湯**、**燙**、**蕩**(탕) 등의 글자에서 음부역할을 한다.[559]

---

559 傷, 殤, 觴(상) 등의 글자에서 음부역할을 하는 오른쪽 자소는『說文』에 수록되어 있지 않고, 傷을 '殤省聲', 殤은 '傷省聲'으로 互注해 놓았으며, 段玉裁는 傷을 '𥏻省聲'으로 고쳐놓았다.

 中 중

中의 본의를 『說文』에서는 '안(內也)'으로 풀이하고, 자형을 '从囗丨'의 형태로 분석하고 있으나, 갑골문이나 금문에 나타나는 中의 자형은 비록 異形이 많지만, 모두 깃발의 모양을 상형한 것으로 해석한다.

자소로 사용될 때, **史**(사 記事者也. 从又持中)、**仲**(중 中也. 从人从中, 中亦聲) 등의 글자에서 의부 혹은 의부겸 음부역할을 하고, **蚛**、**衶**(중)、**沖**、**忠**、**衷**(충) 등의 글자에서는 음부역할을 한다.[560]

560 中이 의부역할을 할 때의 '바르다(正)' 또는 '가운데(中央)'라는 의미는 引伸義로 이해해야 할 것이다. 史、吏、使、事 등의 글자들은 2.1.2 又의 파생자소 尹과 史를 참조.

2.11 악기와 관련된 근원자소와 파생자소

壴 壴 주

壴를 『說文』에서는 '악기를 늘어놓을 때, 세워서 윗부분이 보이는 것(陳樂, 立而上見也)'으로 풀이하고, '从屮从豆'의 회의자로 설명하고 있으나, 갑골문에 나타나는 壴의 자형은 **鼓**(고)의 初文으로서 독체자로 보는 것이 일반적인 해석이다.

자소로 사용될 때, **喜**(희 樂也. 从壴从口. 歖, 古文喜从欠)、**嘉**(가 美也. 从壴加聲)、**彭**(팽 鼓聲也. 从壴从彡)[561]、**尌**(수 立也. 从壴从寸)、**鼓**(고 郭也. 从壴从支. 支象其手擊之也. 磬, 籒文鼓, 从古聲)[562] 등의 글자에서 의부역할을 한다.

이들 글자 가운데, 喜는 **憙**(희 說也. 从心从喜, 喜亦聲)、**嚭**(비 大也. 从喜否聲)、**囍**(희 雙喜也. 从二喜) 등의 글자에서 의부 혹은 의부겸 음부역할을 하고, **嬉**、**熹**、**禧**(희) 등의 글자에서는 음부역할을 하며, 彭은 **澎**、**膨**、**蟛**(팽), 尌는 **澍**、**廚**、**櫥**(주)、**樹**(수) 등의 글자에서 음부역할을 한다. 또한, 鼓는 다시 **鼛**(답 鼓聲也. 从鼓合聲)、**鼞**(당 鼓聲也. 从鼓堂聲) 등의 글자에서 의부역할을 하고, **瞽**(고)의 음부역할을 한다.

561 『說文』의 각 전본에는 '从壴彡聲'의 형성자로 수록해 놓았으나, 본서에서는 段注本을 따랐다.
562 鼓의 자형이 『說文』의 각 傳本에 '从壴从支, 支象其手擊之也'로 기재되어 있으나, 段玉裁는 '从壴, 从屮又'로 고쳐놓고, '屮'은 '늘어 뜨러진 장식의 모양(象垂飾)'이라고 설명하고 있다. 그러나 갑골문에 표현된 鼓에서의 支는 殳나 攴의 형태로, 북을 치는 모습을 직접적으로 나타내고 있다.

 豈 기

豈는 본의가 '군대가 귀환 할 때 그 노고를 위로하기 위해 연주하는 음악(還師振旅樂也. 一曰欲也, 登也)'으로 풀이되고, 자형은 '从豆, 𢼸省聲'의 형태로 설명된다.

자소로 사용될 때, **𧯷**(기 [illegible]也. 訖事之樂也. 从豈幾聲)의 의부역할을 하고, **剴**、**塏**、**愷**、**鎧**、**闓**(개)、**敳**、**獃**、**磑**(애)、**𢼸**(미 从人从攴, 豈省聲) 등의 글자에서는 음부역할을 한다.[563]

甲文 金文 小篆 楷書

 庚 경

庚의 자형을 許愼은 다른 干支 글자와 마찬가지로 陰陽五行說에 의거하여, '庚은 己를 이어받아, 사람의 배꼽을 상형(庚承己, 象人臍)'한 것으로 풀이하고 있으나, 갑골문에 나타난 庚의 자형은 庸과 함께 악기류로 보는 것이 일반적인 해석이며, 탈곡에 사용되는 농구의 모양을 상형한 것으로 보는 경우도 있다.

자소로 사용될 때, **庸**(용 用也. 从用从庚. 庚, 更事也)의 의부, **唐**(당 大言也. 从口庚聲)의 음부로 설명되고 있으며, **穅**(강 穀皮也. 从禾从米, 庚聲) 역시 庚이 음부로 사용되었고, **康**은 『說文』에 穅의 重文으로 수록된 或體字(康, 穅或省)이다.

이들 글자 가운데, 庸은 다시 **傭**、**墉**、**鏞**(용), 唐은 **塘**、**煻**、**磄**、**糖**(당) 등의 글자에서 음부역할을 한다.

甲文 金文 小篆 楷書

---

563 𢼸(미)와 그 활용은 2.1.2 攴(복)의 注, 凱(개)는 2.8 几(궤)의 注를 참조.

 珡 금

珡의 자형은 '현악기의 모양을 상형한 글자로서, 神農씨가 만들었고, 구멍을 뚫어 붉은 색의 다섯 줄을 연결하였는데, 周나라때 두 줄을 추가하였다(神農所作. 洞越, 練朱五弦, 周加二弦. 象形. 鑒, 古文珡从金)'로 설명되며, 예변 이후 今(금)이 음부로 추가된 琴의 初文이다.[564]

자소로 사용될 때, 瑟(슬 庖犧所作弦樂也. 从珡必聲. 爽, 古文瑟)、琵(비 琵琶, 樂器. 从珡比聲)、琶(파 琵琶也. 从珡巴聲) 등의 글자에서 의부역할을 한다.

이들 글자들에서의 珡은 예변 이후 모두 玨형으로 정리되었고, 통용 자전에서의 부수배속도 모두 玉부로 귀속되었으며, 玨(각 二玉相合爲一玨)과는 의미상 관련이 없다.

 龠 약

龠은『說文』에서 '대나무로 만든 관악기로서, 구멍이 세 개이며, 이것으로서 여러

564 許愼은 珡의 본의를 '금하다(禁也)'로 풀이하고 있는데, 이는 당시 유행하던 聲訓의 방법으로 字義를 해석한 것으로, 珡의 실제 의미와는 거리가 있다.

소리와 조화를 이룬다(樂之竹管. 三孔. 以和眾聲也)'라고 설명하고 있으면서도, 자형은 '从品侖'의 회의자로 분석하고 있다. 그러나 갑골문이나 금문에서의 龠은 단순히 피리의 모양을 상형한 형태로 나타난다.

자소로 사용될 때, **龢**(화 調也. 从龠禾聲)、**龤**(해 樂和龤也. 从龠皆聲) 등의 글자에서 의부역할을 하고, **爚**、**禴**、**鑰**(약) 등의 글자에서는 음부역할을 한다.

 樂 악 락 요

樂은 본의가 '모든 소리의 총칭(五聲八音總名)'으로 풀이되고, 자형은 '북류를 상형하고, 木은 그것을 거는 나무(象鼓鞞. 木, 虡)'로 설명된다. 그러나, 갑골문에서의 樂은 나무(木)위에 실(丝)이 매어져 있는 형태로 나타나고, 금문에 이르면 白의 형태가 더해지는데, 나무(木)위에 실(丝)이 매어져 있는 형태는 대개 絃樂器류를 상형한 것으로 보는 것이 일반적이고, 白형은 弦을 조율하는 도구로 보고 있다.[565]

자소로 사용될 때, **濼**(락)、**爍**、**鑠**(삭)、**藥**(약)、**櫟**、**礫**、**轢**(력) 등의 글자에서와 같이 주로 음부역할을 한다.

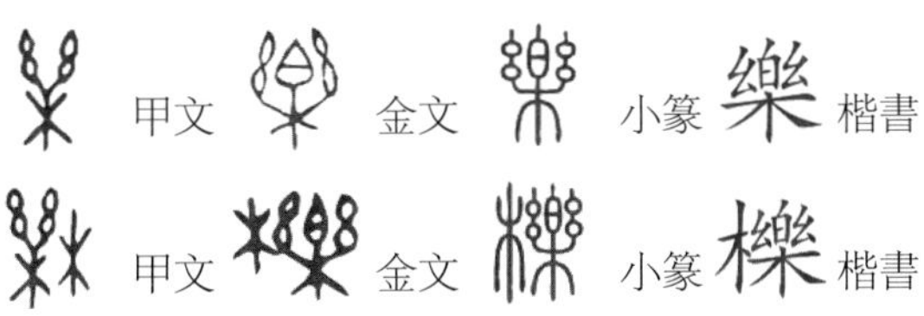

565 고문자계통에서는 南(남)과 殸(磬 경) 역시 악기류를 나타내는 글자들이다. 南은 2.3의 𣎳(불), 殸은 2.1.2의 殳(수)를 참조.

2.12 갈、창、활 등의 병기와 그와 관련된 근원자소와 파생자소

 刀 도

刀는 '칼의 모양을 상형(兵也. 象形)'한 글자이다

자소로 사용될 때, **切**(절 刌也. 从刀七聲)、**分**(분 別也. 从八从刀. 刀以分別物也)、**刊**(간 剟也. 从刀干聲)、**刑**(형 剄也. 从刀幵聲)、**列**(劽 렬 分解也. 从刀歺聲)、**判**(판 分也. 从刀半聲)、**別**(冎刂 별 分解也. 从冎从刀)、**利**(리 銛也. 从刀. 和然後利, 从和省. 㓞, 古文利)、**初**(초 始也. 从刀从衣. 裁衣之始也)、**券**(권 契也. 从刀舜聲)、**制**(제 裁也. 从刀从未. 未, 物成有滋味, 可裁斷. 一曰止也)、**刷**(쇄 刮也. 从刀, 㕞省聲)、**刺**(자 君殺大夫曰刺. 刺, 直傷也. 从刀从朿, 朿亦聲)、**刻**(각 鏤也. 从刀亥聲)、**則**(칙 等劃物也. 从刀从貝. 貝, 古之物貨也)、**削**(삭 鞞也. 一曰析也. 从刀肖聲)、**前**(歬 전 从止在舟上)、**剛**(강 彊斷也. 从刀岡聲)、**副**(부 判也. 从刀畐聲)、**割**(할 剝也. 从刀害聲)、**劃**(획 錐刀曰劃. 从刀从畫, 畫亦聲)、**劇**(극 尤甚也. 从刀, 未詳. 豦聲)、**劍**(劒 검 人所帶兵也. 从刃僉聲. 劍, 籀文劒从刀)、**剖**(부 判也. 从刀音聲)、**刌**(촌 切也. 从刀寸聲)、**刈**(乂 예 芟艸也. 从丿乀相交. 刈, 或从刀)、**刎**(문 剄也. 从刀勿聲)、**罰**(罸 벌 辠之小者. 从刀从詈. 未以刀有所賊, 但持刀罵詈, 則應罰)、**劉**(류 殺也. 从金从刀, 丣聲) 등의 글자에서 의부역할을 하고, **到**、**倒**、**叨**、**舠**(도) 등의 글자에서는 음부역할을 하며, **召**(소) 역시 刀가 음부로 사용된 경우로서, **沼**、**昭**、**紹**(소)、**詔**(조)、**招**、**超**(초)、**鞀**(도) 등의 글자에서 음부역할을 하고, 昭는 다시 **照**(조)의 음부역할을 한다.[566]

현재 통용 자전류에서 刀부에 배속시키고 있는 **到**(도)는 刀가 음부로 사용된 경우이다.

---

566 切의 활용은 2.16의 七, 分의 활용은 2.16의 八, 列과 別의 활용은 2.1.5의 冎(과)와 그 파생자소, 利와 制의 활용은 2.3의 禾와 未, 刷의 활용은 2.1.2 又의 파생자소 㕞(쇄), 刺의 활용은 2.3 木의 파생자소 朿(자), 則의 활용은 2.2.1의 貝, 前은 2.1.3의 止, 㓞(갈 从刀丯聲)의 활용은 2.3의 丯(개)를 참조.

 甲文  金文  小篆 刀 楷書

 刃 인

刃은 '칼날의 모양을 상형(象刀有刃之形)'한 글자로서, 자소로 사용될 때, **仞**、**忍**、**靭**(인) 등의 글자에서 음부역할을 하고, 忍은 다시 **認**(인)、**綛**(이) 등의 글자에서 음부역할을 한다.

 甲文  小篆 刃 楷書

 刅 창

刅은 본의가 '상처(傷也)'로 풀이되고, 자형은 '从刃从一'의 형태로 설명된다.

자소로 사용될 때, **㓨**(창 造法㓨業也. 从井刅聲. 刅或从刀倉聲)、**梁**(량 水橋也. 从木从水, 刅聲) 등의 글자에서 음부역할을 하고, 梁은 다시 **粱**(米名也. 从米, 梁省聲)、**樑**(량) 등의 글자에서 음부역할을 한다.

創은 『說文』에 수록된 刅의 或體字이고, '創造'、'創業(창업)' 등에서의 '創'의 의미는 원래 **㓨**이 담당하였으나, 현대한자에서는 創이 그 의미를 나타내고 있다.

 小篆  或體 刅 楷書

 金文  小篆 㓨 楷書

弓 궁

弓은 활의 모양을 상형(以近窮遠. 象形)한 글자이다.

자소로 사용될 때, **弔**(조 問終也. 古之葬者, 厚衣之以薪. 从人持弓)、**引**(인 開弓也. 从弓丨)、**弘**(홍 弓聲也. 从弓厶聲. 厶, 古文肱字)、**弦**(현 弓弦也. 从弓, 象絲軫之形)、**張**(장 施弓弦也. 从弓長聲)、**彈**(탄 行丸也. 从弓單聲)、**彊**(강 弓有力也. 从弓畺聲)、**弛**(이 弓解弦也. 从弓也聲) 등의 글자에서 의부역할을 하고, **穹**、**芎**(궁) 등의 글자에서는 음부역할을 한다.

이들 글자 가운데, 弔는 다시 **盄**(조), 引은 **弞**(신 笑不壞顏曰弞. 从欠, 引省聲)、**矧**(矤 신 況也, 詞也. 从矢, 引省聲. 从矢, 取詞之所之如矢也)、**紖**(진 牛系也. 从糸引聲), 弘은 **泓**(홍)、**强**(強 강 蚚也. 从虫弘聲) 등의 글자에서 음부역할을 하고 强은 또 다시 **襁**、**犟**(강) 등의 글자에서 음부역할을 한다.

『說文』에 **躳**(궁 身也. 从身从呂)의 或體字자로 수록된 **躬**(躬, 躳或从弓)은 **窮**(竆 궁 極也. 从穴躳聲)의 음부역할을 한다.[567]

현재 통용 자전류에서 弓부에 배속시키고 있는 **弗**(불)、**弟**(제) 등의 글자들은 고문자 계통에서는 弓과 의미상 관련이 없는 글자들이고, **强**은 弓이 음부로 사용된 글자이다.

弗은 『說文』에서 본의가 '바로 잡다(矯也)'로 풀이되고, 자형은 '从丿从乀, 从韋省'의 형태로 설명된다. 그러나 갑골문이나 금문에서의 弗은, 새끼줄로 몇 개의 화살을 묶어 세워 놓은 자형으로 해석하고, '矯也'라는 의미는 여기에서 나온 것이라고 보는 것이 다수설이다.

弗은 자소로 사용될 때, **佛**、**彿**、**拂**(불)、**胇**(필)、**沸**、**費**(비)、**砩**(폐) 등의 글자에서와 같이 주로 음부역할을 한다.

---

567 躳은 2.1.5의 呂(려)를 참조. 夷(이 从大从弓)와 그 활용은 2.1.1의 大를 참조.

弟는 『說文』에서 본의가 '가죽으로 묶는 순서(韋束之次弟也)'로 풀이되고, 자형은 '古字의 모양을 따랐다(从古字之象)'라고 설명되며, 弟의 古文 자형은 '从古文韋省, 厂聲'으로 분석하였다. 그러나 갑골문이나 금문에서 나타나는 弟의 자형은 弋(익)을 끈으로 묶어 놓은 것으로 보는 것이 다수설이다.

弟는 자소로 사용될 때, **悌**、**梯**(제)、**涕**(체) 등의 글자에서 음부역할을 한다.[568]

 弜 강

弜은 弓의 이합자소(从二弓)로서, 본의는 '강하다(彊也)'로 풀이된다.

자소로 사용될 때, **弼**(필 輔也. 重也. 从弜丙聲)의 의부역할을 한다.[569]

弱(약)의 경우, 본의가 '구부러지다(橈也)'로 풀이되고, 자형은 '윗부분은 휘어진 모양을 본뜨고, 彡은 털이 구부러지고 약한 것을 상형한 것이다. 약한 물체는 함께 묶어 놓으므로 두 개의 弱을 쓴 것이다(上象橈曲. 彡, 象毛氂橈弱也. 弱物幷也, 故從二弓)'로 설명된다.

568 현대한자에서 일반적으로 '次第'、'次序' 등의 의미로 사용되는 第의 경우, 갑골문이나 금문을 비롯하여 『說文』에도 수록되어 있지 않는 글자이나, 弟의 常用義가 '兄弟'에서의 弟로 변하게 되자 竹을 추가하여 弟의 本義로 사용한 경우로서, 弟와 第는 古今字의 관계로 이해해야 할 것이다.
569 弼에서의 丙(첨)은 2.1.4를 참조. 粥에서의 弜형은 2.7의 鬲을 참조.

弱은 자소로 사용될 때, **蒻**、**鰯**(약)、**溺**、**愵**(익)、**嫋**(뇨) 등의 글자에서와 같이 주로 음부역할을 한다.

 古文  古文  小篆  或體  楷書

 矢 시

矢의 자형을 『說文』에서는 入(입)자의 파생자(弓弩矢也. 从入, 象鏑, 栝, 羽)로 설명하고 있으나, 갑골문에는 단순히 화살의 모양을 상형한 모양으로 나타나 있다.

자소로 사용될 때, **矣**(의 語已詞也. 从矢㠯聲)、**知**(지 詞也. 从口从矢)、**短**(단 有所長短, 以矢爲正. 从矢豆聲)、**矯**(교 揉箭箝也. 从矢喬聲)、**矮**(왜 短人也. 从矢委聲)、**医**(예 臧弓弩矢器也. 从匚从矢从匚矢)、**侯**(矦 후 春饗所䠶矦也. 从人. 从厂, 象張布. 矢在其下) 등의 글자에서 의부역할을 하고, **雉**(치)、**疾**(질) 등의 글자에서는 음부역할을 하며, 疾은 다시 **嫉**(질)의 음부역할을 한다.[570]

이들 글자 가운데, 矣는 다시 **唉**、**埃**、**挨**、**欸**(애) 등의 글자에서 음부역할을 하고, 知는 **智**(䂤 지 識詞也. 从白从亏从知)의 의부역할을 하며, 智는 또 다시 **㬮**(지)、**澌**(적, 직) 등의 글자에서 음부역할을 한다. 또한, 医는 **殹**(예)의 음부역할을 하고, 殹는 다시 **醫**(의 治病工也. 从殹从酉)의 의부, **嫛**、**堅**、**瞖**、**繄**、**翳**、**鷖**(예)、**毉**(의)、**贀**(위) 등의 음부역할을 하고, 翳는 또 다시 **蠮**(열)의 음부역할을 하며, **侯**(矦)는 **候**、**喉**、**帿**、**猴**(후) 등의 글자에서 음부역할을 한다.

 甲文  金文  小篆  楷書

---

570 갑골문에 나타난 寅의 자형도 矢가 자소로 사용되고 있다(2.6의 宀을 참조). 疑(의 从子止匕, 矢聲)는 2.1.1의 匕(화), 侯(矦 후 春饗所䠶矦也. 从人 从厂, 矢在其下)는 2.1.1의 产(위)를 참조. 矣에서의 㠯(以 이)는 2.18을 참조.

戈 과

戈는 『說文』에서 '끝이 평평한 창의 모양을 상형(平頭戟也. 象形)'한 글자로 설명되고, 자형은 弋의 파생자(从弋. 一, 橫之)로 분석된다. 그러나 갑골문이나 금문에서의 戈는 단순히 창의 전체 모양을 상형한 형태로 나타난다.

자소로 사용될 때, **我**(아 施身自謂也. 或說我, 頃頓也. 从戈从𠂀. 𠂀, 或說古垂字. 一曰古殺字)、**戒**(계 警也. 从廾持戈)、**或**(혹 邦也. 从囗从戈, 以守一. 一, 地也. 域, 或又从土)、**戰**(전 鬭也. 从戈單聲)、**戲**(三軍之偏也. 一曰兵也. 从戈䖒聲)、**伐**(벌 擊也. 从人持戈. 一曰敗也)、**戟**(극 有枝兵也. 从戈榦省)、**賊**(적 敗也. 从戈則聲)、**戍**(수 守邊也. 从人持戈)、**幾**(从𢆶从戍)、**戎**(戎 융 兵也. 从戈从甲)、**戒**(警也. 从廾持戈)、**𢦏**(𢦏 재 傷也. 从戈才聲)、**𢧜**(첨 絕也. 一曰田器. 从从持戈)、**截**(𢧵 절 斷也. 从戈雀聲) 등의 글자에서 의부역할을 한다.[571]

이들 글자 가운데, 我는 다시 **俄**、**娥**、**峨**、**餓**、**鵝**(아), 戎은 **絨**、**駥**(융), 戒는 **械**、**誡**(계), 伐은 **垡**、**筏**、**閥**(벌), 截은 **巀**、**䲜**(절) 등의 글자에서 음부역할을 하고, 或은 다시 **國**(국 邦也. 从囗从或)의 의부, **惑**、**𢧢**(혹)、**聝**、**馘**(괵)、**𢧢**(역)、**彧**(욱) 등의 음부역할을 하고, 𢧢(水流也. 从川或聲)은 또 다시 **𣿜**(욱)의 음부, 彧(有文章也. 从彡或聲)은 또 다시 **稶**(욱)의 음부역할을 하며, 國은 **幗**、**膕**、**蟈**(괵) 등의 글자에서 음부역할을 한다. **域**(역)은 或의 或體字로 설명된다.[572]

戍의 경우 小篆에서는 자형이 '从人持戈'의 형태로 구성되어 있으나, 해서체에서는 戊와 丶의 조합 형태로 나타난다.

戍는 자소로 사용될 때, **幾**(기 微也. 殆也. 从𢆶从戍. 戍, 兵守也. 𢆶而兵守者, 危也)의 의부역할을 하고, 幾는 다시 **機**、**畿**、**璣**、**穖**、**譏**、**饑**(기) 등의 글자에서

571 鐵(철)에서의 𢧜(𢧜 질)、𢧁(철) 등의 자소들은 2.1.1의 𡈼(정)을 참조. 𢦏의 활용은 2.3의 才, 𢧜의 활용은 2.1.1의 从(종), 戠(시, 직)와 그 활용은 2.1.4의 音을 참조. 戛(알)은 2.1.4의 百(수)를 참조.

572 義(의 从我羊)와 그 활용은 2.2.1의 羊을 참조.

음부역할을 한다. **蔑**(멸 勞目無精也. 从苜从戍) 역시 戍가 의부로 사용된 경우로서, 자소로 사용될 때, **幭**、**懱**(멸)、**韈**(말) 등의 글자에서 음부역할을 한다.

 戉 월  戊 무

戉은 본의가 '도끼(斧也)'로 풀이되고 자형은 '从戈レ聲'의 형태로 설명되며, 戊의 경우,다른 干支를 표시하는 글자들과 마찬가지로 음양오행설에 의거하여 지극히 추상적으로 풀이되고 있다(中宮也. 象六甲五龍相拘絞也. 戊承丁, 象人脅). 그러나 갑골문이나 금문에서의 戉이나 戊 및 戚 등은 단순히 도끼의 모양을 상형한 자형으로 나타난다.

자소로 사용될 때, 戉은 **戚**(척 戉也. 从戉尗聲)의 의부, **越**、**鉞**(월)、**眓**(활) 등의 음부역할을 하고, 戊는 **戌**(술 滅也. 从戊含一, 一亦聲)、**成**(성 就也. 从戊丁聲) 등의 의부, **茂**(무)의 음부역할을 한다.[573]

---

573 戚의 활용은 2.3의 尗(숙), 成의 활용은 2.8의 丁(정)을 참조. 威는 小徐本과 段注本에는 '从女戌聲'으로 수록되어 있있다.

이들 글자 가운데, 戌은 다시 **咸**(함 皆也. 悉也. 从口从戌. 戌, 悉也)、**威**(위 姑也. 从女从戌)、**烕**(멸, 혈 滅也. 从火戌. 火死於戌, 陽氣至戌而盡) 등의 글자에서 의부역할을 하고, **歲**(세 木星也. 越歷二十八宿, 宣徧陰陽, 十二月一次. 从步戌聲)의 음부역할을 한다.[574]

또한, 咸은 다시 **喊**、**緘**、**鹹**(함)、**感**、**減**(감)、**鍼**(침) 등의 글자에서 음부역할을 하고, 感은 또 다시 **憾**(감)의 음부역할을 하며, 鹹은 **覃**(覃 담 从㫗, 鹹省聲)의 음부역할을 하고, 覃은 다시 **潭**、**譚**(담)、**燂**(첨) 등의 글자에서 음부역할을 한다.[575]

이외에도, 烕은 **滅**(멸 盡也. 从水烕聲), 歲는 **劌**(귀)、**濊**、**獩**、**穢**、**薉**(예)、**鐬**(회) 등의 글자에서 음부역할을 한다.

 戔 잔

戔은 戈의 이합자소(从二戈)로서, 본의가 '훼손시키다(賊也)'로 풀이된다. 자소로

574 갑골문에 나타나는 歲는 戉이 기본의부로 사용되고 있고, 간혹 止나 夕이 추가된 자형으로도 나타난다.

575 **覃**에서의 㫗(후)는 2.6 高의 파생자소를 참조.

사용될 때, **箋**、**錢**(전)、**淺**、**踐**、**賤**(천)、**棧**、**殘**、**盞**(잔) 등의 글자에서와 같이 주로 음부역할을 한다.

 甲文  小篆  楷書

 矛 모

矛는 '창의 모양을 상형(酋矛也. 建於兵車, 長二丈. 象形)'한 글자이다.

자소로 사용될 때, **矜**(긍 矛柄也. 从矛今聲)、**矞**(율 以錐有所穿也. 从矛从冏. 一曰滿有所出也) 등의 글자에서 의부역할을 하고, **茅**、**蟊**(모)、**袤**、**敄**、**楙**(무)、**柔**(유) 등의 글자에서는 음부역할을 한다.[576]

이들 글자 가운데 矞은 다시 **燏**(율)、**橘**(귤)、**譎**、**鷸**(휼) 등의 글자에서 음부역할을 하고, 敄는 다시 **務**、**瞀**(무) 등의 글자에서 음부역할을 하고, 務는 또 다시 **霧**(무), 瞀는 **霿**(몽), 楙는 **懋**(무), 柔는 **媃**、**糅**、**蹂**、**輮**、**鞣**(유) 등의 글자에서 음부역할을 한다.

 金文  古文  小篆  楷書

 干 간

干은 『說文』에서 본의가 '범하다(犯也)'로 설명되고, '从一, 从反入'의 형태로 분석되고 있다. 그러나 갑골문이나 금문에서의 干은 방패의 모양을 본 뜬 상형자로 보는 것이 다수설이고, '끝이 두 갈래로 갈라진 사냥도구'로 보는 경우도 있다.[577]

---

576 矞에서의 冏(놜, 눌)은 2.1.4의 口를 참조.
577 盾은 2.1.4 目의 파생자소를 참조.

자소로 사용될 때, 아래의 파생자소에서 의부역할을 하는 경우 이외, **刊**、**奸**、**竿**、**肝**(간)、**旱**、**汗**、**罕**(罕)(한)、**岸**、**犴**、**矸**(안)、**軒**(헌)、**訐**(알) 등의 글자에서 음부역할을 하고, 軒은 다시 **蘄**(한), 旱은 **悍**、**垾**、**捍**(한)、**稈**(간)、**睅**(환) 등의 글자에서 음부역할을 한다.[578]

 甲文  金文  小篆  楷書

 干 임

干은 본의가 '으그러뜨리다(撥也)'로 풀이되고, 자형은 '从干. 入一爲干, 入二爲干'의 형태로 설명된다.

자소로 사용될 때, **幸**(㚔 녑 所以驚人也. 从大从干)의 의부역할을 하고, **南**(남 从宋干聲)의 음부역할을 한다.

이들 글자 가운데, 㚔은 예변 이후 아래의 幸(㚔 행)과 같은 자형으로 정리되었으며, 자소로 사용될 때, **執**(집 捕罪人也. 从丮㚔, 㚔亦聲)、**報**(보 當罪人也. 从㚔从𠬝) 등의 글자에서 의부역할을 한다.[579]

 屰 역

屰은 본의가 '불순하다(不順也)'로 풀이되고, 자형은 '从干. 下凵, 屰之也'의 형태로 설명된다.

자소로 사용될 때, **幸**(㚔 행 吉而免凶也. 从屰从夭. 夭, 死之事. 故死謂之不㚔)의 의부역할을 하고, **逆**(역)、**朔**(삭) 등의 글자에서는 음부역할을 하며, 朔은 다시 **塑**、**溯**、**遡**(소) 등의 글자에서 음부역할을 하고 幸은 다시 **倖**、**婞**、**悻**(행) 등의 글

---

578 午(오)와 臿(삽)는 2.5를 참조. 현재 해서체 자전에서 干부에 배속시키고 있는 平(평)、年(년) 등의 글자들은 해당 부수와 의미상 관련이 없는 글자들이며, 幹(간)은 榦(築牆耑木也. 从木倝聲)의 俗字이다. 平은 2.1.4의 亐(우), 年은 2.1.1의 人을 참조.

579 㚔(幸 녑)의 기타 활용은 2.1.1의 大, 南의 활용은 2.3의 宋(불), 幸(㚔 달 从羊大聲)은 2.1.1의 大를 참조.

자에서 음부역할을 한다.[580]

欮(궐)은 **瘚**(궐 屰气也. 从疒从屰从欠. 欮, 瘚或省疒)의 或體字로서, 자소로 사용될 때, **厥**、**闕**(궐) 등의 글자에서 음부역할을 하고 厥은 또 다시 **獗**、**蹶**(궐)、**撅**(궤) 등의 글자에서 음부역할을 한다.

이외에도, **坼**、**柝**、**拆**、**跅**(탁)、**蚸**(력)、**訴**(소) 등의 글자에서 음부역할을 하는 **斥**(척) 역시 소전에서는 屰이 음부로 사용된 **㡿**(척 卻屋也. 从广屰聲)으로 나타난다.

 幵 견

幵은 본의가 '평평하다(平也)'로 풀이되며, 해서체에서 干의 이합자소 형태로 나타나지만, 소전 자형은 '두 개의 장대(竿)가 대칭되게 얽혀있는 모습을 상형(象二干對構, 上平也)'한 글자로 설명된다.

자소로 사용될 때, **開**(개 闢也. 从門从幵. 闓, 古文)의 의부역할을 하고, **汧**、**趼**(견)、**妍**、**研**(연)、**栞**(간)、**枅**、**笄**(계) 등의 글자에서는 음부역할을 하며, **刑**(剄也. 从刀幵聲)、**形**、**邢**(형) 등의 글자에서도 幵은 음부로 설명되고, 刑은 다시 **荊**(형)의 음부역할을 한다.[581]

본의가 '서로 따르다(相从也)'로 풀이되는 **并**(병) 역시 '从从幵聲. 一曰, 从从持二干爲并'의 형태로 설명되며, 자소로 사용될 때, 并은 **併**、**屏**、**餠**(병)、**絣**(팽)、**胼**、**駢**(변) 등의 글자에서 음부역할을 한다.[582]

 甲文  小篆 并 楷書

---

580 咢(𠱫 악 譁訟也. 从吅屰, 屰亦聲)은 2.14의 吅(훤)을 참조.
581 開(개)는 2.6 門의 注를 참조. 型(형 鑄器之法也)의 소전자형은 井刂(형 罰辠也. 从井从刀. 『易』曰, "井, 法也". 井亦聲)이 음부로 나타난다.
582 竝(並 병)은 2.1.1 大의 파생자소 立을 참조.

 䇂 건

䇂은 본의가 '죄를 짓다(辠也)'로 설명되며, 許愼은 자형을 '从干上'으로 분석하고 있다. 그러나, 갑골문에서의 䇂은 辛(从一䇂)과 동일하게 曲刀의 모양으로 나타나 있다.[583]

자소로 사용될 때, 䇂은 죄를 지어 노예가 된 사람들 가운데, 남자를 의미하는 **童**(동 男有辠曰奴, 奴曰童, 女曰妾. 从䇂重省聲), 여자를 의미하는 **妾**(첩 有辠女子, 給事之得接於君者. 从䇂从女) 등의 글자에서 의부역할을 한다. 『說文』에서는 **言**(언 从口䇂聲)、**音**(음 从言含一) 등의 글자들도 䇂을 자소로 설명하고 있으나, 갑골문이나 금문에 나타난 言이나 音은 입으로 부는 피리의 모습을 상형한 것으로 보는 것이 일반적이다. 예변 이후, 자소로 사용될 때 대개 立의 형태로 나타난다.

 辛 신

辛은 자소로 사용될 때, **辠**(죄 犯法也. 从辛从自, 言辠人蹙鼻苦辛之憂. 秦以辠似皇字, 改爲罪)、**辜**(고 辠也. 从辛古聲)、**宰**(재 辠人在屋下執事者. 从宀从辛. 辛, 辠也)、**辟**(벽 法也. 从卩从辛, 節制其辠也. 从口, 用法者也)、**辭**(사 訟也. 从𤔔从辛, 𤔔猶理辜也. 𤕰, 籒文辭从司) 등의 글자에서 의부역할을 하고, **痒**、**莘**(신) 등의 글자에서는 음부역할을 하며, **亲**(친 果也. 實如小栗. 从木辛聲) 역시 辛이 음부로 사용된 글자로서, 예변 이후 亲의 형태로 정리되어, **親**(친)、**新**(신) 등의 글자에서 음부역할을 하며, 親은 다시 **瀙**、**櫬**、**襯**(친), 新은 **薪**(신)의 음부역할을 한다.[584]

이들 글자 가운데, 宰는 다시 **滓**、**縡**(재), 辟은 **僻**、**劈**、**壁**、**擘**、**璧**、**癖**、**闢**、**霹**(벽)、**避**(피)、**嬖**(폐) 등의 글자에서 음부역할을 한다.[585]

---

583 갑골문에서 나타나는 曲刀는 죄인의 얼굴에 문신을 새기는 용도라는 것이 일반적인 설명이다.

584 '맵다'라는 의미를 나타내는 辣(랄)은 『說文』에 수록되어 있지 않으나, '从辛剌省聲'의 형태로 분석할 수 있을 것이다. 櫬、襯(친) 등의 반절음은 츤(初僅切、初覲切)이다. 豙(豪 의 豕怒毛豎. 从豕辛)는 2.2.1의 豕를 참조.

이외에도, 薛(설)、孼、櫱(얼) 등의 글자에서 음부역할을 하면서, 辟과 유사한 형태로 나타나는 辥(설 辠也. 从辛𡴀聲)에서도 辛은 의부로 사용되고 있다.[586]

辡 변

辡은 辛의 이합자소(从二辛)로서, 본의가 '죄인들이 서로 쟁송을 하다(辠人相與訟也)'로 설명되며, 자소로 사용될 때 辯(변 治也. 从言在辡之間)의 의부역할을 하고, 辨(변 判也. 从刀辡聲)、辮(변 交也)、辦(판 致力也)、瓣(판 瓜中實)、辬(반 駁文也) 등의 글자에서는 음부역할을 한다.

斤 근

斤은 도끼의 모양을 상형한 글자이다.

자소로 사용될 때, 斯(사 析也. 从斤其聲)、新(신 取木也. 从斤亲聲)、斷(단 截也. 从斤从𢇍)、斧(부 斫也. 从斤父聲)、斫(작 擊也. 从斤石聲)、所(从斤戶聲)、斬(참 截也. 从車从斤. 斬法車裂也)、斲(착 斫也. 从斤𠷎)、兵(병 械也. 从廾持斤, 并力

585 梓(재)、鋅(자) 등의 글자들은 宰가 음부(宰省聲)이고, 垶、騂(성) 등의 글자들은 觲(성 从羊牛角)이 음부(觲省聲)로 설명되는 글자들이다.

586 辥에서의 𡴀(열 从𠂤屮聲)은 본의가 '험하고 높다(危高也)'로 풀이된다.

之皃)、**析**(석 破木也. 一曰折也. 从木从斤)、**折**(斲 절 斷也. 从斤斷艸)、**所**(소 伐木聲也. 从斤戶聲) 등의 글자에서 의부역할을 하고, **劤**、**芹**、**近**(근)、**忻**、**欣**、**昕**、**炘**、**訢**(흔)、**听**、**齗**(은)、**圻**、**沂**、**祈**(기) 등의 글자에서는 음부역할을 한다.[587]

이들 글자 가운데, 斯는 다시 **凘**、**嘶**、**廝**、**撕**、**澌**(시), 新은 **薪**(신), 斬은 **塹**、**慙**、**鏨**(참)、**漸**、**蔪**(점), 斲은 **鬭**(鬪 투), 析은 **晳**、**淅**(석), 折은 **浙**、**晢**(절)、**哲**(철)、**誓**、**逝**(서)、**猘**(제) 등의 글자에서 음부역할을 한다.

斤의 이합자소(二斤也)로서, **質**(질 从貝从所)의 의부역할을 하는 것으로 설명되는 **所**(은)의 경우, 許愼은 字釋을 유보한 채 비워두었으며(二斤也. 闕), 質자의 설명에서도 '물건으로 저당잡히다(以物相贅)'라는 의미를 나타내는데 왜 所이 자소로 사용되었는지에 관해서는 역시 비워두었다(闕也).

質은 자소로 사용될 때, **璳**、**礩**、**鑕**(질) 등의 글자에서 음부역할을 한다.

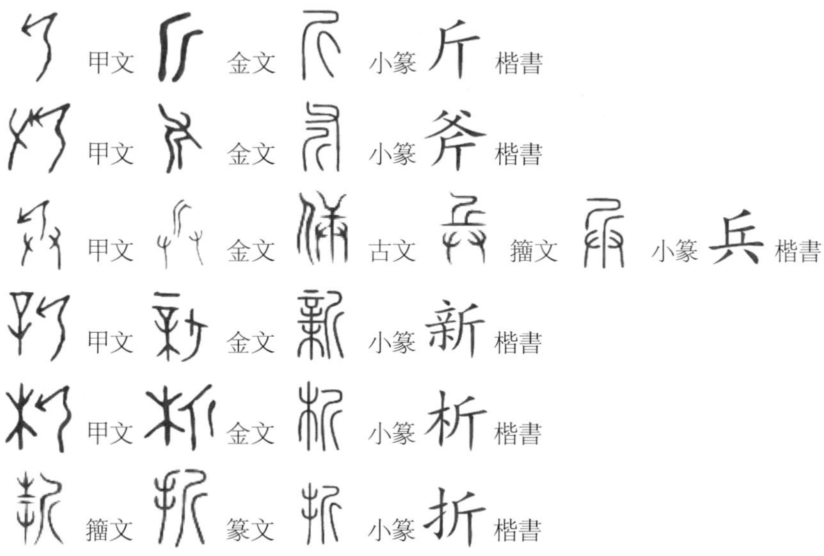

587 斥(㡿 척)은 위의 屰(역), 㽟(두)는 2.7 皿의 注, 㡭(절)은 2.13을 참조.

王 王 왕

王은 『說文』에서 본의를 '천하가 돌아오는 바(天下所歸往也)'로 풀이하고, 董仲舒의 말을 인용하여 추상적으로 자형을 설명하고 있지만(董仲舒曰, 古之造文者, 三畵而連其中謂之王. 三者, 天地人也), 갑골문에 나타나는 王은 도끼의 모양을 상형한 것이라고 보는 것이 다수설이고, 불길이 치솟아 오르는 모양이라고 보는 경우도 있으며, 숫소의 생식기라고 주장하는 설도 있다.

자소로 사용될 때, 王은 **皇**(황 大也. 从自王)、**閏**(윤 餘分之月, 五歲再閏, 告朔之禮, 天子居宗廟, 閏月居門中. 从王在門中) 등의 글자에서 의부역할을 하고, 皇은 다시 **凰**、**幌**、**徨**、**惶**、**煌**、**篁**、**蝗**、**遑**、**隍**(황) 등의 글자에서 음부역할을 하고, 閏은 **潤**(윤)의 음부역할을 한다.[588]

甲文 金文 古文 小篆 楷書

588 汪、旺、枉(왕) 등에서의 王형은 2.1.3 之의 㞷(황)을 참조. 皇의 字釋은 2.1.4 自(자)의 注를 참조.

2.13 실을 비롯한 織造 및 의복과 관련된 근원자소와 파생자소

 幺 요

幺를 『說文』에서는 '작다(小也)'라는 의미로 풀이하고, 자형을 '애기가 갓 태어난 모양을 상형(象子初生之形)'한 것으로 설명되고 있으나, 갑골문이나 금문에 나타난 幺의 자형은 실타래의 모양을 상형한 것으로, 糸(멱) 또는 繩(승)의 初文으로 보는 것이 일반적이다.[589]

자소로 사용될 때, 幺는 **幼**(유 少也. 从幺从力)、**麽**(麼 마 細也. 从幺麻聲)、**胤**(윤 子孫相承續也. 从肉. 从八, 象其長也. 从幺, 象重累也) 등의 글자에서 의부역할을 하고, **吆**(요)의 음부역할을 한다.[590]

이들 글자 가운데, 幼는 다시 **呦**、**怮**、**蚴**、**黝**(유)、**坳**、**拗**、**窈**、**詏**、**鴢**(요) 등의 글자에서 음부역할을 한다.

 𢆶 유

𢆶는 幺의 이합자소(从二幺)로서, 본의가 '미미하다(微也)'로 풀이된다.

자소로 사용될 때, **幽**(유 隱也. 从山从𢆶, 𢆶亦聲)、**𢇇**(관 織絹从糸貫杼也. 从絲省, 卝聲)、 **幾**(기 微也. 殆也. 从𢆶从戍. 戍, 兵守也. 𢆶而兵守者, 危也从𢆶从戍) 등의 글자에서 의부역할을 하고, 幽는 다시 **蟉**、**黀**(유) 등의 글자에서 음부역할을 한다.[591]

---

589 么는 幺의 俗字이다.

590 胤의 자형에 관해 朱駿聲은 『說文通訓定聲』에서 '从八, 猶从分, 分祖父之遺體也. 从幺, 如絲之繼續也'라고 풀이하고 있다. 幻(환)은 予(여)의 倒文이다(2.17의 予를 참조),

591 幾의 활용은 2.12 戈의 戍, 樂에서의 𢆶형은 2.11의 樂, 𢇇(관)의 활용과 𢇇에서의 𢆶형은 아래의 絲를 참조.

 甲文  金文 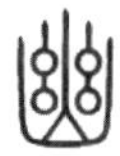 小篆 幽 楷書

 玄 현

玄은 『說文』에서, 본의가 '아득히 멀다. 검으면서 붉은 기가 있는 것을 玄이라 한다(幽遠也. 黑而有赤色者爲玄)'으로 설명되고, 자형은 '象幽而入覆之也'로 설명된다. 그러나 고문자계통에서의 玄은 여전히 실타래를 상형한 幺와 구별되지 않으며, 소전계통에서 분화된 글자로 보는 것이 일반적이고, 연구자에 따라서, 실이 공중에 매달려 있는 모양이라고 보고, 懸(현)의 의미로 해석하는 경우도 있다.

자소로 사용될 때, **泫**、**眩**、**絃**(현)、**詃**(견)、**鮌**(곤) 등의 글자에서와 같이 주로 음부역할을 하며, 小篆에 나타나는 **弦**(현 弓弦也. 从弓, 象絲軫之形)에서의 玄형은 幺 밑에 丨형이 추가되어 弦이 화살대(軫 진)에 메여있는 모습을 표시하고 있으며(), 자소로 사용될 때, **玅**(묘 急戾也. 从弦省, 少聲)의 의부역할을 한다.[592]

 甲文  古文  小篆 玄 楷書

 玆 자

玆는 玄의 이합자소(从二玄)로서, 『說文』에서는 여전히 玄을 좇아 본의를 '검다(黑也)'로 풀이하고 있지만, 고문자 계통에서는 실타래의 모양을 상형한 형태로 나타난다.

자소로 사용될 때, **孶**(자 汲汲生也. 从子玆聲)、**慈**(자 愛也. 从心玆聲)、**滋**(자 益也. 从水玆聲)、**磁**(石名. 可以引鍼. 从石玆聲)、**茲**(자 艸木多益也. 从艸玆省聲) 등의 글자에서와 같이 주로 음부역할을 한다.[593]

---

592 幺 밑에 丨형이 추가된 자형은 糸의 古文으로 수록되어 있다. 絃은 弦의 後起字로서, 『說文』에는 수록되어 있지 않다. 率(솔 捕鳥畢也. 象絲罔, 上下其竿柄也)은 1.8을 참조.

593 『說文』의 각 전본에는 玄의 이합자소인 玆의 음을 '자(子之切)'로 수록하고, 孶、慈、滋、磁、茲 등의 음부역할을 하는 것으로 설명하고 있으나, 段玉裁는 玆의 음을 '현(胡涓切)'이라 주장하고, 孶、慈、滋、磁 등의 글자에서 음부역할을 하는 자소는 茲(자 子之切)이며, 玆는 '从艸玆省聲'의

 糸 멱

糸은 본의가 '가는 실(細絲也)'로 풀이되고, 자형은 '실을 묶은 모양을 상형(象束絲之形)'한 것으로 설명되며, 重文으로 수록된 고문 자형은 幺와 거의 구별이 되지 않는다.

자소로 사용될 때, **紀**(기 絲別也. 从糸己聲)、**約**(약 纏束也. 从糸勺聲)、**紅**(홍 帛赤白色. 从糸工聲)、**納**(납 絲溼納納也. 从糸內聲)、**純**(순 絲也. 从糸屯聲)、**紙**(지 絮一苫也. 从糸氏聲)、**級**(급 絲次弟也. 从糸及聲)、**紛**(분 馬尾韜也. 从糸分聲)、**素**(소 白緻繒也. 从糸𠂹, 取其澤也)、**索**(색 艸有莖葉, 可作繩索. 从𣎵糸)、**細**(세 微也. 从糸囟聲)、**終**(종 綵絲也. 从糸冬聲)、**絃**(현 从糸玄聲. 本作弦)、**組**(조 綬屬. 其小者以爲冕纓. 从糸且聲)、**紫**(자 帛青赤色. 从糸此聲)、**累**(絫 루 增也. 从厽从糸)、**纍**(纍 루 綴得理也. 一曰大索也. 从糸畾聲)、**結**(결 締也. 从糸吉聲)、**絶**(절 斷絲也. 从糸从刀从卩)、**絡**(락 絮也. 一曰麻未漚也。从糸各聲)、**給**(급 相足也. 从糸合聲)、**統**(통 紀也. 从糸充聲)、**絹**(견 繒如麥稍. 从糸肙聲)、**經**(경 織從絲也. 从糸巠聲)、**綠**(록 帛青黃色也. 从糸彔聲)、**維**(유 車蓋維也. 从糸隹聲)、**網**(망 維紘繩也. 从糸岡聲)、**綿**(緜 면 聯微也. 从系从帛)、**緊**(긴 纏絲急也. 从臤, 从絲省)、**緖**(서 絲耑也. 从糸者聲)、**線**(綫 선 縷也. 从糸戔聲. 線, 古文綫)、**緣**(연 衣純也. 从糸彖聲)、**編**(편 次簡也. 从糸扁聲)、**緩**(緩 완 綽也. 从素爰聲. 緩, 緩或省)、**緯**(위 織橫絲也. 从糸韋聲)、**練**(련 湅繒也. 从糸柬聲)、**縮**(축 亂也. 从糸宿聲. 一曰蹴也)、**縱**(종 緩也. 一曰舍也. 从糸從聲)、**總**(총 聚束也. 从糸悤聲)、**績**(적 緝也. 从糸責聲)、**繁**(緐 번 馬髦飾也. 从糸每聲)、**織**(직 作布帛之總名也. 从糸戠聲)、**繼**(계 續也. 从糸㡭)、**續**(속 連也. 从糸賣聲)、**糾**(규 繩三合也. 从糸丩)、**繫**(계 繫縭也. 从糸毄聲)、**繩**(승 索也. 从糸, 蠅省聲)、**紡**(방 網絲也. 从糸方聲)、**紳**(신 大帶也. 从糸申聲)、**紹**(소 繼也. 从糸召聲)、**繭**(견 蠶衣也. 从糸从虫芇省) 등의 글자에서 의부역할을 한다.

 甲文  金文  古文  小篆 糸 楷書

형태가 아닌 '从艸絲省聲'의 형태로 구성된 글자라고 설명하고 있다.

 系 계

系는 본의가 '연결하다(繫也)'로 풀이되고, 자형은 『說文』에서 '从糸厂聲'의 형태로 설명되지만, 고문자 계통에서는 실타래(絲)를 손(爪)에 들고 있는 모습으로 나타나며, 『說文』에 重文으로 수록된 籒文(𦅻, 籒文系) 자형에서도 동일하게 나타난다. 小篆 자형에서의 厂(예)는 간화된 자형으로 보는 것이 일반적이다.

자소로 사용될 때, **係**(계 絜束也. 从人从系, 系亦聲)、**緜**(면 聯微也. 从系从帛)、**縣**(현 繫也. 从系持𥄉)、**䌛**(요 隨從也. 从系䍃聲) 등의 글자에서 의부 혹은 의부겸 음부역할을 한다.[594]

이들 글자 가운데, 緜은 현대한자에서 **綿**으로 사용되고, 자소로 사용될 때, **婂**、**櫋**、**矊**(면) 등의 글자에서 음부역할을 하며, 䌛는 **蘨**(요)、**邎**(유) 등의 글자에서 음부역할을 한다.[595]

 絲 사

絲는 '从二糸'의 자형으로, 『說文』에서는 본의가 '누에가 실을 토해내다(蠶所吐也)'로 풀이되지만, 고문자계통에서의 幺、糸、絲 등은 같은 글자로 보는 것이 일반적이다.

자소로 사용될 때, **𢇍**(丱 관 織絹从糸貫杼也. 从絲省, 卝聲)、**㬎**(현, 압 衆微杪

594 갑골문이나 금문에서의 係는 사람의 목을 줄로 묶은 모양으로 나타난다. 縣과 懸의 관계는 2.1.4 首의 파생자소 𥄉(교)를 참조.

595 棉(면)은 아래의 巾, 䌛에서의 䍃(요)는 2.1.4 言의 注를 참조. 䌛는 예변 이후 繇로 통용되기도 한다. 䍃(요)는 2.1.5 肉의 파생자소를 참조.

也. 从日中視絲. 古文以爲顯字)、**䜌**(련, 란 亂也. 一曰治也. 一曰不絕也. 从言絲)、**轡**(비 馬轡也. 从絲从害) 등의 글자에서 의부역할을 한다.[596]

이들 글자 가운데, 𢇇은 다시 **關**(관 以木橫持門戶也. 从門𢇇聲)、**聯**(련 連也. 从耳, 耳連於頰也. 从絲, 絲連不絕也) 등의 글자에서 의부역할을 하고, 㬎은 **顯**、**韅**(현)、**溼**(습 幽溼也. 从水. 一, 所以覆也. 覆而有土, 故溼也. 㬎省聲)、**濕**(습 水. 出東郡東武陽, 入海. 从水㬎聲) 등의 글자에서 음부역할을 한다.[597] 또한, 䜌은 다시 **戀**、**攣**、**孌**、**孿**(련)、**變**(변)、**欒**、**鸞**、**鑾**(란)、**巒**、**蠻**、**彎**(만) 등의 글자에서 음부역할을 하고, 彎은 또 다시 **灣**(만)의 음부역할을 한다.

叀 전

叀을 『說文』에서는 자형을 '从幺省, 小意. 从屮, 屮亦聲'의 형태로 설명하고, 본의를 '조심하고 신중하다(小謹也)'로 풀이하고 있지만, 고문자계통에서는 '실북'의 모양을 그린 형태로 나타난다. **專**(전)도 『說文』에서는 본의를 '6촌 길이의 장부(六寸簿也)'로 풀이하고 자형을 '从寸叀聲'의 형성자로 설명하고 있지만, 갑골문에서 손(又)에 실북(叀)을 잡고 있는 형태로 나타난다.[598]

---

596 『說文』의 大徐本에서는 卝을 磺(황, 광)의 古字로 설명하고(卝, 古磺字), 段注本에서는 卵(란)의 古字로 보고 있다(古文卵).

597 현대한자에서는 濕이 溼의 의미를 나타내고 있다.

598 許愼도 본의를 '六寸簿也'로 설명하고 나서, 부가하여 '一曰, 專, 紡專'이라고 언급하고 있다.

자소로 사용될 때, **惠**(혜 仁也. 从心从叀)、**疐**(치 礙不行也. 从叀, 引而止之也. 叀者, 如叀馬之鼻也. 从冂, 此如牽同意)의 글자에서 의부역할을 하고, **袁**(원 長衣皃. 从衣, 叀省聲)에서는 자형의 일부가 생략된 형태로 음부역할을 한다.

이들 글자 가운데,하며, 專은 다시 **傳**、**塼**、**轉**(전)、**團**、**鏄**(단), 惠는 **蕙**、**蟪**(혜)、**穗**(수), 疐는 **懥**(치)、**嚏**(체), 袁은 **園**、**猿**、**遠**、**轅**(원) 등의 글자에서 음부역할을 한다.[599]

 衣 의

衣의 자형을 『說文』에서는 '두 사람을 덮고 있는 모양을 상형(象覆二人之形)'한 것으로 설명하고 있지만, 갑골문이나 금문에는 단순히 웃옷의 모양을 상형한 것으로 보는 것이 일반적이다.

자소로 사용될 때, **表**(표 上衣也. 从衣从毛)、**衰**(쇠 艸雨衣. 从衣, 象形)、**被**(피 寑衣, 長一身有半. 从衣皮聲)、**裁**(재 制衣也. 从衣𢦏聲)、**裂**(렬 繒餘也. 从衣列聲)、**裕**(유 衣物饒也. 从衣谷聲)、**補**(보 完衣也. 从衣甫聲)、**裏**(리 衣内也. 从衣里聲)、**裝**(장 裹也. 从衣壯聲)、**裳**(常 상 下帬也. 从巾尚聲. 裳, 常或从衣)、**製**

599 睘(경, 선 目驚視也. 从目袁聲)과 그 활용은 2.1.4 目의 파생자소를 참조.

(제 裁也. 从衣从制)、**複**(복 重衣皃. 从衣复聲)、**襲**(습 左衽袍. 从衣, 龖省聲)、**初**(초 始也. 从刀从衣. 裁衣之始也)、**袂**(메 袖也. 从衣夬聲)、**袖**(褎 수 袂也. 从衣采聲. 袖, 俗褎从由)、**裸**(羸 라 袒也. 从衣亷聲. 裸, 羸或从果)、**袒**(단 衣縫解也. 从衣旦聲)、**裹**(과 纏也. 从衣果聲)、**裔**(예 衣裾也。从衣冏聲)、**裴**(배 長衣皃. 从衣非聲)、**褻**(설 私服. 从衣埶聲)、**雜**(襍 잡 五彩相會. 从衣集聲)、**卒**(졸 隸人給事者衣爲卒. 卒, 衣有題識者)、**襄**(양 解衣而耕謂之襄. 从衣㲋聲) 등의 글자에서 의부역할을 하고, **依**、**扆**(의)、**哀**(애) 등의 글자에서는 음부역할을 한다.[600]

이들 글자 가운데, **雜**과 **卒**에서의 衣는 자형이 예변 이후 '𠆢'형으로 바뀌었으며, 이들이 자소로 사용될 때, 雜은 **囃**、**磼**(잡), 卒은 **猝**(졸)、**窣**(솔)、**崒**(줄)、**粹**(수)、**碎**(쇄)、**醉**、**翠**(취)、**悴**、**膵**(췌)、**焠**、**睟**(쉬) 등의 글자에서 음부역할을 한다. 또한, 襄은 **壤**、**孃**、**攘**、**禳**、**穰**、**釀**、**讓**、**鑲**(양)、**蠰**(상) 등의 글자에서 음부역할을 한다.

600 褱(회)와 그 활용은 2.1.4 目의 파생자소 眔(답)을 참조. 裔에서의 冏(눌)은 口의 파생자소를 참조. 襄에서의 㲋(영)은 『說文』에서 '从爻工交吅'의 자형으로 분석되고, 본의가 '亂也'로 설명되며, '꽉 채워서 막다(一曰, 窒㲋)'라는 의미로도 풀이된다. 襄(전)은 2.8 工의 파생자소를 참조. 현재 통용 자전류에서 雜은 隹부수, 卒은 十부수에 널어놓고 있다.

 求 구

求는 『說文』에서 裘(皮衣也. 从衣, 象形)의 古文 자형(求, 古文省衣)으로 설명되고, 갑골문에서도 衣자에 털의 모양을 더해 그린 자형으로 나타난다.

자소로 사용될 때, **球**、**救**、**絿**、**逑**、**銶**(구) 등의 글자에서와 같이 주로 음부역할을 한다.

 甲文  金文  古文  小篆 **裘** 楷書

 巾 건

巾은 '면직물이 걸려있는 모양을 상형(佩巾也. 从冂. 丨, 象糸也)'한 글자로서, 許愼이 冖(멱)을 의부로 파악한 것은 소전 자형에 얽매인 까닭으로 이해해야 할 것이다.

자소로 사용될 때, **布**(포 枲織也. 从巾父聲)、**希**(希 희 罕也. 望也. 从爻从巾)、**帥**(수, 솔 佩巾也. 从巾自聲. 帨, 帥或从兌)、**師**(사 二千五百人爲師. 从帀从𠂤. 𠂤, 四帀, 眾意也)、**席**(석 籍也. 从巾庶省聲. 㕽, 古文席从石省)、**帳**(장 張也. 从巾長聲)、**帶**(대 紳也. 男子鞶帶, 婦人帶絲. 象繫佩之形. 佩必有巾, 从巾)、**常**(상 下帬也. 从巾尚聲. 裳, 常或从衣)、**幅**(폭 布帛廣也. 从巾畐聲)、**幕**(막 帷在上曰幕, 覆食案亦曰幕. 从巾莫聲)、**幣**(폐 帛也. 从巾敝聲)、**佩**(패 大帶佩也. 从人从凡从巾. 佩必有巾, 巾謂之飾)、**帛**(백 繒也. 从巾白聲)、**市**(불 韠也. 上古衣蔽前而已, 市以象之. 从巾, 象連帶之形. 韍, 篆文市) 등의 글자에서 의부역할을 한다.[601]

이들 글자 가운데, 布는 다시 **佈**、**怖**、**抪**(포), 希는 **稀**、**晞**、**睎**(희)、**脪**(흔) 등의 글자에서 음부역할을 하고, 帶는 **廗**、**瘯**(대)、**滯**、**締**、**諦**(체) 등의 글자에서 음부역

601 希는 『說文』에 표제자로 수록되어 있지 않지만, 稀、晞、睎(희)、脪(흔) 등의 글자들은 '希聲'으로 설명하고 있다. 『正字通』에는 '希,希本字. 从爻, 象希疏之形'으로 풀이하고 있다. 市(시)는 2.6 冂(경), 帀(잡)은 2.1.3 之(지)의 파생자소, 帥、師 및 歸의 활용은 2.4의 𠂤(퇴), 席은 2.4 火의 파생자소 炗(광), 帚(추)와 그 활용은 2.8을 참조.

할을 하며, 滯는 다시 遰(체)의 음부역할을 한다. 또한, 帛은 綿(緜)、棉(면)、錦(금)、幫(幇 방) 등의 글자에서 의부역할을 하고, 市은 韐(갑 士無市有韐. 从市合聲. 鞈, 韐或从韋)의 의부, 芾(불)의 음부역할을 한다.

현재 통용 자전류에서 巾부에 배속시키고 있는 帝(제 諦也. 王天下之號也. 从上朿聲)의 경우, 『說文』에서는 '从上朿聲'의 형성자로 풀이하고 있지만, 갑골문이나 금문에서의 帝는 꽃받침을 의미하는 蒂의 初文으로 보는 것이 다수설이고, 나무를 묶어 불에 태워 하늘에 제사지낸다는 것을 의미하는 禘의 初文이라고 보는 설도 있다.

자소로 사용될 때, 啼、蹄(제)、禘、蒂、締、諦(체) 등의 글자에서 음부역할을 한다. 또한, 해서체에서 啇의 형태로 나타나고, 嫡、滴、摘、敵、適、讁(적)、蹢(척) 등의 글자에서 음부역할을 하는 啻(시 過多也. 从口帝聲)에서도 帝는 음부로 사용되고 있다.

㡀 폐

㡀는 본의가 '헤어진 옷(敗衣也)'으로 설명되며, '从巾, 象敗衣之形'의 형태로 분석된다.

자소로 사용될 때, 敝(폐 帗也. 一曰敗衣. 从攴从㡀, 㡀亦聲)의 의부겸 음부역할을 하며, 敝는 다시 幣、弊、蔽、斃(폐)、嫳、瞥、鼈(별) 등의 글자에서 음부역할을 한다.

 黹 치

黹는 본의가 '헤어진 옷을 바느질하다(箴縷所紩衣)'로 설명되며, 자형은 '从㡀丵省'의 형태로 분석된다.

자소로 사용될 때, 黺(분 衮衣山龍華蟲. 从黹分聲)、黻(불 黑與青相次文. 从黹犮聲)、黼(보 白與黑相次文. 从黹甫聲) 등의 글자에서 의부역할을 한다.

 甲文  金文  小篆 黹 楷書

 乍 사

乍는『說文』에서 본의가 '制止하다', 또는 '달아나다'로 풀이되고(止也. 一曰, 亡也)', 자형은 '从亡一'의 형태로 설명된다. 그러나, 갑골문에 나타난 乍의 자형은 옷을 제작하기 위해 바느질을 하는 모습을 나타낸 것으로, 作의 初文으로 보는 것이 일반적이다.

자소로 사용될 때, 作(작 起也. 从人从乍)의 의부역할을 하고, 詐(사)、鮓(자)、祚(조)、昨、炸(작)、窄(착)、怎(즘) 등의 글자에서는 음부역할을 하고, 窄은 다시 搾(착)의 음부역할을 한다.

 甲文  金文  小篆 乍 楷書

 𤔔 란

𤔔은 본의가 '다스리다(治也)'로 풀이되고, 자형은 '幺子相亂, 𠬪治之也'의 형태로 설명된다. 그러나, 금문에서의 𤔲(사)는 두 손으로 끝이 날카로운 코바늘 같은 공구를

잡고, 선반 위에 있는 헝클어진 실을 풀어내는 모양을 표현하고 있다고 보는 것이 일반적인 해석이다.

자소로 사용될 때, **亂**(란 治也. 从乙. 乙, 治之也. 从𤔔)、**辭**(사 訟也. 从𤔔从辛, 𤔔猶理辜也. 𤔲, 籒文辭从司) 등의 글자에서 의부역할을 하고, **𤔲**는 辭의 重文으로 수록된 籒文 자형이다.

 古文  小篆

 金文  籒文  小篆 辭 楷書

 **𢇍 절**

㡭은 『說文』에 絶(절 斷絲也. 从糸从刀从卩)의 重文으로 수록되어 있는 古文(𢇍, 古文絶. 象不連體. 絕二絲) 자형이다.[602]

자소로 사용될 때, **繼**(계 續也. 从糸㡭. 一曰, 反𢇍爲繼)、**斷**(단 截也. 从斤从𢇍) 등의 글자에서 의부역할을 한다.

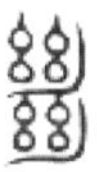 古文  小篆 絶 楷書

 **𣶒 연**

𣶒을 『說文』에서는 **淵**(연 回水也. 从水, 象形. 左右, 岸也. 中象水皃)의 或體字(𣶒, 淵或省水)로 수록해 놓고, **肅**(숙 持事振敬也. 从聿在𣶒上, 戰戰兢兢也)의 의부역활을 한다고 설명하고 있으나, 金文에 나타나는 肅에서의 𣶒형은 연못의 모양이

602 段注本에서는 絶의 結構를 '从刀糸, 卩聲'의 형태로 고쳐놓았다.

아니라, 수(繡)놓을 도안으로 보아, **繡**(수)의 初文으로 보는 것이 일반적이다.[603]

𣶒은 자소로 사용될 때, **棩**、**裫**、**[illegible]**(연) 등의 글자에서 음부역할을 하고, 肅은 자소로 사용될 때, **潚**、**橚**、**驌**、**鷫**(숙)、**繡**(수)、**嘯**、**蕭**、**簫**(소) 등의 글자에서 음부역할을 한다.

叕 철

叕은 '꿰매어서 서로 이어진 모양을 상형(綴聯也. 象形)'한 글자이다.

자소로 사용될 때, **綴**(철 合箸也. 从叕从糸, 叕亦聲)의 의부역할을 하고, **啜**、**剟**、**歠**、**輟**(철)、**敠**(최)、**蝃**、**餟**(체) 등의 글자에서는 음부역할을 한다.

603 聿(녑)은 2.1.2 又의 파생자소를 참조.

2.14 무늬、빛깔 등과 관련된 근원자소와 파생자소

文 문

文은 '무늬가 서로 交錯되어 있는 것을 상형(錯畫也. 象交文)'한 글자로서, **紋**의 初文이다. 갑골문과 금문에 나타나는 文 역시 紋의 초문으로 보는 것이 일반적이지만, 文을 사람의 형으로 보고, 그 안에 표시된 ⌂、∨、X 등의 형은 紋身을 나타낸 것이라고 주장하는 경우도 있다.

자소로 사용될 때, **彣**(문 䶂也. 从彡从文)、**斐**(비 分別文也. 从文非聲)、**辬**(斑 반 从文辡聲) 등의 글자에서 의부역할을 하고, **汶**、**蚊**、**紊**(문)、**旻**、**玟**、**閔**(민)、**吝**(린)、**虔**(건) 등의 글자에서는 음부역할을 하며, 閔은 다시 **憫**(민), 吝은 다시 **悋**(린), 虔은 다시 **劇**、**㨜**(건) 등의 글자에서 음부역할을 한다.[604]

이들 글자 가운데, 彣은 다시 **彦**(언 美士有文, 人所言也. 从彣厂聲)의 의부역할을 하고, 彦은 또 다시 **諺**(언)、**顔**(안)、**産**(산 从生, 彦省聲) 등의 글자에서 음부역할을 하며, 産은 **剷**、**𤛓**、**鏟**(산)、**㦃**(찬) 등의 글자에서 음부역할을 한다.

 甲文  金文  小篆 文 楷書

彡 삼

彡은『說文』에서 '붓으로 무늬를 닦고 그리는 것을 상형(毛飾畫文也. 象形)'한 글자로 설명된다.

그러나, **須**(수 面毛也. 从頁从彡)、**㐱**(진 稠髮也. 从彡从人. 鬒, 㐱或从髟眞聲)、**尨**(방 犬之多毛者. 从犬从彡) 등에서의 彡은 사람이나 동물의 수염이나 털을

604 斑(반)은『玉篇』에서 辬과 같은 글자로 설명된다. 斌(빈)은 2.1.3 止의 武를 참조.

의미하기도 한다.[605]

자소로 사용될 때, **形**(형 象形也. 从彡幵聲)、**彩**(채 文章也. 从彡采聲)、影(영 物之陰影也. 从景从彡, 景亦聲)、**修**(수 飾也. 从彡攸聲)、**彤**(동 丹飾也. 从丹从彡. 彡, 其畫也)、**彫**(조 琢文也. 从彡周聲)、**彰**(창 文彰也. 从彡从章, 章亦聲)、**彬**(份 빈 文質備也. 从人分聲. 彬, 古文份从彡林)、**㣎**(목 細文也. 从彡, 㝅省聲) 등의 글자에서 의부역할을 하고, **杉**、**衫**(삼) 등의 글자에서는 음부역할을 한다.[606]

이들 글자 가운데, 㐱은 다시 **翏**(료, 륙 高飛也. 从羽从㐱)의 의부역할을 하고, **殄**、**珍**、**診**、**疹**(진)、**參**(曑 삼, 참 商星也. 从晶㐱聲) 등의 글자에서는 음부역할을 하며, 殄은 또 다시 **餮**(飻 철 貪也. 从食, 殄省聲), 參은 **蔘**(삼)、**慘**(참) 등의 글자에서 음부역할을 한다. 또한, 㣎은 **穆**(목)의 음부로 사용된다.[607]

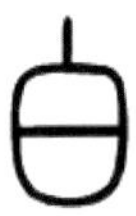

白 백

白의 본의를 『說文』에서는 음양오행설에 의거하여 '서쪽을 나타내는 색(西方色也)'으로 풀이하고, 자형을 '从入, 合二'의 형태로 분석하고 있다. 그러나 갑골문이나 금문에 나타나는 白의 자형에 관해서는 아직까지 정설이 없는 상태로서, 엄지손가락의 모양을 상형한 것, 自와 마찬가지로 코의 모양을 상형한 것, 태양이 막 떠오를 때의 뾰죽한 모습을 그린 것, 燈燭의 불꽃을 그린 것으로 보는 등 異說이 많다.[608]

자소로 사용될 때, **皎**(교 月之白也. 从白交聲)、**皙**(석 人色白也. 从白析聲)、**皢**(효 日之白也. 从白堯聲) 등의 글자에서 의부역할을 하고, **伯**、**柏**、**魄**、**帛**(백)、

---

605 須와 그 활용은 2.1.4의 頁(혈), 尨과 그 활용은 2.2.1의 犬을 참조.

606 彭(팽)과 그 활용은 2.11의 壴(주), 弱(약)과 그 활용은 2.12 弓의 파생자소 弜(강)을 참조. 㐱(진)은 2.2.2 羽의 파생자소 几(수)를 참조. 㣎에서의 㝅(극)은 2.17의 小를 참조.

607 翏(료, 륙)과 그 활용은 2.2.2 羽의 파생자소를 참조. 彦과 産은 위의 文을 참조.

608 色은 2.1.1의 卩, 灰는 2.4의 火, 朱는 2.3 木의 파생자소, 玄과 紅、綠、紫 등은 본절 위의 幺와 糸를 참조.

拍、泊、箔、迫(박)、碧(벽)、帕、怕、袙(파) 등의 글자에서는 음부역할을 한다.[609]

현재 통용 자전류에서 白부에 배속시키고 있는 百(백)、皇(황)、皆(개) 등의 글자들은, 소전 자형에서 모두 自(자)의 생략형(从自省)인 白(자)가 의부로 사용된 글자들이며,[610] 的(적)은 旳(적 明也. 从日勺聲)이 本字이다.

白의 삼합자소인 皛(효)는 본의가 '드러나다(顯也)'로 풀이되고, 자소로 사용되는 경우가 드물지만, 藠(효)의 음부역할을 한다.

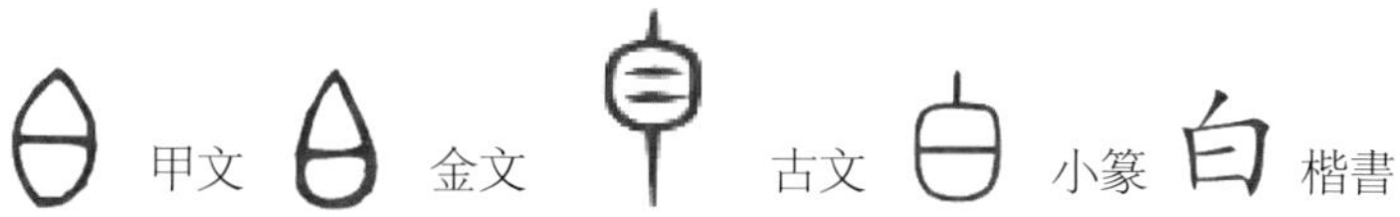

 赤 적

赤은 본의가 '남쪽을 나타내는 색(南方色也)'으로 풀이되고, 자형은 '从大从火'의 형태로 설명되고. 烾은 重文으로 수록된 고문 자형(古文从炎土)이다.

자소로 사용될 때, 赩(혁 大赤也. 从赤色, 色亦聲)、赨(동 赤色也. 从赤蟲省聲)、赬(정 赤色也. 从赤巠聲. 䞓, 赬或从貞. 赪, 或从丁)、浾(청 棠棗之汁也. 从赤水) 등의 글자에서 의부역할을 하고, 捇(혁)、郝(학)、赦(사) 등의 글자에서는 음부역할을 한다.

赫(혁)은 赤의 이합자소(火赤皃. 从二赤)로서, 爀의 初文이다. 자소로 사용되는 경우가 드물지만, 嚇(혁)에서는 음부역할을 한다.

---

609 帛의 활용은 위의 巾을 참조.
610 2.1.4의 自(자)를 참조.

黑 흑

黑은 본의가 '불에 그을린 색(火所熏之色也)'으로 풀이되고, 자형은 '从炎, 上出囧. 囧, 古窻字'의 형태로 설명된다.[611]

자소로 사용될 때, **默**(묵 書墨也. 从土从黑, 黑亦聲)、**點**(점 小黑也. 从黑占聲)、**黨**(당 不鮮也. 从黑尚聲)、**熏**(훈 火煙上出也. 从屮从黑. 屮黑, 熏黑也)、**黜**(출 貶下也. 从黑出聲)、**黔**(검 黎也. 从黑今聲)、**黝**(유 微青黑色. 从黑幼聲)、**黚**(달 白而有黑也. 从黑旦聲)、**黥**(경 墨刑在面也. 从黑京聲. 剠, 黥或从刀)、**黮**(담 桑葚之黑也. 从黑甚聲)、**黯**(암 深黑也. 从黑音聲)、**黲**(참 淺青黑也. 从黑参聲)、**黵**(담 大污也. 从黑詹聲) 등의 글자에서 의부역할을 하며, **潶**(흑)、**默**、**嘿**、**蟔**(묵) 등의 글자에서는 음부역할을 한다.

이들 글자 가운데, 熏은 다시 **勳**、**壎**、**薰**(훈) 등의 글자에서 음부역할을 하며, **燻**(훈)은 熏의 俗字이다.

丹 단

丹은 '붉은 돌을 채취하는 곳과 그 돌의 모양을 상형(象采丹之井. 丶, 象丹形)'한 글자로 설명된다.

자소로 사용될 때, **彤**(동 丹飾也. 从丹从彡. 彡, 其畫也)、**雘**(확 善丹也. 从丹蒦聲)、**青**(청 从生丹) 등의 글자에서 의부역할을 하고, **刑**、**玬**(단)、**旃**(전)、**鵃**(환) 등

611 囧(창)은 2.6의 囪(창)을 참조.

의 글자에서는 음부역할을 한다.

青 청

青은 본의가 '동쪽을 나타내는 색(東方色也)'으로 풀이되고, 자형은 '从生丹'의 형태로 분석된다.

자소로 사용될 때, **靜**(정 審也. 从青爭聲)의 의부역할을 하고, **淸**、**晴**、**請**(청)、**情**、**靖**、**睛**、**精**(정)、**錆**(창)、**倩**、**棈**(천)、**猜**(시) 등의 글자에서는 음부역할을 한다.

黃 황

黃은 본의가 '땅의 색(地之色也)'으로 풀이되고, 자형은 『說文』에서 '从田从炗, 炗亦聲. 炗, 古文光'의 형태로 설명된다. 그러나, 갑골문이나 금문에 나타나는 黃의 자형은 벼를 수확하여 묶어 둔 모양으로 보기도 하고, 사람이 佩玉을 차고 있는 형태로 풀이하는 경우도 있으며, 또는 단순히 짝을 이룬 佩玉의 형상으로 璜의 初文으로 보기도 한다.

자소로 사용될 때, **黇**(첨 白黃色也. 从黃占聲)、**黊**(규 鮮明黃也. 从黃圭聲)、**黺**(단 黃黑色也. 从黃耑聲) 등의 글자에서 의부역할을 하고, **潢**、**熿**(황)、**廣**(광) 등의 글자에서는 음부역할을 하며, 廣은 다시 **鑛**(광)、**擴**(확) 등의 글자에서 음부역할을 한다.[612]

2.15 제사、점복 및 그와 관련된 근원자소와 파생자소

 卜 복

卜은 갑골문이나 금문、소전 모두 유사한 자형으로 나타나고, 이는 '거북의 등껍질을 태워 그것이 갈라지는 모양을 상형한 것(灼剥龜也, 象灸龜之形. 一曰象龜兆之從橫也).'이라고 보는 데 異說이 없다.

자소로 사용될 때, **卟**(계 卜以問疑也. 从口卜)、**占**(점 視兆問也. 从卜口)、**貞**(정 卜問也. 从卜貝. 貝, 以爲贄. 一曰鼎省聲)、**兆**(𠧞 조 灼龜坼也. 从卜. 兆, 象形. 兆, 古文𠧞省)、**卦**(괘 筮也. 从卜圭聲)、**外**(외 遠也. 卜尚平旦, 今夕卜, 於事外矣)、**貞**(정 卜問也. 从卜, 貝以爲贄. 一曰鼎省聲) 등의 글자에서 의부역할을 하고, **攴**、**扑**、**鳪**(복)、**朴**、**釙**(박)、**仆**、**訃**、**赴**(부) 등의 글자에서는 음부역할을 한다.[613]

이들 글자 가운데, 占은 다시 **佔**、**岾**、**店**、**粘**(黏)、**鲇**、**點**(점)、**沾**(첨)、**站**(참)、**拈**(념)、**帖**、**貼**(첩) 등의 글자에서 음부역할을 하고, 沾은 또 다시 **霑**(점)의 음부역할을 한다. 또한, 兆는 다시 **晁**、**眺**、**窕**(조)、**挑**、**桃**、**逃**(도)、**姚**(요), 卦는 **掛**(괘), 貞은 **偵**、**禎**(정) 등의 글자에서 음부역할을 한다.

612 堇(근 黏土也. 从黃省从土)과 그 활용은 2.4의 土를 참조.
613 睿(예)、㕡(준) 등에서의 卜형은 2.1.4 目의 파생자소, 卓(탁)에서의 卜형은 2.1.1 人의 파생자소 匕(비)를 참조. 巫(무)는 2.8의 工을 참조.

 示 시

示의 본의를 『說文』에서는 '하늘에서 어떤 징조를 내려 길흉을 나타냄으로써, 사람들에게 보여준다(天垂象, 見吉凶. 所以示人也)'라고 풀이하고, 자형을 '从上. 三垂, 日月星也'의 형태로 분석하고 있다.

갑골문에서의 자형도 소전과 같거나 혹은 좀 더 간략한 형태로 나타나기도 하는데, 이를 두고, 神主의 모습을 상형한 것이라고 보기도 하고, 연구자에 따라서는 나무가락을 흩어 점을 치는 것을 표현한 것이라 하고, '보다'라는 의미는 그 점괘를 본다는 것에서 나온 것이라 주장하는 경우도 있다.

자소로 사용될 때, **社**(사 地主也. 从示土)、**祈**(기 求福也. 从示斤聲)、**祕**(비 神也. 从示必聲)、**祖**(조 廟也. 从示且聲)、**祝**(축 祭主贊詞者. 从示从人口. 一曰从兌省)、**神**(신 天神, 引出萬物者也. 从示申)、**祥**(상 福也. 从示羊聲)、**祭**(제 祭祀也. 从示, 以手持肉)、**祿**(록 福也. 从示彔聲)、**禁**(금 吉凶之忌也. 从示林聲)、**禍**(화 害也, 神不福也. 从示咼聲)、**福**(복 祐也. 从示畐聲)、**禪**(선 祭天也. 从示單聲)、**禮**(례 履也. 所以事神致福也. 从示从豊, 豊亦聲)、**祀**(사 祭無巳也. 从示巳聲)、**禱**(도 告事求福也. 从示壽聲)、**祚**(조 福也. 从示乍聲)、**祠**(사 春祭曰祠. 品物少, 多文詞也. 从示司聲)、**視**(시 瞻也. 从見示)、**禦**(祀也. 从示御聲) 등의 글자에서 의부역할을 하고, **祁**(기)、**柰**(내) 등의 글자에서는 음부역할을 하며, 柰는 다시 **隸**(예)의 음부역할을 한다.[614]

 祘 산

示의 이합자소인 祘은 '자세히 보아 계산하다(明示而筭之)'라는 의미로 풀이되고, 자소로 사용되는 경우는 드물지만, 蒜(산)의 음부역할을 한다.

---

614 視(从見示)를 段注本에서는 '从見視聲'의 형성자로 고쳐놓았다. 尉(위 从𡰣又持火)에서의 示형은 1.1.2의 寸을 참조. 隸는 해서체에서 隷의 형태로도 사용된다. 柰(내)는 1.1.1 大의 注를 참조. 현재 통용 자전류에서 示부에 배속시키고 있는 票(표)는 示와 의미상 관련이 없는 글자이다. 票에서의 示형은1.1.2의 𦥑(곡)을 참조.

2.16 숫자와 관련된 근원자소와 파생자소

一 일

갑골문과 금문 및 소전에 나타나는 숫자 一、二、三의 형태는 모두 동일하게 가로획을 하나씩 더하는 방법으로 표현하였으며, 弌、弍、弎 등은 각각 『說文』에 수록된 一、二、三의 古文 자형이다.[615]

『說文』에서는 一 또는 一의 형태가 자소로 많이 사용되고 있는데, 許愼은 天(从一大)、元(从一从兀)、丕(从一不聲)、吏(从一从史, 史亦聲)、戌(从戊一, 一亦聲) 등의 글자를 비롯한 다수의 글자에서, 成字字素로서의 一과 非字字素로서의 一을 구분하지 않고 설명하는 경우가 많이 나타난다.[616]

또한, 현재 통용 자전류에서 一 부에 배속시키고 있는 丁(정)、七(칠)、三(삼)、下(하)、丈(장)、上(상)、不(불)、丑(축)、丙(병)、世(세)、且(차)、丘(구) 등의 글자들 역시 해서체 자형에만 근거하여 분류해 놓은 경우에 속한다.

615 『說文』에서는 이들 숫자를 표시하는 글자들에 대한 해석을 아주 추상적으로 하고 있는데, 一을 '惟初太始, 道立於一, 造分天地, 化成萬物', 二를 '地之數也. 从偶一', 三을 '天地人之道也. 从三數'라고 풀이하고 있다. 三이 자소로 사용되는 경우는 극히 제한적인데, 畺(강 界也. 从畕. 三, 其界也)에서의 三은 숫자로서의 三이 아니라, 경계를 표시하고 있다.

616 一이 음부로 설명되는 '从叉一聲'의 孚(률, 놜)은 2.1.2의 爪를 참조. 해서체 자전에서 一부에 배속시키고 있는 不과 丕는 2.2.2, 丏은 2.17, 丑은 2.1.2, 丙은 2.17의 入, 世는 본 절 十의 파생자소 卅, 且는 2.8, 丘는 2.4, 丞은 2.1.2의 廾, 並은 2.1.1 大의 파생자소를 참조. 冂부의 再는 2.17의 冓를 참조.

二 二 이

二는 자소로 사용될 때, **仁**(인 親也. 从人从二)、**匀**(윤, 균 少也. 从勹二)、**些**(사 少也. 从此从二)、**亟**(극 敏疾也. 从人口又二. 二, 天地也)、**亘**(선 求亘也. 从二从囘.囘, 古文回. 象亘回形. 上下, 所求物也)、**恒**(항 常也. 从心从舟, 在二之間)、**竺**(축 厚也. 从二竹聲)、**凡**(범 最括也. 从二. 二, 偶也. 从乛. 乛, 古文及) 등의 글자에서 의부로 설명되고 있으나, 숫자로서의 二라고 보기가 힘든 경우가 대부분이다. **次**(차)는 '从欠二聲'의 형태로 설명되고 있다.[617]

이들 글자 가운데, 仁은 다시 **芢**(인)의 음부역할을 하고,[618] 匀은 **昀**、**菂**(윤)、**均**、**鈞**(균)、**笉**(신)、**杓**(진) 등의 음부, 均은 다시 **葀**(윤)의 음부, 亟(극)은 **慖**、**極**(극) 등의 음부, 亘은 **宣**(선)、**垣**、**洹**(원)、**桓**(환) 등의 글자에서 음부역할을 하고, 宣은 또 다시 **渲**、**瑄**(선) 등의 글자에서 음부역할을 한다.

현재 통용 자전류에서 二부에 배속시키고 있는 **于**(우)、**云**(운)、**互**(호)、**五**(오)、**井**(정)、**亞**(아) 등의 글자들은 해서체 자형에만 근거하여 분류해 놓은 것으로, 二와 의미상 관련이 없는 글자들이다.

---

617 段玉裁는 次를 '从欠从二'의 會意字로 보아야 한다고 주장하고 있으나, 갑골문에 나타나는 次는 꿇어앉아 있는 사람이 입으로 무엇을 내뿜는 모습으로 나타나 있다. 笠(호 从竹. 象形)는 '줄 감는 기구(可以收繩者也)'를 의미하고, 竹 아래의 互는 '손으로 밀어 잡는 것을 상형(象人手推握也)'한 것으로 설명되는 글자이며, 현재 楷書體에서 사용되고 있는 互는 笠의 或體字(笠或省)이다. 凡과 그 활용은 2.8의 几를 참조.

618 佞(녕 巧諂高材也. 从女, 信省)의 경우, 小徐本과 段注本에서는 '从女仁聲'으로 수록해 놓았다.

金文 古文 小篆 楷書

 四 사

四는 『說文』에서 본의가 '음수(陰數也)'로 풀이되고, 자형은 '象四分之形'의 형태로 분석되고 있지만, 갑골문이나 금문을 비롯하여, 『說文』에 重文으로 수록된 籒文 자형 모두가 단순히 네 획을 그은 亖의 형태로 나타난다.

자소로 사용될 때, **柶**、**泗**、**駟**(사)、**呬**、**怬**(희) 등의 글자에서와 같이 주로 음부 역할을 한다.

古文 籒文 小篆 楷書

 五 오

五는 『說文』에서 본의가 '오행(五行也)'으로 풀이되고, 자형은 '从二, 陰陽在天地間交午也'의 형태로 분석되고 있지만, 갑골문에 나타나는 五의 자형은 단순히 다섯 개의 가로획으로 표시한 것도 있고, 소전 자형과 같은 형태로 표시된 것도 있으나, 이에 대한 해석은 아직 定說이 없어, 새끼줄을 담는 통이라고 보는 경우도 있고, 㐅에서의 二형은 물체의 사이를 의미하고, ×는 교차하는 모양을 나타내는 것이라고 주장하기도 한다.

자소로 사용될 때, **伍**、**吾**(오) 등의 글자에서 음부역할을 하고, 吾는 다시 **晤**、**悟**、**梧**、**寤**(오)、**圄**、**語**、**齬**(어)、**衙**(아) 등의 글자에서 음부역할을 한다.

 甲文  金文  古文  小篆 五 楷書

 六 륙

六은 『說文』에서 본의가 아주 추상적으로 설명되고 있으며(『易』之數. 陰變於六, 正於八), 자형은 '从入从八'의 형태로 분석된다.

자소로 사용되는 경우는 많지 않지만, **冥**(명 幽也. 从日从六, 冖聲)의 의부역할을 하고,[619] **圥**(륙 륙, 록 菌圥, 地蕈. 叢生田中. 从中六聲)의 음부역할을 한다.

이들 글자 가운데, 冥은 다시 **瞑**、**溟**、**暝**、**螟**、**蓂**(명)、**汨**(멱 从水冥省聲) 등의 글자에서 음부역할을 하고, 圥은 다시 **坴**(륙)、**竜**(축) 등의 글자에서 음부역할을 한다.[620]

 甲文  金文  小篆 六 楷書

 甲文  小篆 冥 楷書

 七 칠

七은 『說文』에서 본의가 역시 추상적으로 설명되고 있으며(陽之正也), 자형은 '从一, 微陰从中衺出也'의 형태로 분석되지만, 갑골문이나 금문에서의 七은 모두 十의 형태로 나타난다.[621]

---

619 六이 의부로 사용된 이유에 대해, 許愼은 '날짜는 십일씩 계산하는데, 십일이 지나고 다시 六日이 더해지면 비로소 달이 기울고 어두워진다(日數十, 十六日而月始虧冥也)'라고 설명하고 있다.

620 坴과 그 활용은 2.4의 土의 파생자소를 참조.

621 갑골문에 나타나는 十의 형태는 원래 '자르다'라는 의미로서, 切의 初文으로 보는 것이 일반적이

자소로 사용될 때, **切**(절)의 음부역할을 하고, 切은 다시 **沏**、**窃**(절)、**砌**(체) 등의 글자에서 음부역할을 한다.[622]

 甲文  金文  小篆 七 楷書

 八 팔

八은 『說文』에서 본의가 '나누다(別也)'로 풀이되며, 자형은 '나누어져 서로 등지고 있는 모양을 상형(象分別相背之形)'한 글자로 설명된다.

자소로 사용될 때, **分**(분 別也. 从八从刀, 刀以分別物也)、**必**(필 分極也. 从八弋, 八亦聲) 등의 글자에서 의부 혹은 의부겸 음부역할을 하고, **叭**、**朳**、**汃**(팔)、**扒**(배) 등의 글자에서는 음부역할을 한다.[623]

이들 글자 가운데, 分은 다시 **吩**、**忿**、**扮**、**盼**、**氛**、**汾**、**盆**、**粉**、**紛**、**雰**(분)、**攽**、**頒**(반)、**份**、**貧**、**邠**(빈) 등의 글자에서 음부역할을 하고, 頒은 다시 **寡**(과 少也. 从宀从頒. 頒, 分賦也)의 의부역활을 한다.

또한, 必은 다시 **泌**、**珌**、**苾**(필)、**宓**、**監**(밀)、**覕**(별)、**虙**(복)、**泌**、**毖**(从比必聲)、**祕**(비) 등의 글자에서 음부역할을 하고, 宓은 또 다시 **密**、**蜜**(밀), 監은 **醯**、**謐**(밀) 등의 글자에서 음부역할을 한다.

仌(별)은 八의 이합자소(从重八)로서, **別**의 古文 자형(古文別)으로 설명되며, 본의는 '나누다(分也)'로 풀이된다.

며, 나중에 숫자를 표시하는 七로 假借되자 다시 刀를 추가한 것으로 보고 있다.

622 柒(칠)은 漆(칠)의 俗字이다.

623 必을 『說文』의 각 전본에는 '弋亦聲'으로 수록하고 있으나, 段注本에 근거하여 '八亦聲'으로 하였으며, 고문자 계통에서의 必은 八을 음부로 보는 것이 일반적이다. 介(개 从人从八)는 2.1.1의 人, 余(여 从八舍省聲)는 2.6의 舍(사), 㒸(수 从八豕聲)는 2.2.1 豕의 파생자소, 半(반 从八从牛)은 2.2.1의 牛, 詹(첨 从言从八从产)은 2.1.1의 产(위), 尙(상 从八向聲)은 2.6의 向(향), 廛(전 从广里八土)은 2.6의 广, 曾(증 从八从曰, 囪聲)은 2.6의 囱(창), 胤(윤 从肉从八从幺)은 2.13의 幺(요), 匹(필 从匸八)은 2.17의 匸(혜), 公를(공 从八从厶)은 아래의 厶(사)를 참조.

자소로 사용되는 경우가 드물지만, **乖**(괴 戾也. 从丫而𠔁)의 의부로 설명된다.[624]

현재 통용 자전류에서 八부에 배속시키고 있는 **兮**(혜)、**六**(륙)、**共**(공)、**兵**(병)、**其**(기)、**具**(구)、**典**(전)、**兼**(겸) 등의 글자들은 해서체 자형에만 근거하여 분류해 놓은 것으로, 八과 의미상 관련이 없는 글자들이다.

 九 구

九는 『說文』에서 본의가 지극히 추상적으로 설명되고 있으며(陽之變也), 자형은 '굴곡이 다한 모양을 상형(象屈曲究盡之形)'한 형태로 설명된다. 갑골문이나 금문에서의 九는 연구자에 따라서 갈고랑이(鉤)의 모양、팔꿈치(肘)의 모양、벌레(蟲)의 모양으로 보는 등 異說이 많다.

자소로 사용될 때, **馗**(규 九達道也. 似龜背, 故謂之馗. 馗, 高也. 从九从首. 逵. 馗或从辵从坴)의 의부역할을 하고, **仇**、**究**、**訄**、**頄**、**鳩**、**𠃷**(구)、**頯**(규)、**尻**(고)、**宄**(귀)、**軌**(궤)、**旭**(욱) 등의 글자에서는 음부역할을 한다.[625]

624 乖에서의 丫(개)는 2.2.1을 참조.

625 染(염)의 경우, 許愼은 이를 '从水杂聲'의 형성자로 설명 하고 있으나, 九는 염색의 차수를 나타내고, 木은 치자나무(梔)나 꼭두서니풀(茜) 등의 植物類를 의미하는 것으로 보는 것이 일반적이다. 杂자는 『說文』에 수록되어 있지 않고, 杌(궤)는 簋(궤)의 古文 자형으로 수록되어 있으며, 朶(타)는 '从木, 象形'의 형태로 구성된 글자이다. 内(유)도 『說文』에서는 九가 음부로 설명된다. 丸(환)은 2.1.2의 丮의 注와 2.4의 厂을 참조.

 甲文  金文  小篆 九 楷書

十

十 십

十의 자형과 의미를 『說文』에서는 '一은 동서, 丨은 남북을 나타내니, 사방과 중앙이 모두 갖추어졌다는 의미이다(數之具也. 一爲東西, 丨爲南北, 則四方中央備矣)'로 설명하고 있으나, 갑골문에서는 단순히 丨의 형태로 나타나고, 금문에서는 丨의 중간 부분이 약간 돌출된 형으로 나타나며, 이에 대한 해석도 分枝가 많아 아직 정설이 없는 상태이다.

자소로 사용될 때, **千**(천 十百也. 从十从人)、**博**(박 大通也. 从十从尃. 尃, 布也)、**什**(십 相什保也. 从人十)、**古**(고 故也. 从十口. 識前言者也)、**章**(장 樂竟爲一章. 从音从十. 十, 數之終也)、**協**(협 衆之同和也. 从劦从十从劦十. 叶, 古文協)、**卙**(집 詞之卙矣. 从十咠聲)、**斟**(집 斟斟, 盛也. 从十从甚. 汝南名蠶盛曰斟)、**愽**(박 从十尃, 尃亦聲)、**夲**(도 進趣也. 从大从十. 大十, 猶兼十人也)、**𠤏**(보 相次也. 从匕从十)、**丈**(장 十尺也. 从又持十) 등의 글자에서 의부역할을 하고, **辻**(십)、**汁**(즙) 등의 글자에서는 음부역할을 하며, 현대한자에서는 서양의 도량형 단위를 표시하는 **瓧**、**籵**(십) 등의 글자에서 자소로 사용된다.[626]

이들 글자 가운데, 千은 **年**(秊 년从禾千聲)의 의부역할을 하고, **仟**、**阡**(천) 등의 글자에서는 음부역할을 한다.[627]

현재 통용 자전류에서 十부에 배속시키고 있는 **升**(승)、**午**(오)、**半**(반)、**卑**(비)、

626 卒(졸)、隼(준)、率(솔) 등에서의 十형은 非字字素이고, 針은 鍼의 俗字이다. 索、孛、南 등에서의 十형은 2.3의 𣎵(불), 早、卑 등은 2.18의 甲(갑), 升은 2.8, 午는 2.5, 半은 2.2.1의 牛(우), 卓은 2.1.1 匕(비)의 注를 참조.

627 古의 활용은 2.1.4의 口(구), 章의 활용은 2.1.4의 音, 夲의 활용은 2.1.1의 大, 𠤏의 활용은 2.1.1 匕(비)의 注, 丈의 활용은 2.1.2 又의 파생자소를 참조.

卒(졸)、南(남)、卓(탁) 등의 글자들은 해서체 자형에만 근거하여 분류해 놓은 것으로, 十과 의미상 관련이 없는 글자들이다.

 廿 卄 입

卄은 十의 이합자소(二十并也)로서, 자소로 사용되는 경우가 많지는 않으나, **共**(공 同也. 从卄廾)、**㒼**(만 平也. 从廿从㒳) 등의 글자에서 의부역할을 한다.[628]

 卅 삽

卅은 十의 삼합자소(三十并也)로서, 자소로 사용될 때, **世**(世 세 三十年爲一世. 从卅而曳長之)의 의부역할을 하고, 世는 다시 **笹**、**貰**(세)、**呭**、**玴**(예)、**泄**、**抴**(설)、**迣**(렬)、**枼**(엽) 등의 글자에서 음부역할을 하며, 枼은 또 다시 **葉**(엽)、**楪**、**蝶**(접)、**堞**、**牒**(첩)、**韘**、**鍱**(섭)、**渫**(설) 등의 글자에서 음부역할을 한다.[629]

628 共의 활용은 2.1.2의 廾(공), 㒼의 활용은 2.17의 入(입)을 참조.

629 許愼은 革의 자형도 重文으로 수록한 古文에 근거해 '从卅臼聲'으로 설명하고 있지만, 금문에 나타난 자형은 卅과 관계없이 양손(臼)으로 가죽을 벗겨내는 모양으로 해석하는 것이 일반적이다.

2.17 각종 행위、상태 또는 추상적 개념과 관련된 근원자소와 파생자소

丶 주

丶의 본`의를 『說文』에서는 '멈추고자 하는 바가 있을 때, 丶로써 표시한다(有所絶止, 丶而識之)'라고 설명하고 있다. 그러나 丶가 합체자의 자소로 사용될 때는 두 가지의 각각 다른 의미로 나타나는데, 하나는 **主**에서의 丶이고, 나머지 하나는 **杏**(音)에서의 丶이다.630

현재 통용 자전류에서 丶부에 배속시키고 있는 **丸**(환)은 **丸**의 俗字로서, 『說文』에서 **仄**(측)의 反文(丸 从反仄)으로 설명되며, 본의는 '두르다라는 의미로, 한 쪽으로 기울어져서 도는 것이다(圜, 傾側而轉者)'로 풀이된다.631

主 주

主는 본의가 '등잔 위의 불꽃(鐙中火主也)'으로 풀이되고, 자형은 '从王, 象形. 从丶, 丶亦聲'의 형태로 설명되며, **炷**(주)의 本字이다.

자소로 사용될 때, **住**、**注**、**柱**、**疰**、**罜**、**註**、**駐**(주) 등의 글자에서 음부역할을 한다.632

杏 音 부

音는 본의가 '서로 말을 하면서, 침을 뱉어 받아들이지 않는다(相與語, 唾而不受也)'로 풀이되고, 자형은 '从丶从否, 否亦聲. 欧, 音或从豆从欠'의 형태로 설명된다.

---

630 井(정 八家一井, 象構韓形. •, 罋之象也)과 丹(단 象采丹之井. 丶, 象丹形)에서도 丶형이 나타난다.
631 丸과 그 활용은 2.4의 厂(한)을 참조. 丹(단)에서의 丶형은 2.14의 丹를 참조.
632 往(왕)에서의 主형은 2.1.3의 之를 참조.

자소로 사용될 때, **剖**、**部**(부)、**倍**、**培**、**賠**、**陪**(배) 등의 글자에서 음부역할을 한다.

丨 곤

丨은 본의가 '上下通也'로 풀이되고, 당겨서 위로 긋는 경우 '신'으로 읽고, 당겨서 아래로 긋는 것을 '퇴'로 읽는다(引而上行讀若囟, 引而下行讀若退)라고 설명되고 있으며, 許愼은 **中**(중 內也. 从口. 丨, 上下通)、**於**(천 旌旗杠皃. 从丨从㫃, 㫃亦聲) 등의 글자들을 丨부에 배속시켜 놓았다.[633]

丿 별

乀 불

丿은 『說文』에서 본의가 '오른 쪽에서 삐쳐 나간 것이다(右戾也)'로 풀이되고, 자형은 '왼쪽에서 끌어당기는 모양을 상형(象左引之形)'한 것으로 설명되며, 乀은 그 反文으로, 丿과 乀이 결합하여 **乂**(예 芟艸也. 从丿乀相交. 刈, 或从刀)、**弗**(불 矯也. 从丿乀, 韋省) 등의 글자들을 구성한다.

이들 글자 가운데, 乂는 다시 **㣻**、**艾**(애) 등의 글자에서 음부역할을 하고, 艾는 다시 **哎**、**鴱**(애) 등의 글자에서 음부역할을 한다.[634]

현재 통용 자전류에서 丿부에 배속시키고 있는 **乃**(내)、**久**(구)、**之**(지)、**乎**(호)、**乘**(승) 등의 글자들은 해서체 자형에만 근거하여 분류해 놓은 것으로, 丿과 의미상 관련이 없는 글자들이다.[635]

---

633 中(중)과 於에서의 㫃(언)은 2.10, 串(관)은 아래의 毌(관), 引에서의 丨형은 2.12의 弓(궁)을 참조.
634 弗의 활용은 2.12의 弓을 참조.
635 현용 해서체 자전에서 丿부에 배속시키고 있는 乃와 乎는 2,1.4의 丂(고), 久는 2.1.3 夂(치), 之는 2.1.3의 止(지), 乏(핍)은 2.1.3의 正, 乍(사)는 2.13, 乖(괴)는 2.2.1의 丫(개)와 2.16의 八(팔), 乘은 2.17의 入(입)을 참조.

厂 예

乀 이

厂는 본의가 '끌다(抴也)'로 풀이되고, 자형은 '끌어 당기는 모양을 상형(象抴引之形)'한 것으로 설명된다.

자소로 사용될 때, **爭**(쟁 引也. 从𠬪厂)의 의부역할을 하고, **系**(계 繫也. 从糸厂聲)、**曳**(예 臾曳也. 从申厂聲)、**延**(연 長行也. 从㢟厂聲)、**虒**(사 委虒. 虎之有角者也. 从虎厂聲) 등의 글자에서는 음부역할을 하는 것으로 설명되고 있다.

이들 글자 가운데, 曳는 다시 **拽**、**栧**(예) 등의 글자에서 음부역할을 한다.[636]

乀는 厂의 反文(从反厂)으로, 본의가 '흐르다(流也)'로 풀이되며, **也**(야 女陰也. 从乀, 象形. 乀亦聲)의 의부겸 음부로 설명되고 있다.[637]

乁 급

乁은 **及**(급 逮也. 从又从人)의 古文 자형(乁, 古文及)으로 설명되고 있으며, 자소로 사용될 때, **今**(금 是時也. 从亼乁. 乁, 古文及)、**市**(시 買賣所之也. 市有垣. 从冂, 从乁, 象物相及也. 乁, 古文及字. 之省聲) 등의 글자에서 의부역할을 하는 것으로 설명된다.[638]

---

636 爭의 활용은 2.1.2의 𠬪(표)의 파생자소, 系는 2.13 糸의 파생자소, 延은 2.1.3의 廴(인), 虒는 2.2.1의 虍(호)를 참조.

637 也와 그 활용은 2.1.5를 참조.

638 及의 활용은 2.1.2 又의 파생자소. 今은 아래의 亼(집), 市는 2.5의 冂(경)을 참조.

ㄴ 乚 은

乚의 본의가 '숨다(匿也)'로 풀이되고, 자형은 '구부려 숨는 모양을 상형(象迟曲隱蔽形)'한 것으로 설명된다.

자소로 사용될 때, **亡**(망 逃也, 从入从乚)[639]의 의부역할을 하고,[640] 亡은 다시 **妄、忘、忙、汒、罔、芒**(망)、**盲、氓**(맹)、**巟**(从川亡聲)、**肓、衁**(황) 등의 글자에서는 음부역할을 한다.

이들 글자 가운데, 芒은 다시 **茫**(망), 罔은 **網、輞、蝄**(망), 巟은 **荒、謊**(황), 荒은 또 다시 **慌**(황)의 음부 역할을 한다.[641]

甲文 金文 小篆 楷書

ㄷ 匸 혜

匸는 '숨어서 무엇을 감추다(衺徯有所夾臧也)'라는 의미로, 자형이 '从乚. 上有一, 覆之'의 형태로 설명된다.

자소로 사용될 때, **匹**(필 四丈也. 从匸八, 八亦聲)、**區**(구 踦區, 藏匿也. 从品在匸中. 品, 眾也)、**匿**(닉 亡也. 从匸若聲)、**匽**(언 匿也. 从匸妟聲)、**医**(예 盛弓弩矢器也从匸矢) 등의 글자에서 의부역할을 한다.

이들 글자 가운데, 匹은 다시 **甚**(심 尤安樂也. 从甘从匹. 匹, 耦也)의 의부역할을 하고, **鵙**(필)의 음부역할을 하며, 甚은 다시 **斟**(집 斟斟, 盛也. 从十从甚)의 의부,

---

639 亡은 甲文이나 金文에도 나타나지만 자형분석에 있어 定論이 없을 정도로 異說이 많다.

640 역시 乚이 의부로 설명되는 直(正見也. 从乚从十从目)、眞(진 僊人變形而登天也. 从匕从目从乚. 八, 所乘載也) 등과 그 활용은 2.1.4 目의 파생자소를 참조.

641 良(양 从畐省亡聲)、長(장 从兀从匕, 亡聲)、喪(상 从哭亡, 亡亦聲) 등의 글자들도 亡이 음부역할을 하는 것으로 설명된다. 또한, 『說文』에서 匃(개 气也. 逯安說, 亡人爲匃)、望(망 出亡在外, 望其還也. 从亡, 朢省聲)、無(무 亡也. 从亡無聲) 등의 글자들은 亡이 의부로 설명된다. 匃와 그 활용은 2.1.1의 勹(포), 望(망 出亡在外, 望其還也. 从亡, 朢省聲)은 2.1.1의 壬, 無는 2.1.1의 大를 참조. 羸(라)는 2.1.5 肉의 注를 참조.

諶(심)、**斟**(짐)、**勘**(감)、**啿**、**黮**(담)、**糂**(삼) 등의 음부역할을 한다. 또한, 區는 **歐**、**毆**、**驅**、**鷗**(구)、**慪**(우), 匿은 **嫟**、**䵑**(닉)、**暱**(닐), 匽은 **偃**、**堰**、**愝**(언) 등의 글자에서 음부역할을 한다.[642]

医의 경우, **殹**(예 擊中聲也. 从殳医聲)의 음부역할을 하며, 殹는 다시 **醫**(의 治病工也. 从殹从酉)의 의부역할을 하고, **嫛**、**堅**、**瞖**、**繄**、**翳**、**鷖**(예)、**毉**(의)、**贀**(위) 등의 글자에서는 음부역할을 하며, 翳는 또 다시 **蠮**(열)의 음부역할을 한다.

 甲文  金文  小篆 區 楷書

 니 구

ㄐ는 '서로 얽혀있는 모양을 상형(相糾繚也. 象形)'한 글자로서, 자소로 사용될 때, **糾**(규 繩三合也. 从糸从ㄐ, ㄐ亦聲)의 의부겸 음부역할을 하고, **句**(구)、**叫**、**䚌**、**朻**、**虯**、**赳**(규)、**疝**(교)、**收**(수) 등의 글자에서는 음부역할을 하며, 句는 다시 **佝**、**拘**、**敂**、**枸**、**狗**、**耇**、**苟**、**鉤**、**駒**(구) 등의 글자에서 음부역할을 한다.[643]

 甲文  金文  小篆 句 楷書

 入 입

入은 『說文』에서 본의가 '들어가다(內也)'로 풀이되고, 자형은 '위로부터 갖추어 들어가는 모양을 상형(象从上俱下也)'한 글자로 설명된다.

---

642 匽에서의 妟(안)은 2.1.1의 女를 참조.
643 勾는 句의 俗字로 보는 것이 일반적이다(『刊謬補缺切韻』, "句, 俗作勾").

자소로 사용될 때, **內**(납, 내 入也. 从冂入, 自外而入也)[644]、**丙**(병 从一入冂. 一者, 陽也)[645]、**全**(仝 전 完也. 从入从工. 全, 篆文仝从玉, 純玉曰全)[646]、**乘**(승 覆也. 从入桀. 桀, 黠也. 軍法曰乘)[647] 등의 글자에서 의부역할을 한다.[648]

이들 글자 가운데, 內는 다시 **納**、**衲**(납)、**肭**、**訥**(눌)、**豽**(놜)、**芮**(예)、**氝**(내) 등의 글자에서 음부역할을 하고,[649] 仝은 **佺**、**栓**、**筌**、**詮**、**銓**(전) 등의 글자에서 음부역할을 한다.

丙의 경우, **昞**、**炳**、**柄**、**病**(병) 등의 글자에서 음부역할을 하며, **更**(경 改也. 从攴丙聲) 역시 丙이 음부로 사용된 글자로서, 更은 **便**(편 安也. 人有不便, 更之. 从人更)의 의부역할을 하고, **粳**(갱)、**梗**、**硬**(경) 등의 글자에서는 음부역할을 하며, 便은 또 다시 **緶**、**鞭**(편) 등의 글자에서 음부역할을 한다. 또한, **㔷**(루 側逃也. 从匸丙聲. 一曰箕屬)도 丙이 음부로 설명되며, 㔷는 다시 **陋**(루)의 음부역할을 한다.

644 內의 자형을 『說文』의 각 傳本에는 '从冂'으로 수록해 놓았으나, 小篆 자형은 冖으로 나타나 있다. 그러나 갑골문이나 금문에서의 冖은 대개 宀으로 나타난다.

645 許愼은 干支를 표시하는 글자들을 모두 陰陽五行說에 근거하여 그 의미와 자형을 해석하고 있는데, 丙 역시 본의를 '位南方. 萬物成炳然, 陰气初起, 陽气將虧'라고 풀이하고 있다. 갑골문이나 금문에서의 자형도 소전과 비슷하기는 하지만 동일한 형태는 아니며, 이에 대한 字釋 역시 일치된 견해가 없는 상태로, '물고기의 꼬리'로 보는 견해도 있고, '받침대' 혹은 '几'의 모양으로 보는 경우도 있다.

646 全은 『說文』에서 仝(전)의 重文으로 수록된 篆文 자형으로, '純玉曰全'이라고 부가 설명해 놓았다. 同(동)과 같은 의미로 사용되는 仝은 그 자형의 來源을 확인하기가 어렵다.

647 乘에서의 桀(걸)은 2.1.3 舛(천)을 참조.

648 통용 자전류에서 入부에 배속시키고 있는 兪(유)는 2.9의 舟(주)를 참조.

649 㕯(놜, 눌 言之訥也. 从口从內)은 2.1.4의 口(구)를 참조.

 从 량

从의 자형에 관해서, 『說文』에서는 '入의 이합자소로서, **网**의 의부로 사용된다(二入也. 网从此)'라고만 설명하고, 나머지는 비워두었다(闕). 또한, 网(양)의 자형에 대해서도 '再也'라고 의미만 설명한 채, 자형에 관해서는 冖자만 분석하고 나머지는 비워두었다(从冖, 闕).[650]

网은 자소로 사용될 때, **兩**(량 二十四銖爲一兩. 从一网, 网亦聲)의 의부 겸 음부로 사용되고, **㒼**(만 平也. 从廿从网)의 음부역할을 한다.

이들 글자 가운데, 兩은 다시 **倆**、**輛**、**魉**(량) 등의 글자에서 음부역할을 하고, 㒼은 **慲**、**滿**、**瞞**、**鬗**(만)、**蹣**(반)、**暪**(문) 등의 글자에서 음부역할을 하며, 滿은 다시 **懣**(만)의 음부역할을 한다.

 金文  小篆  楷書

 亼 집

亼은 본의가 '셋이 합쳐지다(三合也)'로 풀이되고, 자형은 '入과 一이 의부로서, 셋이 합쳐진 모양을 본뜬 것(从入一, 象三合之形)'으로 설명된다. 그러나 亼이 의부로 사용된 글자들에서의 亼은 '합치다'라는 의미보다는 오히려 '器物의 덮게' 혹은 '뚜껑'을 표현한 경우가 더 많이 나타난다.[651]

---

650 段玉裁는 '从冂从从从丨'의 자형으로 보충 설명하고 있다. 갑골문에는 网의 자형이 나타나지 않고, 금문에서는 网과 兩이 함께 나타나는데, 字釋에 관해 異說이 많지만, '마차의 두 멍애(軶)를 묶은 모습'으로 보는 것이 다수설이다.

651 甲文에 나타난 食、合、倉、會 등에서의 亼은 그릇의 뚜껑으로 보는 것이 다수설이며, 舍에서의 亼은 지붕의 모양으로 보아야 할 것이다. 侖에서의 亼은 '木鐸'으로 보는 경우도 있고, '입(口)'으로 설명하는 경우도 있다.

자소로 사용될 때, **今**(금 是時也. 从亼㇅. ㇅, 古文及)、**令**(령 發號也. 从亼卪)、**合**(합 합 合口也. 从亼从口)、**僉**(첨 皆也. 从亼从吅从从) 등의 글자에서 의부 역할을 한다.[652]

이들 글자 가운데, 今은 다시 **昑**、**衿**、**衾**、**琴**(금)、**吟**、**酓**(음)、**含**(함)、**貪**(탐)、**黔**(검)、**念**(념) 등의 음부, 酓은 또 다시 **陰**(음)의 음부, 陰은 **癊**、**蔭**(음) 등의 음부 역할을 하고, 貪은 **嗿**(탐)의 음부역할을 하며, 念은 다시 **捻**、**踗**、**啽**(념)、**稔**、**腍**(임) 등의 글자에서 음부역할을 한다.

또한, 令은 **命**(명 使也. 从口从令)의 의부, **囹**、**姈**、**領**、**齡**(령)、**冷**(냉) 등의 음부역할을 하고, 領은 또 다시 **嶺**(령)의 음부역할을 하며, 合은 **盒**(합)、**答**、**荅**(답)、**拾**(습)、**恰**、**洽**、**翕**(흡)、**給**(급) 등의 글자에서 음부역할을 하고, 翕은 다시 **噏**、**歙**、**潝**、**闟**(합), 荅은 다시 **塔**(탑)의 음부역할을 한다.

僉은 **籤**(첨)、**險**、**驗**(험)、**儉**、**劍**、**檢**、**瞼**(검)、**憸**(섬)、**噞**、**顩**(엄)、**斂**、**殮**(렴)、**歛**(감) 등의 글자에서 음부역할을 한다.

652 食(식 从皀亼聲, 或說亼皀也)、倉(창 从食省, 口象倉形)、會(회 合也. 从亼, 从曾省. 曾, 益也)、舍(사 市居曰舍. 从亼屮口. 屮象屋也. 口象築也)、俞(유 空中木爲舟也. 从亼从舟从巜. 巜, 水也)、侖(륜 輩也. 从亼冊) 등의 글자도 亼이 의부로 설명된다. 會에서의 曾(증)은 2.6의 囪(창)을 참조.

 冖 멱

冖은 『說文』에서 '从一, 下垂也'의 자형으로 설명되고, 본의는 '덮다(覆也)'로 풀이된다.

자소로 사용될 때, **冠**(관 弁冕之總名也. 从冂从元, 元亦聲. 冠有法制, 从寸)의 의부겸 음부역할을 하고, **冥**(명 幽也. 从日从六, 冖聲)에서는 음부역할을 한다.[653]

 冃 모

冃는 본의가 '겹쳐 덮다(重覆也)'로 풀이되고. 자형은 '从冖一'의 자형으로 설명되며, 자소로 사용될 때, **同**(동 合會也. 从冃从口)、**冡**(몽 覆也. 从冃豕)、**冣**(취 積也. 从冖从取) 등의 글자에서 의부역할을 한다.[654]

이들 글자 가운데, 同은 **興**(흥 起也. 从舁从同. 同力也)의 의부역할을 하고, **侗**、**洞**、**桐**、**胴**(동)、**筒**(통) 등의 글자에서는 음부역할을 하며, 冡은 **幪**、**蒙**(몽), 蒙은 또 다시 **懞**、**濛**、**鸏**(몽) 등의 글자에서 음부역할을 한다.

 甲文  金文  小篆  楷書

 冃 모

冃는 본의가 '어린이나 異民族이 쓰는 모자(小兒蠻夷頭衣也)'로 풀이되며, 자형은 '从冖. 二, 其飾也'로 설명된다.

자소로 사용될 때, **冒**(모 冡而前也. 从冃从目)、**冑**(주 兜鍪也. 从冃由聲)、**最**(犯

---

653 冥(명)의 활용은 2.16의 六, 冢(총 高墳也. 从勹豕聲)과 軍(군 圜圍也. 四千人爲軍. 从車, 从包省)의 활용은 2.1.1의 勹, 冘(임, 유 冘冘行皃. 从儿出冂)과 그 활용은 2.5의 冂을 참조.

654 甲文에 나타난 同이나 冡에서의 冃는 凡자로 해석하는 것이 일반적이나, 凡의 자형 해석에 관해서는, 槃(반)의 初文으로 보는 것이 다수설이고, 帆(범)의 초문이라는 주장도 있다. 『說文』에서는 凡을 '从二. 二, 偶也. 从乃. 乃, 古文及'으로 설명하고 있다.

而取也. 从冃从取)、冕(면 大夫以上冠也. 从冃免聲) 등의 글자에서 의부역할을 하는 것으로 설명된다.[655]

 金文  小篆 冒 楷書

 甲文  小篆 胄 楷書

 襾 아

襾는 본의가 '덮다(覆也)'로 풀이되고, 자형은 '从冖, 上下覆之'의 형태로 설명된다.

자소로 사용될 때, 覂(봉 反覆也. 从襾乏聲)、覈(핵 實也. 从襾敫聲)、覆(복 覂也. 一曰蓋也. 从襾復聲) 등의 글자에서 의부역할을 하고, 賈(고 賈市也. 从貝襾聲)에서는 음부역할을 하며, 賈는 다시 價(가 物直也. 从人賈, 賈亦聲)의 의부겸 음부역할을 한다.

현재 통용 자전류에서 襾부에 배속시키고 있는 西(서)、要(요)、覀(천)、覃(담)、覇(패) 등은 모두 襾와 의미상 관련이 없는 글자들이다.[656]

 厶 사

『說文』에서는 厶의 본의를 '간사하다(姦衺也)'로 풀이하고, 자형 설명에 있어서는 韓非子의 설을 인용하여, 추상적으로 '창힐이 글자를 만들었는데, 자기에게 이롭게 하는 것을 厶라 하였다(倉詰作字, 自營爲厶)'라고만 설명하고 있다. 금문에 나타나는

655 冃、冒、帽 등의 글자는 古今字의 관계로 보는 것이 일반적이며, 연구자에 따라서는 冖、冃、冃、冒、帽 모두를 같은 글자로 보는 경우도 있다. 冒가 음부역할을 하는 曼(만 引也. 从又冒聲)과 그 활용은 2.1.2 又의 파생자소를 참조, 最의 활용 역시 2.1.2의 又를 참조.

656 西는 2.2.2의 鳥, 要、覀、票 등은 2.1.2의 臼(국), 覃은 2.6의 㫗(후)와 2.12의 戊(무), 覇는 2.4의 月(월)을 참조.

자형도 異體字가 많고, 이에 대한 해석 역시 定說이 없는 상태이다.

자소로 사용될 때, **公**(공 平分也. 从八从厶. 八猶背也. 韓非曰, 背厶爲公)、**鬼**(귀 人所歸爲鬼. 从人, 象鬼頭. 鬼陰气賊害, 从厶)、**篡**(찬 屰而奪取曰篡. 从厶算聲) 등의 글자에서 의부역할을 하고, **私**(사 禾也. 从禾厶聲)에서는 음부역할을 한다.[657]

이들 글자 가운데, 公은 **松**、**訟**、**頌**(송)、**瓮**、**翁**(옹)、**袞**(衮 곤) 등의 글자에서 음부역할을 하고, 松은 다시 **倯**、**淞**、**鬆**(송), 翁은 다시 **滃**、**瞈**、**聬**、**鶲**(옹), 袞은 다시 **滾**(곤)의 음부역할을 한다.[658]

 甲文  金文  小篆 公 楷書

 丄 上 상  丅 下 하

上과 下는 고문자계통 모두에서, 가로획을 기준으로 그 위에 한 획을 그어 上을, 아래에 한 획을 그어 下를 표시하고 있으며, 『說文』에서는 上의 본의를 '위(高也. 指事)', 下의 본의를 '아래(底也. 指事)'로 풀이하고 있다.

자소로 사용될 때, 上은 **帝**(제 諦也. 王天下之號也. 从丄朿聲)、**旁**(방 从上. 闕. 方聲) 등의 글자에서 의부역할을 하는 것으로 설명되며, 下는 자소로 사용되는 경우가 발견되지 않는다.[659]

---

657 예변 이후, 矣(의 从矢㠯聲)、弘(홍 从弓ㄥ聲. ㄥ, 古文厷)、允(윤 从儿㠯聲)、去(거 从大𠙴聲)、參(曑 참 从晶㐱聲) 등의 글자에서와 같이, 厶와 同形字素로 나타나는 경우가 많다.

658 鬼의 활용은 2.2.1을 참조.

659 해서체 자전에서 卜부에 나열해 놓은 卡(잡)은 일반적으로 上과 下의 결합자형으로 이야기 하고 있으며, 역사 卜부에 나열해 놓은 卞(변)의 경우, 자형의 來源을 확인하기가 힘들다. 卞은 자소로 사용될 때, 忭, 抃, 汴(변) 등의 글자에서와 같이 주로 음부역할을 한다. 帝와 그 활용은 2.13의 巾(건), 旁은 2.9의 方(방)을 참조.

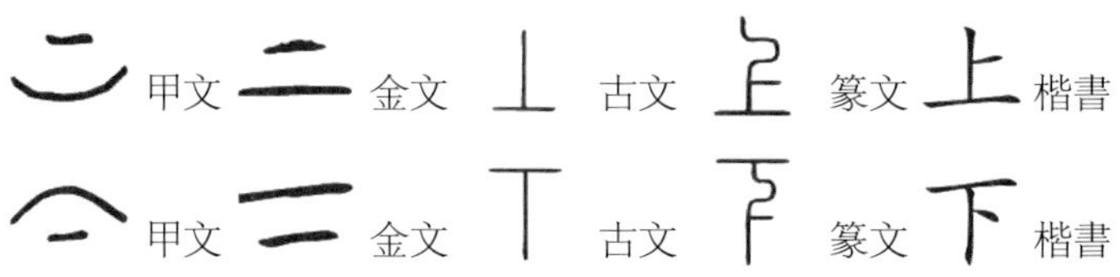

 小 소

小는 본의가 '물체가 작다(物之微也)'로 풀이된다. 『說文』에서는 자형을 '从八. 丨, 見而分之'의 형태로 분석하고 있으나, 갑골문이나 금문에서의 小는 모두 작은 점 세 개 또는 짧은 세로획 세 개의 형태로 나타난다.

자소로 사용될 때, **少**(소 不多也. 从小丿聲)、**尖**(櫼 첨 楔也 从木韱聲)、**𧴪**(쇄 貝聲也. 从小貝)、**𡭴**(극 際見之白也. 从白, 上下小見) 등의 글자에서 의부역할을 하고, **肖**(초)의 음부역할을 한다.[660]

이들 글자 가운데, 少는 **尟**(선 是少也. 尟俱存也. 从是少. 與尠同)의 의부역할을 하고, **抄**、**炒**、**秒**(초)、**妙**、**眇**、**玅**(묘)、**沙**、**砂**、**紗**(사) 등의 글자에서는 음부역할을 하며, 眇는 다시 **渺**、**緲**(묘), 沙는 **裟**(사)의 음부역할을 한다. 또한, 𧴪는 **瑣**、**鎖**(쇄) 등의 글자에서 음부역할을 하고, 𡭴은 **隙**(극)、**虩**(혁) 등의 글자에서 음부역할을 하며, **㣎**(목 細文也. 从彡, 𡭴省聲) 역시 𡭴이 음부로 사용된 글자로서, **穆**(목)의 음부역할을 한다.

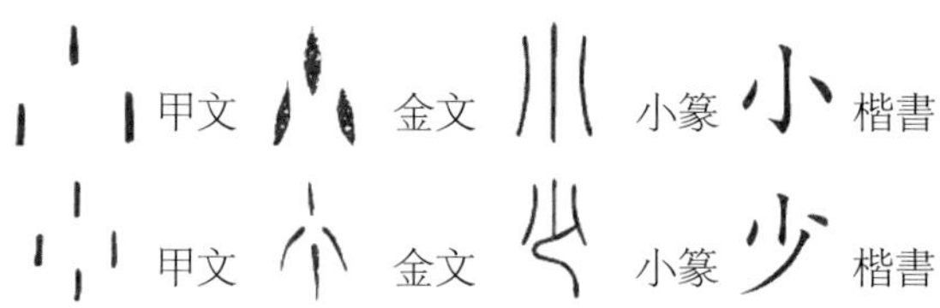

660 갑골문이나 금문에서의 少는 네 개의 점 혹은 짧은 세로획 네 개로 구성되어 있다. 覍(변)은 2.1.1의 皃, 尞(료)는 2.4의 火를 참조. 肖와 그 활용은 2.1.5의 肉(육)을 참조.

 予 여  幻 환

予는 본의가 '밀어서 주다(推予也)'로 풀이되고, 자형은 '서로 주는 모양을 상형(象相予之形)'한 것으로 설명되며, 幻은 予의 倒文(从反予)으로, 본의가 '서로 속이다(相詐惑也)'로 풀이된다.

자소로 사용될 때, 予는 **舒**(서 伸也. 从舍从予, 予亦聲. 一曰舒, 緩也)의 의부겸 음부역할을 하고, **好**(여)、**序**、**抒**(서)、**杼**(저)、**預**、**豫**(예)、**野**(야) 등의 글자에서는 음부역할을 하며, 幻은 자소로 사용되는 경우가 발견되지 않는다.[661]

 金文  小篆  楷書

 丏 면

丏은 본의가 '보이지 않다(不見也)'로 풀이된다. 자형은 '가려진 모양을 상형(象壅蔽之形)'한 것으로 설명되고 있지만, 구체적으로 무엇을 본뜬 것인지는 알 수가 없다. 금문에서의 丏은 '사람머리 위를 덮어 놓은 어떤 물체를 상형(象人頭上有物蔽之之形)'한 것으로 해석되고 있다.

자소로 사용될 때, **沔**、**宾**、**眄**(면) 등의 글자에서와 같이, 주로 음부역할을 하고, 宾은 다시 **賓**(빈 所敬也. 从貝宾聲) 음부역할을 하며, 賓은 또 다시 **儐**、**嬪**、**檳**、**殯**、**濱**、**鬢**(빈) 등의 글자에서 음부역할을 한다.[662]

---

661 段注本에서는 舒의 자형을 '从予舍聲'으로 고쳐 놓았다.

662 丏과 같은 형태로 나타나는 丐(개, 갈)는, 주로 구어체에서 乞人이라는 의미로 사용되나, 글자의 來源에 관해서는 알 수가 없다. 현대한자에서 화학원소(칼슘)를 나타내는 鈣(개)의 음은 丐(개)에서 취한 것으로 보아야 할 것이다.

用 용

『說文』에서는 用의 본의를 ‘시행할 수 있다(可施行也)’로 풀이하고, 자형은 衛宏의 설을 인용하여 ‘从卜从中’으로 설명하고 있다. 갑골문이나 금문에서의 자형도 소전과 유사하지만, 이에 대한 해석은 骨板에 점을 치는 모양、거북 등판의 모양、선반과 막대기의 모양、물건을 담는 그릇과 손잡이의 모양、鐘의 모양을 그린 것이라고 보는 등 異說이 많다.

자소로 사용될 때, **甫**(보 男子美稱也. 从用父, 父亦聲)、**周**(주 密也. 从用口)[663]、**葡**(葡 비 具也. 从用苟省)、**庸**(용 用也. 从用从庚)、**甯**(녕 所願也. 从用, 寧省聲) 등의 글자에서 의부역할을 하고, **甬**(용 艸木華甬甬然也. 从𢎘用聲)의 음부역할을 한다.[664]

이들 글자 가운데, 甫는 다시 **俌**、**補**、**輔**、**黼**(보)、**匍**、**哺**、**圃**、**捕**、**浦**、**脯**、**葡**、**逋**、**鋪**(포)、**痡**(부) 등의 글자에서 음부역할을 하고, 浦는 또 다시 **蒲**(포)의 음부역할을 한다. **尃**(부 布也. 从寸甫聲) 역시 甫가 음부로 사용된 경우로서, 자소로 사용될 때 **傅**、**溥**、**簿**、**賻**(부)、**博**、**薄**、**縛**(박) 등의 글자에서 음부역할을 하고, 溥는 다시 **簿**(부)、**薄**(박) 등의 글자에서 음부역할을 한다.

---

663 갑골문이나 금문에서의 周는 田자 사이사이에 점들이 찍혀있는 형태로 나타나며, 字釋에 관해서 異說이 다수 존재하지만, 밭(田)에 농작물이 가득 차 있는 모양을 표현한 것으로 보는 것이 다수설이다.

664 葡에서의 苟(격)은 2.2.1의 丫(개), 寧(녕 从丂寍聲)은 2.1.4의 丂(고), 甬에서의 𢎘(함)은 2.3을 참조.

또한, 周는 다시 **綢**、**週**(주)、**凋**、**彫**、**調**、**錭**、**雕**(조)、**睭**(추), 葡는 **備**、**糒**(비)、**鞴**(복, 비), 庸은 **傭**、**墉**、**鏞**(용), 甬은 **俑**、**勇**、**涌**(湧)、**踊**(용)、**誦**(송)、**桶**、**痛**、**通**(통) 등의 글자에서 음부역할을 한다.

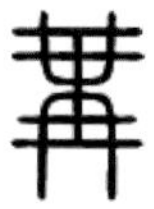

冓 구

冓는 '목재를 교차되게 쌓아 놓은 모양을 상형(交積材也. 象對交之形)'한 글자로 설명되며, **構**(구)의 初文이다.

자소로 사용될 때, **再**(재 一擧而二也. 从一冓省)、**爯**(칭 并擧也. 从爪冓省) 등의 글자에서 의부역할을 하고, **溝**、**購**、**遘**(구)、**講**(강)、**斠**(각) 등의 글자에서는 음부역할을 한다.

이들 글자 가운데, 爯은 다시 **偁**、**稱**(칭) 등의 글자에서 음부역할을 한다.

 毌 관

毌은 본의가 '물건에 구멍을 뚫어 지니다(穿物持之也)'로 풀이되고, 자형은 '从一橫貫, 象寶貨之形'의 형태로 설명되고 있으며, **貫**(관 錢貝之貫. 从毌貝)의 初文으로서 毌과 貫은 古今字의 관계로 보는 것이 일반적이다.

貫은 자소로 사용될 때, **實**(실 富也. 从宀从貫. 貫, 貨貝也)의 의부역할을 하고, **摜**、**樌**、**慣**(관) 등의 글자에서는 음부역할을 한다.

串의 경우, 『說文』에는 수록되어 있지 않으나, 許愼은 **患**(환)을 '憂也. 从心. 上貫吅, 吅亦聲. 悶, 古文从關省. 悹, 亦古文患'의 형태로 분석하고 있다.[665]

 爻 효  叕 리

爻를 『說文』에서는 '『周易』의 六爻가 서로 교차되어 있는 것을 상형(交也. 象『易』六爻頭交也)'한 것이라 하고, 叕는 爻의 이합자소(二爻也)'라고 설명하고 있으며, 爻部와 叕部에 **棥**(번 藩也. 从爻从林)、**爽**(상 明也. 从叕从大)、**爾**(이 麗爾, 猶靡麗也. 从冂从叕, 其孔叕, 尒聲) 등의 글자를 널어놓았다. 그러나 希나 爽에서의 爻

---

665 段玉裁는 '从心毌聲'으로 고쳐야 한다고 주장한다. 『爾雅』에서는 串을 '習也'로 풀이하고, 일반 자전류에서는 '物相連貫也'의 의미로 설명하고 있다. 丳(찬)、賗(관) 등의 글자들은 모두 串을 의부겸 음부로 사용하여 만든 글자들로 볼 수 있을 것이다.

나 㸚는 織物의 올이 성긴 것을 표시한 것으로 해석하는 것이 일반적이다.[666]

위의 글자들 가운데, 楙은 **樊**(번 从𠬜从楙, 楙亦聲)、**攀**(반 𠬜或从手从樊) 등의 글자에서 의부겸 음부로 설명되고, 攀은 다시 **礬**(반)의 음부 역할을 한다. 또한 爽은 **塽**、**鷞**(상), 爾는 **邇**(이)、**彌**(미)、**璽**(壐 새)、**嬭**(내) 등의 글자에서 음부역할을 하고, 彌는 다시 **瀰**、**獼**(미) 등의 글자에서 음부역할을 한다.

또한, 爻는 **𡥈**(교)、**肴**(효)、**駁**(박) 등의 글자에서 음부역할도 하며, 肴는 다시 **淆**、**殽**(효) 등의 글자에서 음부역할을 한다.[667]

 甲文  金文  小篆  楷書

 甲文  小篆  楷書

 甲文  金文  小篆  楷書

 甲文  金文  小篆  楷書

凶 흉

凶은 '땅에 구멍이 뚫려 사람이 빠진 것을 상형(象地穿交陷其中也)'한 글자이다. 자소로 사용될 때, **兇**(흉 擾恐也. 从儿在凶下)의 의부역할을 하고, **匈**、**恟**、**訩**(흉) 등의 글자에서는 음부역할을 하며, 匈은 다시 **哅**、**胸**、**詾**(흉) 등의 글자에서 음부역할을 한다. **㚇**(종 斂足也. 从夊兇聲) 역시 兇이 음부로 사용된 글자로서, 자소

666 爾에서의 尒(尓 이)는 본의가 '詞之必然也'로 풀이되고, 자형은 '从入丨八. 八, 象氣之分散'의 형태로 설명된다. 希와 그 활용은 2.13의 巾을 참조.

667 駁은 본의가 '馬色不純'으로 풀이된다. 『說文』에서는 爻를 음부로 설명하고 있지만, 갑골문에 나타나는 駁에서의 爻는 말의 색깔을 표시한 것으로 보는 것이 일반적이다. 𡥈는 2.1.1의 子, 爼(조)는 2.8의 且를 참조. 希는 2.13 巾의 注를 참조. 樊과 攀에서의 𠬜(반)은 2.1.2 廾(공)의 파생자소를 참조.

로 사용될 때, 㚇은 **嵏**、**椶**、**糉**(종)、**㥮**(수) 등의 글자에서 음부역할을 한다.[668]

 甲文  小篆  楷書

2.1.18 기타 근원자소와 파생자소

 **甲 갑**

위에서 언급한 바와 같이, 許愼은 干支를 표시하는 글자들을 모두 陰陽五行說에 근거하여 그 의미와 자형을 해석하고 있는데, 甲의 경우도 그 의미를 지극히 추상적으로 풀이하고 있으며(東方之孟, 陽气萌動), 자형은 '나무에 갑옷을 입힌 모양(从木, 戴孚甲之象)'이라고 설명하고, '사람의 머리가 마땅히 제일이므로, 甲은 사람의 머리 모양을 상형한 것으로 보기도 한다(一曰, 人頭宜爲甲, 甲象人頭)'라고 부가 설명하고 있다.

갑골문이나 금문에서의 甲은 대개 十 또는 田의 형태로 나타나며, 이에 대한 해석은 '물고기의 비늘'로 보는 경우도 있고, '가죽이 찢어진 모양'이라고 주장하는 설도 있다.[669]

자소로 사용될 때, **早**(조 晨也. 从日在甲上)、**卑**(비 賤也. 執事也. 从𠂇甲)、**戎**(戒 융 兵也. 从戈从甲) 등의 글자에서 의부역할을 하고, **岬**、**匣**、**胛**、**鉀**(갑)、

668 匈의 경우, 본의가 '가슴(膺也)'으로 풀이되고, 胷은 『說文』에 重文으로 수록된 或體字(匈或从肉)이며, 현대한자에서는 胸의 형태로 운용된다.

669 天干을 표시하는 10자 가운데, 乙(을)은 2.2.2, 丙(병)은 2.17의 入(입), 丁(정)은 2.8, 戊는 2.12, 庚(경)은 2.11, 辛(신)은 1.12, 癸(계)는 1.1.3의 癶(발)을 참조. 地支를 표시하는 12자 가운데, 子(자)는 2.1.1, 丑은 2.1.2 又의 파생자소, 寅(인)과 卯는 2.6, 辰(진)은 2.2.1, 午(오)는 2.5, 未(미)는 2.3, 申(신)은 2.4, 酉(유)는 2.7, 戌(술)은 2.12를 참조.

押、押、鴨(압)、呷、柙(합) 등의 글자에서는 음부역할을 한다.

이들 글자 가운데, 早는 다시 卓(탁 高也. 早匕爲卓)의 의부, 草(초)의 음부역할을 하고, 卓은 또 다시 倬、桌(从木卓省聲)、晫、琸(탁)、悼、掉(도)、罩(조) 등의 글자에서 음부역할을 한다. 또한, 卑는 다시 婢、碑、脾(비)、牌(패)、矉(빈)、鞞(병) 등의 글자에서 의부역할을 하고, 戎은 絨、駥(융) 등의 글자에서 음부역할을 한다.

 己 기

己는『說文』에서 '배의 모양을 상형(象人腹)'한 것이라고 설명된다.[670] 갑골문이나 금문에 나타나는 자형도 소전과 유사하다. 그러나 이에 대한 해석은 아직 定論이 없이, '주살'을 의미하는 隿(익)의 初文으로 보는 경우도 있고, 혹은 어떤 물건을 묶어 놓은 형태로 보아 紀(기)의 初文으로 보기도 한다.

자소로 사용될 때, 巹(근 謹身有所承也. 从己丞)의 의부역할을 하고, 忌、杞、玘、紀、記、起(기)、圮、妃(비)、配(배) 등의 글자에서는 음부역할을 하고, 忌는 다시 諅、跽、鵋(기) 등의 글자에서 음부역할을 한다.

현재 통용 자전류에서 己부에 배속시키고 있는 巷(衖 항)은 소속부수와 의미상 연

670 許愼은 己의 본의를 '中宮에 해당한다. 萬物이 감추어져 있어서 굽어지는 모습을 나타낸 것이다(中宮也. 象萬物辟藏詘形也. 己承戊)'라고 풀이해 놓고, 이어서 '象人腹'이라고 자형을 설명하고 있다.

관이 없는 글자이다.[671]

巳 사

巳는 干支를 나타낼 때 '뱀(蛇)'을 의미한다고 설명하고 있으나,[672] 갑골문에서의 巳는 子와 같은 글자로 보고, '祀(사)'의 初文으로 보는 것이 다수설이다.[673]

자소로 사용될 때, 巳는 **祀**、**汜**(사)、**巸**(이 廣臣也. 从臣巳聲) 등의 글자에서 음부역할을 하고, 巸은 다시 **嫛**、**熙**(희) 등의 글자에서 음부역할을 한다.

已(이)의 경우, 갑골문이나 금문에 나타나지 않고, 『說文』에도 수록되어 있지 않아 그 來源을 알 수 없는 경우이나, 선진문헌에서는 '그치다(止)' 혹은 '完成' 등의 의미로 사용되거나 혹은 虛辭로 두루 사용되고 있다.[674]

671 巷과 그 활용은 2.5 邑의 파생자소를 참조.

672 許愼은 그 이유를 '이미 그치다. 4월에는 陽氣가 이미 발출하여 陰氣가 이미 숨었으니, 만물이 드러나고 무늬와 모양을 갖추게 된다. 그래서 巳를 뱀이라 하는 것이다. 모양을 본뜬 것이다(巳也. 四月, 陽气巳出. 陰气巳藏, 萬物見, 成文章. 故巳爲蛇. 象形)'라고 설명하고 있다.

673 옛날에 제사를 지낼 때, 어린 아이를 神의 자식으로 삼아 敬拜하는 풍속이 있었다고 보고 있다. 또한, 『說文』에서 包는 '사람이 임신한 것을 상형한 것이고, 巳가 그 가운데 있는데, 아이가 아직 형체를 갖추지 못한 것을 상형(象人裹妊, 巳在中, 象子未成形也)'한 것으로 설명된다.

674 犯、範(범) 등의 글자에서 音符로 사용되는 㔾(马 함)은 2.3을 참조. 厄(액)、危(위)、卷(권) 등에서의 㔾형은 卩의 변형이고, 巷에서의 巳형은 邑자의 일부가 생략된 자형이다. 이들과 유사한 자형으로 나타나는 巴(파)는 2.2.1을 참조.

 目 以 이

以(目)는 『說文』에서 자형이 巳(사)의 反文(从反巳)으로 설명되고, 본의는 '사용하다(用也)'로 풀이된다. 갑골문이나 금문에서도 소전과 유사한 자형으로 나타나지만, 갑골문에서의 以(目)는 '쟁기'를 의미하는 **耜**(사)의 初文으로 보는 것이 일반적이다.

자소로 사용될 때, **似**(佀 사 像也. 从人目聲)、**台**(이, 태 悅也. 从口目聲)、**矣**(의 語已詞也. 从矢目以聲) 등의 글자에서 음부역할을 하고, 台는 다시 **怡**、**貽**、**飴**(이)、**枲**(시)、**治**(치)、**冶**(야)、**怠**、**殆**、**笞**、**胎**、**苔**、**跆**、**邰**(태), 矣는 다시 **唉**、**埃**、**挨**、**欸**(애) 등의 글자에서 음부역할을 한다.[675]

 甲文  金文  小篆 以 楷書

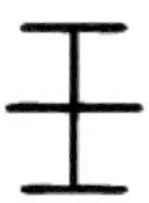 壬 임

壬은 본의가 '북방에 위치한다(位北方也)'로 풀이된다. 그러나, 壬에 관한 고문자 계통에서의 자형해석은 異說이 아주 많은 경우이다.

『說文』에서는 壬에 대한 자형을 풀이하면서, 윗부분에서는 '사람이 임신한 모양을 상형(象人裹妊之形)'한 글자라고 해놓고, 아랫부분에서는 '정강이의 모양을 상형(象人脛)'한 것으로 설명하고 있으며, 갑골문이나 금문에 나타나는 壬에 대한 해석은, 연구자에 따라 '양날이 있는 도끼(兩刃之斧)' 혹은 '石針'을 의미하는 鑱(참), 혹은 '잉앗대'를 의미하는 滕(승) 등으로 설명하고 있어, 許愼의 해석과는 전혀 다르다.[676]

자소로 사용될 때, **凭**(빙 依几也. 从几从任)의 의부역할을 하고, **任**、**妊**、**紝**(임)

675 允(윤 从儿目聲)은 2.1.1의 儿을 참조.

676 朱駿聲은 『說文通訓定聲』에서 '사람이 어깨에 물건을 지고 있는 모습(儋何也. 上下物也, 中象人儋之)'으로 설명하고 있으며, 갑골문에서는 任(임)자가 朱駿聲이 주장하는 구체적 자형으로 나타나고 있어, 壬을 任의 初文으로 보기도 한다.

등의 글자에서는 음부역할을 하며, 任은 다시 恁、荏、賃(임) 등의 글자에서 음부역할을 한다.

 亥 해

亥은 본의가 '풀 뿌리(荄也)'로 풀이된다. 그러나 亥에 관한 고문자계통에서의 자형해석 역시 異說이 아주 많은 경우이다.

『說文』에서는 자형이 '从二. 二, 古文上字也. 一人男, 一人女也. 从乙, 象褢子咳咳之形'의 형태로 설명하고 있다. 그러나 갑골문이나 금문에서의 亥는 돼지의 모양을 상형한 것이라고 보기도 하고, '半人半馬'형의 怪獸로 보는 설, 혹은 『說文』에서와 마찬가지로 풀뿌리(荄)의 모양이라고 보는 설 등이 있다.

자소로 사용될 때, 咳、孩、荄、該(해)、烗(개)、劾、核(핵)、刻(각) 등의 글자에서와 같이 주로 음부역할을 한다.

현재 통용 자전류에서는 亥를 비롯하여, 亡(망)、亢(항)、交(교)、亦(역)、亨(형)、享(향)、京(경)、亭(정)、亮(량)、亶(단) 등의 글자들을 亠(두)부에 배속시키고 있으나, 亠는 원래 音과 뜻이 없는 非字字素이며, 梅膺祚가 편찬한 『字彙』에서 새로이 채택된 부수이다.[677]

677 『龍龕手鑑』에는 亠의 반절이 '徒侯反'으로 수록되어 있다. 우리나라에서는 통칭 '돼지해 밑'으로 불리운다.

主要參考書目

1. 原典資料 및 工具書

許　愼,『說文解字』, 中華書局 影印本, 2003 제21차 인쇄본. 漢典(www.zdic.net) 탑재본
段玉裁,『說文解字注』, 上海書局 影印本, 1992. 漢典(www.zdic.net) 탑재본
丁福保,『說文解字詁林』, 鼎文書局, 1983
顧野王,『玉篇』, 國字整理小組 影印本, 1984
張玉書 등,『康熙字典』, 德興書國 影印本, 1982. 漢典(www.zdic.net) 탑재본
陳彰年 등,『廣韻』, 黎明文化事業公司 影印本, 1976
丁　度 등,『集韻』, 上海古籍出版社 影宋抄本, 1985

方述鑫(1993),『甲骨金文字典』, 巴蜀書社
徐中舒(1988),『甲骨文字典』, 湖北辭書出版社
費錦昌(1992),『漢字寫法規範字典』, 上海辭書出版社
于省吾(1996),『甲骨文字詁林』, 中華書局
李　圃(1999),『古文字詁林』, 上海教育出版社

2. 論 著

裘錫圭(1988),『文字學概要』, 商務印書館. 李鴻鎭(2001) 譯,『中國文字學』, 新雅社
박추현(2006),『漢字字素論』, 경상대학교출판부
石定果(1996),『說文會意字研究』, 北京語言學院出版部
蘇培成(2001),『二十世紀的現代漢字研究』, 書海出版社
王鳳陽(1989),『漢字學』, 吉林文史出版社
王述加(1985),『偏旁部首簡說』, 湖南人民出版社
이규갑(2009),『漢字學教程』, 차이나하우스
이병관(2003),『형음의자전』, 大經
林　尹(1971),『文字學概說』, 正中書局
張玉金 夏中華(2001),『漢字學概論』, 廣西教育出版社
張儒 劉毓慶(2002),『漢字通用聲素研究』, 山西古籍出版社
陳光政(1981),『會意研究』, 高雄復文圖書出版社

高　明(1980),「古文字的形傍及其形體演變」,『古文字研究』第4輯, 中華書局
魯　川(2003),「現代漢字的字符分析」,『語文現代化論叢』第五輯, 崇文書局
杜定友(1954),「方塊字的怪組織」,『中國語文』第三十期, 人民教育出版社
박추현(2010), 「한자 해서체 자형에 나타나는 자소의 변이형태 小考」,『남명학연구』 제29집, 남명학연구소.
李燕 姜加深(1995),「現代漢語 形聲字聲符研究」,『語言文字應用研究論文集』, 語文出版社
張世祿(1986),「同義爲訓與同義竝行複合詞的產生」,『語言文字研究專輯』, 上海古籍出版社
錢乃榮(2001),「字符的分類和歸類」,『現代漢字學參考資料』, 北京大學出版社
하영삼(1995),「중국 한자사전 부수배열 체계의 변천」,『中國語文論集』 제10집, 부산경남중국어문학회

색인

5획

6획

9획

10획

11획

12획

13획

14획

15획

16획

17획

18획

19획

20획이상

한자와 자소

초판 1쇄 인쇄 : 2012년 8월 27일
초판 1쇄 발행 : 2012년 8월 31일

지 은 이 박추현
펴 낸 이 권순기
펴 낸 곳 경상대학교 출판부
주 소 경남 진주시 진주대로 501
전 화 055) 772-0801~2
팩 스 055) 772-0809
전자우편 gspress@gnu.ac.kr
누 리 집 http://gspress.ac.kr
등 록 1989년 1월 7일 제16호

ISBN 978-89-6257-062-5 03710

知&you 는 국립 경상대학교 출판부의 새로운 브랜드네임입니다.

값: 16,500원